教育部人文社会科学重点研究基地中央民族大学中国少数民族研究中心　主办

民族遗产

（第四辑）

丁　宏　王　丹　主编

学苑出版社

图书在版编目（CIP）数据

民族遗产. 第四辑 / 丁宏, 王丹主编. —北京：学苑出版社, 2020.7
　　ISBN 978-7-5077-5927-3

　　Ⅰ. ①民… Ⅱ. ①丁… ②王… Ⅲ. ①民族遗产—中国—文集 Ⅳ. ①K203-53

中国版本图书馆CIP数据核字(2020)第069880号

责任编辑：徐志琴
出版发行：学苑出版社
社　　址：北京市丰台区南方庄2号院1号楼
邮政编码：100079
网　　址：www.book001.com
电子邮箱：xueyuanpress@163.com
联系电话：010-67601101（营销部）、010-67603091（总编室）
印 刷 厂：北京建宏印刷有限公司
开本尺寸：787 mm×1092 mm　1/16
印　　张：17.25
字　　数：360千字
版　　次：2020年7月第1版
印　　次：2020年7月第1次印刷
定　　价：86.00元

《民族遗产》编辑委员会

(以姓氏笔画为序)

主编：丁　宏　王　丹

编委：马翀炜　马盛德　王建民　刘兴禄

　　　杨圣敏　杨筑慧　肖远平　林继富

　　　赵宗福　段　超　黄龙光　谭志满

目 录

■民族遗产前沿研究

非物质文化遗产：日常生活事象的脱域、入域与发展……马翀炜　代世萤（3）
非物质文化遗产生产性方式保护中的几个问题……………………马盛德（11）
文化生产与非物质文化遗产生产性保护……………………………宋俊华（15）
定位分层、核心传承、创意重构
　　——非物质文化遗产生产性保护的若干思考…………………陈勤建（22）
"文化生态"视野下的非物质文化遗产保护…………………………黄永林（31）
近年来非物质文化遗产保护工作中政府角色的定位偏误与矫正…黄　涛（48）
文化空间视阈下土家织锦保护与传承研究…………………谭志满　霍晓丽（58）

■田野实践与非遗理论

北极民族学考察记
　　——兼谈民族志的写作……………………………………………丁　宏（67）
西藏非物质文化遗产保护的"尼洋阁"模式之反思…………马　宁　马小燕（77）
非物质文化遗产保护的田野思考
　　——中国北方民间布老虎现状反思………………………………马知遥（87）
对少数民族民间口头文化传承人的思考……………………………王宪昭（95）
"非遗"项目代表性传承人的文化身份
　　——基于刘德方的分析……………………………………………林继富（104）
坚持和完善少数民族非物质文化遗产保护政策研究
　　——基于湘西土家族苗族自治州和内蒙古自治区的调查…柏贵喜　杨　征（113）
民族文化传习馆：区域性大学非物质文化遗产传承新模式…………黄龙光（123）
家庭教育传承对于"非遗"保护的价值和意义
　　——以新疆少数民族民间文化传统为例……………………薛　洁　韩慧萍（131）

■ 民族民间文学类遗产研究

民族民间文学类遗产研究
非物质文化视野下对民间文学文本的传承与尊重
——以青藏地区民间文学文本为例 ……………………………… 米海萍（141）
史诗传承与生态环境
——赫哲族街津口村"伊玛堪"的传承与生态环境 …………… 汪立珍（150）
故事演述与宝卷叙事
——以陆瑞英演述的故事与当地宝卷为例 …………………… 陈泳超（155）
西北花儿的文化形态与文化传承
——以青海花儿为例 …………………………………………… 赵宗福（166）
回归民间文学传统：国产动漫困境中的突围之策 ………… 徐金龙 叶继平（177）
白族大本曲的文化内涵及传承发展 ……………………………… 董秀团（191）
非物质文化遗产保护视野中壮族民歌传统与诗性思维的文明史价值 … 覃德清（199）
民间口承叙事与农耕技术传承
——以辽宁满族民间柞蚕放养叙事为例 ……………………… 詹　娜（207）

■ 民族仪式与信俗研究

仪式类非物质文化遗产保护模式研究
——基于长阳"撒叶儿嗬"保护的分析 ………………………… 王　丹（217）
妈祖：从民间信仰到非物质文化遗产 ………………… 王霄冰　林海聪（225）
非物质文化遗产视域下的民族传统文化的保护与发展
——以海南黎族苗族"三月三"节为例 ………………………… 毛巧晖（236）
信仰民俗与区域社会秩序
——以青海土族纳顿、醮仪、六月会为例 …………………… 文忠祥（245）
城市化过程中的民间信仰遗产保护研究 ………………………… 田兆元（251）
非物质文化遗产产业化探讨
——以悦城龙母文化为个案 …………………………………… 蒋明智（258）

■ 收录论文来源 ……………………………………………………………（266）

民族遗产前沿研究

非物质文化遗产：日常生活事象的脱域、入域与发展

马翀炜（云南大学） 代世莹（云南大学）

诸多文化事象因进入各类遗产名录而成为非物质文化遗产[①]，这是现代社会建构的结果。何种文化事象能够成为遗产以及成为哪个级别的遗产，不是由文化持有者自身决定的。一些日常生活事象就是因为被从原先的日常生活场域中抽离出来，进入世界的或国家的等一些更大的文化场域而被建构成为"遗产"的。在"脱域"与"入域"或者说新的文化建构过程中，原先的日常生活事象由于面对的是一个全新的生活世界，其文化意义具有了无法根据传统经验进行简单确证的复杂性。如何理解这些文化事象在"脱域"与"入域"等现代际遇中的意义，如何看待文化遗产的主体性问题，"古老"的遗产如何在新的社会条件下因能在文化产业及文化事业的发展中扮演重要角色而再现生命的活力，并为丰富整个人类文化做出贡献等问题，都是十分重要的。

一、脱域：日常生活的现代性结果

现代社会生产力水平的极大提高与人们世界性交往的不断拓展相互关联。经济全球化使跨越全球的社会联系方式的建立成为现实，随之带来的，就是人们日常生活中最熟悉、最具地方色彩乃至最具个人特点的领域也受到冲击。在相对较小的分离式发展的社会系统走向宏大的现代世界体系的变化中，或者说传统世界向现代世界转变的过程中，"社会关系从彼此互动的地域性关联中，从通过对不确定的时间的无限穿越而被

[①] 联合国教科文组织 2003 年 10 月在巴黎召开的第 32 届会议正式通过的《保护非物质文化遗产公约》对"非物质文化遗产"的定义是："指被各社区、群体，有时是个人，视为其文化遗产组成部分的各种社会实践、观念表述、表现形式、知识、技能以及相关的工具、实物、手工艺品和文化场所。这种非物质文化遗产世代相传，在各社区和群体适应周围环境以及与自然和历史的互动中，被不断地再创造，为这些社区和群体提供认同感和持续感，从而增强对文化多样性和人类创造力的尊重。在本公约中，只考虑符合现有的国际人权文件，各社区、群体和个人之间相互尊重的需要和顺应可持续发展的非物质文化遗产。"

重构的关联中'脱离出来'"①的脱域现象十分普遍。日常生活的某些事象因脱域而成为"遗产"是一种值得重视的现代文化现象。与遗产相关的脱域,即那些后来被指认为遗产的那部分日常生活事象,与原先的社会生活场域发生疏离。原本属于某个特定民族的某一地域性存在的文化事象,因为进入各种遗产名录,被放置于世界或者国家等不同的层面,不再仅仅属于"地方的"日常生活。在遗产语境中,人们对"普遍价值"的珍惜及相应进行的种种针对传统文化的保护行动,使许多原本只为少数人知晓,常常也正在沉默中逐渐式微的各种日常生活事象获得了登上世界舞台的机会。无论这些文化事象因此得到了保护还是开发,这些遗产无论是"文化"的还是"自然"的,也无论是"物质"的还是"非物质"的,其原本的存在方式都已经被改变了。因为"如果只是简单地从日常的连续性中抽绎出若干元素,那么,这种处理就会改变日常生活最有特性的地方:它的奔流不息的本性"②。

各类"遗产"问题是与联合国教科文组织通过《保护世界文化和自然遗产公约》,世界遗产委员会成立并受理缔约国提出的《世界遗产名录》提名申请,以及有关非物质文化遗产、记忆遗产保护的各种文件陆续出台等一系列事件直接相关的。认真回味引发这一系列事件的那个事件,对人们认清遗产出现的原因及其最终得以保护的条件是很有必要的。1959年,埃及和苏丹联合向联合国教科文组织请求帮助,以保护因修建阿斯旺水坝而面临淹没危险的努比亚遗迹。这一问题最终在教科文组织的帮助下得到妥善的解决。③与努比亚遗迹危机一样,数量众多的各种"遗产",尤其是非物质文化遗产存在的危机,都与现代化的快速推进相关联。但外力的介入,使这些遗产得到世界性的关注而获得大量的技术和资金支持,最终得到不同程度的保护。如将阿布·辛拜勒和菲莱神庙完整切割迁至安全地带并重新组合,就是依靠联合国教科文组织提供的技术支持和筹集的8000万美元完成的。吊诡之处就在于,许多遗产面临危机是现代经济增长方式造成的,但对这些遗产的保护恰好又得依靠主要是凭借现代经济增长方式创造的财富作为重要的保障基础。如果不重视经济发展在保护遗产方面所扮演的重要角色,就有可能遮蔽对遗产的合理利用,即通过合适的开发渠道产生利益对遗产保护所具有的积极作用。

传统文化的危机并非某些文化事象成为"遗产"之后才产生的。日常生活事象因脱域而成为"遗产"的一个积极作用,便是使这些危机为更多的人所知晓。"遗产危机"使现代增长方式造成的传统文化的危机问题得到更为普遍的关注。然而,从一定意义上讲,经济增长方式导致的问题还得由经济来解决。事实上,联合国教科文组织从一开始就没有忽视经济要素在保护遗产中的重要作用。各种关于遗产保护的文件都没有忽视资金和技术对保护遗产的重要性。中国政府历来都重视对民族传统文化的保护与传承。针对各种遗产的"保护为主、抢救第一、合理利用、传承发展"的工作方针,也充分肯定了经济要素在这一庞大工程中的重要性。

---

① [英]安东尼·吉登斯:《现代性的后果》,田禾译,译林出版社2000年版,第18页。
② [英]本·海默尔:《日常生活与文化理论导论》,王志宏译,商务印书馆2008年版,第39页。
③ 参见孙克勤:《世界遗产学》,旅游教育出版社2008年版,第1页。

最能体现特定民族的生命力和创造力的非物质文化遗产，从原初的意义上讲只是人们日常生活的某一部分。这些日常生活事象因脱域而成为"遗产"，从根本上讲就是经济发展的现代性结果。政治、经济、社会以及文化等诸多因素都在历史进程中发挥了重要作用。然而，如伊格尔顿所说，"多元主义并不意味着时刻都强调各种因素同等重要"①。经济因素在人类迄今为止的历史中发挥的是决定作用，只是这种决定作用主要表现为限制作用。②现代生产方式必然造成传统的日常生活的改变，而日常生活的某些事象通过脱域而成为遗产、成为人们认为应该保护的一部分文化的事实表明，人们是在经济的"限制"下进行对现代经济增长方式的批判和反思。日常生活的某些事象经脱域而成为遗产，恰恰又是现代经济条件下人们积极保护某些文化事象的意义的一种重要的文化结果。

二、入域：日常生活的意义重构

日常生活事象进入各类遗产名录是发生在传统和现代相遇的场景中的，也是人们使日常生活的某些事象进入诸如国家乃至世界层面的新的场域而进行意义重构的结果。海德格尔根据斯退芬·格奥尔格《词语》中的诗句"语言破碎处，无物存在"领悟到"任何存在者的存在居住于词语之中……语言是存在之家"。③其深意就在于揭示出命名即意义创建。如果再结合这位哲学家对凡·高的名画《农妇的鞋》的深刻解析就可以更加明确地领会这一点，因为"这幅画道出了一切。走近这幅作品，我们就突然进入了另一个天地，其况味全然不同于我们惯常的存在"④。正是因为凡·高的画笔，一双沾满泥土的农妇的鞋获得了新的意义。那些与生活密切相关的诸多意义因澄明而存在。如果没有新的命名和新的意义的发现，即没有新的抽离之后的入域，"农妇的鞋"就只能是床前的除了农妇之外几乎不可能再有人瞟上一眼的什物。列入各种世界遗产名录，即是对特定的日常生活事象的新的命名及新的意义的发现。

日常生活中的哪些事象可以进入"遗产"的场域，这些事象以何种方式进入以及进入的结果会怎样，与特定的历史条件以及人们对这些日常生活事象的认识态度相关。经历早期工业化进程的英国人类学家泰勒，在面对急剧变迁的社会生活中的某些文化现象时说过，"随着世界社会的向前发展，最重要的观点和行为可能渐渐地变成为纯粹的遗留"⑤。将一些日常生活事象视为"文化遗留物"，是古典进化论者囿于其社会进化论观点对依然存在的传统生活的理解。高丙中在回顾初创时期的中国民俗学时指出，按照当时对"民"及"民俗"的理解，传统的依然存续的日常生活被学术和政治合力打造成

---

① ［英］特里·伊格尔顿：《马克思为什么是对的》，李杨等译，新星出版社2011年版，第113页。
② ［英］特里·伊格尔顿：《马克思为什么是对的》，李杨等译，新星出版社2011年版，第117—118页。
③ 孙周兴选编：《海德格尔选集》（下），生活·读书·新知三联书店1999年版，第1068页。
④ 孙周兴选编：《海德格尔选集》（上），生活·读书·新知三联书店1999年版，第255页。
⑤ ［英］爱德华·泰勒：《原始文化》，连树声译，上海文艺出版社1992年版，第115页。

"文化遗留物"。① 当时有关这一问题的研究旨趣,更多地在于对民族精神文化的挖掘,使这些"遗留物"具有重要的价值。今天,许多依然存续的传统的日常生活事象,在政府机构或国际组织的文化建构中成为"非物质文化遗产"。显然,什么东西能够成为"文化遗产",以及什么文化事象可以成为世界级的,什么可以成为国家级或者是县级的,就像当年什么能成为"文化遗留物"不是完全由"民"来决定的一样,认定的标准是什么以及认定的过程应该怎样等,基本上不是由文化持有者来决定的。指认某些日常生活事象是"遗产",从根本上讲就是由国际组织、政府部门及专家等各种社会力量主导而完成的一种现代设计。尽管非物质文化遗产的定义强调的是"各群体",甚至"个人"在认定非物质文化遗产中的绝对重要性,但何曾有哪个文化事象是由于某个"群体"或者"个人"认为可以进入非物质文化遗产名录就进入了的,是专家及专家背后的现代制度性社会力量在决定着名录的制定。那个未曾有真正明确含义的评定标准,依然是由专家提出但内涵并不十分清晰的人类的"普遍价值"。"普遍价值"的内涵并未获得明确的表达以及现有的表述仍未得到人们的普遍认可,说明这是一个可以期待不同的文化来参与创造并不断丰富的领域。

各种遗产名录本身就是现代社会中多种社会力量为重构生活意义而进行的文化设计。这些设计的结果便是,日常生活中的某些文化事象原先的持有者不再可能是现代社会设计的结果的"遗产"的完全意义上的文化主体。承认这一点,就会发现,提出"还俗于民"②是对金钱可能产生的腐蚀性及原先的文化持有者文化权益丧失的担忧,其积极意义自不待言。然而,要真正做到"还俗于民"又是不可能的。因为被设计、被建构的"遗产"不完全是俗民的,它还是由包括国际组织、政府相关文化部门、文化精英在内的各种力量合力打造的。不但文化遗产的所有权不可能仅为传统文化事象持有者单独拥有,就是对遗产意义的理解也不再可能由原先的文化持有者来单独完成。

不是追求神圣性而是追求人类普遍价值特性,这是人们在全球化时代追求"天下大同"或"大同政治认同"的一个表征。许多传统文化事象的神圣性,由于现代社会不断加剧的个体化生活方式的发展而不断消失,并且大多是在沉默中消失的。只是当这些日常生活事象成为遗产,进入新的场域,或者说就是因为有了他者的在场,原本附着于其上的神圣性消失问题以及新的意义的产生问题才被凸显出来。恰如阿伦特所说,"人类事物的整个事实世界要获得它的真实性和持续存在,首先要依靠他人的在场,他们的看、听和记忆"③。

其实,文化的神圣性也并不神秘。"神圣的最简单的定义即'世俗的对立面'。"④

---

① 参见高丙中:《日常生活的现代与后现代遭遇:中国民俗学发展的路向与机遇》,《民间文化论坛》2006年第3期。
② 参见吕俊彪:《非物质文化遗产保护的去主体化倾向及原因探析》,《民族艺术》2009年第2期;吕俊彪:《神圣与世俗的通约:非物质文化遗产保护与发展的悖论性抉择》,《思想战线》2011年第2期。
③ [美]汉娜·阿伦特:《人的境况》,王寅丽译,上海人民出版社2009年版,第69页。
④ [美]米尔恰·伊利亚德:《神圣的存在:比较宗教的范型》,晏可佳等译,广西师范大学出版社2008年版,第429页。

涂尔干明确指出:"社会只要凭借着它凌驾于人们之上的那种权力,就必然会在人们心中激起神圣的感觉,这是不成问题的;因为社会之于社会成员,就如同神之于它的崇拜者。实际上,神首先被人们认为是高于人自身的一种存在,是人的依靠……而社会也给我们永远的依赖感。"①社会力量是神圣的,神圣的现象总是在特定历史时空中显现。正如伊利亚德所指出的,"印度人称某树为菩提树,在这棵特定的植物中显现的神圣仅对他们而言具有意义,那是仅对他们而言菩提树不仅仅是一棵树"②。事实上,"意义并不是自然留在事物上面的印记;它们是由人类发展出来并强加在事物上面的"③。如果忽视人的行动中的创造性对神圣性所产生的积极影响,将神圣性机械地视为只是社会制度和社会结构的直接结果,就不会看到任何神圣性都是随着社会历史变化而变化的。神圣性固然是由特定的社会所赋予的,而社会是发展变化的。"'社会'是作为社会集团、部分和阶级的不断变化的组合体出现的,没有固定的界限,也没有稳定不变的内部构造。"④任何文化事象的神圣性并不具有外在于历史的所谓内在一致性意义。社会的结构及经济模式等的变迁,也必然导致附着在文化事象上的文化神圣性的变化。

现代既是资本、信息、技术等在全球流动不断加速的时代,同时,"现代从一开始就是大移民的时代"⑤。现代社会的发展伴随着对乡村劳动力的不断抽取。无论是"圈地运动"时代的被迫,还是后来的主动,更多地保留传统文化的乡民在不断地离开乡土,进入城市。这必然导致文化的传承内容、方式以及意义等发生急剧变化。中国农村教育条件的不断改善、农村人口受教育年限的不断增加,使主要经营农业与牧业的少数民族人口越来越具有进入城市、参与主流经济活动的能力和可能性。在各种制度性障碍被逐步清除之后,非农化和城市化还将加速。10年来,由国家推行的撤点并校行动,使得差不多每天都有小学校在消失。在整合教育资源、提高教学质量的同时,亲情的断裂和乡土认同的迷失也是不争的事实。传统文化传承链条的断裂,使得许多日常生活事象的神圣性事实上难以为继。

从历史来看,众多的文化事象及其包含的神圣性的变化或消失是一种常态。人类学家格尔兹不接受将文化看作具体行为模式的复合体——一系列风俗、惯例、传统、习惯等,认为这种看法让人以为文化是机械的,"直到现在都是如此的状况一样"⑥。文化是变化着的。当然,"物是人非"或者"人是物非"确实可以使人产生"载不动"的"许多愁"。但也如伊利亚德谈到的,对大地母亲盖亚的崇拜,"在希腊流传甚广,但是随

---

① [法]爱弥尔·涂尔干:《宗教生活的基本形式》,渠东等译,上海人民出版社1999年版,第227页。
② [美]米尔恰·伊利亚德:《神圣的存在:比较宗教的范型》,晏可佳等译,广西师范大学出版社2008年版,第3页。
③ [美]埃里克·沃尔夫:《欧洲与没有历史的人民》,赵炳祥等译,上海人民出版社2006年版,第453页。
④ [美]埃里克·沃尔夫:《欧洲与没有历史的人民》,赵炳祥等译,上海人民出版社2006年版,第452页。
⑤ [英]齐格蒙特·鲍曼:《废弃生命——现代性及其弃儿》,谷蕾等译,江苏人民出版社2006年版,第32页。
⑥ [美]克利福德·格尔兹:《文化的解释》,纳日碧力戈等译,上海人民出版社1999年版,第51页。

着时间的推移，其他大地之神代替了她的位置"①。人们与其对一些传统的日常生活事象进入新的场域而导致神圣性的消失感到遗憾，不如更积极主动地为这些传统生活事象在现代社会中获得新的意义而努力探索。

三、发展：非物质文化遗产的日常生活化

产生于现代社会的非物质文化遗产要得到保护并实现发展，首先必须承担起联合国教科文组织关于非物质文化遗产的定义中明确提到的"促进文化多样性和激发人类的创造力"的历史使命。无论是先前作为日常生活的某些事象还是后来成为非物质文化遗产的项目，它们都不是"如如不动"的。真正的保护就是要使这些文化，无论是作为日常生活事象还是文化遗产，都能在变化中获得新的生机并发展下去。

大凡在民族村寨、乡间地头真正做过非物质文化遗产田野调查的人都应该会看到，许多非物质文化遗产生存的环境是不容乐观的，非物质文化遗产传承人的生活也大都不宽裕。为了使非物质文化遗产完好地传承下去，遗产的传承人能积极地传承这些文化，并且后继有人，就去让整个社会生活环境回到从前，让遗产还原为日常生活事象，是绝不可能的。从根本上说，使非物质文化遗产获得新的发展空间，传承人在承担传承非物质文化遗产重任的时候还能获得必要的收益，是更为实在的。

传统的日常生活空间已经改变且不可能复原，新的发展空间的探寻及创造更具积极的意义。在中国现实条件下，国家倡导并积极推进的文化产业发展和公益性文化事业发展这两个领域，为非物质文化遗产的保护及其价值的实现提供了广阔的空间。既尊重非物质文化遗产的传统特色，又使其具有面向未来的开放性，从而成为连接传统与现代的重要平台，是非物质文化遗产实现发展的基本路径。

社会的发展以及文化的发展所具有的重要性已为人们所认识。然而，社会的发展以及文化的发展包括各类文化遗产得到充分保护和合理利用，依然要以经济增长为条件。事实上，只有经济发展才能给人们创造超越经济制约的条件。包括非物质文化遗产传承人在内的所有人，只有能享受充足的物质供应才不必成天想着赚钱养家，才拥有了有尊严地活着的基本条件。基于此，合理利用非物质文化遗产获得经济利益是具有合理性的。必须看到，现代社会中，资本是"支配一切的经济权力，它必须成为起点又成为终点"②。经济可以体现为一种权力资本，其建构的方法与过程基本上是与社会文化的建构同步发生的。它型构着社会文化的同时，又为社会文化所型构。资本的牟利本性，使得资本在其运行过程中会产生各种负面影响，如日常生活中原本应该被用作发展手段的金钱有可能异化为发展的目的。因此，为了经济增长而进行的对非物质文化遗产的开发利

---

① ［美］米尔恰·伊利亚德：《神圣的存在：比较宗教的范型》，晏可佳等译，广西师范大学出版社2008年版，第230页。
② 《马克思恩格斯全集》第12卷，人民出版社1962年版，第787页。

用，必须直面经济增长的目的以及谁会从这个增长中获益的问题。一味谋求经济利益甚至只注重眼前利益的杀鸡取卵式的开发，以及置那些与遗产有着密切关系的日常生活事象的拥有者于不顾的开发等，都是不可取的。因此，社会效益优先必须成为对非物质文化遗产进行利用的基本原则。

充分利用非物质文化遗产在内的各种文化资源来发展文化产业，是社会主义市场经济条件下满足人民多样化精神文化需求的重要途径，是充分发挥市场在文化资源配置中的积极作用、激发全社会文化创造活力的必然要求。来自田间地头的"山民野夫"在现代特色十足的灯光音响下以"原生态"名义进行的表演，可以使人们服膺于他们所呈现的艺术的精彩。如"原生态"的《云南映象》歌舞展演，就是对传统文化资源进行合理开发运用的一个成功的典型案例。对于诸多标举"原生态"的各种开发活动，"原点在哪里"的提问并非质疑"原生态"的关键，甚至也不用质疑有没有原生态的文化这回事。"原生态"的提出，其实就是为了标举与现代生活方式的疏离，就是对现代经济增长方式的批判与反思。但那些"原生态"旗帜下的文化商品的成功，实际上包含了经济收益的获得以及对市场经济条件下现代展演方式的运用。

公益性的文化事业建设是非物质文化遗产得以保护和发展的另一个广阔的空间。将包括非物质文化遗产在内的各种优秀传统文化转变为公共文化事业的内容，并给以道义及经济上的支持，是具有重要意义的文化实践活动。这些活动事实上已经在不少地方积极展开。以这种方式对非物质文化进行合理利用，可以为不同地区提供与当地传统文化相联系的、更容易被当地人所接受的公共文化产品，从而丰富人们的文化生活。在这样的目的下进行的文化创新活动，还可能具有对各种文化事象进行更积极健康引导的可能。其更深层的意义还在于，可以使这些地方性的、属于"小传统"的文化逐步上升为构建"大传统"的文化因素。国家主导的文化振兴活动，就可能因为有大量的来自各地方各民族的文化因素而具有更为广泛的基础，也因为有来自各地方各民族更高的积极性和创造性而能够更好地开展。

非物质文化遗产在公益性文化建设中的又一个更重要的意义还表现在，为社会和谐发展提供丰富的文化符号资源。文化符号对于社会发展的意义在于，"社会生活在其所有方面，在其历史的各个时期，都只有借助庞大的符号体系才会成为可能"[①]。如多民族国家中的少数民族文化，以所在国国家文化的名义进入"世界遗产"名录，从根本上说就是将多元民族文化融合到民族国家的文化符号之中的结果，从而具有民族认同与国家认同相统一的意义。[②] 到2011年，中国已有36个非物质文化遗产项目进入人类非物质文化遗产名录（包括急需保护名录），有1219项文化事象被列入国家级非物质文化遗产名录。此外，还有更多的文化事象进入了省、市（州）、县等级别的遗产名录。这些丰富的文化遗产是中华文化光辉灿烂历史的写照，这些包含多民族丰富内涵的文化符号还是建设平等、团结、互助、和谐的民族关系的社会及文化建设的重要基础。

---

① ［法］爱弥尔·涂尔干：《宗教生活的基本形式》，渠东等译，上海人民出版社1999年版，第303页。
② 参见马翀炜：《世界遗产与民族国家认同》，《云南师范大学学报》（哲学社会科学版）2009年第5期。

四、结语

当今社会,"唯一的社会系统是世界体系"[①],对各种日常生活事象的意义的理解,都必须在此体系中进行。许多民族的日常生活事象进入非物质文化遗产名录,就是在客观上使诸多分属不同民族和地区的文化事象在超越民族和地域限制的层面并置,使这些特定的民族文化特性获得彰显,从而使这些文化有可能真正成为世界文化的一部分。

非物质文化遗产作为资源要素被制造成文化商品及被开发成文化事业的公共产品,都在客观上具有满足人们日益增长的精神产品需要的功能。这种合理利用既是经济行为,又是文化创新行为。这是非物质文化遗产能够"促进文化多样性和激发人类的创造力"的题中应有之义。非物质文化遗产在连接传统与现代的文化产业和文化事业发展平台上找到自己的位置,是其可持续发展的重要条件。只有当源自日常生活事象的非物质文化遗产,通过在文化产业和文化事业发展中发挥积极作用而回到日常生活,并以新的形式成为日常生活中有意义的事象的时候,人们对文化遗产进行保护的意义才能真正体现出来。此外,只有充分肯定对非物质文化遗产进行开发利用的正当性和必要性,才能进一步思考这些确实可以带来经济利益的非物质文化遗产的产权问题和文化发展中的社会效益问题。

---

① [美]伊曼纽尔·沃勒斯坦:《现代世界体系》,罗荣渠等译,高等教育出版社1998年版,第6页。

非物质文化遗产生产性方式保护中的几个问题

马盛德（文化部非物质文化遗产司）

一、我国非物质文化遗产保护现状和发现成就

"十一五"期间，我国非物质文化遗产保护工作的成就举世瞩目。截至2011年，有这样一些标志性的数字：第一，我国的非物质文化遗产资源有近87万项。这是经过近5年的全国性非物质文化遗产普查获得的。这意味着我们第一次对自己国家的非物质文化遗产资源有了数字化的概念。第二，国家级非物质文化遗产名录项目有1219项。这是文化部分3批组织评审报国务院批准公布的。第三，联合国"人类非物质文化遗产代表作名录"和"急需保护的非物质文化遗产名录"有36项。目前，我国是世界上入选联合国名录项目最多的国家。第四，国家级非物质文化遗产名录项目代表性传承人有1488人，文化部分3批评审认定。第五，设立国家级文化生态保护实验区11个。第六，建立国家级非物质文化遗产生产性保护示范基地41个。第七，中央财政累计投入非物质文化遗产保护专项资金14.99亿元。第八，我国第一部保护非物质文化遗产的法律《中华人民共和国非物质文化遗产法》（简称《非遗法》）出台。《非遗法》于2011年2月25日在全国人大高票通过，并于6月1日开始施行。这标志着我国非物质文化遗产保护工作全面进入依法保护的新阶段。以上这些数字充分表明我国非物质文化遗产保护事业的重大成就。

在近10年的非物质文化遗产保护工作中，我国按照"保护为主、抢救第一、合理利用、传承发展"的方针原则，逐步建立起比较完备的、符合我国非物质文化遗产特点的保护制度，如对非物质文化遗产的调查制度、建立非物质文化遗产名录的保护制度、非物质文化遗产项目代表性传承人的认定制度等；同时，积极开展非物质文化遗产的理论研究和政策研究，在实践中不断推进和完善。在保护工作中，我们提出了一些命题，探索了一些符合我国非物质文化遗产特点和规律的保护方式与手段，对非物质文化遗产保护工作的开展起到很好的指导作用。例如，针对处于濒危状态和传承困难的非物质文

化遗产项目，提出以抢救性方式保护，即运用现代科技手段将这些非物质文化遗产项目进行抢救性记录、拍摄、整理、保存、建档，建立有效的传承机制，力争保存、保护好这些代表民族历史记忆的文化遗产；针对非物质文化遗产中部分具有生产性质和特点的项目，提出以生产性方式保护，鼓励在具体的生产实践中使这些非物质文化遗产项目得到活态的传承和保护，同时在提高和改善人民生活方面发挥其积极作用；针对一些传统文化积淀丰厚、非物质文化遗产项目较为集中、特色鲜明、形式和内涵保持完整、自然生态环境保护良好的特定区域，提出以整体性方式保护，也就是设立文化生态保护试验区，在非物质文化遗产保护中建立起一种整体保护的思路和理念；为了非物质文化遗产保护事业的长远大计，使非物质文化遗产保护能够得到可持续发展，提出了立法保护的目标，使我国的非物质文化遗产保护事业最终进入了法制化的轨道，受到法律的有效保护；等等。在以上的保护方式中，"生产性方式保护"这一理念，引起人们更多的关注。

二、非物质文化遗产的"生产性方式保护"理念

非物质文化遗产"生产性方式保护"这一理念，是在我国非物质文化遗产保护工作进程中应运而生的，是针对非物质文化遗产中部分具有生产性质和特点的项目提出来的一种保护方式，如对传统技艺、传统医药中的药物炮制技艺和部分传统美术类非物质文化遗产项目的保护。几年来的实践证明，这一方式对具有生产性质和特点的非物质文化遗产项目的保护十分有益，在保护工作的实践中发挥了积极的作用。

"生产性方式保护"是我国非物质文化遗产保护方式之一。它要求在不违背传统手工生产规律和运作方式，保证其本真性、整体性、手工核心技艺和传统工艺流程的前提下，使传统技艺、传统医药药物炮制技艺、部分传统美术类非物质文化遗产项目在创造社会财富的生产活动中得到积极有效的保护。"生产性"是这类非物质文化遗产项目的共有属性。这些非物质文化遗产的文化内涵和技艺价值要靠人的手工创造来体现。只有在生产实践中，这些非物质文化遗产的传统工艺流程、核心技艺等才能得到保护、传承和弘扬。它的前提是生产性方式保护，而不是生产性方式开发，在生产与经营流通等环节，使此类非物质文化遗产项目得到有效、健康的发展，最终达到科学保护。这是这一保护方式的终极目的。这一保护方式与目前在文化创意产业领域中推行的生产经营模式有很大的不同。文化创意产业领域一般更注重产品的生产与经营理念，强调创意和创造，注重文化产品通过市场的生产与经营活动所取得的经济效益。非物质文化遗产保护领域则重点强调"保护方式"，更加关注"生产过程"，关注蕴含和体现非物质文化遗产核心技艺和文化内涵的环节——手工艺生产实践。在工作实践中往往容易混淆这两个概念，因而使一些非物质文化遗产项目的保护偏离正确轨道的现象时有发生。

三、坚守手工制作特色是"生产性方式保护"的底线

在开展"生产性方式保护"工作中，一定要坚守非物质文化遗产项目的手工制作技艺特色和传统工艺流程，这是开展此类非物质文化遗产项目保护工作的底线。同时，应更加关注生产过程，关注蕴含和体现非物质文化遗产核心技艺与文化内涵的环节。在生产实践中，一旦冲破这一底线，项目的制作工艺完全机械化、完全被现代工艺取代，就会断送这些非物质文化遗产的生命，丧失了它的文化价值和艺术魅力。

在对物质文化极度关注甚至崇尚拜金主义的当今社会，人们在物质方面的欲望与需求表现得愈加强烈，这一现象同样表现在非物质文化遗产生产性方式保护领域中。当前，在一些地区，不少人对非物质文化遗产生产性保护方式的理解出现严重偏差。一些地方只是一味地追求产品数量、经济效益，甚至大肆开发非物质文化遗产产品，以满足人们强烈的物质欲望。这些行为完全忽视了对非物质文化遗产核心技艺和文化内涵的认识，忽略了非物质文化遗产项目的手工艺生产实践环节，从而也丧失了非物质文化遗产产品所特有的民族文化内涵和艺术价值。近年来，市场上出现印刷品唐卡就是典型事例。一些成本和价格低廉、工艺粗糙、加工生产又很快捷的印刷品唐卡在市场上频频出现，严重冲击了传统手工绘制、以珍贵的天然矿物质作为原料的唐卡艺术市场。前者的特点是周期短、成本低、生产快，但毫无收藏价值；后者则周期长，投入精力很大，成本高，有很高的艺术审美价值和收藏价值。特别指出的是，手工绘制的唐卡，在绘制前画师要举行祭拜、洗礼等仪式，绘制过程中也处处体现对民族文化的虔诚之心和敬畏之感。这一点恰恰是唐卡艺术十分重要的民族文化内涵，也是它作为非物质文化遗产代表性项目最核心、最有价值的地方，更是我们在非物质文化遗产保护中最应珍视和关注的焦点。机械化生产唐卡则完全丧失了这些文化意义，彻底成为一味追求经济利益的行为。如果我们对这一现象熟视无睹，不加以制止并及时予以规范，必将给这一古老而技艺精湛的藏族绘画艺术的传承与发展带来不利影响，也背离了非物质文化遗产自身的发展规律和保护初衷。诸如此类的例子还有许多。

在非物质文化遗产项目的开发与利用问题上，我们要保持一种理性的思维，对祖先创造的这些伟大而优秀的文化遗产首先要保持敬畏之心，在对非物质文化遗产项目开发利用时要有所节制，把握好一种"尺度"，适度地开发利用，绝不能对一个有着悠久历史和较高文化价值的非物质文化遗产项目，像开采小煤矿一样那么粗野。遏制过度开发、盲目开发甚至大肆开发现象的发生，是我们保护工作的一个紧迫任务。

四、非物质文化遗产生产性项目的发展需要引入现代的设计理念

非物质文化遗产生产性项目的发展首先要立足于传统的遵守和保护上，这是这些项目能够成为民族遗产并在国家层面加以保护的根本和基础。这些非物质文化遗产生产性

项目的保护、传承与发展，必须与当下社会的发展和人们的生活紧密联系在一起。只有这样，我们的保护工作才能具有广泛的基础，才能顺应时代的发展。这就需要在传统的非物质文化遗产生产性项目的合理利用方面融入或引进现代的设计理念，关注当代人的审美心理和审美观念。在思路上，一手坚守传统，一手面向现代。在保留传统非物质文化遗产产品生产方式的基础上，要设计研发一些具有时代感和现代气息的产品，赢得年青一代的喜爱，从而在现代市场竞争中占有一席之地。

以国家级非物质文化遗产项目"衡水内画"的实践为例，传统的"内画"艺术主要生产各类鼻烟壶产品，但鼻烟壶的传统功能早已发生重大变化。而今，在保留传统工艺和绘画技艺的同时，产品的生产需要有所创新，要研发一些新样式和新功能，这样才能使这一传统项目得以有效地传承和保护。目前，该项目设计生产了精美的女性化妆盒、各类香水瓶、微型的个人肖像瓶及其他装饰性和观赏性较强的工艺品等新产品，将鼻烟壶的原有功能进行转变，赋予了它新的内容，注入新的活力。产品远销欧美等地，受到人们的欢迎。同时，也产生了很好的经济效益和社会效益。这是一个值得认真总结和关注的发展思路。

一个好的产品需要有很好、很独特的个性化包装和装饰，这是产品进入现代市场不可忽视的重要环节，也是现代人类社会消费生活中十分重要的内容。现在，不少非物质文化遗产产品内容很好，但缺乏好的包装，缺乏艺术的点缀，与内容很不相称，因而严重影响了非物质文化遗产产品的市场。目前，我国非物质文化遗产生产性项目的产品包装工艺普遍比较滞后，层次较低，有的包装过于单一甚至较为简陋，缺乏新意和民族特色，严重影响了作品的效果，不能起到提高作品品位、提升作品影响力的作用。如我国一些优秀的土家族、侗族、壮族、黎族等少数民族织锦技艺，在生产过程中很好地坚守了项目的传统技艺、传统样式，产品十分精美，但由于一些产品包装相对单一、简陋，缺乏民族特色和个性化色彩，市场的发展受影响，产品的经济价值也不能达到理想的水平。还有一些民间美术类作品的装饰也是如此，因包装工艺水平较低，不能很好地提升作品的内涵，作品的前景受影响。这是一个值得关注的问题。要解决这一问题，需要专业设计专家、非物质文化遗产专家和传承人的共同介入，需要政府管理部门的正确引导和有力支持。

生产性方式保护，是我国非物质文化遗产保护工作的重要方式之一，也是符合非物质文化遗产自身传承规律的保护手段。只要我们在实践中注意研究、总结，遵循遗产规律，把握方向，注意引导，就一定能够在带动地区经济和社会发展、改善人民生活方面发挥其积极作用。

文化生产与非物质文化遗产生产性保护

宋俊华（中山大学）

一、问题的提出

在联合国教科文组织《保护非物质文化遗产公约》中，非物质文化遗产保护概念的核心是"采取措施，确保非物质文化遗产的生命力"。由于人们对"非物质文化遗产的生命力"存在不同的理解，在"如何确保"这个问题上最初就产生了两种截然不同的路线：一是保守路线，强调非物质文化遗产的"本真性"和"原生态"，认为继承、传承大于发展、创新，坚持遗产文化本位，反对遗产商业化、产业化，尤其对借保护之名进行的遗产开发深恶痛绝；二是激进路线，强调非物质文化遗产的"变化性"和"活态性"，认为发展、创新就是继承、传承，坚持遗产与时俱进，肯定遗产的商业化、产业化。当然，在非物质文化遗产保护初期，保守路线是占主导地位的，"抢救""保存""保护""传承""原生态"是其关键词。激进路线虽然已有人提出，但处于相对劣势的地位。

无论是保守路线还是激进路线，在实践中都遇到了问题。激进路线过于强调遗产在现代生活尤其是经济发展上的价值，从本质上颠覆了遗产传承的意义，与联合国教科文组织保护遗产的宗旨大相径庭。保守路线遇到的问题则更为棘手，它涉及人类保护遗产与社会发展的平衡协调问题，即遗产保护投入的"度"的问题。保守路线对非物质文化遗产的保护往往强调两种方式：一是"物化"，即通过现代科技手段将在现实中已缺乏存在基础的非物质文化遗产转化成物质遗产，使其"生命力"以另一种方式存在；二是"环境稳定"，即通过"生态博物馆"或"生态保护区"建设，保持非物质文化遗产原有的生存环境的稳定，以保证非物质文化遗产在适应的环境下的生命力。但这两种方式都面临两个难题：一是资金问题，二是传承人人权（包括选择权、发展权）问题。中国文化部副部长王文章在2010年6月2日国务院新闻办公室举行的新闻发布会上讲道："初步查明，全国非物质文化遗产资源总量共87万项。建立了较为完善的国家、省、市、县四级非物质文化遗产名录体系。2006年和2008年国务院公布了两批1028项国家级非物质文化遗产名录，命名了国家、省、市、县级非物质文化遗产项目代表性传承人。

2007—2009年评定并公布了三批共1488名国家级非物质文化遗产项目代表性传承人。命名了闽南文化、羌族文化、客家文化（梅州）、武陵山区（湘西）土家族苗族文化生态保护实验区等6个国家级文化生态保护实验区。稳步推进非物质文化遗产专题博物馆和传习所建设。逐步加强各级非物质文化遗产保护工作机构和队伍。中央和省级财政已累计投入17.89亿元用于非物质文化遗产保护，确保了非物质文化遗产保护工作的顺利开展。"①可见，国家需要保护的非物质文化遗产数量十分庞大，而且每年还不断有新的项目增加。如果这些非物质文化遗产全部采用上述两种保护方式，必然需要不断投入巨量资金才能维持。即使国家和地方政府有足够的资金，愿意且能够把所有非物质文化遗产及其传承人养起来，但是遗产传承人及其所在地的人民是否愿意这样做，是否愿意放弃自我发展的权利，仍是一个不确定的问题。

在这样的背景下，一个折中保守路线与激进路线的新路线——生产性保护便出现了。生产性保护的概念尽管早已有人提出，但真正被大家认可则相对较晚。2009年9月11—13日，由文化部和江苏省政府主办，中国非物质文化遗产保护中心、江苏省文化厅、苏州市人民政府和吴中区人民政府共同承办的"非物质文化遗产生产性保护座谈会暨第三届非物质文化遗产保护论坛·苏州论坛"在苏州举行。会议的主题是：总结交流近年来非物质文化遗产生产性保护的经验，研究探讨非物质文化遗产生产性保护的相关优惠政策，文化生态保护区建设及非物质文化遗产专题博物馆、展示馆和传习所建设的理论与实践。在这次会议上，文化部副部长周和平的发言为会议定了基调。他肯定了非物质文化遗产生产性保护的必要性和可行性，强调了非物质文化遗产生产性保护要适应时代的要求。中国文化部非物质文化遗产司副司长马盛德也在2011年"文化遗产日"接受记者采访时说："中国实施非物质文化遗产保护中，主要采取抢救性保护、生产性保护、整体性保护、立法保护四种重要方式。"显然，非物质文化遗产生产性保护已是官方认可的一种方式。那么，生产性保护是否可以成为确保非物质文化遗产生命力的灵丹妙药呢？

二、文化生产原理是非物质文化遗产生产性保护的基本依据

安葵在《传统戏剧的生产性保护》一文中说："非物质文化遗产的生产性保护是指通过生产、流通、销售等方式，将非物质文化遗产及其资源转化为生产力和产品，产生经济效益，并促进相关产业的发展，使非物质文化遗产在生产实践中得到积极保护，实现非物质文化遗产保护与经济社会协调发展的良性互动。"②吕田品在《重振手工与非物质文化遗产生产性方式保护》中从手工技艺保护的角度解释了"非物质文化遗产生产

---

① 《全国非物质文化遗产87万项　政府投17.89亿保护》，2010年6月2日，http://news.sohu.com/20100602/n272515635.shtml。

② 安葵：《传统戏剧的生产性保护》，《中国文化报》2009年11月27日。

性保护"。"所谓'生产性方式保护',便是切合手工技艺存在形态和传承特点,可以不断'生产'文化差异性的一种生态保护方式,或者说,这其实就是努力遵循非物质文化遗产自身规律的社会文化实践。"① 显然,学界对非物质文化遗产生产性保护概念的认识并不统一。

非物质文化遗产生产性保护建立在非物质文化遗产生产基础之上。非物质文化遗产生产本质是一种文化生产。所以,应该从文化生产的角度来认识非物质文化遗产生产性保护的内涵与理论依据。

生产是人类为了满足生存和发展需要而从事的实践活动。人类生产是人类为了满足自身生存与发展需要而从事的实践活动。从满足人类需要的内容来分,人类生产包括:①满足人们衣、食、住、行等需求的物质生产;②满足人类世代延续的人自身的生产,即种的繁衍;③满足人们文化生活需求的精神生产。马克思和恩格斯在《德意志意识形态》第1卷第1章中,将这三种生产分别称为"自己生命的生产""他人生命的生产""思想、观念、意识的生产"。从生产满足人类需要的方式来分,包括自给自足的生产和商品生产。

文化生产是人类为了满足人们文化需求的精神生产。著名人类学家泰勒(Edward Burnett Tylor)这样给文化下定义:"文化或者文明就是由作为社会成员的人所获得的,包括知识、信念、艺术、道德法则、法律、风俗以及其他能力和习惯的复杂整体。就对其可以作一般原理的研究的意义上说,在不同社会中的文化条件是一个适于对人类思想和活动法则进行研究的主题。"② 文化生产是人类在物质生产与种的繁衍基础上发展起来的,也是人类与动物最本质的区别之一。文化生产以满足人类的文化需求为核心,其产品有两种形态。一种是文化物质,表现为有形的物质的文化产品,如文学作品、绘画作品、雕塑作品、电影作品等;另一种是文化精神,表现为无形的精神的文化产品,如思想、观念、习俗、技艺等。文化生产既是一种独立的生产(如文艺创作),又与物质生产和种的繁衍相伴随,你中有我,我中有你(如在传统农业生产中发展起来的传统种植知识、习俗、节庆、技艺等,在种的繁衍过程中发展起来的生殖崇拜、生殖礼仪等)。可见,文化生产是十分复杂的实践活动。

文化生产与物质生产一样,是随着生产力水平的发展变化而不断发展变化的。从技艺来看,有手工技艺生产、半机械半手工技艺生产、机械化技艺生产、智能化技艺生产;从生产方式来看,有农耕(含渔猎)文化生产、工业文化生产、后工业文化生产等;从文化生产满足人的需求的方式来看,有自给自足的文化生产、用于交换的文化生产、作为资本的文化生产;从文化生产主体角度看,有个体、群体、集体的文化生产;从文化生产自觉性角度看,有不自觉的文化生产、自觉的文化生产等。从某种程度上讲,今天文化生产、文化产业的概念,脱胎于法兰克福学派提出的"文化工业"的概念。"文化工业"这一概念由霍克海默和阿多诺首先在《启蒙的辩证法》一书中提出,

---

① 吕田品:《重振手工与非物质文化遗产生产性方式保护》,《中南民族大学学报》(人文社会科学版)2009年第4期,第5页。
② [美]马文·哈里斯:《文化人自然——普通人类学导引》,顾建光、高云霞译,浙江人民出版社1992年版,第136页。

其含义是指战后资本主义使得娱乐和大众传媒变成工业，在推销文化商品的同时操纵了大众的意识。霍克海默和阿多诺最初在使用"文化工业"这一概念时，显然是故意要造出一种"震颤"（frisson）效果，把两个属于完全不同领域的词组合在一起。从其更深的含义来理解，霍克海默和阿多诺使用这一概念时所蕴含的是，马克思对于商品生产的普遍批判可以被应用于符号产品的生产，尤其是具有审美的、转移作用的和意识形态的"使用价值"的产品的生产。因此，文化工业同任何其他资本主义工业一样，为了竞争，同样在使用"异化"劳动，同样在追求利润，同样在依赖技术。① 它只是众多文化生产形态中的一种。

非物质文化遗产是文化的组成部分，是人类个人、群体、集体所创造并为后代人不断传承的活态的精神财富。相对于物质文化遗产，它具有传承性、精神性、活态性、实践性等特点，是在人类世代实践中存在的精神财富。非物质文化遗产是人类实践即非物质文化遗产生产的产物，而非物质文化遗产生产在本质上是遵循文化生产的基本原理的。从这个意义上讲，非物质文化遗产的生产性保护，就是把非物质文化遗产置于其赖以产生的生产实践中去保护，通过人类的生产来保护非物质文化遗产。所以，"非物质文化遗产的生产性方式保护，是一种更具生命力和延续性的保护和传承方式"②。

非物质文化遗产生产与文化生产一样，形态是多种多样的：有自给自足式生产，有商业生产；有分散的个体生产，有社会化生产；有手工生产，有半机械化生产、机械化生产与智能化生产等。因此，非物质文化遗产的生产，究竟采用哪种方式，要具体问题具体分析。让非物质文化遗产回到自身的生产中，这是确保非物质文化遗产生命力的有效途径。生产的最终目的是消费，无论是直接消费还是通过商品交换后的间接消费。消费是非物质文化遗产生产是否存在和可持续的决定要素。"需求决定了生产和发展，对非物质文化遗产保护来说也不例外。"③ 非物质文化遗产在满足消费问题上应该以什么人的消费和什么样的消费为主呢？这直接决定了非物质文化遗产生产的目的和方式。从非物质文化遗产的本质而言，非物质文化遗产生产应该以其所有者和传承人的消费需求为先、为主，在此基础上，才可以考虑其他人的消费需求。

当然，大家当下谈论最多的非物质文化遗产生产是现代的产业化生产，因为人类生产发展到今天，社会化和规模化的现代产业成为主导。非物质文化遗产能否走现代产业化发展道路也不是绝对的，有的可以，有的不行，不能一概而论。

三、生产与消费的错位是非物质文化遗产生产性保护的实践难题

生产的最终目的是消费。自给自足的生产，生产与消费的关系是直接的，消费需求

---

① 参见萧俊明：《法兰克福学派的文化理论与文化解读》，《国外社会科学》2000年第6期。
② 谭宏：《对非物质文化遗产生产性方式保护的几点理解》，《江汉论坛》2010年第3期，第131页。
③ 张志勇：《众多专家学者呼吁——非物质文化遗产应注重生产性方式保护》，《中国艺术报》2009年2月13日。

直接决定了生产规模和形式。用于交换的生产，生产与消费的关系是间接的，中间往往经过交换或销售环节，消费需求要通过中间环节的传导才能影响到生产，其对生产的影响是间接的。非物质文化遗产生产的最终目的也是消费，有自给自足的生产与消费、用于交换的生产与消费。通常我们把自给自足的非物质文化遗产生产与消费归于文化事业的范畴，把用于交换的非物质文化遗产生产与消费归于文化产业的范畴。由于文化本质的精神性、共享性，自给自足的文化生产与消费，实质也可以纳入文化产业的范畴。

生产与消费的关系采用何种模式，直接决定着非物质文化遗产的生产方式和非物质文化遗产生产性保护的效果。一方面，非物质文化遗产的遗产性，决定了非物质文化遗产在生产上具有代际性。非物质文化遗产传承人传承的前代人的遗产生产成果，其实是前代人从事的遗产生产实践活动，也就是说，传承人传承着祖辈相同或相似的遗产生产实践，这是非物质文化遗产的内在规定性。但是，前代人在从事同一非物质文化遗产的生产实践活动时对非物质文化遗产的价值观念和消费需求，与后代传承人的价值观念和消费需求并不必然一致，这就造成非物质文化遗产生产与消费的时间性错位。另一方面，非物质文化遗产作为人类文化多样性的具体体现，往往具有地域性、民族性特征。但是随着非物质文化遗产观念的提出和各级名录的产生，其作为人类文化遗产的共性和作为异域、异民族文化消费对象的特征也愈来愈凸显，这就造成非物质文化遗产生产与消费的空间性错位。

非物质文化遗产生产与消费时空错位的集中表现，就是非物质文化遗产事业性与产业性的紧张和冲突。尤其在人类产业由传统农业、工业、服务业向文化产业转变的今天，文化作为可持续利用的资源，愈来愈受到重视。这直接影响了人们对非物质文化遗产及其生产性保护的认识，加剧了非物质文化遗产生产与消费的时空错位。

非物质文化遗产生产性保护的核心是保护，生产是实现保护目的的方式。非物质文化遗产保护的目的是维护文化的差异性。"文化差异性构成支持各民族社会生活和谐而持续展开的基本条件，是民族生存体系的核心价值。"然而，"大工业生产方式是拒绝差异性的。它割裂了空间和时间在人的劳动过程中的自然统一，消除了各自的局限性。其分裂的'时-空'结构排除了时间绵延和空间变化所造成的复杂性，免除了对付和处理这种复杂性的经济学负担。在现代生产过程中，'劳动'被作为一种具体的制造活动而预先以数学方式加以描述和设定，所有的东西都在理性规划中被明确化，所有的偶然因素都被这种理性的逻辑所排除。针对具体制造目标而展开的'劳动'，形成一个封闭而稳定的循环运动体系，'生产力'的运行情况尽在预先的掌握之中。这一切确保了资本投入的一次性和准确性，具有极大的生产效率和经济效益。'标准化'是大工业生产方式的核心技术力量，它根本排除并竭力消除所有'文化差异性'"[①]，"产业化要求有规模、有标准，但文化要求有个性，要求独特、差异"[②]。

---

① 吕田品：《重振手工与非物质文化遗产生产性方式保护》，《中南民族大学学报》（人文社会科学版）2009年第4期，第4页。

② 徐艺乙：《非遗保护：重新发现"手"的价值》，《东方早报》2009年2月16日。

四、文化生产法则是非物质文化遗产生产性保护的不二法门

文化生产与物质生产和种的繁衍不同，它有自己的法则。非物质文化遗产生产性保护要遵守文化生产的法则，主要有以下几点：

（一）非物质文化遗产生产性保护的出发点和落脚点是确保非物质文化遗产的生命力，也就是让非物质文化遗产的生产代代相传

非物质文化遗产生产的本质是文化生产，生产的初衷和目的都是为了确保非物质文化遗产的生命力和有效传承，确保人类世代享用。那么，如何体现非物质文化遗产的生命力？从本质上言，非物质文化遗产是某个民族、地区的文化传统，其生命力是以其所属民族、地区的人的需求为本的，不能绝对以其跨民族、跨地区传承与传播的范围、需求人数的多少、经济效益的好坏来衡量。只要确保非物质文化遗产在其所属民族、地区仍然在生产与消费，就足以证明其生命力的存在。让非物质文化遗产活态存在于其所在的民族、地区的文化土壤中，是非物质文化遗产生产性保护的基本法则。

（二）非物质文化遗产生产性保护的方式要因项目制宜，不能一概而论

非物质文化遗产生产的方式是多种多样的，也是不断发展变化的，没有统一的模式。有的是一直用手工生产，有的是从手工生产发展成机器生产；有的是直接生产，有的是间接生产；有的一直是为直接消费而进行的生产，有的发展成商品或资本生产；有的强调个性生产，有的要求规模化生产；等等。不能用一种模式来要求。中国非物质文化遗产保护中心副主任田青说："在西方一些后工业化国家，人们已经重新发现了手的价值，最精致的西装，都是手工缝制的，最有价值的玻璃，都是当场吹出来的。"[①] "非物质文化遗产的传承，除了技术层面的需求外，还具有思想、心灵、精神等方面的诉求愿望。因为非物质文化遗产生产不同于工业化生产的过程，本身有着强烈的个人手工性质，存在着深刻的精神需求。"[②]

（三）非物质文化遗产的生产性保护要以传承人为主体，充分尊重传承人的愿望

非物质文化遗产是不断变化创新的。但是，某种具体的非物质文化遗产是否需要变化和创新，是否需要走现代产业道路，不仅取决于这种遗产的本质和规律，而且取决于它的传承人的需要。

（四）非物质文化遗产的生产性保护要依法进行，充分尊重遗产所有人的知识产权、发展权

从产生和传承过程来看，非物质文化遗产是一个国家、民族或地区的人在长期生产生活实践中集体产生的，有的有明晰的个人产权，有的只是呈现为集体产权。一方面，对于有明晰产权的非物质文化遗产进行生产性保护的过程中，要按照知识产权等相关法规，依法生产，使非物质文化遗产生产性保护规范化、法制化；另一方面，对于只有集

---

① 张志勇：《众多专家学者呼吁——非物质文化遗产应注重生产性方式保护》，《中国艺术报》2009年2月13日。
② 赵农：《非物质文化遗产与生产性保护》，《文艺研究》2009年第5期。

体产权或者产权不够明晰的非物质文化遗产生产，要及时研究制定出相关的法规，以确保遗产所有人的权益。

五、结论

非物质文化遗产保护是基于现实、着眼于未来的系统工程，目的是维护人类文化的多样性存在，确保文化享用代际公平和文化可持续发展。非物质文化遗产保护就是确保其生命力。在这个问题上，保守派认为现代记录技术的"物化"手段和生态区建设的"环境不变"方法可以确保非物质文化遗产"活着"存在；激进派则认为非物质文化遗产的活态性、资源性证明与时俱进的产业开发是保护的有效手段。生产性保护是对二者的折中，强调从非物质文化遗产发生本质即生产中去探索保护方法，是一种符合非物质文化遗产本质的可持续性的保护方式。但在使用这种方式时，要注意非物质文化遗产的特殊性，要因项目制宜，要尊重传承人的愿望，要充分考虑遗产产权等问题。

定位分层、核心传承、创意重构

——非物质文化遗产生产性保护的若干思考

陈勤建（华东师范大学）

"生产性保护"是当前我国非物质文化遗产保护的基本方式之一，也是使非物质文化遗产融入现代社会生产生活实践的最直接与现实途径。当然，这一实践与保护方式也是当前备受争议的话题。有的学者认为，非物质文化遗产保护走产业化路径盘活，发展了文化遗产，对遗产保护大有裨益；有的学者认为产业化的"集约、批量、自动化"的做法会使遗产保护发生偏离，给遗产保护带来负面影响，给权衡"保护"与"发展"的有效性带来困惑；持中立态度的学者认为，如传统技艺类非物质文化遗产以商业经营的方式获取可持续发展是可行的，但商业化经营不等于产业化。如此种种观点，众说纷纭，如何解决？笔者认为，对于我国纷繁庞杂的非物质文化遗产项目来说，不能一概而论，应具体问题具体分析，逐步采取定位分层、核心传承、创意重构、市场培育的分析方法与实践过程，才能更加靶向和有效地解决非物质文化遗产保护中的实际问题。

一、定位分层是前提

现今所提及需要进行"生产性保护和产业化"的非物质文化遗产项目，一般来说主要指非物质文化遗产中的传统技艺类项目，广义可包括表演艺术类。因我国非物质文化遗产数量庞大、类目众多，具体在现实中的差异很大。如龙凤旗袍、老凤祥黄金饰品、茅台酒、国窖1573等列入"中华老字号"或"日常生活需求"的制作技艺类非物质文化遗产项目，其原本就是市场中的热门商品，生产性保护的需求和迫切性似乎并不是很大；而上海顾绣、嘉定竹刻、鲁庵印泥等体现中国传统文人文化审美的极为精致的非物质文化遗产项目，历史上原本就不是商品生产，只是文人旨趣结合民间传统艺术形式的优秀遗产成果，其相对来说"高端化"、精致化，制作耗时耗力。随着社会的转型、现代化进程的加速和外来文化的渗透，这些代表中国传统文化资源的非物质文化遗产似乎已经失去了往日的光环和生存空间，精湛的技艺也由于后继无人而不可逆转地在失传，整个行业面临人去艺绝、后继无人的窘境。至于昆曲、京剧、越剧等戏剧表演艺术，原本是市场娱乐消费项目，在人们消费方式发生改变、休闲娱乐途径日益多样化的今天，呈现渐趋萎缩之态。现有剧团、舞台或政府的供养，以及一部分怀念和留恋中国传统艺术的爱好者的支持，才使其免于走向消亡的命运。

由以上举例可知，对于我国数量众多、独具特色的非物质文化遗产项目，如果不加以分析，而皆以"生产性保护"或"产业化"的路径作为指导，其结果很有可能是盲目发展、适得其反。因此，运用一定的理论与原则对这些非物质文化遗产进行分层就是非物质文化遗产保护的原则与前提。遗产经济学的理论与实践正适用于这些传统文化遗产项目的保护、传承与发展。

1999年，联合国教科文组织在马来西亚召开了一次名为"遗产经济学：联合国教科文组织关于亚太地区历史遗产的适应性再利用"（The Economics of Heritage：A UNESCO Conference / Workshop on the Adaptive Re-Use of Historic Properties in Asia / Pacific）的会议，集中了物质文化遗产保护和经济学研究诸领域的许多专家学者。会上主要探讨了亚太地区持续增长的物质文化遗产保护需要，以及这种保护如何成为有效的经济和社会政策。

文化遗产经济学是运用经济学的知识、理论和方法评估物质文化遗产的经济价值，研究探讨维护物质文化遗产的成本和潜在的经济效益，帮助政府制定合理的文化经济政策的学问。它自20世纪80年代以来逐步形成，目前尚未成为一门成熟的独立学科，学界对"文化遗产经济学"的概念也尚未达成一致。因此，这门学问尚处于实践研究阶段，理论体系不够完善。但它对文化遗产经济价值和经济因素在文化遗产问题中的重要作用的关注，使得这一研究活动在国际上得以发展，理论积累不断深化，因而具有很大的发展与上升空间。作为文化遗产学和经济学交叉而形成的学科，它不仅研究文化遗产经济，也研究遗产经济对文化遗产保护、传承的作用和影响。非物质文化遗产作为文化遗产的重要组成部分，具有文化遗产所有的性质与特点，因此文化遗产经济学当然不仅适用于物质文化遗产保护，也适用于非物质文化遗产保护。从这个意义上说，构建非物质文化遗产经济学视角也可为非物质文化遗产保护提供一条有效路径。

根据联合国教科文组织《保护非物质文化遗产公约》中的定义，"非物质文化遗产"指被各社区、群体，有时为个人，视为其文化遗产的各种实践、观念表述、表现形式、知识、技能以及相关的工具、实物、手工艺品和文化场所。亦即符合以下几个标准：①是某一地域人类杰出的文化的遗存；②有深厚的历史渊源；③与现实社会生活文化有着一定的联系；④有独特的表演力或技艺；⑤处于濒危状态。非物质文化遗产还有唯一性或稀缺性、公共产品性、成本性、自然垄断性等主要特征，且有一定的文化价值、经济价值（包括直接使用价值，如文化消费或交易方面的价值和非使用价值）和增值价值。

从生成形态来看，非物质文化遗产实际上主要分为两大类，即具有艺术展演性质的表演艺术（如歌谣、戏曲、音乐、舞蹈等）和由生产性方式构成的传统工艺技能（如刺绣、雕刻、酿造、陶瓷制作、染织、漆器制作等手工艺）。后者也可称为"生产技艺类非物质文化遗产"。我们可参照文化遗产经济学的理念，对这一类项目进行分类指导的探索。非物质文化遗产项目的价值判断，即"定位分层"，具体分为以下几种类型：

①直接使用价值不大，文化价值特高的非物质文化遗产项目，建议由社会公共文化资金承担全面保护。

②有间接价值或一定的文化价值的，须投入一定数量的公共配套资金进行生产性方式的保护。一般来说，这种保护方式适用于历史上原本不作为商品的非物质文化遗产项目，上海顾绣就是这一类的典型代表。

顾绣，又称"画绣"，以名画为蓝本。技法精湛，形式典雅，是顾绣最鲜明的特征。顾绣由明嘉靖三十八年（1559年）松江府进士顾名士之家眷缪氏、韩希孟、顾玉兰三位女性创造、发展和传播。赋予"画绣"艺术灵魂的，却是明代松江画派文人画的领军人物董其昌。他在绘画、书法、鉴赏、画论等领域皆为当世翘楚，以其与顾家的密切关系和自身的深厚影响力，使顾绣成为松江画派文人画在针刺艺术上的延伸。顾绣正是以松江画派文人画理论为宗旨，创造出"画绣结合"的刺绣风格，锻造它在中国工艺美术史中的卓越地位，并对江、浙、湘、蜀等地各流派的刺绣艺术产生深远影响。由此，崇祯《松江县志》称："顾绣斗方做花鸟，香囊做人物，刻画精巧，为他郡所未有。"此间，董其昌的倡导与实践指导自然功不可没。在中国，刺绣的源头可以追溯到几千年前。但顾绣技艺不是一般农妇村姑所能胜任的手艺，它是明代上海城市化历史进程中闺阁刺绣与文人画的巧妙结合。除了必须具备精细高超的刺绣技艺外，一定的美术功底和诗情画意熏染之眼光与心灵，是达到这一境界的绝好武器。韩希孟绣品传世之作仅存20幅，其中，4幅珍藏于上海市历史博物馆，8幅藏于北京故宫博物院，还有8幅藏于沈阳故宫博物院。其中，藏于北京故宫博物院的8幅方册，乃是韩希孟于崇祯七年（1634年）绣成的，世称《韩希孟绣宋元名迹册》，上绣"韩氏女红"朱红绣章，对页有董其昌题跋，册尾有顾寿潜题记与"韩希孟"款识，为顾绣极品，体现出极高的艺术水准。然而，顾绣虽技法外传，却并未真正普及民间。因其作为"画绣"，制作耗时长，人员须有书画修养，难获真正普及。况且，"画绣"乃民间绣艺与士大夫文化结合的产物，一旦离开松江画派的审美土壤则失其精髓，即使勉强得其技者，大多又由纯观赏性艺术珍品变为日用工艺。随着顾氏后继乏人，顾绣之名虽盛而"画绣"真谛却在上海几近绝迹。2006年5月20日，国务院批准将顾绣列入第一批国家级非物质文化遗产名录，对这一传统绣艺进行保护和传承，以抢救濒临失传的绝技。随着该文化遗产项目代表性传承人的认定和工作室的建立，政府对顾绣艺术的保护和抢救已初见成效。另外，上海顾绣文化发展有限公司的成立，也为顾绣的拯救、传承和发展提供了生产性保护与市场化的渠道和载体。因而，对这一类原本在历史上不是大量生产，但具有极高文化价值的非物质文化遗产，投入一定的资金进行生产性保护是比较恰当的。

③至于有直接使用价值和一定文化价值的非物质文化遗产项目，可基本采用"生产保护"的方法。这其中很大一部分都是被列入"中华老字号"或"日常生活需求"的非物质文化遗产项目，如制作技艺类的龙凤旗袍、老凤祥黄金饰品、茅台酒、国窖1573等，它们原本就是市场中的热门商品，迄今为止还畅销于市场。对这一类非物质文化遗产项目，可继续顺其自然地进行生产，只在核心技艺的传承发展中给予一定的政策资助与指导。

通过定位分层的方法对非物质文化遗产进行分析研究，间接地实现了为市场中的买卖双方细分和制订营销策略的步骤。当然，项目的价值分析离不开有关专家学者的论证和指导，其核心原则在于考量非物质文化遗产在当今社会文化氛围下民众日常生活中的需求程度，因此，定位分层是非物质文化遗产生产性保护实践的必要前提。

二、核心传承是重要原则

对所要保护的非物质文化遗产进行定位与分层之后，接下来应该进入保护的具体实践阶段。非物质文化遗产是指各种以非物质形态存在的与群众生活密切相关、世代相传的传统文化表现形式。其关键词为"传统"。关于"传统"，美国著名社会学家爱德华·希尔斯（Edward Shils）在其著作《论传统》中着重指出："一个社会不可能完全破除其传统，一切从头开始或完全代之以新的传统，只能在旧传统的基础上对其进行创造性的改造"，"那些对传统视而不见的人实际上正生活在传统的掌心之中，正如同当他们自认为真正理性的和科学的时候，并没有逃出传统的掌心一样"。然而，传统却并非静止的、一成不变的。英国学者霍布斯鲍姆（E. J. Hobsbam）与兰格（Terence Range）的《传统的发明》一书由威尔士的民族服装、苏格兰的典籍再造、英国皇家仪式变迁、英国统治下印度庆典礼仪的变化、非洲民族对英国中产阶级生活方式的模仿以及1870—1914年英、法、德三国民族节日和大众文化方面的变化等6个个案研究组成，用翔实的材料与生动的叙述向我们揭示，传统不是古代流传下来的不变的沉寂，而是当代人活生生的创造。这本著作给我们的启示是：所谓的传统，有时是被创造出来的。实际上，任何传统在特定时代的文化生态中，总是在继承中有所创造，在历史进程中总是有所保存、扬弃和发展。若是过分强调保持传统，和现实的文化生态发生背离，又或者重塑得过多而脱离原有的基础，和现实的民俗生态不符，都会丧失生存的动力，从而走向失控之态。非物质文化遗产传统技艺或表演艺术便处于这样一种境遇之中，它们经过三代以上的传承，其间又受多种因素的影响而有所变化。如果现在还是保护维持其一成不变的原来状态是不现实的，也将阻碍这些传统技艺的发展和进步。如何对这些"传统"进行合理的保护和发展，关键是对其核心技艺和技术的原真性的保护与传承。非物质文化遗产都有其传承的核心技艺，我们对某项非物质文化遗产的认知和认同也主要来自其核心技艺的独特表现，其核心传承的要素便在于此。

以泸州老窖酒传统酿造技艺为例，这一国家级的非物质文化遗产是国人心中著名的白酒文化品牌，承载了一代又一代人对传统文化资源的记忆与认同，在国际上也享有盛誉，具有悠久而辉煌的发展历史。1915年，泸州老窖300年老窖池产出的泸州大曲酒一举荣获国际巴拿马奖而享誉全球。1952年，泸州老窖被评为中国最古老的四大名酒之一，列为浓香型大曲酒的典型代表。1996年，泸州老窖400年窖池群以其长期不间断的连续酿酒奇迹，被国务院列为全国重点文物保护单位，成为世界罕见的活文物。2006年5月20日，国务院公布了第一批国家级非物质文化遗产名录，传统手工技艺类中有关酿造业的有6项，泸州老窖酒酿制技艺名列其中。自此，泸州老窖成为首个拥有国家级双文化遗产的白酒品牌。2008年，泸州老窖全球首发"国窖1573"定制酒，中国首款高端定制白酒问世。推出第一年，价格不菲的800坛定制原酒很快售罄，受到舆论的大力关注和社会热烈追捧。"国窖1573"的热卖表明了国家级非物质文化遗产泸州老窖酒酿制技艺在生产性保护方面的成功，为非物质文化遗产生产性保护理论提供了一个很好的案例。这样的成功，主要有赖于核心技术的传承与保护。其酿造技艺，是泸州老窖所在地特有的生态环境和特定的生活生产方式的产物：一方面，1573国宝窖池群是泸州老窖酒质生成的重要物质前提；另一方面，泸州老窖酒传统酿造技艺这种无形的非物质文化遗产融汇了23代能工巧匠的心血，逐渐发展汇集到当今之大成。因此，从某种意义上说，这两方面的保护并行不悖，相辅相成，缺一不可。

俗话说："好山好水有好酒。"泸州老窖及其酿造技艺发生、传承、发展所在的四川省南部的泸州市，便是这样一处所在。这一技艺的重要载体之一——泸州老窖窖池群，包括4口位于城区的有400余年历史的老窖池和300余口分布于城区及周边县的100年以上的老窖池，是泸州老窖酿造技艺生成和发展的基础。窖池是中国浓香型白酒的发酵容器，是酿造白酒的重要设施。白酒行业中，一口窖池要持续使用30年以上才能成为老窖。池中窖泥的有益微生物菌群代谢出丰富的香味物质，是酒醇香浓郁之关键。窖池停用3—6个月，会造成微生物菌群的死亡，再无法酿出好酒，因而持续酿造至关重要。1573窖池群正是因为持续使用而显得尤为珍贵，作为现存世界上建造最早、持续酿造时间最长、规模最大的酿酒窖池群，凝结了国人对其品位的记忆，折射出数百年的风物变迁。再者，泸州老窖酒传统酿造技艺也是维系生产性方式的重要基石。根据泸州出土文物可知，泸州酒的历史最远可追溯到秦汉之时，至宋代已经有所谓的"大酒""小酒"之分。这里所说的"大酒"是一种蒸馏酒，在原料选用、工艺操作、发酵方式以及酒的品质方面，都与当今意义上的泸州浓香型曲酒非常接近，可以说是今日泸州老窖大曲酒的前身。在此之后，泸州曲酒的发展经过了5个具有里程碑意义的事件，最终形成当今之大成：第一个是1324年，制曲之父郭怀玉结合前人的酿酒经验，经过自己数十年的艰苦探索，独家研制出酿酒曲药，命名为"甘醇曲"（即沿用至今的大曲）。在甘醇曲发酵的基础上，他对酿酒原料、工艺操作程序、蒸馏方法等加以综合性的改造，酿造出第一代"泸州大曲酒"，开创了浓香型白酒的酿造史。第二个是1425年，酿酒大师施敬章改进了曲酒中含燥辣和苦涩之成分，同时研制出"窖藏酿制"法，令泸州曲酒生产工艺更趋完善，使其酿制进入向泥窖生香转化的"第二代"。第三个是国窖始祖舒承宗于公元1573年始建1573国宝窖池群，并总结泸州老窖大曲酒的一整套酿造技法，使浓香型大曲酒的酿制进入大成阶段。第四个是1952年，以金川酒厂为主，吸收未参加联营的17户酒坊成立四川省专卖公司国营第一曲酒厂，并按泸州老窖大曲产品在内在风格上的细微差异进行分级，分为特曲、头曲、二曲、三曲四个质量档次，其品级最高的为特曲酒，也是出口的泸州老窖大曲酒，其酒品特征较之前也有了一定的改善。21世纪初，四川泸州老窖又研制开发了中国超高档白酒——国窖1573，其生产工艺研究——"国窖酒生产工艺研究"获四川省科技进步一等奖；作为该成果的"国窖1573"无色透明、窖香幽雅、绵甜爽净、柔和协调、尾净香长、风格典雅，是当之无愧的"中国白酒鉴赏标准级酒品"，这是泸州大曲酒传承发展阶段的第五个里程碑。从泸州大曲酒的发展历史来看，核心酿造技艺的演进正是传承保护的核心所在。泸州老窖传统酿造技艺包括泥窖制作维护、大曲药制作评鉴、原酒酿造、原酒陈酿、勾兑尝评等方面。几百年来，正是因为坚持了对决定着白酒品质的核心技术的探索、改进和传承，泸州老窖酒才能始终立于不败之地，才能在21世纪获得商业上的巨大成就。

三、创意重构是有效路径

20世纪90年代以来，伴随全球化深度推进与新经济快速发展，世界各国都经历着巨大的经济和社会转型。其间，各个发达国家不仅形成了以服务经济为主导的产业结构，而且在特定的地点兴起了基于人脑创意的产业，即"文化创意产业"。这种产业方式已成为发达国家和发展中国家经济社会发展的热点与普遍趋势。因此，对文化遗产进行创意重构，使之重新进入文化商品的流通领域，也是文化遗产保护的有效方法，对于非物质文化遗产和物质文化遗产都是较为适用的。

进入21世纪，世界上的国际化大都市大多褪去了19世纪以来以工业为主的产业形象。创意产业的迅速兴起与集聚，使都市文化和民族文化得以复兴，形成一定规模的创意产业区，为开展文化创意产业提供了很好的借鉴与启示。要参照国际文化创意产业发展的模式，利用当地历史文化遗产中一定的文化元素或文化基因进行创意重构，推进历史文化遗产创意产业的发展，即发掘民族文化中的传统部分来创新、建构并使之融合于当代文化产业中。这样做，一方面保护了传统文化，另一方面又开创了文化产业的新思路，可谓一举两得。在这方面，我国已经有一些尝试与应用，但要更好地挖掘本民族甚至其他民族的历史文化资源并有效地转化为创意产品，还须学习和借鉴欧美国家的经验。如由美国迪士尼公司拍摄的以中国古代传说故事为题材的动画电影《花木兰》和体现中国传统文化资源元素的《功夫熊猫》，在中国电影市场取得了巨大的票房成绩，这体现了传统文化资源的魅力与巨大影响力，以及强大的市场需求性，同时给非物质文化遗产的"创意重构"提供了很好的案例。

在对非物质文化遗产所蕴含的传统文化元素进行提取、重构、利用并转化为文化商品的时候，还要注意方式和程度的问题。如果只是简单地将文化元素进行碎片化提取、陌生化重构和单纯结合，会对文化遗产本身造成一定的消极影响，消解创意重构中的积极意义。判断地域历史文化遗产是否还有一席之地，不是看单体式的、独立式的遗产文化的数量，而是看历史文化遗产中蕴含的文化元素在当今能否得到延续并有机融入新的文化产品中。当新的文化产品中的传统文化元素仍然是核心化的，具有标示意义，才能实现对历史文化遗产价值的真正保护、传承和创新。

以中国传统吉祥图案元素为例，它历史悠久，含义丰富，在千百年的民俗心理积淀下，逐渐形成约定俗成的符号体系。吉祥图案展示了中华民族特有的思维方式、生活智慧、文化生命密码和意象情感，具有相当丰富、可供参照的审美资源力，拥有庞大的中国文化受众与市场；无论在平面设计、服装设计，还是在建筑设计领域，都得到广泛的应用，焕发出新的生命力。城市的仿古建筑街区、酒店茶楼内部装修的中式风格、北京奥运会会徽太极人图形、吉祥物福娃等，都是对中国传统吉祥图案元素的重构与再现。尤其是后两者，即太极人和福娃，更体现中国传统艺术与现代艺术元素的完美结合。因此，以这两类标志为题材的相关衍生文化商品进入市场后，非常畅销，取得不俗成绩，在我国文化创意产业领域极有代表性。以上说明，创意重构是要把历史文化遗产中的文化因素变成我们创新产品内在生命的脉搏，只有这样，才能走远，扩大传播。因此，创意重构是要成果产品化、市场化、品牌化，最终形成成熟消费品的产业链，而不是遗产基因在左、产品在右，遗产基因和产品脱节。

总之，对非物质文化遗产进行创意重构，就是要尽量将中国文化基因同现代文化事业和创意产业有机融合，熔古铸今，以新扬旧，打造出融鲜明中国传统文化烙印与现代产业尖端技术于一体的创意产品，开创具有中国特色的新型文化产业道路；还要在有效保护的前提下进行最大限度的合理利用，采取有力保护措施，促进各类历史文化遗产整合，使之在全社会得到承认、尊重和弘扬，融入市民生活，推动社会经济文化发展。只有这样，才算是正确处理了保护和利用的关系。

四、市场培育是应有之义

我国现在评定承认的非物质文化遗产项目，有很大一部分是基于古代民众的生活需求而形成的、具有一定历史及文化价值的生产生活方式类遗产。毋庸讳言，在现代工业化飞速发展的今天，它们似乎已经失去原有的生存土壤，以及与产业链集约化的现代化工业产品竞争的强有力依托。对于这些非物质文化遗产，最好的保护方式就是使它重新获得民众的需要，从而取得新的活力。因为这些非物质文化遗产并非凭空从天而降，它们是我们先人为当时生活需求而创造的一种先进文化，在人类历史发展过程中起过非常重要的作用。当今保护这些非物质文化遗产项目，应该有针对性地培育市场，同时将民众的日常生活需求进行恢复与指导，完成崭新意义上的"中国传统文化日常生活回归"。

上海市徐汇区的国家级非物质文化遗产"黄道婆棉纺织技艺"，为中华民族数千年手工业生产技艺中影响较为巨大、传播较为广泛者，其本真内涵与实质是中国传统的手工棉纺织技艺，是源于先民为更好地生活而不断摸索、改进、传播的一项生产生活技能。中国人的服饰在世界上具有鲜明的民族特色，它的产生与先民在特定物质生产、地理自然环境下的生存需求密不可分。《墨子·辞过》载："古之民，未知为衣服时，衣皮带茭，冬则不轻而温，夏则不轻而清。圣王以为不中人之情，故作诲妇人，治丝麻，梱布绢，以为民衣。为衣服之法，冬则练帛之中，足以为轻且暖，夏则絺绤之中，足以为轻且清，谨此则止。"妇人制衣供人御寒热，所用之料，不离兽皮和丝麻之类。我国自古以来以麻或蚕丝作为纺织原料，制成粗麻或丝帛。因此，丝麻作为原材料制成服饰之历史悠久绵长。

自7世纪棉花从印度传入后，中国纺织业渐由麻纺转为棉纺。最初，棉纺织品只在我国的新疆、海南等少数民族地区有少量使用。宋元以后，汉族等广大地区才普遍使用这种服饰材料。南宋末年，江南一带始有棉花种植。棉布吸湿、保暖的良好特性，使其独放异彩，深受民众青睐。然而，棉花及其纤维的构成在形态上显然不如丝麻的天然柔长，原有缫丝、抽丝等工艺明显不符合棉花的纤维特点。如何使棉花快速成丝，再织成棉布，成为当时一个亟待解决的技艺问题。宋末元初，上海松江乌泥泾妇女黄道婆从海南地区带来的棉布纺织技艺及其改良技术解决了这一问题，也在某种程度上促进了民众生活方式的变革。时人陶宗仪记载："闽广多种木棉，纺织为布，名曰吉贝。松江府东去五十里许，曰乌泥泾。其地土田硗瘠，民食不给，因谋树艺，以资生业。遂觅种于彼。初无踏车椎弓之制，率用手剖去子，线弦竹弧置案间，振掉成剂，厥功甚艰。国初时，有一妪名黄道婆者，自崖州来，乃教以做造捍弹纺织之具，至于错纱配色，综线挈花，各有其法，以故织成被褥带帨。其上折枝团凤棋局字样，粲然若写。人既受教，竞相作为，转货他郡，家既就殷。"此后，棉布成为全国人民普遍使用的成衣原料，大江南北，不论贵贱，99%的人以棉布为衣。至17世纪初，棉纺织业已遍布全国。当时人们说到棉布，即用"寸土皆有"形容，谈到织机，便以"十室（家）必有"称道。自元明以来，上海一直是棉纺织业重镇，明末清初时有"衣被天下"之美誉。

欧洲产业革命后，一度引领世界棉纺工艺的乌泥泾棉纺织技艺，无法与新兴的棉纺织工业化生产工艺相匹敌，逐步退出生产领域。今天，我们不得不将其作为遗产保护起来。可是，这一生产技艺性的非物质文化遗产究竟如何保护？该项目的主管单位上海市徐汇区文化局已经做了很多工作，采取了多种措施。比如，在确定了国家级传承人的基础上，进一步挖掘、组织梯队式传承人队伍；编写供中小学生课外阅读的《黄道婆及乌泥泾棉纺织技艺》文化教材；组织部分中小学生跟传承人学习当年的三锭纺车棉纺织技艺；等等。应该说，这些方式对于保护乌泥泾棉纺织技艺而言是有成效的，也受到民众的好评。但是，只限于以上这些保护形式，行吗？能否真正将黄道婆开创而世代实践的乌泥泾棉纺织技艺传承下去？从经济学上说，产品一旦缺乏社会的需要，将无法生存。那么，非物质文化遗产保护特别是生产技艺性遗产，不进入社会民众生活圈，能长期生存吗？当年乌泥泾棉纺织技艺的产生和推广，顺应了社会民众生产生活的需要，今天，我们要保护它而民众又不需要，其处境必将是十分危险而尴尬的。

如何使乌泥泾棉纺织技艺不停留在"活化石"层面，而具有生命的活力，这是一项系统的综合工程。除了当地政府已采取的保护方式外，还应设法进行一定程度的保护性生产，使其适度回归到当初"英雄有用武之地"的市场环境，迎合当今民众后现代生活时尚的需求。

作为一种手工生产方式，传统棉纺织技艺无疑不具备与现代纺织技艺全面竞争的能力和需要，但是也不能就此说它真的无用武之地。人们在享用现代纺织技术生产的各类人造纤维服饰的同时，又不约而同地怀念起棉布一类自然纤维的好处。虽然现代纺织技术也在生产各类棉布，但生活中还有不少装饰性的布料及样式若用手工技艺纺织，在质量、数量、款式上，较之大机器生产，更为精当、合算。因此，两者是一种错位的竞争发展关系。江苏南通和浙江桐庐蓝印花布的保护型生产方式走的正是培育市场、回归民众生活这条路。虽然它还存在一些要改进的问题，但路径基本正确，值得思索和借鉴。

民众生活需求导向是非物质文化遗产保护工作中市场培育的一条路径。此外，还应想方设法努力营造适应非物质文化遗产生存发展的文化环境，即恢复民众在日常生活方面的传统审美情趣，从而获得更加深厚的生存土壤。这也是恢复、发展中国特有的传统审美文化，为民众提供更加适合和完美的精神享受的文化策略。

中华民族民众历来钟情于天地万物，对生活充满着美的憧憬和情趣。生产技艺性非物质文化遗产在民众的传统生活中，既有实用性，又有很大的审美性。西方一些学者认为，后现代的文艺美学在于发现日常生活的审美和倡导审美的日常生活化，如都市里的咖啡馆、酒吧、广场等。倡导日常生活的审美，这一意见不错，问题是日常生活审美意识的发现和追求，并不是从现代西方开始的，古老的中国早就弘扬了。

日本东京大学东洋文化研究所的菅丰教授，近几年一直在调查研究浙江农村的石雕、玉雕、竹刻等民间手工艺。在一次交谈中，笔者问他研究的目的，他不无感慨地说：就地理环境、自然物产等而言，浙江山区与日本关西地区很相似；但是，浙江农村那些不显眼甚至是废物般的一块山石、竹根或树根，在当地的能工巧匠手中，三下两下，鬼斧神工，竟成了一件精美绝伦的工艺品，这在日本是没有的。为什么？民性所然也。非物质文化的形成与发展，是与民众一定的生活状况相适宜的。在中国传统民间生活场景中，这样一些具有民众生存生活和审美需要的文化遗产随处可见。这类技艺，一旦失去民众对原有生活审美情调的依恋，往往不得不走向衰落而成为边缘化的遗产。非物质文化遗产保护若走到这一境地，也是无奈与尴尬的。

总之，真正的非物质文化遗产的生产性保护，不仅仅是几个传承人技艺发扬光大这类单纯的问题，也不仅是产业化的问题，还有待民众整体固有优秀生活方式的修复，以及适合其生存发展的生态文化空间的回归，即努力使得这类非物质文化遗产本身重新成为更多民众日常生活舒适化、审美化的实际需要。日常生活中，民众群体有没有这样的生活需求和审美情趣及爱好，在某种意义上左右了非物质文化遗产的生命力，这也是非物质文化遗产生产性保护的基本原则和最终导向。因此，从这个角度来说，采取激发、恢复、培育民众的文化消费兴趣与欲望的市场方针，也是十分必要的。

"文化生态"视野下的非物质文化遗产保护

黄永林(华中师范大学)

近年来,随着经济全球化和现代化进程的加快,中国的文化生态发生巨大的变化,非物质文化遗产的生存与保护受到前所未有的冲击。如何创造一个有利于非物质文化遗产健康又可持续发展的文化生态环境,并对其原生态特质和文化空间进行有效保护,已成为政府文化部门和学界十分关心与积极探讨的重要理论和实践问题。

一、文化生态与原生态文化

从本质上说,非物质文化遗产是一种在一定的"文化生态"环境下形成的"原生态文化"。弄清"文化生态"和"原生态文化"的特征,对于认识非物质文化遗产的独特性与保持文化多样性具有特殊的意义。

"文化生态"与"原生态文化"是两个相关但又有区别的概念。从生态学的角度来看,人类的生存环境有自然环境、社会环境和规范环境。文化生态是指由构成文化系统的内外要素及其相互作用所形成的生态关系。文化生态系统是文化与自然环境、生产生活方式、经济形式、语言环境、社会组织、意识形态、价值观念等构成的相互作用的完整体系,具有动态性、开放性、整体性特点。在一定历史和地域条件下形成的文化空间,以及人们在长期发展中逐步形成的生产生活方式、风俗习惯和艺术表现形式,共同构成丰富多彩和充满活力的文化生态。

所谓"原生态",就是自然状态下未受人为影响和干扰的生态原状,是事物与环境合二为一的状态,即事物与其生存环境共存共生的现象。其显著特征是天然美、自然美、原始美。所谓"原生态文化",是将自然生态与文化生态关联起来,对文化进行一种生态性的理解,赋予文化生态性意义。原生态文化是自然和文化的完美结合,具有以下特征:首先,原生态文化是自然状况下生存的本真文化。"本真"是原生态文化的显著特征,具备原创时的本真意义,保留着诞生时的基本状态,在历史长河中具有相对的稳定性。原生态文化的本真性至少要满足三个标准:自然形态——不做人为加工,未经修饰;自然生态——不脱离生存发展的自然与人文环境;自然传衍——与民俗、民风相伴的一种特定的生活与表达情感的方式。有学者将事物本质及本质属性与时空环境一起呈现的整体状态称为本生态。这种本生态体现了文化本质与其属性、环境内在的历史联系状态。①

其次，原生态文化是民众生活中的文化。它一般隐匿在民间，尤其在少数民族地区，是其先民在征服自然、繁衍生存的漫长过程中创造的，与民族的乡土环境、人文历史、民俗风习融为一体，是非职业、非专业，非城市化、非商业化的文化。

再次，原生态文化是植根于某个地域的独特文化。这种文化产生并存在于某个偏远的乡村、古朴的村落。"地方性知识"是原生态文化的内涵，它不仅涉及地域意义，也涉及知识生成和发展中形成的特定情境。它按历史传统、岁时节令和民间俗信演示，在特定的文化时间和空间中就地出演，始终反映当地历史特征的鲜明个性，也保持了自身具有的特色文化传统主线。

最后，原生态文化也是与时俱进的活文化。文化是人类历史代代传承下来的精神财富，是人类在改造自然、改造社会和改造自我的过程中代代遗留、积累和继承下来的，历史传承几乎成为文化演进的唯一方式。因此，文化生态的稳定是相对的，变化是必然的，每一种文化都是在不断变化的文化生态中动态发展的。然而，在这种动态的过程中，每一种文化都存在着自身相对稳定的文化基因，这种内在文化基因与外在文化环境共同构成这种文化特质的生态。原生态文化所具有的与时俱进的发展性特征，使文化呈现出活态性和多样性的特点。②

二、"文化生态保护"的理论探讨

（一）西方的"文化生态"理论与"生态博物馆"概念

关于文化生态的研究，大致分为侧重解释文化变迁的生态学研究和把文化类比为生态整体的文化研究。前者把文化置于生态之中，侧重研究文化演变与文化生态（包括自然生态）的关系；后者把文化类比为生态整体，虽然也顾及文化与自然环境的关系，但是侧重研究文化与社会的关系。

现代意义上的"生态"概念是1866年德国生物科学家恩斯特·海克尔（E. Haeckel）提出的。他认为，所谓"生态"，是一种关系的描述，就是自然、有机生命体与周围世界的关系。因此，"生态学"被定义为研究植物与动物之间以及它们与生存环境之间相互依赖关系的科学。

1955年，美国文化进化论学者斯图尔德（Julian H. Steward）在《文化变迁理论》中重点阐明了不同地域环境下文化的特征及其类型的起源，即人类集团的文化方式如何适应环境中的自然资源，如何适应其他集团的生存，也就是如何适应自然环境与人文环境。斯图尔德的文化生态学开创性地把研究文化与环境互动关系的四个取向融为一体：

---

① 宋俊华：《论非物质文化遗产的本生态与衍生态》，《民俗研究》2008年第4期，第8页。
② 宋俊华：《论非物质文化遗产的本生态与衍生态》，《民俗研究》2008年第4期，第9页。

①以文化存在于其中的环境来解释文化而不只是在经济与地理的结合中解释文化；②把文化与环境的关系作为一种过程而不只是相关来理解；③不是在大的文化区域，而是在小规模的环境中进行研究；④检验生态与多线文化进化的联系。[1]斯图尔德首次将生态学原理引入文化研究，发现了文化与环境的因果关系，并系统论证了其对人类社会组织的作用、类型与意义，具有重要的实际指导意义。他所确定的以特定环境下的特定行为模式关系作为文化生态学研究主要内容的观点，尤其是必须深入研究区域"文化内核"及其与生存和经济行为关系的指导思想，都极具前瞻性。

20世纪70年代初，一大批时代精英对当时的文化、教育、经济、环境等做生态学反思，这直接影响到传统的博物馆学，对传统博物馆的批判也随之而来。这种强烈甚至激进的批判，促使生态博物馆思想和新博物馆学产生。1971年，在法国举办的国际博物馆协会第九届大会上，国际博物馆协会秘书长、"生态博物馆之父"乔治·亨利·里维埃和法国博物馆学家雨果·戴瓦兰在向法国环境部长解释博物馆与生态环境的关系时，提出了"生态博物馆"的概念。其内涵与传统意义上的博物馆截然不同。传统的博物馆是将文化遗产搬到一个特定的博物馆建筑中，与此同时发生的是，这些文化遗产远离了它们的所有者，远离了它们所处的环境。生态博物馆建立在这样一个基本理念之上，即文化遗产应该被原状地保存和保护在其所属的社区及环境之中。所以，生态博物馆不是一个建筑、一间房，而是一个社区。它所保护和传播的不仅仅是文化遗产，还包括自然遗产。由于生态博物馆具有传统博物馆所缺乏的性质，并顺应了当代人类生态环境保护意识日益觉醒和高涨的潮流，顺应了当代要求文化遗产权和文化遗产的解释权应回归原住地与原住民的呼声，顺应了人类要求协调和持续发展的愿望，因而其理论一问世，便迅速在欧洲、美洲传播开来，成为一种有效保护文化生态的方式。

（二）中国的"文化生态"理论与"文化生态失衡"问题

20世纪初，我国学者李大钊、冯友兰、梁漱溟等在探讨文化生成机制时，就力图从生态环境角度说明文化的差异性、民族性，进而进行优劣比较与选择。虽然他们没有把文化生态看作动态系统而是对其进行静态研究，但启发了国人对民族文化的自省。20世纪五六十年代，我国曾出现民族调查高潮，文化生态研究一度活跃。林耀华等撰写的《中国的经济文化类型》为其时的典型之作。

20世纪90年代，对文化生态进行保护的理论逐渐传入我国。文化学的文化生态概念在近几年被比较广泛地采用，客观上缘于经济全球化对中国文化的压力造成了严重的文化问题，主观上缘于学界近些年的文化自觉意识达到了一个新的高度。1998年，方李莉在北京大学社会学人类学所主办的人类学高级研讨班上，提出了文化生态失衡的问题。她在后来发表的文章中对"文化生态"的意义给予阐发："人类所创造的每一种文化都是一个动态的生命体，各种文化聚集在一起，形成各种不同的文化群落、文化圈，甚至类似食物链的文化链，它们互相关联成一张动态的生命之网，其作为人类文化整体的有机组成部分，都具有自身的价值，为维护整个人类文化的完整性而发挥着自己的作

---

[1] J. H. Steward, *Theory of Culture Change*, Urbana: University of Illinois Press, 1979, pp.39-40.

用。"① 其基本含义就是把人类文化本身看作一个生态系统（当然是一个类比于自然生态的系统）。解释完概念之后，方李莉在经验层次关怀草根文化的困境，并把这种困境归结于中国的文化生态失衡。孙兆刚随后发表专文把文化体系看作与生态系统一样的有机体，针对人类文化生态系统严重失衡的危机，论述了建立民族文化生态保护区的必要性。② 近10年来，相关实践研究迅速增多，一定程度上充实了文化生态学理论研究。③ 的确，"全人类的历史实际上可看作是各种文化不断地适应其境遇的变迁历程"④。因此，文化生态学研究的意义日益显现。正是文化生态失衡问题的提出，为我们今天以非物质文化遗产为对象讨论"文化生态建设"开启了话题。

（三）"文化生态"理论与非物质文化遗产"整体性保护"

1989年，联合国教科文组织颁布的《保护民间创作建议案》把"民间创作"解释为"来自某一文化社区的全体创作"，将民间创作与特定社区联系起来，这体现了关注文化生态整体保护的理念。

2003年，联合国教科文组织通过的《保护非物质文化遗产公约》指出："各个群体和团体随着其所处环境、与自然界的相互关系和历史条件的变化，不断使这种代代相传的非物质文化遗产得到创新，同时使他们自己具有一种认同感和历史感，从而促进了文化多样性和人类的创造力。"非物质文化遗产保护的核心是："采取措施，确保非物质文化遗产的生命力。"文化遗产是拥有该文化的民族创造的、与时俱进而又能基本保持原始状态的传统文化，是人类共同体传承到当今时代的原创性文化，是在时代的浪潮中不断创新、融入了时代元素的活的传统文化。非物质文化遗产的这种不断创新特性，是确保其生命力的重要保证。

从生态学的视角看，文化生态学强调生态整体性，明确人类在生态系统整体中作为一个"类"存在的特征，并认为"人和人类社会是自然生态系统自组织进化的产物，人和人类社会产生以后又作为相对独立的主体，以自身适应和改造自然环境的活动，参与自然生态系统的自组织演化过程"。一定的生态潜力是文化发展的基础，生态圈的整体性及稳定性是可持续发展的自然基础。非物质文化遗产是一种生活文化，大多来自少数民族、原始部族、乡土文化、民间文化等，是依赖一定生态环境和特定人群与历史的"生态文化"。非物质文化遗产保护的"核心物"，是一个民族原生态优质文化的基因。这种文化基因在代代传承的过程中发展映射出不同民族的演变历程，动态地演绎出一个民族的审美意蕴、价值取向、生活方式、思维模式和精神信仰，是民族存在、集体意识的精神表达，是维系民族存在的生命底线，是民族发展的源泉。即便在与时俱进的不断

---

① 方李莉：《文化生态失衡问题的提出》，《北京大学学报》（哲学社会科学版）2001年第3期，第105页。
② 孙兆刚：《论文化生态系统》，《系统辩证学学报》2003年第3期，第102页。
③ 参见方慧：《云南少数民族传统文化与生态环境关系刍议》，《思想战线》1992年第5期，第56—62页；潘定智：《从文化生态学看中国民族关系》，《贵州民族研究》1992年第3期，第101—103页；廖国强：《云南少数民族刀耕火种农业中的生态文化》，《广西民族研究》2001年第2期，第76—80页；尹绍亭：《一个充满争议的文化生态体系——云南刀耕火种研究》，云南人民出版社1991年版，第119页。
④ 李亦园：《文化与行为》，台湾商务印书馆1993年版，第23页。

创新过程中，其文化核心元素也一代又一代被保留下来，成为这个民族文化的遗传基因和文化身份的基本识别标识。当今，在非物质文化遗产保护中提出"原生态"保护，就是为了强调源头性、原生性、整体性保护。2004年，我国著名学者刘魁立在《非物质文化遗产及其保护的整体性原则》一文中，从文化的空间和时间两个维度解释了非物质文化遗产保护的"整体性原则"。他认为，首先，保护文化遗产不是对一个个"文化碎片"或"文化孤岛"的"圈护"，而是对文化全局的关注；不但要保护文化遗产自身及其有形外观，还要注意它们所依赖和因应的结构性环境。其次，从时间上说，不仅要注意文化遗产的历史形态，也不能忽视和歧视其现实状况与将来发展。[①] 通过建设文化生态保护区对与民众生活最为密切的非物质文化遗产表现形式（文化空间）进行整体性保护，不仅可以复活一个民族丰富而生动的记忆，保存一个民族历史发展的血脉，同时，在这种复活中，可以追寻传统文化的精神源泉，为社会建设提供精神动力。

值得注意的是，在现代化浪潮中，原生态文化需要保护，但这种保护不应是封闭的，而应是开放的、与时俱进的。因为原生态传统文化不是静态的存在，而是动态的观念；不是静态的积淀物，而是动态的生活。非物质文化遗产保护与物质文化遗产保护的区别在于：物质文化遗产保护是对定格于特定历史时空点上的物化形态即器物层面的静态保护，要求不走形、不走样、原汁原味地保护，即使维修，也要修旧如旧；非物质文化遗产保护是对社会历史发展过程中形成的世代相传的非物化形态即精神（技艺）层面文化的动态保护，不是机械、被动的封存式保护，而是活态传承。要正确处理好原生态文化"保护"与"发展"的辩证关系，就必须实现民族性与开放性的有机结合、原生性与产业性的现实结合、观念性与商业性的有机统一，在保护好原生态文化生长的"原生土壤"的基础上，引导好原生态文化的良性变迁。我们还应当看到，不是社会文化环境要去适应非物质文化遗产，使其得以传承，而是非物质文化遗产要适应不断变化着的社会文化环境而得以传承。因此，原生态文化只有积极地向外来先进文化学习，吸收和消化其他民族文化中的先进因素与现代化元素，才能不断增强自我文化的生命力与创造力。

三、中国非物质文化遗产传承的文化生态失衡

费孝通先生在《乡土中国 生育制度》一书中对文化做过这样的解释："文化是依赖象征体系和个人记忆而维护着的社会共同经验。"[②] 不可再生性是文化生态的特点之一，那些与其生成、发展相伴相随的民风、民俗、传统礼仪等，在社会变革中不同程度地出现淡化、变异，甚至衰微、消逝。传统风格（俗）一旦消失，历史文化遗产一旦毁损，

---

① 刘魁立：《非物质文化遗产及其保护的整体性原则》，《广西师范学院学报》（哲学社会科学版）2004年第4期，第5—6页。

② 费孝通：《乡土中国 生育制度》，北京大学出版社1998年版，第19页。

人居环境一旦被破坏,将是人类文明的损失和历史的遗憾。在中国,这种遗憾已经发生,而且仍在继续发生。

(一)文化生态变化对非物质文化遗产生存的冲击

任何一种非物质文化遗产都是在特定的历史环境和自然环境下产生的,如果其赖以生存的文化生态遭到破坏,这种文化遗产就会渐渐沉寂下去,甚至走向灭绝。近二三十年来,工业化和城镇化建设步伐的加快,生产、生活方式的迅疾改变,影视的普及与流行艺术的影响,加上外来文化的冲击等文化生态的变化,导致非物质文化遗产传承面临危机。一些有历史、科学和文化价值的村落与村寨遭到破坏,依靠口头和行为传承的各种技艺、习俗、礼仪等非物质文化遗产正在消失。

黔东南曾被称为"世界苗侗原生态民族文化遗产保留核心地",被誉为"世界上最大的民族生态博物馆""人类疲惫心灵栖息的最后家园"。然而,现在黔东南的土著居民,尤其是年青一代,已经不再像自己的祖先甚至是父母辈那样了解、热爱和熟悉本民族的原生态文化了。昔日的黔东南锦屏清水江、亮江流域两岸有很多劳动歌曲。砍伐木头时有伐木歌,抬木头时有抬木歌,放排时有放排歌乃至放排的"号子";民间"玩龙"时有玩龙的锣鼓,喊龙时有喊龙的唱词;就连男女之间谈情说爱也有情歌(玩山歌),节日筵庆有劝酒歌、敬酒歌,婚丧娶嫁有迎亲歌、伴嫁歌、送嫁歌、哭丧歌、安魂曲等不一而足。但是,这样一些典型的原生态文化,随着近二三十年的社会文化变迁,几近失传。尤其是随着大批身怀绝艺的民间艺人的衰老和去世,这种青黄不接、后继乏人的状况日趋明显。①原生态民族传统文化在与现代文化的碰撞、对接中,在文化的变迁、重构中,许多未能进行价值转型与提升,这造成文化生存空间的丧失和大量原生态民间文化的失传。

(二)"原生态文化"破坏性开发对非物质文化遗产的伤害

当今,在市场经济中,受经济利益的驱动、外来商业文化的侵袭,为迎合人们崇尚自然的需要,"原生态"已经作为时尚新概念成为卖点。例如,把非物质文化遗产当成"摇钱树"进行商业化运作,使得许多原生态民间歌舞和民俗变味乃至变形。在很多地方,民众的生活方式被当作旅游资源加以推销。庄重的仪式、礼俗成为日复一日的表演,寄寓其中的民众情感逐渐淡化。这些非物质文化遗产的功能发生了根本转变,虽然在形式上仍然保持着原来的面貌,但情感和灵魂空洞化、异化了:男女对唱的情歌变成苍白的歌唱,仪式性的舞蹈成为技巧的展示,庄重的仪式成为戏剧的表演……一些民族村寨打造的千篇一律的舞台表演,既无特色,更无文化内涵,不但不能引起参观者的情感共鸣,反而伤害了其原汁原味的文化内涵。②更有甚者,有些人打着"原生态"旗号,人为地制造一些与原生态文化毫不相干的东西。譬如,一些旅游景区招徕游客的"伪土风土舞"被插上原生态文化的标签。这些本质上是粗制滥造的东西,破坏了原生

---

① 余未人:《社会转型条件下民间文化遗产的命运》,载冯骥才:《守望民间:中国民间文化遗产抢救工程》,西苑出版社2008年版,第182—193页。
② 参见刘魁立:《文化生态区保护问题刍议》,《浙江师范大学学报》(社会科学版)2007年第3期。

态的特性和美感,实际上摧残了原生态文化。以壮族对歌为例,壮族对歌是男女面对面地对唱,但一些景区景点把一大帮男女弄到舞台上,使之面对着观众来唱,这根本谈不上是"原生态"。当下在荧屏、舞台、旅游景点表演的各种民间艺术,无论保留着何等程度的乡土气息,或者就是农民演出队,都脱离了"原生态"文化的基本属性。因旅游开发而致使原生态文化遭到破坏的例子比比皆是,如金林水乡的无人售货超市的消失、泸沽湖女儿国的走婚失去原始的文化功能等。我们"要让'非遗'回到民间","别把非物质文化遗产只当'摇钱树'",要警惕、遏制对"原生态"概念的滥用,既不能把劣质包装的民间艺术误认为源泉,也不应限制艺术家在汲取民间艺术精华基础上的个性化创造。尤其是在非物质文化遗产传承和保护工作中,更忌把"原生态"当作另类"形象工程"来运作。①

美国学者弗·卡普拉在《转折点:科学·社会·兴起中的新文化》一书中指出:"当前的危机不只是个人的危机,不只是政府的危机,也不只是社会组织的危机,而是全球性变迁。无论是作为个人,作为社会,作为文化,还是作为全球的生态系统,我们都正在达到一个转折点。"他认为,在这个转折点上,危机引起文化的不平衡,传统文化成为衰退中的文化,它不可避免地处于衰退、崩溃和瓦解的过程中。新文化成为上升的文化,它将继续上升,最终将担负起领导作用。这是一场文化转变。这场大规模的、极为深刻的文化转变是不可抗拒的。②在这场大文化转折中,作为传统文化重要组成部分的非物质文化遗产面临的危机也是巨大的、全球性的。面对新的文化的产生及新文化生态的形成,从保护民族文化多样性和民族文化之根的角度来说,我们应高度重视非物质文化遗产保护工作。

四、中国非物质文化遗产文化生态保护政策的变迁

10多年来,中国政府更加重视文化的传承和发展,在非物质文化遗产保护方面出台了很多政策,采取了许多措施。这些政策和措施包括:实施中国民族民间文化保护工程,抢救濒危的民族民间文化遗产;申报评定非物质文化遗产代表作,分级命名非物质文化遗产名录和扩展项目名录;保护非物质文化遗产传承人,公布非物质文化遗产项目代表性传承人名单;建立文化生态保护区,对非物质文化遗产实行整体性保护;充分利用非物质文化遗产资源,实行生产性保护。非物质文化遗产文化生态保护,在中国大体上经历了以下过程:

(一)加强非物质文化遗产整体性保护,建立民族文化生态保护区

文化生态保护区是指在一个特定的区域中,通过采取有效的保护措施,修复一个非

---

① 吴学安:《非遗保护好还是原生态好》,《科学时报》2007年7月20日。
② [美]弗·卡普拉:《转折点:科学·社会·兴起中的新文化》,冯禹等编译,中国人民大学出版社1989年版,第23、316—317页。

物质文化遗产和与之相关的物质文化遗产互相依存，与人们的生活生产紧密相关，并与自然环境、经济环境、社会环境和谐共处的生态环境。通过划定文化生态保护区，将民族民间文化遗产原状地保存在其所属的区域及环境中，使之成为"活文化"，这是一种保护文化及其生态的有效方式。

2000年2月13日，中国文化部、国家民委印发的《关于进一步加强少数民族文化工作的意见》指出："新中国成立后，特别是改革开放以来，各地对少数民族文化遗产的收集、整理工作，取得了很大成绩。但是，随着城市化和工业化的发展，少数民族文化遗产的保护面临严峻的形势，民族文化生态的保护问题显得越来越突出。各地文化、民族部门要对民族地区的文化生态情况进行普查，对传统文化生态保存比较完整的地区，要建立民族文化生态保护区。民族文化生态保护区建设是一项系统工程，涉及各个方面。各地有关部门要在当地党委、政府的领导下，做好论证，统一规划，共同做好保护工作。特别是保护区新建设施和民居，文化、民族部门要会同建设部门共同把握建筑风格和民族特色，使之与保护区统一与协调。发展自然和文化生态旅游，要做到保持、维护自然和文化生态系统的完整性，防止文化生态的破坏。要研究制定相应的保护法规。"

2004年4月8日，文化部、财政部下发《关于实施中国民族民间文化保护工程的通知》及《中国民族民间文化保护工程实施方案》（文社图〔2004〕11号，以下简称《方案》）。《方案》提出："在民族民间文化形态保存较完整并具有特殊价值、特色鲜明的民族聚集村落和特定区域，分级建立文化生态保护区；建立民族民间文化艺术之乡的申报、审核和命名机制。""通过建立文化生态保护区、命名民族民间文化艺术之乡，对原生态文化保存较为完整并具有特殊价值和浓郁特色的文化区域，进行动态性的持续性保护。"这两个文件都突出民族文化遗产保护的特点，并首次提出建立民族文化生态保护区，对"民族民间文化形态保存较完整并具有特殊价值、特色鲜明的民族聚集村落和特定区域"进行"动态性的持续性"保护，保持、维护自然和文化生态系统的完整性。

2003年10月17日，联合国教科文组织第32届会议正式通过的《保护非物质文化遗产公约》（2006年4月21日生效）认为，"非物质文化遗产"，指被各社区、群体，有时是个人，视为其文化遗产组成部分的各种社会实践、观念表述、表现形式、知识、技能以及相关的工具、实物、手工艺品和文化场所。这种非物质文化遗产世代相传，在各社区和群体适应周围环境以及与自然和历史的互动中，被不断地再创造，为这些社区和群体提供认同感与持续感，从而增强对文化多样性和人类创造力的尊重。"保护"指确保非物质文化遗产生命力的各种措施，包括对这种遗产各个方面的确认、立档、研究、保存、保护、宣传、弘扬、传承（特别是通过正规和非正规教育）和振兴。文化的"生命力"存在于文化生态中。我们对它们进行保护时，需要对它们的本体，以及文化空间、与之相应的自然环境予以整体性保护。

2004年8月28日，中华人民共和国十届全国人大常委会第十一次会议表决通过了关于批准联合国教科文组织《保护非物质文化遗产公约》的决定，这标志着中国为保护非物质文化遗产提供了法律保障，在保护非物质文化遗产的进程中又迈出重要一步。

2005年，在中国民族民间文化保护工程的基础上，我国正式启动非物质文化遗产保护工作。2005年4月26日，《国务院办公厅关于加强我国非物质文化遗产保护工作的意见》（国办发〔2005〕18号）指出："研究探索对传统文化生态保持较完整并具有特殊价值的村落或特定区域，进行动态整体性保护的方式。在传统文化特色鲜明、具有广泛群众基础的社区、乡村，开展创建民间传统文化之乡的活动。"2005年12月22日，《国务院关于加强文化遗产保护的通知》（国发〔2005〕42号）指出："加强少数民族文化遗产和文化生态区的保护。重点扶持少数民族地区的非物质文化遗产保护工作。对文化遗产丰富且传统文化生态保持较完整的区域，要有计划地进行动态的整体性保护。对确属濒危的少数民族文化遗产和文化生态区，要尽快列入保护名录，落实保护措施，抓紧进行抢救和保护。"为适应加入《保护非物质文化遗产公约》的新形势，这里将保护的范围由前面文件中的民族民间文化扩大到非物质文化遗产，尤其强调对民间传统文化及其区域进行动态整体保护。

非物质文化遗产生长在一个丰富的人文和自然土壤里，所以保护要从整体性入手，任何"碎片化"的保护都会损害它的价值，破坏其生命力。以侗族大歌为例，它是侗族一种多声部、无伴奏的民间合唱形式，几乎每个侗族村寨居民都会演唱。然而，它不仅仅是单一的演唱艺术，还涉及侗族建筑艺术、服饰艺术、民俗风情、艺术传承等多方面，跨越整个侗族生存区域。2003年，黔东南州黎平县启动了申报人类非物质文化遗产的工作。2008年，黔东南州跳出县域区划限制，将黎平、从江、榕江、锦屏、天柱等侗族大歌流传地集中进行申报。经过艰苦努力，侗族大歌成为人类非物质文化遗产。为了获得联合国教科文组织的认可，黔东南州提出对侗族大歌进行整体性保护的承诺，其中包括出巨资保护侗族地区自然环境，修缮保护侗族鼓楼、戏台、寨门、风雨桥，建设侗族文化生态博物馆、民俗博物馆，开展相关学术研究，并将侗族大歌引入当地中小学课堂等。我国的非物质文化遗产保护，以无形的非物质文化遗产为核心，以有形的物质文化遗产为载体，从对一件文物、一个项目的保护扩展到对非物质文化遗产整个生存空间的保护，将特定对象与当地自然环境、社会环境视为一体进行系统的、整体性的文化生态保护。这不仅是保护范围的扩大，更是保护方法的革新。

（二）加强非物质文化遗产文化生态保护，设立国家级文化生态保护区

2006年9月14日，中共中央办公厅、国务院办公厅印发的《国家"十一五"时期文化发展规划纲要》提出在"十一五"（2006—2010年）期间"确定10个国家级民族民间文化生态保护区"的任务，对非物质文化遗产内容丰富、较为集中的区域，实施整体性保护。这是国家最高层面首次明确批准设立"国家级民族民间文化生态保护区"。

2010年2月10日，文化部办公厅印发《文化部关于加强国家级文化生态保护区建设的指导意见》（文非遗发〔2010〕7号），为进一步深化非物质文化遗产保护，加强国家级文化生态保护区建设，提出以下指导意见："国家级文化生态保护区是指以保护非物质文化遗产为核心，对历史文化积淀丰厚、存续状态良好，具有重要价值和鲜明特色的文化形态进行整体性保护，并经文化部批准设立的特定区域。""设立国家级文化生态保护区，以非物质文化遗产为核心加强文化生态保护，对于推动非物质文化遗产的整体性保护和传承发展，维护文化生态系统的平衡和完整；对于提高文化自觉，建设中华民族共有精神家园，增进民族团结，增强民族自信心和凝聚力；对于促进经济社会全面协调和可持续发展，具有重要的意义。"

2011年2月25日第十一届全国人民代表大会常务委员会第十九次会议通过、2011年6月1日正式实施的《中华人民共和国非物质文化遗产法》规定："对非物质文化遗产代表性项目集中、特色鲜明、形式和内涵保持完整的特定区域，当地文化主管部门可以制定专项保护规划，报经本级人民政府批准后，实行区域性整体保护。""确定对非物质文化遗产实行区域性整体保护，应当尊重当地居民的意愿，并保护属于非物质文化遗产组成部分的实物和场所，避免遭受破坏。实行区域性整体保护涉及非物质文化遗产集中地村镇或者街区空间规划的，应当由当地城乡规划主管部门依据相关法规制定专项保护规划。"这是文件中唯一一段"确定对非物质文化遗产实行区域性整体保护"的法律条文，为非物质文化遗产实行区域性整体保护提供了法律依据，也对文化生态保护实验区建设提出明确目标。

2012年2月15日，中共中央办公厅、国务院办公厅印发的《国家"十二五"时期文化改革发展规划纲要》指出："对濒危项目和年老体弱的代表性传承人实施抢救性保护，对具有一定市场前景的非物质文化遗产项目实施生产性保护，对非物质文化遗产集聚区实施整体性保护。加大西部地区和少数民族非物质文化遗产保护力度。统筹国家级文化生态保护区建设。建设非物质文化遗产保护利用设施，不断提高非物质文化遗产保护的科学化水平。"

综上所述，我国的非物质文化遗产保护政策具有以下特点：从保护的重点内容来看，经历了从对少数民族民间文化的保护，到对民间传统文化、非物质文化遗产的保护的过程；从保护的范围来看，经历了从一个具体的重要文本、一种类型，到一个传承人、一个村落，再到一个区域，直至建立一个文化生态区的过程；从保护手段来看，经历了从抢救性保护、活态保护，到整体性保护、生产性保护的过程；从文化生态保护的级别来看，经历了从一般性保护，到国家级、省（区、市）级和县（市）级的多级保护的过程。

五、中国非物质文化遗产文化生态保护的实践

实施文化生态区保护，是保持文化多样性、文化生态空间完整性、文化资源丰富性的重要方式。对与民众生活最为密切的非物质文化遗产表现形式（文化空间）的整体性保护，是唤起人们珍爱传统文化的自觉意识、培养民众文化自信和积极投身于文化遗产保护事业的有效途径。中国政府对非物质文化遗产的文化生态保护是受西方保护经验的启发，在政府的积极主导和政策的大力支持下开展的，经历了从活态博物馆到生态博物馆再到建立民族文化生态村，直至建立国家级文化生态区的过程。

（一）非物质文化遗产保护从"活态博物馆"到"生态博物馆"

中国对文化生态保护的重视，与西方一种全新的文化保护行动相关。20世纪初，北欧国家就出现了一种保护乡土文化的"活态博物馆"运动。其宗旨是，以一个特色文化乡村为核心，将其视为活态的天然生态博物馆。在这个文化空间里，它的文化节日、集市贸易、婚丧嫁娶、民居民宅、表演游戏、影舞弹唱、玩具器物等各种有形与无形文化、物质与非物质文化都是其文化的一部分，它借这些文化来吸引外来游客，发展当地的旅游经济。

20世纪60年代以后，法国等国家又兴起了"生态博物馆"运动，将历史、文化、自然博物馆的静态保护理念推广到著名的文化社区、古村落，对其实施动静结合的保护。生态博物馆不同于一般意义上的博物馆，它以村落全部文化为保护对象，在保护中谨慎地开发、利用。这里的"生态"，既是自然生态，也是人文生态；这里的文化，几近于"原生态文化"。

1986年，中国博物馆学会常务理事苏东海研究员首次在他主编的《中国博物馆》杂志上介绍了生态博物馆。1995年，在他的倡导下，贵州省开始建设生态博物馆，这个工程得到挪威政府的援助，被纳入"1995至1996年挪中文化交流项目"。贵州生态博物馆建设选择了四个地点：梭戛（苗族）、镇山（布依族）、隆里（汉族）和堂安（侗族）。贵州生态博物馆建设的指导思想，集中体现于由挪威专家和苏东海、胡朝相等中国专家共同制定的"六枝原则"之中。其内容如下：第一，村民是其文化的主人，有权认同与解释其文化。第二，文化的含义与价值必须与人联系起来，并应予以加强。第三，生态博物馆的核心是公众参与，必须以民主方式管理。第四，旅游与保护发生冲突时，保护优先，不应出售文物，但鼓励以传统工艺制造纪念品出售。第五，避免短期经济行为损害长期利益。第六，对文化遗产进行整体性保护，其中传统技术和物质文化资料是核心。第七，观众有义务以尊重的态度遵守一定的行为准则。第八，促进社区经济发展，改善居民生活。①

1998年10月，中国与挪威合作在贵州六枝特区梭戛乡建立的中国第一座生态博物馆——梭戛苗族生态博物馆开馆。该博物馆的范围包括梭戛乡12个村寨，它在陇戛村建有资料中心，以展示了当地的生活、生产习俗和民间艺术。生态博物馆的管理，以当地社区为主，管理委员会由区级文化及文物主管部门的代表、12个苗寨的公认代表和具有相应资格的管理人员、财会人员组成。另外，该博物馆还设有科学咨询小组，由相应的专家组成。1999年12月9日，贵州省人民政府批准建立贵阳市花溪镇山布依族生态博物馆、锦屏县隆里古城生态博物馆、黎平县堂安侗族生态博物馆。这些博物馆用以保存苗族、布依族、侗族和在当地占人口少数的汉族的传统文化。

2004年11月，广西南丹中国第一座瑶族生态博物馆——南丹里湖白裤瑶生态博物馆开馆。瑶族是世界古老民族之一，目前有数百万人分布于世界各地。白裤瑶是瑶族的一支，因男子都穿着及膝的白裤而得名，共有5万多人，聚居在广西、贵州交界地区。

---

① 参见胡朝相：《论生态博物馆社区的文化遗产保护》，《中国博物馆》2001年第4期。

这座博物馆的保护范围覆盖了里湖乡怀里村的蛮降、化桥、化图三个自然屯,涉及100多户500多位白裤瑶群众。博物馆将对白裤瑶自然村寨的原状进行保护,并展示瑶族多姿多彩的民族文化。至2006年,我国已有各种形式的生态博物馆10余个,保护对象包括苗、侗、瑶、布依、汉等民族村寨的传统文化。

生态博物馆作为一种新理念、新模式,与属于静态的、特定建筑的传统博物馆相比,突出强调文化遗产保护的真实性、完整性和原生性。在生态博物馆理论的指导下,通过生态博物馆工程的实施,民族文化赖以生存的文化土壤得到改善,民族文化在一个特定的区域内得到整体保护并得以永续传承,当地人民对于本社区文化的重要性有了更高的认识,当地的经济、教育也得到了相应的发展。

(二)非物质文化遗产保护从"民族文化生态村"到"国家级文化生态保护区"

为落实2000年文化部、国家民委印发的《关于进一步加强少数民族文化工作的意见》提出的"建立民族文化生态保护区"精神,2003年10月,文化部公布了中国民族民间文化保护工程第一批试点名单,其中综合试点有3个,为云南省、浙江省、湖北省宜昌市。2004年4月,中国民族民间文化保护工程试点工作交流会在云南隆重召开。云南少数民族大分散、小聚居的分布态势,决定了这些民族聚居地以乡、村为基本单元。历史的、现实的若干因素,特别是云南经济社会发展的不平衡性,使得经济发展滞后、受外界影响较小的乡村却较多地保存了民族文化传统、遗迹、风俗、礼仪以及建筑、民居等,成为当今社会十分珍贵的民族文化生态区。云南省从1998年开始开展以人文生态环境保护为重点的民族文化保护区工作,选择腾冲县和顺乡、景洪市基诺乡的巴卡小寨、石林县北大村乡的月湖村、罗平县多依河乡的腊者村、丘北县的仙人洞村等具有代表性的少数民族聚居的自然村寨作为文化生态村。2000年5月26日,云南省第九届人民代表大会常务委员会第十六次会议审议通过的《云南省民族民间传统文化保护条例》(自2000年9月1日起施行,以下简称《条例》)规定:"选择有代表性的少数民族聚居自然村寨,设立云南省民族传统文化保护区。"并规定民族传统文化保护区必须符合下列条件:"能够集中反映原生态少数民族文化的;民居建筑、民族风格特点突出并有一定规模的;民族生产生活习俗较有特色的。"《条例》颁布实施后,民族文化生态保护区(村)的建设把单纯的专家课题实验型"民族生态村"融入政府的文化事业发展规划。民族文化生态村在政府支持和专家指导下,由当地民众自行管理,主要依靠自身力量运作发展。为探索对少数民族传统文化进行"活态保护"的有效途径,云南省在对怒江、大理、丽江、迪庆四州市开展大规模调研后,提出了以社区为单位建立民族文化生态保护村(区)的构想,并在滇西北地区规划、实施了60个保护村(区)的建设,带动了各州市、县制定民族文化生态保护区规划并付诸实施。云南省民族文化生态保护区的相继建立,确保了民族文化多样性的可持续保护与发展。普洱市西盟佤族自治县是佤族文化生态保护区所在地。保护区至今仍保留着原始、神秘的"勐梭龙潭""永克落园""司岗里部落""龙摩爷圣地""木依吉神谷""佛殿山三佛祖遗址"等人文痕迹,成为佤族文化的"活化石"。文化生态村的建设取得了显著成效,民族文化生态村成为现实存在的活文化与孕育产生该文化的生态环境的结合体,实现了民族民间文化的原地保护。民族文化博物馆和民居博物馆等成为典型的展现鲜活民族民间文化的展示区,各类形态的原生态文化得到较好的保存。民族文化生态村的建设,重视文化、经济、生态环境的协调和全面发展,民族文化生态村经过建设后,村容、村貌及水、路、活动场所等基础设施均有大的改观,经济活动特别是旅游业均有较大发展。①

在2004年4月召开的中国民族民间文化保护工程试点工作交流会上,文化部还公布了中国民族民间文化保护工程第二批试点名单,其中综合性试点3个,即江苏省苏州市、福建省泉州市和湖南湘西土家族苗族自治州。②

通过对非物质文化遗产区域性整体保护的探索和实践,2006年9月14日中共中央办公厅、国务院办公厅印发的《国家"十一五"时期文化发展规划纲要》提出在"十一五"(2006—2010年)期间"确定10个国家级民族民间文化生态保护区"。国家级文化生态保护区是指根据同一性质的区域文化特点,选定传统文化保存得相对完整,在生产、生活方式和观念形态等方面具有一定代表性,在价值观、民间信仰和诸多具体的文化表现形式方面具有突出特点的人群聚居空间作为文化生态保护区,按照"保护为主、抢救第一、合理利用、传承发展"的原则,以保护非物质文化遗产为核心,对历史文化积淀丰厚、存续状态良好,具有重要价值和鲜明特色的文化形态进行整体性保护,并经文化部批准设立的特定区域。保护对象包括古建筑、历史街区、传统民居、当地居民及民族传统生产生活方式、风俗习惯、艺术文化、传统手工艺等重要文化形式,这凸显文化生态保护区的民族特色、地域特色和历史文化内涵。

2007年3月30—31日,闽南文化生态保护工作研讨会在厦门举行,拉开了我国国家级文化生态保护区建设的序幕。在我国第二个文化遗产日(2007年6月9日),文化部宣布我国第一个国家级文化生态保护区——闽南文化生态保护实验区诞生。闽南地区保存着诸如泉州南音、北管、拍胸舞、梨园戏、木版年画、德化瓷烧制工艺、泉州花灯、提线木偶、莲花褒歌等众多原生态的非物质文化遗产和一大批全国重点文物保护单位等物质文化遗产。实验区以泉州为核心、厦门为平台、漳州为依托,采取有效保护措施,建设一个物质文化遗产(古建筑、历史街区、乡镇古民居、历史遗迹、文物等)和非物质文化遗产(传统口头传说、表演艺术、手工技艺、民俗活动、礼仪、节庆等)相依存,与人们的生产生活密切相关,与自然环境、经济环境、社会环境和谐共处并协调发展的文化生态区域。为加大对传承人的保护力度,在详细调研的基础上,该实验区对传承人扶持工作提出一系列相关建议。比如,在福建省文化厅的积极争取下,福建省政府决定从2011年开始对60岁以上的省级非物质文化遗产项目代表性传承人给予每人每年3000元的扶持津贴。同时,实验区也相继建立了一批传承基地和传习所,为传承人的传承工作提供必要的条件。如泉州市提出"十百千工程",在原有基础上,力争在"十二五"期间再建10个非遗博物馆、100个非遗展示中心、1000个非遗传承传习点。

---

① 云南省文化厅:《全面普查,突出重点,推进云南非物质文化遗产保护试点工作》,载张旭:《全国非物质文化遗产保护试点工作经验交流材料汇编》,文化艺术出版社2007年版,第8—10页。
② 康保成主编:《中国非物质文化遗产保护发展报告(2011)》,社会科学文献出版社2011年版,第34页。

其后，为加强对文化生态的保护，我国在闽南文化生态保护实验区的基础上，进一步总结经验，继续推动文化生态保护区建设工作。全国很多地区也根据当地的民族和地域特点，积极探索开展文化生态保护区的方式方法，加强对非物质文化遗产的整体性保护，走出了适合本地情况的文化生态保护区建设的路子。例如，安徽省黄山市立足历史悠久的徽州文化，非常重视徽州文化生态保护区的建设，制定了保护规划和方案，设立了徽州文化生态保护专项资金；湖南省湘西土家族苗族自治州也制定了建设文化生态保护区的规划；云南省在文化遗产丰富、自然生态良好、拥有一定规模传统民居建筑、有一批非物质文化遗产传承人的27个村镇，设立了云南省民族传统文化保护区；广西设立了刘三姐歌谣文化生态保护区、京族文化生态保护区、三江侗族文化生态保护区、贺州瑶族服饰文化生态保护区。这些工作都对我国开展文化生态保护区建设提供了宝贵的经验。

迄今为止，全国共有14个国家级文化生态保护区：闽南文化生态保护实验区（福建省）、徽州文化生态保护实验区（安徽省、江西省）、热贡文化生态保护实验区（青海省）、羌族文化生态保护实验区（四川省、陕西省）、客家文化（梅州）生态保护实验区（广东省）、武陵山区（湘西）土家族苗族文化生态保护实验区（湖南省）、海洋渔文化（象山）生态保护实验区（浙江省）、晋中文化生态保护实验区（山西省）、潍水文化生态保护实验区（山东省）、迪庆民族文化生态保护实验区（云南省）、大理文化生态保护实验区（云南省）、陕北文化生态保护实验区（陕西省）、客家文化（赣南）生态保护实验区（江西省）和黔东南民族文化生态保护实验区（贵州省）。

从实施生态博物馆工程到建设文化生态保护区的变化是，保护的范围更加广泛，保护的主体更加明确，群众真正成为非物质文化遗产保护的主体，其主动性和积极性更加凸显，自我保护的意识更加强烈。在保护过程中，我们既要做到尊重历史沿袭下来的群众生产生活方式和风俗习惯，也要关注经济和社会发展给群众生产生活带来的新变化。这不仅使各类形态的原生态民间文学艺术得到较好的保存和延续，保护了民族文化的多样性，同时也促进了当地教育和经济的发展，在全国范围内产生一定的影响。

（三）文化生态保护实验区建设存在的主要问题

通过一系列带有实验性的文化生态保护措施的推动，如今许多非物质文化遗产项目不但在这些区域逐渐恢复活力，绽放在其所依存的山水间，更活在了当下百姓的生活中。

到目前为止，在文化生态保护实验区建设思路中暴露出来的问题集中表现为以下四点：其一，没有把《中华人民共和国非物质文化遗产法》规定的对非物质文化遗产实行区域整体保护放在保护区建设的核心地位；其二，完全以开发经营旅游产业为目的，把非物质文化遗产项目作为文化旅游热点项目来推进旅游开发市场；其三，没有按照《中华人民共和国非物质文化遗产法》第三十七条"在有效保护的基础上，合理利用非物质文化遗产代表性项目，开发具有地方、民族特色和市场潜力的文化产品和文化服务"的规定进行，而是单纯以盈利为目的，对非物质文化遗产保护项目进行大规模的产业开发；其四，对扎实做好非物质文化遗产整体保护缺乏热情和兴趣，热衷于"打造"保护区的文化品牌，追求品牌创意产业效应。

文化生态保护区建设思路跑偏的原因是多方面的，主要原因是当下市场经济的利益驱动。文化生态保护区建设以非物质文化遗产整体保护为核心，具有极大的公益性，需要巨大的财力、物力和智力支撑。但是，保护实验区建设的地方领导层往往出于功利性，向非物质文化遗产保护要GDP的增长，于是就出现了极力把非物质文化遗产保护变成盈利、赚钱的产业，以建设"保护区"的名义办"非遗开发区""非遗旅游区"的现实。

六、进一步完善非物质文化遗产文化生态区建设的探讨

建立文化生态保护区是非物质文化遗产保护工作的新尝试，对全面提高保护水平具有重要的意义。在建立非物质文化遗产原生态保护区方面，今后我们还必须努力做好以下工作：

（一）建立原生态文化保护新体系

保护原生态文化是保护文化多样性的必然选择。要加强对原生态文化的保护，必须构建原生态文化保护的法规体系、行政体系、传承体系、专家咨询体系、公众体系以及监测体系，在社会学、人类学、美学和生态学等学科综合基础上，建立一套符合我国民族文化传统和民间艺术特征的审美导向与评价体系，建立系统的非物质文化遗产的保护与发展体系，以此对原生态文化进行立体的、全面的、综合的抢救和保护，逐步形成严格、严密与科学的中国非物质文化遗产保护体系和发展的科学模式。

（二）探索原生态文化保护新机制

建立政府主导、主体受益、社会参与、市场运作有机结合的新机制。各级政府在传承和发展原生态文化中起着关键性的作用，要制定有利于原生态文化保护、发展的政策措施，积极推动对原生态文化的保护；要通过宣传教育，增强当地群众对传统文化的珍惜和传承积极性，使普通民众成为民族文化保护的参与者、资源的开发者和受益者，而不只是旁观者，使社会有关方面持久地关注、关心和支持原生态文化的挖掘、保护工作；另外，还要将原生态文化的保护切入市场经济发展的环节，培植传统文化自身保存、发展的造血机能。

（三）明确政府保护原生态文化的责任

当前要依法明确政府在原生态文化抢救和保护中的义务，构建起以行政权为主导、以整个非物质文化遗产为对象的公权保障体系，保障文化生态的可持续发展。政府部门要采取措施，包括法律和行政措施，积极推动对原生态文化的保护，如制定有利于原生态文化保护、发展的政策措施，设立原生态文化保护区，实施原生态文化抢救工程，建立原生态文化博物馆，开展对原生态文化的研究收集活动，加强原生态文化的展示和交流，等等；完善以知识产权为主导的私权体系，保护原生态文化中的无形智力成果。

（四）创新原生态文化保护新模式

按照"保护为主、抢救第一、合理利用、传承发展"的原则，创新非物质文化遗产保护模式；在非物质文化遗产原生态保持较完整、具有特殊价值、符合当地自然生态的文化空间，建立非物质文化遗产保护区；在保护区内试行灵活有效的政策和措施，培育有利于非物质文化遗产保护、尊重传统文化的社会环境，开展对原生态非物质文化遗产的研究、收集活动，加强原生态非物质文化遗产的展示和交流，等等。

（五）坚持原真性和整体性保护原则

长期以来，原生态文化与当地人民群众的日常生活融为一体，即使是某一种艺术或技能，也总是与地方民俗活动密不可分，因此，我们要注重对非物质文化遗产的原生态、现时性、完整性的体系化保护。首先，要做到原样保护，不能走样，否则原生态文化的历史文化价值就会丧失，也就失去了保护的意义。其次，对文化生态相对完整并具有特殊价值的村落或特定区域，进行动态整体性保护。对当地世代相传、与群众生活密切相关的传统文化表现形式和资源，实施可持续保护。

（六）加大原生态文化的传承、创新

对原生态文化产生的故地和创造、继承这些文化遗产的民族及地区加以重视，充分认识原生态文化的价值，探索性地增加对原生态文化的传播途径；在政府的支持下，恢复、发展各民族的礼仪活动和祭祀活动，推动对原生态民族文化的挖掘、传承；要特别重视培养年青一代的传统文化保护继承意识，在全国各地学校教育中开设有关我国各民族文化成就与重要特征的课程，组织好此类教材的编写，使之具有科学性、文化性、可读性；特别是要在民族区域自治地区和少数民族较集中地区开展本民族或多民族文化知识的学习与对各种艺术形式的鉴赏活动，传承民族文化，培养民族情感，强化民族审美，使原生态文化成为动态的文化、活着的文化，代代传承，提高少数民族传承自己文化的自觉，使原生态文化能够得到有效保护和健康传承。

（七）抢救和保护非物质文化遗产重点项目

加强对已被列入国家级、省级、市级名录的非物质文化遗产项目的保护，并在今后的工作中不断发现、认定和申报各级非物质文化遗产名录项目。根据项目的具体情况，采取不同的保护措施：对于目前仅存活于个别地区（或家庭、个人）的，不可再生的，或面临人亡艺绝、濒危状态的项目，实施抢救性保护；对具有重大历史、文化、艺术、科学价值，能集中反映原生态民族民间文化特色的项目，实施重点保护；对目前已采取措施并且发展态势较为稳定的项目，实施扶持性保护；对已经基本消亡的非物质文化遗产项目，也要深入调查发掘，进行抢救性的记录和研究。

（八）重点保护非物质文化遗产项目代表性传承人

保护非物质文化遗产的重要措施是要保护传承人和培养新的传承者，贯彻落实国家保护非物质文化遗产代表性传承人的相关政策、条例，认定和命名一批非物质文化遗产代表性传承人，从政治、生活上关心和保护非物质文化遗产传承人，依靠他们对原生态文化进行有效的传承和抢救；给杰出的传承人创造适于传承的社会条件，提高他们的知识技能和文化自觉，帮助他们有效开展师徒传承、群体传承等多种形式的传承活动，逐步培养新的传承人，使其技艺能够得到完好的传承；建立代表性传承人经济补贴（助）制度，维护他们在传承非物质文化遗产过程中的合法权益，从而保障相关非物质文化遗产项目得到传承和延续。

（九）开展原生态文化的生产性保护

在传承、保护与开发原生态文化问题上，应当坚持"保护—开发—保护"的可持续发展道路，坚持适度开发的原则；通过对原生态文化的适度开发与有效控制，体现其所传承文化的经济价值和社会价值，提升群众对自我传承文化的认知度，增强自我传承文化的自豪感，提高对自我传承文化的自觉保护意识，增强自我传承文化的精神与经济支撑，拓展原生态文化的发展空间，从而达到既能将原生态文化作为产业资源加以高效利用，同时又能成功地保护文化遗产。

（十）加大对原生态文化保护资金投入的力度

各级政府要加大对原生态文化抢救和保护的财政投入，将必需经费纳入财政预算，保障和监督保护资金的投入和使用；制定和完善有关社会捐赠与赞助的政策措施，调动社会团体、企业和个人参与民族文化保护的积极性，如建立原生态文化保护基金，争取更大范围、更多资金投入保护，对一些保护项目实行招商引资，吸引社会资本参与保护。

近年来非物质文化遗产保护工作中政府角色的定位偏误与矫正

黄 涛（温州大学）

与非物质文化遗产保护密切相关的主体主要有三方：政府、学者、民众。关于在非物质文化遗产保护工作中三方的各自位置和相互关系，学界已经有了很多探讨，但至今为止还是众说纷纭，仍在研讨中。同时，非物质文化遗产保护实际工作中的相关问题也继续存在，还有一些重要的根本性问题没有解决。所以，对这一问题的深入研讨，不仅是在尝试解决非物质文化遗产保护理论上的一个关键问题，也是对我国非物质文化遗产保护工作的运作机制和展演活动的操作模式的反思。

一、非物质文化遗产保护的基本属性：
工作属性、学术属性与生活属性

非物质文化遗产保护是一项工作，还是一种学术，抑或是一种基本生活、生存必需品？这要看从哪个角度、站在谁的立场来回答。我们从政府、学者、民众三方在政府部门操办的非物质文化遗产项目研讨会上的表现来分析。

在就特定非物质文化遗产项目展开研讨的会议上，或者在一些非物质文化遗产展演的现场，这三方的代表常同时在场。其中，在场的政府官员是非物质文化遗产项目所在社区的不同级别的行政管理者，民众是非物质文化遗产项目的传承人和当地社区普通百姓，学者则是来自社区之外的相关专业科研人员。对三方同时在场时各自所处的位置、所受的对待和发挥的作用做角色功能分析是饶有意味、很能说明问题的。

对政府、学者、民众在非物质文化遗产保护工作中的各自位置和相互关系，我们固然可以从多方面、多角度做出分析。比如，从各自的利益和目的做根本性分析，但是从其他方面和角度所做的分析显然不如从三方同时在场时所做的分析来得更为客观和有效。因为三方在非物质文化遗产保护中同时在场是在全国范围内经常、反复出现的事情，可供讨论的案例很多，便于我们找出一般性规律，发现普遍性问题。对三方同时在场的分析是对已经发生的事实的客观分析，不是对各种条件和因素做可能性分析。三方同时在场时，三方的位置、角色和关系表现得非常分明，可说一目了然，分析起来更为便捷、有效。

三方同时在场的情况主要有两种：非物质文化遗产研讨会与非物质文化遗产展演活动。它们是两种不同的语境，需要分开来谈。本文将分别在第一部分和第二部分展开分析。

各地由政府出面组织的就特定非物质文化遗产项目召开的非物质文化遗产研讨会虽然也有很多差异，但是基本结构模式还是相同的：官员处于主位，是会议的组织者、出资方，但同时又是听众、征求意见者、被指导者，这种研讨会其实也是这些官员所在部门的工作。学者居于客位，是被请来发表意见、做出价值评判乃至出谋划策、提供学术指导的。学者虽处客位，但由于是在学术研讨场合，其实处于最受尊重的权威者位置，是会议的主角。学者在这种会议上所做的事是配合官员的工作，为当地社区文化建设做贡献；同时，此类会议也是学者所属领域的学术研讨会，为其学术研究和课堂教学积累资料，是其学术生活的一部分。民众在这种研讨会上居于客位，在官员面前是被领导者，在学者面前是文化程度低、学术见解贫乏的人。鉴于此，他们在会上是被动的、权威感弱的、被指导的。但他们自有其优势，那就是拥有关于非物质文化遗产项目的最丰富的地方知识。只不过在这种场合，这种地方知识只是需要讲述给学者听、用于回答问题的原始资料。他们在会上所做的，一是倾听学者的指导和官员的指示，二是作为非物质文化遗产项目情况的信息提供者讲述相关地方知识。在有些这种研讨会上，他们以这种角色出现，而在另一些同样内容和性质的研讨会上，则是缺席的。

到目前为止，笔者所参加的这种由官员组织的非物质文化遗产项目研讨会大都是这种结构模式，而在高校和科研机构召开的由学者组织的非物质文化遗产研讨会有所不同。其实，从是否属于本社区的角度来说，学者是外来者，官员和民众代表都是非物质文化遗产项目所在社区的人，在会议角色和参会心态上应该有更大的一致性，即民众代表应有较强的主位意识和姿态，应参与到非物质文化遗产保护工作的管理和会议组织中来，这样非物质文化遗产研讨会就会有另一种结构模式。这属于非物质文化遗产保护的社区参与问题，下面会给予重点讨论。就以上所分析的非物质文化遗产项目研讨会来说，不管各会议有多少差异，不管这种会议有多少需要改进的地方，有一点是相同的，就是学者在会议上的权威地位、学者话语的强势影响。这样说是在强调一个客观道理：从总体上和根本上来说，非物质文化遗产保护是一项学理性很强的工作，这是为各地的政府官员、学者和民众都认可的。在2012年秋季浙江省的一次非物质文化遗产项目考察活动中，带队的一位省文化厅副厅长就深有感慨地说："非物质文化遗产保护是一项学理性很强的工作啊。"这话可谓一语中的。

从国家、社会的宏观视野来看，非物质文化遗产保护是政府主持、多方参与的一项工作，但它不同于一般的工作，而是有着很强的学理性。这种学理性已经较充分地体现在联合国教科文组织关于文化遗产保护的系列文件中，业已较好地体现在我国关于非物质文化遗产保护的系列文件和实际运作中。国际上和我国的文化遗产保护系列文件就是以相关专家为主制定的,其内容结合社会实际,吸收了相关领域的前沿性学术成果,而且处于不断的修改完善之中。笔者结合语境理论的学术思想和分析方法讨论过非物质文化遗产保护问题,认为联合国教科文组织的一系列文件对非物质文化遗产的界定鲜明地体现了重视情境的学术取向,其学理基础吸收了20世纪以来国际人文社科领域的前沿性理论原则。①非物质文化遗产保护的学理的学科归属主要是民俗学。对这一点,已有学者从国际上非物质文化遗产保护的兴起过程,非物质文化遗产概念、术语的演变过程,非物质文化遗产保护的内容与参与者等方面进行了阐述。②但因为非物质文化遗产保护内容的广泛性,目前这一工作已经吸引了以民俗学学科为主的多学科学者的参与。

对从事这项工作的政府官员而言,非物质文化遗产保护就是一项政府工作。他们更多地看到其工作属性,深谙其道的相关官员认识到它是一项特别需要专家参与和指导的工作。参与非物质文化遗产保护或从事这方面研究的学者则更多地看到其学术属性。学者参与其中,主要把它当作一种学术考察和学术研讨活动。事实上,这与非物质文化遗产保护的宗旨和内在规律是一致的。这种学术需要随着非物质文化遗产保护实践的开展而不断深入、进步和完善。就目前国内民俗学领域而言,非物质文化遗产保护深刻影响了这个学科的发展格局,对此学者们近年来展开了许多讨论:一种观点认为,非物质文化遗产保护是民俗学学科发展的机遇和动力,应被纳入民俗学学科本体框架,某些高校应开设非物质文化遗产方面的课程或设立"非物质文化遗产学"专业;另一种观点认为,非物质文化遗产保护属于工作范畴,应与民俗学学科建设的本体问题区别开,它对民俗学的强势影响是对学科建设的一种伤害。不管学者们如何认定非物质文化遗产保护与民俗学学科的基本关系,谁也不能否认非物质文化遗产保护需要且值得作为一种学术深入研究。这不仅有利于民俗学的学科发展和学术进步,也有利于国家和社会的发展与进步。

对于非物质文化遗产所在社区的民众而言,非物质文化遗产保护不一定是他们必须要做的工作,更不是一种学术,而是与他们的生活方式、祖传文化,甚至生计、生存空间息息相关的,即民众更多地考虑非物质文化遗产保护的生活属性。将工作属性、学术属性、生活属性相比较,生活属性无疑是一种更为根本的属性。相应地,更重视其生活属性的民众与非物质文化遗产保护有着更深、更密切、更重要的关联。自国际上兴起非物质文化遗产保护以来,恰恰更受重视的是非物质文化遗产保护的工作属性、学术属性,其生活属性相对受到忽视。与此相应的是,政府官员和学者在非物质文化遗产保护中一直拥有更为强势的话语权,而作为非物质文化遗产拥有者的民众处于相对缺乏话语权、被动参与甚至漠视抵触的状态。这已成为近年来非物质文化遗产保护实践和研究中重点讨论与急需解决的问题,也就是非物质文化遗产保护的"社区参与"问题。

由以上讨论可知,工作属性、学术属性、生活属性是并存于非物质文化遗产保护中

---

① 参见黄涛:《论非物质文化遗产的情境保护》,《中国人民大学学报》2006年第5期。
② 参见巴莫曲布嫫:《非物质文化遗产:从概念到实践》,《民族艺术》2008年第1期;安德明:《非物质文化遗产保护:民俗学的两难选择》,《河南社会科学》2008年第1期。

的三种根本属性，政府、学者、民众出于各自特定的相关性和眼光，分别更加看重其中一种属性。但非物质文化遗产保护毕竟是三方共同参与的社会活动，三方缺一不可，因而三方应该对非物质文化遗产保护有科学合理的认识，摆正自己的位置，相互尊重，妥善配合，正确把握三种属性之间的关系，并让三种属性各得其所。就政府操办的非物质文化遗产项目研讨会而言，经常出现的问题主要有三个：①有些地方的政府官员过多地把非物质文化遗产保护看作行政事务，对学者不够尊重，过多地从政府舆论、政治见解角度干预专家意见；对民众的主人翁地位不予重视，无视民众的利益、意见和愿望；或者持消极应付态度，走走过场。②由于非物质文化遗产保护具有很强的学理性，非物质文化遗产研讨会又是偏重学理性的场合，学者、专家在此唱主角是顺理成章的，但是有的专家对非物质文化遗产保护的学术并不精通，用对待精英文化或"高雅"艺术的标准和眼光来看待、指挥民间文化活动，这会对非物质文化遗产保护造成根本伤害。③主要由于社会地位偏低，当地民众往往处于被轻视和消极被动的位置，不能表现出非物质文化遗产项目主人翁的姿态，平等、积极地参与到研讨活动中来；也有些地方的民众代表过于追求经济利益，期望对非物质文化遗产项目过度开发，或者为了换取现代化生活条件而放弃以至毁坏非物质文化遗产传承。

这里特地举出两个成功的案例。2007年"全国首届牛郎织女传说学术研讨会"在山东沂源召开，由中国民俗学会与山东大学民俗学研究所联合主办、沂源县人民政府承办。县里主要领导率领宣传部、旅游局、文化局等相关部门领导出席会议。该会议是为保护该县的牛郎织女传说项目并申报全国非物质文化遗产项目而举办的。该项目于次年成功进入第二批国家级非物质文化遗产名录。让学者们感慨的是，官员们包括县委书记在开幕式结束之后，并没有像有些官员在此类研讨会中那样就此退场，而是坐在台下全程听会。本来非物质文化遗产保护是政府有关部门主抓的一项工作，相关官员确需深入了解本地非物质文化遗产项目的基本情况、相关研究成果、保护策略等，非物质文化遗产研讨会又是自己部门操持的，相关官员全程听会乃理所应当，但是事实上很多政府部门的官员不能做到。所以，有些会议中，官员能够这样认真和敬业就显得难能可贵。沂源县牛郎织女传说的调查研究与保护工作从一开始就做得很好，县政府有关部门十分重视，措施得力。山东大学民俗学学科也大力参与其中，教师带学生做了充分的田野调查和学术开掘，并为县政府相关部门出谋划策，在联系省外专家参与研讨方面也很具规模，这是政府部门与学术界成功合作保护非物质文化遗产的典范案例。

2009年，河北省霸州市胜芳镇政府邀请国际亚细亚民俗学会中国分会组织部分在京民俗学者考察并研讨了胜芳元宵节花会。胜芳地处京津之间，是个经济较为发达的大镇，也是民俗文化繁盛之地，这被学界称为民俗文化的"胜芳现象"。胜芳音乐会与胜芳元宵灯会分别为第一批、第二批国家级非物质文化遗产项目。该镇元宵节节庆持续五天，从正月十二到十六，主要有三种大型民俗活动：灯会、游神走街和耍傩驱鬼。此次考察研讨的是游神走街，它又被称作"花会""摆会"。摆会祭祀的是火神。据地方志记载和民间传说，该镇历史上是水乡泽国，紧靠一个比现在白洋淀还大的大淀①，周边长满芦苇，于是芦苇编织行业——"草行"兴盛起来。草行最怕火，人们便祭拜火神，每年元宵节为火神举行出殡仪式。人们说，把火神爷送走了，就不会发生火灾了。后来的摆会就是在这种出殡仪式基础上发展起来的。摆会在明朝就有了，除了"文化大革命"等时期短暂中断外，一直兴盛至今，史有"七十二道花会"之说，今天尚存30余道。正月十二这天，人们要把火神从仓库里请出来②，放到庙头胡同里供奉起来。这天十一点左右，各档花会陆续前来报到、祭拜；十二点半左右，三声铁炮响过，摆会活动正式开始，要从庙头胡同出发，到镇上主要街道巡游、展演。炮会、中幡会、保婴会、高跷会、武术会、小车会、音乐会等依次列队而行，边游行边展演各自才艺。各档花会的前后次序是历史上传下来的，不能随意变动。胜芳乡艺总会的旗帜在最前面，火神座轿走在最后。巡游队伍所到之处，观看民众熙熙攘攘、摩肩接踵，可知此为全镇的民众集体参与的盛事。这种摆会活动从正月十二一直持续到十六。这场全镇的盛大节会活动完全由民间社团组织。胜芳乡艺总会负责总体指挥，总会首曾经由胜芳四大望族之一的薛家担任，现为70多岁的王志计。各档花会都有会首，听从总会指挥并负责本会的各项活动。除了花会组织，胜芳还有一帮热心文化事业的年轻人帮助操持摆会事务。他们以网名为"大孩子头"的小学教师王晟为首，常年活跃在"胜芳自由社区"网站的"古镇风貌"论坛上。镇和街道的政府部门只在背后起必要的支持和保障作用。比如这次摆会，乡艺总会的临时指挥部就设在某街道的办公小院，所有街道公职人员就暂到别处值班。这次学者的考察研讨活动由镇政府邀请和组织，乡艺总会和网站论坛的年轻人也参与接待和做向导。考察时，来自中国社科院、中国艺术研究院、北京大学、清华大学等单位的学者就分散在拥挤的人群中观察或采访，看到的完全是没有矫饰成分的民俗活动，中午就跟操持花会的人一起吃大铁锅里做的饭菜——猪肉炖粉条、馒头等。考察活动结束后，举行了半天的专题研讨会，霸州市和镇政府的相关领导出席。学者们发表学术见解并献计献策，乡艺总会、各档花会的会首代表和网站论坛的年轻人也积极参加讨论。会后的招待宴会上，社区民众代表也在座，会首老者按辈分坐在上席，受到官员和学者按民间礼仪给予的敬重，三方欢聚一堂，气氛融洽。胜芳镇组织和接待了多次这样的学者考察研讨活动，平时也热情接待主动来调研的学者和研究生，并为之提供食宿和向导的便利。胜芳民俗文化的传承和保护可以说是社区民众积极操办、政府支持、学界调研并提供学术指导的成功典范。

---

① 胜芳镇的大淀史称"东淀"，白洋淀则称"西淀"。
② 过去火神像被供奉在火神庙里，1953年庙被拆除，后来做的火神像平时就被存放在仓库里。

二、非物质文化遗产保护工作中的政府角色与非物质文化遗产展演的本真性

与非物质文化遗产项目研讨会相比，非物质文化遗产展演活动是规模更为盛大、影响更为广泛、地位更为重要的非物质文化遗产保护事项。如果说在由政府操办的非物质文化遗产项目研讨会上，作为研讨对象的非物质文化遗产的工作属性和学术属性在这种特定场合具有比其生活属性更重的分量，所以社区民众代表在研讨会上难免处于配角的位置的话，那么在田野、街道或广场进行的非物质文化遗产展演活动则处于生活场合。在这里，非物质文化遗产的生活属性居于显要位置，在非物质文化遗产展演舞台上唱主角的自然应该是社区民众或非物质文化遗产传承人，政府官员则应退居幕后，学者则应是旁观者和调查访谈者。非物质文化遗产展演活动怎样进行，当地民众自有祖先传下来的规则和方式，即便在现代社会有所调整和创新，也应由民众自己在保持传统的基础上加以调适和改变。官员和学者都应遵循"民间事民间办"的原则，对民间传统给予充分的尊重，并在此基础上给予支持、扶助、倡导、表彰和建议等。如此，才能确保非物质文化遗产展演的本真性。这里必须强调，非物质文化遗产展演活动本身就是民俗生活的一部分，社区民众在非物质文化遗产展演活动中的行为就应该是他们自然生活的一种，虽然是仪式化或艺术化的一种；官员不能把这种非物质文化遗产展演活动"官办化"，不能按着官方活动的规则举办，也不能按某些不懂得民间文化特性的学者的美学趣味而加以"雅化""精致化"。

这里所说的"展演"，不是一般意义上的表演，而是与鲍曼表演理论所用的"表演"（performance）概念接近的含义，包括非物质文化遗产较自然状态的传承活动、政府部门组织的非物质文化遗产展示活动和为游客观光而做的演示活动。不管是上述哪种展演，都应该遵循非物质文化遗产保护的本真性（authenticity）原则。① 毋庸讳言，我国非物质文化遗产展演的本真性保持得如何，与政府部门扮演的角色有密切关系。

可以说，非物质文化遗产保护在我国的蓬勃开展业已形成"中国特色"或者说"中国经验"。非物质文化遗产保护的"中国特色"，这一说法首先出现于政府文件《国务院办公厅关于加强我国非物质文化遗产保护工作的意见》（2005年）："中国民族民间文化保护工程是非物质文化遗产保护工作的重要组成部分，要根据其总体规划，有步骤、有重点地循序渐进，逐步实施，为创建中国特色的非物质文化遗产保护制度积累经验。"2012年秋季，中国社会科学院文学院研究所主办了名为"非遗保护与研究的中国

---

① 关于如何理解、保持非物质文化遗产的本真性，学界已做了不少探讨。如：刘魁立的《非物质文化遗产的共享性、本真性与人类文化多样性发展》，《山东社会科学》2010年第3期；刘晓春的《谁的原生态？为何本真性？》，《学术研究》2008年第2期；王霄冰的《试论非物质文化遗产本真性的衡量标准》，《文化遗产》2010年第4期；王巨山的《非物质文化遗产保护原则辨析——对原真性原则和整体性原则的再认识》，《社会科学辑刊》2008年第3期。

经验"的学术研讨会,"中国经验"的说法在会上引起代表们的争议。非物质文化遗产保护的"中国特色"提法的积极意义是显而易见的,就是非物质文化遗产保护的国际惯例和国际准则要结合中国国情。但是怎样结合才不违背国际基本准则、怎样避免国内常见的弊端陋习对非物质文化遗产保护的消极影响,也需要特别关注。

政府行政力量的强力介入应该是我国非物质文化遗产保护的"中国特色"之一。在实践中,政府行政力量介入和干预的程度与方式有很多差异,有不同的模式,对非物质文化遗产保护的影响也有不同。在此结合具体案例举出几种模式来讨论。

其一,非物质文化遗产展演活动主要由民间人士组织,按民间习惯举办;政府部门只在幕后起组织、联络、支持、保障作用;学者作为观察者和访谈者散布在民众之中,然后在非物质文化遗产研讨会上发表意见。这样非物质文化遗产展演的本真性能得到很好的保持。如上述2009年河北省胜芳镇元宵节花会即是如此。

其二,在由政府与民间联合主办的大规模的非物质文化遗产展演活动中,政府部门负责全局性的组织管理,并直接安排部分节庆活动。但整个活动的时间、地点、方式等主要按民间习惯进行,民间组织在各环节协调配合。2008年2月20—23日,笔者与20余名民俗学同行应山西柳林县政府之邀到该地考察了元宵节活动。

> 这里欢庆元宵节的时间为正月十三到正月十八,达六天之久。这期间,每天晚上举行灯会、盘子会。"盘子"是一种用木料(或铁架)、布料等扎成的楼阁式祭神用具。元宵节期间,人们通常几家合作操持一个盘子会。在户外空地上摆放盘子,在盘子内正中位置敬奉天官,两旁分别供奉保佑孩童的张仙和送子娘娘。盘子前用木柴和煤块搭成一个圆炉形的"旺火"。晚上,旺火燃烧起来,人们请民间艺人在旺火周围做弹唱表演,由一男一女演唱,旁边有二胡、锣鼓伴奏。有的盘子前搭起戏台、棚子唱起大戏。有的盘子前搞自由加入的扭秧歌活动。也有的盘子会搞流行歌曲演唱,并用剧烈的迪斯科音乐伴奏,围拢来观看的则都是青少年。正月十五的晚上,庆祝活动达到高潮。整个柳林县城处处张灯结彩、摆盘子会,人们全都来到街巷,赏灯、扭秧歌、看烟花、听演唱,到处是欢乐的人群,直到深夜方渐渐散去。年初,柳林盘子会的弹唱艺术被批准为国家非物质文化遗产项目。县政府组织十几家单位在贯穿县城的小河的水面上布置了二十几个二三层楼高的造型各异的巨大花灯。元宵节夜晚,小河边赏灯的人们摩肩接踵、成群结队,一派热闹景象。柳林元宵节繁盛样态的形成,除了有盘子会和弹唱艺术等特色民俗传统为基础,还在于其节庆方式主要是在县政府有效组织下全城人们自发参与的公共场所活动。①

在上述节庆活动中,政府参与程度比第一种情况要高得多,它不仅提供交通、场地、秩序、治安等方面的支持和保障,而且直接组织和安排了较大型的盘子、花灯、戏剧表演、游艺活动等。这些政府组织的节庆活动与民间节庆活动分头进行,相辅相成,

---

① 黄涛:《开拓传统节日的现代性》,《河北大学学报》(哲学社会科学版)2008年第5期。

和谐地构成柳林县城元宵节欢庆活动的整体。

其三，主要由政府部门操办的非物质文化遗产展演活动的时间、地点和方式等大都未按民间传统习惯安排，如2010年春温州市的拦街福活动。该活动是农历二三月间在温州市中心区五马街一带举行的以迎春祈福为主题的大型节会。20世纪初期以来，每年都如期举办的传统中断了，拦街福只偶尔举办。近年来，由于叶大兵等学者的强烈呼吁和民众的要求，拦街福恢复举办。但是市政府对于在较大的现代城市举办这种大型节会有很多担忧，就采取了政府部门出面组织的方式，在时间、场地、内容等方面较多改变了民间传统习惯。2010年3月的拦街福的节会地点则被改在市政府广场上圈起来的一块地方。节会期间，中共温州市委宣传部、温州市文联与中国民俗学会合办了一次专题学术研讨会。学者们考察了该次拦街福活动。在研讨会上，学者们对这场由政府举办的拦街福活动大都发表了批评性意见，认为它失去了民俗活动的本真性。参加研讨会的《光明日报》记者总结了专家们的意见："专家们对拦街福从城区繁华街区挪到一个孤立的广场空间这一措施提出了批评，认为新拦街福失去了民俗文化中的一些传统元素，使人们无法拾起历史的记忆。就像北京的厂甸庙会一样，本是北京春节的一个标志，可今年却把它挪到陶然亭公园里去了。"同时，记者也写出了政府部门的意见："温州政府部门则认为，拦街福是温州历史上规模最大、独具地方特色的民俗节日，也是一项惠民服务的典范。今年的拦街福活动与往年一样，政府投入了大量人力、物力、财力，并遵循了'净化信仰，丰富娱乐，活跃商贸，推进旅游'的原则，对传统拦街福进行了重新审视和去粗存精的工作。"① 温州市政府操办拦街福活动的用意是很好的，也积极主动地做了多方面的工作，但是效果不佳。其根本原因在于，没有掌握民俗活动的客观规律和根本原则，对于民间文化活动操持过多，甚至可以说在主要方面都"越俎代庖"了。其实，这种组织方式已经改变了拦街福活动的主体。作为一项民间文化活动，其主体当然是当地民众，古时如此，现代仍应如此。这场拦街福活动主要由政府来组织，活动的时间、地点、内容、入场摊位等都由政府部门确定，政府部门成了活动主体；当地民众都要买票进场，在各方面都没有自主性。那么，这个活动就基本成了政府行为、官办节会，失去了民俗活动的根本属性。对此，笔者认为："在城市公共场所举办大型的民俗文化活动，政府部门的组织管理作用是举足轻重的，但政府须合理确定自己的角色和位置。对'拦街福'习俗，政府管理部门应认清这种活动的特性，对于它在民众生活中的重要性给予足够的重视，并充分尊重民间的习惯和意愿，释放民众自发参与的热情，调动民间组织的管理潜能。在此基础上，再利用行政资源保障节日期间的城市生活秩序，努力避免出现交通、治安等方面的事故。"②

以上是行政力量介入非物质文化遗产传承和展演的三种主要模式。它并不能概括我国非物质文化遗产保护工作中的所有情况，还有一些存在不同程度差异的做法，此处不赘述。

---

① 计亚男：《新旧拦街福：传承与发展》，《光明日报》2010年4月16日。
② 参见黄涛：《温州拦街福活动的定性定位与组织管理》，《温州大学学报》（社会科学版）2010年第6期。

三、"政府主导"原则应调整为"政府推动"

"政府主导"是目前关于非物质文化遗产保护的常规说法,但结合我国非物质文化遗产保护的实际操作情况和得失,仔细辨析和权衡这一说法的含义和影响,我们会发现它还有待商榷。

"政府主导"的说法最早出现于2005年国务院办公厅的《关于加强我国非物质文化遗产保护工作的意见》:"工作原则:政府主导、社会参与,明确职责、形成合力;长远规划、分步实施,点面结合、讲求实效。"文件中还有对"政府主导"的说明:"要发挥政府的主导作用,建立协调有效的保护工作领导机制。由文化部牵头,建立中国非物质文化遗产保护工作部际联席会议制度,统一协调非物质文化遗产保护工作。文化行政部门与各相关部门要积极配合,形成合力。同时,广泛吸纳有关学术研究机构、大专院校、企事业单位、社会团体等各方面力量共同开展非物质文化遗产保护工作。充分发挥专家的作用,建立非物质文化遗产保护的专家咨询机制和检查监督制度。"

其实,这份重要文件提出"政府主导"的工作原则是没有问题的。它对"政府主导"的阐释很明确,所谓"政府主导",就是指政府对非物质文化遗产保护的发动、组织、管理、支持、推动等作用,文件里并没有任何词句说政府要在非物质文化遗产的展演、传承活动的内容和方式等方面起主导作用,要"导演"甚至取代社区民众的传承和保护。关键是社会部分人士包括某些政府官员把该文件中的"政府主导"的含义理解错了,他们以为政府主导就是指政府部门要主导非物质文化遗产保护的各个环节。误解最为严重的是,认为非物质文化遗产活动的展演内容和方式也要由官员来规定,而不是按民间传统办。据笔者观察,文化部等中央政府相关部门在非物质文化遗产保护中的作为与国外的做法是大致接轨的,它们很重视吸收相关领域专家学者的意见,但在局部,地方政府部门与学者意见也时有差距,难免存在一定程度的行政干预失当的情况。许多地方政府部门在执行中央政府非物质文化遗产保护政策时则走样较多。

非物质文化遗产保护的工作和活动应该分为两个层面:组织管理层面和保养传承层面。组织管理层面指非物质文化遗产保护的社会工作,应该以政府为主导和主体,保养传承层面是指非物文化遗产的日常传承和展演活动,则应该以民众为主体。如果混淆这两个层面,一概由政府主导、以政府为保护主体,必然带来上文所说的种种弊端。最为典型的弊端是,在许多非物质文化遗产展演活动中,政府官员好像电影导演,规定了非物质文化遗产展演活动的具体时间、场所、内容、程序甚至动作等,民众成了只是按官员意志和喜好着装表演的木偶,这样的非物质文化遗产展演也就成了失去民俗本色的文艺表演。在笔者参加的一次非物质文化遗产项目研讨会上,某省文化厅非物质文化遗产处处长就针对当地政府部门组织的中秋文化节展演活动发表了这样的意见:"本来民间的东西它自己相互之间有个自我调节,自己在那儿演出、演唱,现在都搬到台上去了,这个感觉不好,实际上大俗才是大雅。我想,政府就是引导,而不是主导,民俗就是民俗,不要搞成官俗。我看我们这个中秋文化节就有点官俗。"

鉴于"政府主导"的提法容易造成社会误解，对非物质文化遗产保护有诸多不利影响，我们有必要对这一提法以及相关的非物质文化遗产保护工作原则的说法加以修订。结合上文讨论，笔者认为非物质文化遗产保护的工作原则应调整为"政府推动、学者指导、民众为主、社区参与"。"推动"一词，可以包含"组织""管理""发动""倡导""支持""资助""表彰""纠正"等意思，但显然这些作用是在非物质文化遗产展演和传承的背后进行的，不至于被理解为政府在非物质文化遗产展演和传承的层面也起主体性作用。2013年4月，浙江省文化厅非物质文化遗产处召集下属县市文化部门相关负责人和各高校非物质文化遗产基地负责人开会，使用的会议名称是"全省非物质文化遗产保护工作推进会"。笔者认为，"推进"一词在这里使用妥帖，体现了会议主办方对政府部门在非物质文化遗产保护工作中合理定位的恰当理解。

文化空间视阈下土家织锦保护与传承研究

谭志满（湖北民族学院） 霍晓丽（湖北民族学院）

近年来，在全球性非物质文化遗产申报和保护的背景下，大量散落在民间、正在遗失的非物质文化遗产表现形式在较大程度上得到发掘和抢救。但作为非物质文化遗产重要内容之一的文化空间，一直没有受到足够的重视，从某种程度上看，这甚至影响到非物质文化遗产表现形式的传承与发展。土家织锦就是其中一例。土家织锦早在2006年就被列入第一批国家级非物质文化遗产保护名录，酉水流域捞车村刘氏土家村民也被文化部授予"第一批国家级非物质文化遗产项目土家族织锦技艺代表性传承人"称号；武陵地区地方政府及其职能部门在土家族聚居区还划定了民族文化生态保护区来推动对土家织锦的保护；专家学者也对土家织锦进行过长期深入的田野考察和研究。但土家织锦的保护现状堪忧，前景不容乐观。笔者在近年来对土家织锦田野调查的基础上，从非物质文化遗产的文化空间入手，对土家织锦的文化空间及其再造进行探讨，期望对土家织锦的传承与保护工作有所裨益，也希望能对南方少数民族的其他非物质文化遗产保护有所启示。

一、问题的提出

联合国教科文组织于20世纪90年代就开始关注非物质文化遗产。2003年通过的《保护非物质文化遗产公约》明确定义，非物质文化遗产是指"被各群体、团体，有时为个人视为其文化遗产的各种实践、表演、表现形式、知识和技能及其有关的工具、实物、工艺品和文化场所"[①]。《联合国教科文组织宣布人类口头和非物质遗产代表作申报书编订指南》进一步指出，非物质文化遗产有两种表现形式，"一种表现于有规可循的文化表现形式，如音乐或戏剧表演、传统习俗或各类节庆仪式；另一种表现于一种文化空间。这种空间可确定为民间和传统文化活动的集中地域，但也可以确定为具有周期性或事件性的特定时间。这种具有时间和实体的空间之所以能存在，是因为它是文化现象的

---

① 参见邹启山：《联合国教科文组织人类口头和非物质遗产代表作申报指南》，文化艺术出版社2005年版，第2页。

传统表现场所"①。

文化空间（culture place）是文化遗产学的专有概念，它源于法国都市理论研究专家亨利·列斐伏尔（Henri Lefebvre）的《空间的生产》一书，与绝对空间、抽象空间、共享空间等空间种类一同被列举。②联合国教科文组织于1998年首次在国际重要文件中指出用基金创立奖金来鼓励保护人类口头和非物质文化遗产的"文化空间或文化表达形式"；随后，《宣布人类口头和非物质遗产代表作条例》指定"文化空间"为非物质文化遗产的重要形态，"在进行这种宣布的范围内，'文化场所'的人类学概念被确定为一个集中了民间和传统文化活动的地点，但也被确定为一般以某一周期（季节、同程表等）或是以一时间为特点的一段时间。这段时间和这一地点的存在取决于按传统方式进行的文化活动本身的存在"③。作为新兴学术概念的"文化空间"进入我国学术界不到20年，学者们对文化空间的研究仍集中在其概念内涵、核心价值、基本特征、性质功能或保护原则、理念等基础性的理论研究方面，与文化表现形式相结合的应用型研究成果较少。

文化空间最重要的特征是，某种自然或者存在被抽象化进而符号化，同时这种符号化的存在被赋予某种固定的意义，使得物的存在状态由"物理的"存在向"人文的"存在转换。④可见，非物质文化遗产中的文化空间是时间、空间、文化的三位一体，兼有自然属性、社会属性和文化属性。文化空间的性质隐含在文化表现形式中，一直没有引起学界或社会的高度关注。如果将文化空间运用到文化表现形式的保护工作中，非物质文化遗产的保护及研究前景广阔。

二、土家织锦的文化空间

（一）土家织锦概述

土家织锦在土家族日常生活中占有重要地位。其历史悠久，最早可以追溯至大禹时代巴人会诸侯时所执的玉帛，经历了秦汉时期的賨布或阑（兰）干细布、三国的武侯锦、隋朝的斑布、唐朝的溪峒布、宋代的溪布或峒布、明清的土锦等不同阶段，在1985年才正式定名为土家织锦。由于土家织锦的花色及功能特点，现在土家人习惯称之为西兰卡普或土花铺盖。目前，普遍认为土家织锦是武陵山区土家族代表性的文化事象之一。清光绪版《龙山县志》记载："土家嫁女，奁资极丰，锦被多至二十床"，"土民祭故土司神，有堂曰摆手堂，……群男女并入，酬毕披土花被，锦帕裹首，击鼓鸣钲，舞跳歌唱"。⑤土家织锦在土家人婚丧嫁娶、宗教信仰等日常生活诸多方面具有多种符号意

---

① 参见冯骥才编：《中国民间文化遗产抢救工程普查手册》，高等教育出版社2003年版，第219页。
② 陈虹：《试谈文化空间的概念和内涵》，《文物世界》2006年第1期，第44页。
③ 冯骥才编：《中国民间文化遗产抢救工程普查手册》，高等教育出版社2003年，第218页。
④ 高丙中：《中国近世纪以来的文化空间与核心象征》，城市建设与非物质文化遗产保护论坛论文，内部资料，2007年。
⑤〔清〕符为霖修，刘沛纂，何梦熊等辑补：《龙山县志》，光绪四年。

义。明清时期，土家织锦在土家族聚居区呈现出"女勤于织、户有机声"的繁荣景象。

20世纪末以来，随着非物质文化遗产保护工作的逐步深入，国家以及地方政府部门陆续颁布了有关非物质文化遗产保护的法律和文件，并评定了非物质文化遗产项目的传承人，健全了非物质文化遗产保护名录体系。在这种背景下，土家织锦迎来新的发展机遇。20世纪末，酉水流域土家族村民刘代娥在家中办起土家织锦作坊，将土家织锦作为商品推向市场，带领周边乡亲获得了较为可观的经济收入；部分土家村寨成立了土家织锦传习所，供村寨中年轻土家男女学习土家织锦编织技艺；土家族地区的许多旅游景点建立了土家织锦工作室，供研究者和游客现场观摩，感受土家族独特的传统文化。总起来看，土家织锦目前在色彩搭配和图案设计方面适应了现代审美需求，在工艺上仍恪守传统。但从市场角度看，这种高投入、精工艺、长时间必然导致土家织锦与同类产品相比成本偏高，销售难度大，继而传统工艺受到新的挑战。

（二）土家织锦的文化空间

土家织锦作为非物质文化遗产项目，其显著特点是与土家族特殊的生产生活方式密切相关的，是民族个性、民族审美习惯及民族文化的活态显现。经过明清时期的全面繁荣以及20世纪八九十年代的短暂中兴，发展到现在的土家织锦却面临诸多困境。究其原因，是社会的变迁和教育的普及引起土家人生活方式与价值观念的改变，可归结为文化空间的转变。

明清时期土家织锦在酉水流域土家族聚居区呈现出的兴盛局面，是当时自给自足的自然经济条件下形成的文化空间所致。武陵地区沟壑纵横，山水相连，土家族聚居区大都位于河流冲击所形成的谷底或平坝区域。这些区域土地肥沃，降水充沛，灌溉便利，种植业比较发达。清朝雍正年间"改土归流"之后，棉花和桑蚕被大面积引入土家地区，突破了土家织锦在原材料上的限制；以山里带色植物或矿物染色，丰富了棉线或丝线的色系，由此土家族妇女才可以用五色线织出五彩斑斓的被面、衣裙或头巾。家庭作坊式的纺织业兴盛起来。

土家织锦是土家族生活必备之物，也是人们对未来生活美好期望的象征符号。在生产条件较为落后的年代，土家人没有足够的经济能力购买所需物品，加之市场发育缓慢，外来生产生活资料很难进入土家族生活的武陵地区，土家织锦作为衣物、被盖的半成品材料在人们的生活中必不可少，成为土家人重大礼仪特别是婚丧嫁娶时的必备物品。同时，为某一重要时刻或重要人物提前准备一片织锦，成为土家妇女传递人情味的重要方式，也是她们的必备技能。工艺是否精湛是衡量其能干与否乃至决定其在夫家或者在村落内地位高低的标准。因此，土家族妇女从小就开始勤学苦练织锦技艺，在出嫁之前用尽心思精心编织婚后的地位与幸福，通过织锦寄托审美情趣以及对生活的向往。土家织锦是历代土家族妇女用心改进织造技艺，合理进行色彩搭配、图案设计，并一代代传承下来的。土家织锦的生产多是在家户作坊内进行，属于个体行为，出现在传统的男耕女织的生产生活方式中，也是土家族妇女农活干完以后晚上的消遣，或者雨天不能外出干活时的赶工，成为调节她们生活的重要方式。

在传统社会向现代社会转型的过程中，土家织锦长久以来的文化空间逐渐被消释。

中华人民共和国成立初期，土家族地区物质资源极为匮乏，为了解决家人的温饱甚至生存问题，妇女将时间和精力都投入生产中，而无暇顾及土家织锦的编织和传承。在过去半个多世纪的发展历程中，土家织锦只用在土家人重大的礼仪中，实用功能逐渐淡化。特别是改革开放之后，现代化的纺织品以其物美价廉的特点极大地改变了土家人的生活方式，人们更倾向于接受市场上的服饰和床上用品，就连婚丧嫁娶的物品都可以随时买到，土家织锦正在淡出土家人的日常生活。随着与外界交流的频繁以及教育的普及，土家人的思想观念也发生着变化，姑娘们也多选择外出打工或读书，即使赋闲在家，只要经济条件允许，也不会从事枯燥的织锦编织工作。从事织锦编织的妇女大都考虑它带来的实际经济收入，也很难做到精益求精了。文化空间的消减导致土家织锦失去曾经赖以生存的土壤，现代商品经济条件下形成的新的文化空间又难以维系土家织锦的生存和发展。

三、土家织锦文化空间的再造

（一）土家织锦文化空间再造的可行性

随着赖以生存的生态环境以及社会背景的变化，土家织锦的文化空间也在不断变迁。如今，土家织锦赖以生存的物质和文化基础被极大地动摇，传统的文化空间逐渐被解构，想要实现传统的文化空间保存已经不可能。土家织锦传承人从未停止过对土家织锦的革新，但效果不尽如人意。依靠外界力量，更是不能从根本上解决土家织锦的生存和发展困境问题。

20世纪末，土家族聚居区地方政府本着国家制定的"政府主导、社会参与，明确职责、形成合力；长远规划、分步实施、点面结合、讲求实效"这一非物质文化遗产保护工作原则，大力推动土家织锦产业化发展，给土家人民带来一定收入。但随着这种强有力的外援减弱或丧失，土家织锦仍然无法完全适应现代以市场为主导的经济生活方式，再度陷入窘境。织户们或转行，或通过精简图案、平纹织造来压缩成本，有的甚至引入电脑平面织造技术。大量工艺粗糙的土家织锦进入市场，阻滞了民族工艺品牌的发展。政府投入和市场运作并不能使土家织锦完好地保存下去。较多研究者认为，以政府投入为主导、吸引社会资金注入，加强土家织锦的图案、产品、品牌开发，创办土家织锦传习所、博物馆或者文化节等办法切实可行，但土家织锦的现状证明这些对策并不是长远之计。

在提倡文化兴国、弘扬民族文化的今天，再造适合土家织锦发展的文化空间更为可行。当前，土家织锦更多的是土家族对外展示民族人文内涵的文化符号，承载着深厚的民族审美观念、民间信仰和精神品格，具有丰富的象征意义。比如，云钩、曲钩象征着云彩、水波等自然物，虎皮花、小马花、阳雀花等分别是虎、马、阳雀等动物的抽象化；四十八钩环环相扣，寓意着成双成对、多子多孙、连绵不绝；台台花，在小孩的摇窝盖裙（土语"窝窝被"）上的三向围边装饰纹蕴含了巫术崇拜；"补毕伙"（意为小船），一个菱形的长有五官的头颅；"泽哦里"（意为水波浪），在土家人观念中起着遮光保暖，并可防白虎灾星作祟的作用。这些图案美观大方，色彩和谐，寄予着土家先人"凡图必有意，有意必吉祥"的和谐的自然观和积极乐观的心态。

土家织锦是土家族认同的纽带，体现着民族的凝聚力和向心力。土家族长久以来形成的生活方式、生存理念和民族文化，使人们在生活和记忆中对民族织锦有着独特的情感。土家织锦在土家人心目中占据十分重要的位置。同时，土家织锦也是土家族屹立于中华民族乃至世界民族之林的显著标志。在他者眼中，土家织锦就是土家族的象征性符号之一。这就解释了用土家织锦制成的服装或装饰品在土家族地区旅游景点较为畅销的深层次原因。随着文化空间的转变，土家织锦的功能也由实用性转变为民族文化的载体和符号。这种特性早已深入人心。以此为切入点，人为地再造适合其发展的文化空间，激发其功能价值，更有利于其长远发展。正如列斐伏尔关于"空间的生产"的理论所认为的，要从关注"空间中的事物"转移到"空间的生产"。从这方面看，土家织锦文化空间的再造具有可行性。

（二）土家织锦文化空间的再造策略

非物质文化遗产的保护唤起全民的文化自觉意识，文化自觉意识又促进了非物质文化遗产事业的发展，二者可以形成良性互动。所谓"文化自觉"，是指生活在一定文化历史圈子中的人对其文化有自知之明，并对其发展历程和未来有充分的认识。换言之，文化自觉是文化的自我觉醒、自我反省、自我创建。[①]我国近年来非物质文化遗产申报项目越来越多，保护工作取得了显著效果，各地纷纷发掘民族文化来打造民族风情旅游品牌，发展旅游业，这些都从侧面反映出文化自觉意识及其行为所发挥的巨大作用。促进土家人的文化自觉意识，在土家族聚居区形成适合土家织锦生存和发展的文化空间，是帮助其走出目前困境的有效途径。

土家织锦要得到有效保护和传承，必须形成适合土家织锦发展的文化空间。首先，土家人要认识到本民族文化的独特性，成为本民族文化的代言人，在理解并接触其他民族文化的基础上，确定土家织锦在多元文化系统中的位置，通过自主适应，形成适合自身发展的文化空间。这是营造土家织锦文化空间的基础和前提，因为只有民众认识到土家织锦的价值和意义，才会有所行动。如通过在公众场合举办各种形式的交流会或文化节，利用现代媒体宣传手段提升土家织锦的知名度，让大众了解其精华所在，并形成对土家织锦的深刻印象。

其次，在武陵土家族地区的教育机构中开展土家织锦知识的普及活动，以吸引更多的人关注民族传统文化。费孝通先生在20世纪提出过对待多元民族文化"各美其美，美美与共"的理念，这个理念在今天仍具有重要的现实意义。今天，主流社会更应通过多种途径营造适合少数民族非物质文化遗产保护与传承的良好文化空间，最终实现民族文化的"美美与共"。在土家织锦保护与传承方面，可否适当改革民族教育的评价机制，采取一些切实可行的措施，这些都是值得探讨的问题。例如，通过开展民族文化进

---

① 费孝通：《费孝通论文化与文化自觉》，群言出版社2007年版，第232页。

校园活动，让中小学生意识到土家织锦承载的民族文化；通过组织学生在土家族聚居区开展田野考察，让学生濡染土家织锦的文化内涵；在武陵地区的部分科研院所中设置课题项目，培养专业性的织锦研究人才，通过科研成果实现为社会服务的功能，唤起普通民众的文化责任感。

最后，在土家织锦流行的武陵地区，通过地方政府组织、学者推动、民众参与的方式，有意识地培养一批土家织锦传承艺人。目前，土家织锦传承人极少，国家级传承人仅有一人。在当前土家人已经意识到土家织锦承载的民族情感和人文内涵的背景下，地方政府部门可以设置不同层级的传承人名录，并给予传承人更多的支持与关注。长此以往，新的文化空间就会出现。在适合土家织锦发展的文化空间下，土家织锦就不会刻意迎合市场经济需求，就会在生存和发展之间做出可持续发展的选择。传统工艺也会自然传承与创新，并实现其正常发展。

田野实践与非遗理论

北极民族学考察记
——兼谈民族志的写作

丁　宏（中央民族大学）

一

2007年7月，我参加了俄罗斯圣彼得堡大学民族学考察队，在位于近北纬70度的俄罗斯卡宁半岛进行了为期一个月的民族学田野考察。

此次考察是"欧洲北部游牧居民的北极考察——80年之后"研究计划的一部分。该研究计划由圣彼得堡大学、俄罗斯民族学博物馆及俄罗斯科学院乌拉尔分部北方生态问题研究所联合制订，其研究建立在1926—1927年俄罗斯历史学、民族学学者在卡宁半岛考察的基础上。应该说，这次考察是一次民族学意义上的"回访"，目的是通过对相同选项的问卷调查、描述和比较来探索经过80年，俄罗斯欧洲部分北方游牧民族的社会结构、生计方式、经济生活等方面的变迁，并进一步分析其发展前景。

参加此次北极民族学考察队的成员来自不同的国家、不同的专业，以圣彼得堡大学历史系民族学与人类学教研室的教师、学生为主，其他成员大多来自圣彼得堡大学地理学科学研究所、俄罗斯民族学博物馆，还有来自拉脱维亚的生物学家。

考察的主要对象是在卡宁半岛冻土带上游牧的涅涅茨人。卡宁半岛位于俄罗斯阿尔汗格尔斯克州涅涅茨自治区西部，半岛上布满沼泽及各种苔藓植物，非常适宜驯鹿业的发展。生活在这里的涅涅茨人（也包括部分科米人），是当地驯鹿业的主要承担者。

涅涅茨人主要生活在从白海到叶尼塞河的广阔冻土带，其主体部分居住在涅涅茨自治区、亚马尔-涅涅茨自治区、泰梅尔（多尔干-涅涅茨）地区，还有一部分人生活在汉特-曼西自治区。据2002年俄罗斯人口统计结果，涅涅茨人口总数为41320人。[①] 历史上，涅涅茨人被俄罗斯称为萨马耶德人。事实上，"萨马耶德"一词除用来称呼涅涅茨人外，还用来称呼生活在鄂毕河与叶尼塞河一带的恩茨人、恩加纳桑人及谢尔库普人。

---

① 《2002年全俄人口普查结果》，莫斯科，2005年。

关于该称谓的由来，至今尚未出现被学界广泛认可的解释，但涅涅茨人自称"涅涅茨"，其意义是"人"。其先民最早生活在南西伯利亚。6—9世纪，由于突厥人入侵，一部分涅涅茨人被迫向北迁徙至今天生活的区域。涅涅茨语属乌拉尔语系萨莫迪语族，包括冻土带与森林区的两种方言，其中使用冻土带方言者占人口的95%。苏联时期，涅涅茨人创制了文字——1932年是以拉丁字母为基础创制的，至1938年改用西里尔（斯拉夫）字母。当时，涅涅茨人每周出版一次涅涅茨语报纸《泰梅尔》（Таймыр），还创办了涅涅茨语广播节目，并出版了大量涅涅茨语的文学作品。

18世纪以前，在从白海到叶尼塞河的冻土带上，驯鹿是涅涅茨人唯一的职业。18世纪以后，俄罗斯人侵入，从涅涅茨人手里购得驯鹿。然而，俄罗斯人通常自己不放鹿，而是租赁给贫穷的涅涅茨人让其帮助放牧。目前，俄罗斯是世界上家养驯鹿总头数最多的国家，饲养驯鹿的主要是北方十几个小民族，包括涅涅茨人、科米人、埃文克（在中国称鄂温克）人、楚克奇人等。其中，涅涅茨人是俄罗斯驯鹿民族中人口最多的一个民族。

据资料记载，涅涅茨人直到20世纪初仍然保留着严格的父系氏族制度。当时，涅涅茨人有100多个氏族，在婚姻上实行氏族外婚制，婚礼上模仿抢婚习俗，妻子没有离婚自由。富有的涅涅茨人会娶两三个甚至四个妻子，但要为每个妻子纳数目不菲的聘礼，聘礼包括100—200只驯鹿，还有一定数量的皮毛、皮衣。聘礼不是送给新娘的父亲，而是给整个氏族。新娘也要准备与聘礼等价的嫁妆，嫁妆包括衣服、床具、餐具、帐篷及驯鹿等。新娘带来的驯鹿及其产下的幼仔是属于新娘的个人财产，一旦离婚或丈夫亡故，这些财产归她个人所有。每个氏族都有属于本氏族的墓地。氏族内部有严格的规章制度，对于偷盗、杀人及拒绝帮助人的行为加以惩罚。在俄罗斯人侵入之后，涅涅茨人开始在生活中使用铁器，如用铁炉子取代过去在帐篷中的篝火，用铁制或瓷制器皿代替木制容器等。

在宗教生活方面，历史上涅涅茨人主要信奉萨满教，并有职业萨满活动。多神崇拜在涅涅茨人中很盛行，他们在出门打猎和捕鱼时，都要给狩猎和捕鱼业的保护神上供。从19世纪开始，沙皇政府在涅涅茨人中强力推行东正教，迫使部分人接受了洗礼。但涅涅茨人传统的宗教信仰并没有消失，仍对其世界观及行为方式产生重要影响。

苏联时期，政府在涅涅茨人聚居的地方建立了民族区，并培养了大批本民族干部、知识分子。从20世纪30年代开始，涅涅茨人采用集体农庄生产联合的形式，生产生活结构发生很大变化。到1970年，其城市人口已经达到68%。[①] 苏联解体后，卡宁半岛冻土带上的涅涅茨人建立了以家庭协作小组为生产单位的驯鹿模式。一般一个小组由若干家庭组成，以协作的形式放牧鹿群，各家庭随着鹿群转场而迁移。从考察队收集的资料看，卡宁半岛冻土带上共有11个家庭生产协作小组，每个小组多则9家，少则5家，主要是涅涅茨人，也有少量的科米人。

---

① 关于涅涅茨人的介绍参见哈米奇《涅涅茨人》一书，圣彼得堡，2003年。

二

对游牧的涅涅茨人进行实地考察是非常困难的。牧民们生活的地方多是沼泽及苔藓，只能步行。正值夏季，转场非常频繁。我们追随鹿队，从一个牧场转到另一个牧场，跋山涉水，一连要走十几个小时的路。冻土带上人迹罕见，我们要沿着驯鹿群的踪迹寻觅，有时好不容易到了目的地，涅涅茨人却刚刚迁走，就只能从留下的痕迹判断牧民离开的时间，或继续追赶，或原路返回营地。在冻土带，我真正与涅涅茨牧民生活在一起的时间只有3天。在这3天里，我与他们一起吃、住、转场。我所调查的第十家庭生产协作小组由7个家庭组成，是按照自愿原则组织起来的，都是涅涅茨人。负责人负责转场、放牧人员安排等事宜。通常采取轮流值班放牧制，每班2人，共4班，每班值班时间是24小时。

在与世隔绝的卡宁半岛冻土带，涅涅茨人固守着自己的传统文化。驯鹿在他们的生活中占据重要的地位：他们吃驯鹿的肉，穿驯鹿皮做的衣服，坐驯鹿拉的雪橇……从摇篮到坟墓，都和驯鹿为伴，以迁徙为本。当然，除驯鹿外，捕鱼、打猎也是涅涅茨人生活的重要内容。卡宁半岛河流密布，各类飞禽随处可见。但涅涅茨人非常注重生态的自然平衡，他们绝不过度捕杀动物，只以满足基本生活需要为标准。他们年复一年，根据季节变化循环往复，沿着固定的路线流动。

我参与了一次涅涅茨人完整的转场过程。卡宁半岛涅涅茨人住的帐篷与另一个涅涅茨人聚居区亚马尔半岛的不同。在亚马尔半岛，涅涅茨人通常住在一种用枞树干做骨架、外覆鹿皮的圆锥形帐篷中。卡宁半岛涅涅茨人的帐篷是长方形的，四面直角框架用铁制成，可折叠，外面包以帆布。

在拆卸帐篷的同时，每家都要派出代表去"圈鹿"。涅涅茨人除在牧场放牧鹿群外，还在驻地附近放养一些"工作鹿"。这些"工作鹿"除作为牧民日常的交通工具外，转牧时则是主要的运输工具。所谓"圈鹿"，就是把这些鹿集中起来，之后分配给每个家庭。转场时，每个家庭组成一个"方队"，载着自家的东西随大部队前行。第十家庭生产协作小组包括7个家庭，这样7个方队、近200辆雪橇组成的转场队伍浩浩荡荡，一眼望不到头。每一个方队里都有数只狗跑前跑后。狗在涅涅茨人的生活中是不可缺少的，专门驯养的猎犬帮助牧人看护鹿群，并能防御其他野兽的侵扰。涅涅茨牧民所使用的雪橇是木制的，高约50厘米，很长，像小船，前身从上到下呈弧状。一个雪橇通常由4只鹿牵引。这种雪橇冬天在雪中滑行，夏季在泥泞的灌木丛、沼泽地带行驶如在平地。特别是经过灌木丛时，驯鹿的长腿正好与灌木的高度相当，而橇身就可以从灌木上面轻快"飞"过。上坡、下坡时，雪橇前部的弧形设置正好起到缓冲的作用，所以雪橇虽然颠簸，但橇身始终是平稳的。

转场队伍行进了3个多小时后，选择在一处有水源的高地上安营扎寨。每个家庭找到一块属于自己的地方，卸下雪橇上的东西。首先是搭建帐篷。先将四面直角框架固定住，之后4个人各拿长铁条的一个头，在顶部交叉，并将4个头各固定在四面直角框架的直角处，最后将帆布铺盖上。帐篷建好后要做的第一件事，就是把炉子支在屋中央，并将烟囱从帐篷顶部预留的口中穿出去。之后，女主人会点上炉火烧水、做饭，其他人负责将所有的生活用品归置好。

由于涅涅茨人过着流动的生活，其子女主要是在镇上的寄宿学校读书。我们考察时正值暑假期间，所以孩子们也同大人一起劳动。在家庭交流中，涅涅茨人一般使用涅涅茨语，但他们通常掌握俄语，并且是在俄语学校接受的"正规教育"。苏联时期，涅涅茨人被纳入"北方小民族"（主要生活在俄罗斯联邦极北、西伯利亚和远东地区的民族）之列。1919—1934年，苏联共组织了90次对北方小民族的考察，并制定了一整套改造小民族原始文化的措施，这些措施包括创办学校、创制民族文字、开展扫除文盲运动、培养教师等；1925年在列宁格勒（今圣彼得堡）大学设立北方民族系，1930年在列宁格勒成立北方民族学院；此外，还建立了一批北方民族师范学校。这些机构培养了大批北方小民族的人才。及至1937年，小民族识字率达到65%，而在1914年，涅涅茨人识字者仅占居民人口的2%。由于政府在小民族地区大力推广俄语，北方小民族地区的学校减少了小民族语的授课时数，其结果是小民族人口中使用母语的人越来越少，越来越多的年轻人根本不会说本族语。

由于交通不便，冻土带上的涅涅茨人与外界联系很少。家庭生产协作小组虽然由数个家庭组成，但妇女们似乎很少到别的家庭串门、聊天，她们整天在家里忙碌。男人们会一同出去打猎、放鹿，有时聚在一起修理雪橇。在转场或"圈鹿"的时候，家庭之间的联系最密切，彼此的合作非常默契。在北极冻土带这样严酷的自然环境中，人与人之间的合作与互助是必要的，过去是血缘氏族的自然组合，苏联时期的集体农庄是与政府的行政命令分不开的，如今是自愿组合的非亲属关系的家庭生产协作小组，这是涅涅茨牧民自己的选择。

三

北极考察活动进行了一个月，考察队员基本走遍了卡宁半岛所有涅涅茨人的游牧区，最北到了卡宁角（Канин нос），访问了40多个家庭，收集到大量的民族学、社会学、人口学资料，绘制了牧民的牧场分布图及转牧路线图，拍摄了1.5万张照片，并录制了10个小时的录像资料及7个小时的录音资料。每个队员都做了田野考察笔记。这些资料是非常有价值的，不仅可以与1926—1927年的北极民族学考察资料进行比较，同时也能为俄罗斯民族学研究提供实证经验。

北极冻土带驯鹿文化被认为是人类与自然环境相适应以保障生态平衡的最佳典型。在卡宁半岛生活的驯鹿人口总数近百年没有改变，保持在500人左右。人口的稳定性是以生物资源作为条件的。经常性的转牧是主要的生产方式，有限的牧场资源限制了牲畜的头数及人口的数量。一个五口之家拥有100余头驯鹿，这些驯鹿能够保障其基本生存。以往（主要是苏联时期）在卡宁半岛进行的各种提高驯鹿业发展的尝试均未获得成功，还威胁到冻土带驯鹿业的生存。刺激驯鹿数量增长的措施导致草场资源枯竭，造成珍贵的文化遗产消失。所以，按照考察队员的结论，俄罗斯北方领土的发展应该考虑民族特点。考察队员还研究了《涅涅茨自治区驯鹿业2007—2009年的发展》，该规划被列入《俄罗斯农工综合体发展规划》（приоритетный национальный проект "Развитие агропромышленого комплекса"）的框架进行讨论，其主要目的是建立适合北方驯鹿民族发展的条件，提高其经济生产效益。考察队员一致认为，该规划仍然没有考虑土著民族资源利用的传统特点及其文化特色、世界观。在全球化条件下，保存北方驯鹿民族文化遗产能够保持俄罗斯文化的个性，带来长久的经济效益。所以，这个过程必须有民族学家的参与。

虽然北极考察活动具有诸多正面意义，但客观地讲，由于诸种因素（包括经费短缺等），考察带有"走马观花"的特点。在一个月的时间内，路途上占用了大量的时间，考察队成员真正与涅涅茨人接触的时间则少得可怜。

从历史上看，重视田野考察及民族志撰写是俄罗斯民族学的一个重要特点。通常认为，俄罗斯民族学形成于19世纪中叶，但有关俄国历史民族的民族志资料则出现在中世纪的编年史中。1715年诺维茨基撰写的《奥斯加克人简述》被视为俄国第一部民族学著作。随着俄国领土的不断扩张，大规模的民族调查逐渐展开，出版了诸如《堪察加地方志》《俄国国内各民族生活礼节、信仰、习俗、住宅、衣服及其纪念物的记载》等一批俄国国内民族志资料。同时，对世界其他地区、国家的民族考察也在开展。如19世纪末20世纪初，俄国一些地理学家、语言学家、民族学家和探险家先后到中国新疆、内蒙古、东北等地探险和调查。在1912年、1913年，中国民族学界所熟知的史禄国（即希罗科戈罗夫，著有《通古斯人的心理——心灵情结》一书，于1935年出版）曾经三次赴后贝加尔考察。1915—1917年，他又奉命去了中国蒙古和西伯利亚毗邻各地调查。正是他的考察活动及由此出版的成果，奠定了他在国际民族学界、人类学界的重要地位。[①]俄罗斯学者对世界民族研究所做的贡献，也基于其广泛、深入的田野调查工作。民族学苏维埃学派的许多代表人物的名字往往是与某些地区或民族的名字联系在一起的，如从事中亚地区民族学和花剌子模考古研究的托尔斯托夫，从事西伯利亚地区研究的列文，从事波罗的海和东南亚地区民族学研究的切博克萨罗夫，从事大洋洲地区民族学研究的托卡列夫等。

20世纪80年代，在《苏联民族学》杂志上就出现了关于民族学调查方法的讨论。有学者指出："无论是观察还是整个田野工作，为了不至于浮于表面，都应该是足够持久的。"[②]这个观点主要是针对苏联民族学界出现的一种"总趋势"，即逐渐放弃"定点

---

① 史禄国（希罗科戈罗夫）是一位在民族学研究领域有很高造诣的学者，但他在他的国家远不及在中国知名。正如他的本国同行所描述的："总的来说，希罗科戈罗夫的研究运气不佳。他的一些成果是在中国用俄文发表的……不论是苏联学者，还是西方学者，几乎都毫无所知，尽管他的个别观点已被引用，如中国民族学派代表人物吴文藻、费孝通就接受过他的观点。"（布朗利、克留科夫：《民族学：在科学体系中的地位、学派和方法》，《苏联民族学》1987年第3期。）

② ［俄］什梅廖娃：《田野工作和现实研究》，《苏联民族学》1985年第3期。

的"田野工作,以至于以短期的小组或个人旅行的形式排斥综合考察,这种"旅行"主要是在夏季进行。①事实上,此次考察活动无论主观上有多少理由,这种利用暑假"旅行"的短期行为特点仍然是明显的。

田野考察是民族学的主要研究方法。世界许多民族学家是以"他国""异民族"的研究而著名,中国虽然也有这样的学者,但从中国民族学发展的历史看,中国民族学主要是用国外的相关学科理论研究中国的实际问题。中国史籍中有关"异民族"的描述丰富了世界民族研究的宝库,然而,我国学者从现代意义上的民族学视角写作的国外民族志并不多见。在北极考察回国后,我出版了一本《北极民族学考察笔记》②,虽然观察不够全面,记录也很零散,更谈不上学科规范,但所涵盖的内容毕竟是带有某种"文化自觉"的域外观察。中国的民族学者可能暂时不会将目光移向北极卡宁半岛这样一个人迹罕至的地方,所以我的描述最起码可以起到译介作用。历史上,涅涅茨人曾经被强迫改变生活方式。当社会环境发生变化后,该民族中的部分成员又开始主张传统文化的回归。当然,这种回归不仅仅需要政策的保障,也需要生存环境的支撑——地广人稀的俄罗斯满足了涅涅茨游牧民的需要。

民族志注重文化的整体性,在北极考察中所看到的涅涅茨人,只是涅涅茨人中代表"传统"的那部分。民族学者往往通过他们的观察、描述"构建"着人类文化,并不断渲染其异域色彩,以标榜该学科对"异"的情有独钟。中国各地的"民族村""民族风情园"所反映的更多是民族的传统而绝非现实。我们把这种现象视为一种内部"东方主义",即更为都市化的中国人对少数民族文化所采取的态度:将少数民族文化作为他者,极力渲染与它的差异性。事实上,任何一个民族文化体都不是铁板一块,其内部的差异性及发展的复杂性远不是所谓的"民族村"展示的那样,是一个横断面。从这个角度讲,民族学的功能也许更多表现在文化"记录"上而非"构建"上。如涅涅茨人所经历的那样,政治强权自觉"复原"的传统民族文化事实上是一种文明发展过程中的"现象"。这种现象在许多地区、民族中都发生过,也进一步证明了人类的发展是波浪式的。但无论是进化论所强调的高低不同,还是相对论对于不同文化价值的肯定,不能否认的是,虽然人有按其文化轨迹生存的愿望,但不可能不受社会发展的影响。所以,民族学家在扮演文化观念上的相对主义者的同时,承认社会认识论上的"普遍主义者"的角色恰恰是对人、对文化的深刻解读。③就如同我所看到的,涅涅茨人中试图"复原"传统生活方式的人毕竟还是少数,多数人已经在现代社会的浸染下接受并习惯了另外的生活方式。资料显示,在4万涅涅茨人中,大约只有1万人仍然以极地驯鹿的生产、生活模式为生,其他人在教育、移民、政策等因素的影响下逐渐改变了传统的生活方式。

显然,涅涅茨文化有极高的研究价值和借鉴意义。但由于北极考察活动对于我而言只是在俄罗斯访学期间临时决定参与的,计划性不强,也没有设定研究目标,所以我不

---

① [俄]布朗利、克留科夫:《民族学:在科学体系中的地位、学派和方法》,《苏联民族学》1987年第3期。
② 丁宏:《北极民族学考察笔记》,中央民族大学出版社2009年版。
③ 王铭铭《人类学是什么》一书的"开头的话"部分,北京大学出版社2002年版。

能对考察对象进行深入、全面的文化描述，或者说不能在田野考察基础上写出一份实实在在的涅涅茨人的民族志。

四

民族志是建立在田野考察基础上的，是对所调查对象的客观描述。民族志既是一种研究方法，也是一种文化展示的过程与结果。民族志并不是人人可为，它有自己的学科规范。民族志的产生远远早于民族学，经过专业训练的民族学者所撰写的民族志被冠以"科学"的桂冠。

"科学民族志"的产生是以马凌诺斯基撰写的《西太平洋的航海者》一书的出版（1922年）为标志。从此以后，民族志的生产模式就有了根本的改变，即：民族志的撰写者必须亲身深入所调查的地区，在至少一年的完整生产、生活周期内，通过实地观察与体验收集资料；使用当地人的语言做访谈；要有文化全貌观；要有理论分析。这些规范彻底改变了以往资料收集和理论分析、实地调查和书斋工作相分离的状况，将民族志、田野作业和理论统一了起来，民族志也因此真正具备了独特研究方法和独特文本形式的双重特性。

20世纪六七十年代，随着民族学人类学反思意识的出现，马凌诺斯基式的民族志方法与文本遭到来自许多方面的批评性审视。一些学者认为，所谓的"科学民族志"是一种文化书写和建构的过程，应该重新认识其"真实性"。它忽略了研究者在田野作业和民族志写作过程中的主观性与民族学人类学知识的相对性，应该强调给予被研究者解说机会的重要性。"反思民族志"（或称为"后现代民族志"）的出现，在一定程度上对民族志方法和传统价值产生冲击，影响到民族志的田野调查、传统的主客位关系以及民族志文本写作形式。[①]

尽管对民族志的方法、立场及形式等存在诸多的讨论、质疑及批评，但民族志作为民族学学科定位基础的地位始终没有改变。在中国，民族学始终以采用民族志方法进行田野调查为学科建立与发展的主要标志。从20世纪20年代开始，中国民族学学者就撰写、发表过许多至今依然颇有学术价值的民族志论著，如《松花江下游的赫哲族》《江村经济》《花蓝瑶社会组织》《金翼》《凉山彝家的巨变》等。这些作品都以较长时间的田野调查为基础，其作者大多经受过系统的民族学及相关学科的学术训练，能够用学界通行的方法和理论从事研究、写作，因此受到国际学界的关注，并被公认为民族志的经典作品。

中华人民共和国成立后，中国民族学学者广泛参与了民族识别、民族社会历史调查

---

① 参见杨圣敏主编：《中国民族志》（修订版）绪论，中央民族大学出版社2007年版；高丙中：《民族志发展的三个时代》，《广西民族学院学报》（哲学社会科学版）2006年第3期，第58—63页；胡鸿保、张丽梅：《民族志：从马凌诺斯基到格尔茨》，《西北民族研究》2008年第2期；高丙中：《人类学反思性民族志研究》，《思想战线》2005年第5期，第42—44页。

等工作，由此产生了一大批民族志资料。20世纪80年代之后，新一代民族学学者致力于学科发展的民族志基础建设，大学和研究机构的民族学专业的研究生在学科训练中也非常重视在国内进行长期的田野工作，这保证了以学位论文形式出现的民族志作品的学术质量。当然，民族学在中国尚属年轻学科，发展不是很成熟，加之教学、观念及社会环境等诸多因素，民族志作品的数量、质量、方法及方法论等方面存在许多不完善的地方。正如学者所指出的那样：

> 在中国现代学术建构中，民族志的缺失造成了社会科学的知识生产的许多缺陷。……因为民族志不发达，中国的社会科学在总体上不擅长以参与观察为依据的叙事表达。①
>
> 大家忙于利用前人的资料（包括中华人民共和国成立以后存在不少问题的民族调查资料）写出一本又一本大作，编出一套又一套丛书，而很少踏踏实实从事长期田野工作。……迄今很多少数民族还没有比较完整的民族志。②
>
> 在当今中国人类学的发展中，另外一个较为明显的问题是民族志田野工作与理论分析没有很好地结合。有些时候，我们看到某些民族志文本对一个村寨的问题进行了较为全面的叙述，但却不能令人满意。这种文本通常的模式是先讲历史，然后开始就村寨的生态环境、政治、经济、婚姻家庭亲属制度、社会组织、宗教、艺术及当今的发展问题等一一罗列，看起来倒是很全面，通篇却似乎很难找到一个明确的理论问题，让人觉得这种论著就是为了写民族志而写民族志。③

问题尽管存在，但民族志为我国民族学的建立和发展打下了扎实基础的事实是不可否认的。如果对现有的民族志文本进行分析，则发现国外民族志所占比例很小，去国外完成学位论文的学者，其田野点也多选择在中国本土。④我们知道，民族学以研究异文化见长，重视跨文化比较，许多世界著名学者的民族志田野多不在本土。在民族学发展过程中，其田野在不断改变和拓展，不仅有"遥远的异邦"，也有所谓"复杂的文明社会"，不仅有"边缘性群体"，也有"主流群体"。当然，中国民族学有自己的发展轨迹，我们不必跟在别人后面亦步亦趋。我们常常强调学科的应用性，民族学在中国发展的过程中对应用性的特别强调，使得这门学科与国家、政治等概念的联系格外明确。中国的民族学学者也在对边政、少数民族等方面的研究中积累了丰富的经验，在国家政治层面发挥了重要的作用。事实上，关注国外、发展国外民族志也应该是民族学应用性的体现。民族学的长处是对文化的关注，对实地调查研究的重视，对比较研究的借重，这是其他学科相对缺乏的。特别是当今社会的开放与发展，使得民族间、国家间的来往更

---

① 高丙中：《写文化——民族志的诗学与政治学》"总序"，商务印书馆2006年版。
② 汪宁生：《文化人类学调查：正确认识社会的方法》（增订本），文物出版社2002年版，第8页。
③ 王建民：《民族志方法与中国人类学的发展》，《思想战线》2005年第5期，第41页。
④ 关于这个问题，王铭铭的《中国人类学的海外视野》有所解释，该文刊登于《中南民族大学学报》（人文社会科学版）2006年第3期。

加频繁，彼此了解、理解非常重要。民族学通过实地调查所获得的民族志知识，可以增强国人对世界文化的了解，为国际交流提供知识储备，为人类发展提供可以借鉴的文化资源。正如李安宅在20世纪30年代研究印第安人时所讲的，"我之所以急于了解别的民族的智慧，目的是想以此来教导自己的民族"①。这句话恰恰体现了民族学服务人类发展的学科理念，即使人们学习其他民族的智慧，了解不同民族面对社会发展的应对之道，在借鉴、比较中汲取经验，以求发展。

当今写国外民族志，并不是要沿袭民族学的早期传统，即专门选择"落后"民族、国家来研究，而要有更广阔的视野，西方国家、民族要研究，海外华人群体及跨界民族也应该包括在内，特别是不要将跨界民族单纯看成中国少数民族的延伸。事实上，在现代民族、国家概念下，居住在不同国家的同一民族的文化走向、民族认同甚至是发展途径已经发生了非常大的变化。如中亚东干人是一个回族移民群体，我国学者将其语言作为中国西北方言来看待，但东干族学者坚决认为东干语言是一种独立的语言。在语言学上，我是外行，所以这里只说明事实。东干人使用的汉语，其中夹杂着许多俄语、突厥语借词，有苏联时期政府帮助他们创制的文字，并有相对成熟的语法、正字法，并由此产生了东干人自己的报纸、广播及学校。它们多是官办的，东干知识分子通过它们传达所在国的价值观，引导、建构着东干人的文化与国家认同。如今，东干人的语言与西北回族的语言相比，其差异性是显而易见的，东干文化与回族文化也不能同日而语。当然，写跨界民族的"国外民族志"，除进行文化描述外，也要反映当地的民族学资料及观点，以利于我们从学科角度把握研究的视角、理论及方法。

以上对民族志的思考，特别是对国外民族志的积极呼吁，源于难得的北极考察。这次考察使我进入了民族学学者想象中最理想的田野——与世隔绝的半岛，远离主流社会的人群、相对纯净的传统文化、简单甚至是原始的生活方式……这样的景象虽然在"经典民族志"中接触过，但当亲身面对时，自己所遭遇的"文化震撼"仍然是无法想象的。前面谈到，我没有能够在这样的田野中完成一份规范、完整的民族志，对此感到遗憾，我所撰写的《北极民族学考察笔记》也是带着这种遗憾的。书中"我"的概念的出现及其主导性，并不是因为我单纯受反思民族志的影响而有意为之，而是为了展示这样一次难得的田野经历。当然，能够参与这样一次考察，实属机缘巧合。目前，要在国外做田野，仍然受制于经费、政策、外交等因素，但我们也欣喜地看到，国内已经有学者开始倡导并实践这样的研究工作。② 而且，国力的增强及国际视野的扩展，将为此项工作的推进提供资金、观念等支持。事实上，如果追溯中国民族学人类学发展史，我们也能够找到国外民族志的经典作品，③ 只是这样的作品太少了，需要我们进一步努力。

---

① 李安宅：《关于祖尼人的一些观察和讨论》，《〈礼仪〉与〈礼记〉之社会学的研究（附录一）》，世纪出版集团2005年版，第78页。转引自杨春宇：《重新发现异邦——近年来汉语国外民族志的发展》，载谢立中编：《海外民族志与中国社会科学》，社会科学文献出版社2010年版。
② 高丙中：《人类学国外民族志与中国社会科学的发展》，《中山大学学报》（社会科学版）2006年第2期，第19页。
③ 杨春宇：《重新发现异邦——近年来汉语国外民族志的发展》，载谢立中编：《海外民族志与中国社会科学》，社会科学文献出版社2010年版。

我相信，随着中国民族学人类学的发展，会有越来越多的学者加入世界民族研究的行列。我们不仅研究自己或只被"别人"所研究，也会研究"别人"。正如高丙中教授所言，中国一向作为民族志的田野，现在转变为民族志实践的主体，这应该是世界人类学的振兴所需要的。当然，这有一个艰难的转变过程，"对象"不是容易成为"主体"的。但是，只要我们勇于开始，就会有无限的希望。①

---

① 高丙中：《人类学国外民族志与中国社会科学的发展》，《中山大学学报》（社会科学版）2006年第2期，第19页。

西藏非物质文化遗产保护的"尼洋阁"模式之反思

马 宁（西藏民族学院） 马小燕（西藏民族学院）

运用博物馆来保护非物质文化遗产的理念在国内外学界都有所论及。国外学者对博物馆在非物质文化遗产保护过程中的作用展开了积极的讨论，比较有代表性的有：松园万龟雄（Makio Matsuzono）认为，博物馆不仅可以保护物质遗产，也可以保护非物质文化遗产。通过保护，人们可以互相了解，也可以发现自我，并一起建设未来，丰富人类精神生活。[1]理查德·库林（Richard Kurin）在《博物馆与非物质遗产：没有生命和活着的文化》中指出，保护非物质文化遗产对博物馆从业人员是一个挑战，这些从业人员必须从审美趣味和社会等级方面克服文化偏见，学习如何与非物质文化遗产的社区群体建立伙伴型工作关系。博物馆在非物质文化遗产保护中也可发挥作用，通过展览增进公众对非物质文化遗产价值和美学的认识，推动民俗和传统文化获得社会承认。[2]马蒂尔达·伯登（Matilda Burden）在《博物馆和非物质遗产：来自南非语言博物馆的案例》中阐述了在新南非，南非语言博物馆在语言方面的展示以及南非语在新南非国家成立后的发展状况，指出南非语被承认为官方语言的过程及影响。[3]克里斯蒂娜·克雷普斯（Christina Kreps）指出，在非物质文化遗产视野下，博物馆与地方社区的关系是非物质文化遗产保护的关键因素，从人类学观点来看，建在地方、基层、社区的博物馆变成一个田野点，变成各种观念交汇的地方，反过来又渗入非物质文化遗产保护中，影响着地方社会及非物质文化遗产保护。[4]玛丽莱娜·艾力维沙特乌（Marilena Alivizatou）认为，非物质文化遗产为重新思考博物馆的角色提供了一个理念框架，在思考博物馆是否要吸收社区参与博物馆工作的同时，也让人们思考博物馆情境下的文化融合和文化间对

---

[1] Makio Matsuzono, Museums: Intangible Cultural Heritage and the Spirit of Humanity, http://icom.museum/fileadmin/user_upload/pdf/ICOM_News/2004-4/ENGp13_2004-4.pdf.

[2] Richard Kurin, Museums and Intangible Heritage: Culture Dead and Alive?, http://icom.museum/fileadmin/user_upload/pdf/ICOM_News/2004-4/ENG/p7_2004-4.pdf.

[3] Matilda Burden, Museums and the Intangible Heritage: The Case Study of the Afrikanns Languages Museums, *International Journal of Intangible Heritage,* Vol.2, 2007, pp.82-91.

[4] Christina Kreps, Indigenous Curation, Museums, and Intangible Cultural Heritage, Laurajane Smith and Natsuko Akagawa ed , *Intangible Heritage*, New York and London: Routledge, 2009, pp.193-208.

话的议题。博物馆正日益迈向动态化管理，在致力于非物质文化遗产社区中的博物馆建设时，博物馆工作已超出物品的收藏和展示。①此外，莫伊拉·辛普森（Moira Simpson）、沙斯·巴拉（Shashi Bala）等人把非物质文化遗产保护与文化民主和传统社区的振兴联系起来加以阐述。莫伊拉·辛普森认为，通过保护非物质文化遗产，博物馆扮演了新的角色，增加了一个功能，通过文物归还、与土著民众接触，帮助土著民众更好地融入当代生活，弥补土著与现代生活之间存在的差距。在这个意义上，文物归还确定是文化保存的一种基本方式。②沙斯·巴拉提出博物馆使用非物质文化遗产可以更好地理解参观者，因非物质文化遗产和物质遗产，博物馆与那些不来参观的人的距离缩小了。③

国内学者对这个问题的讨论主要集中在以下三个方面：

第一，博物馆与非物质文化遗产的关系问题。如陈军科认为，现代博物馆日益发展为一种以传播、交往、审美为中心，特别是以陈列展示为中心的现代文化形态。非物质文化遗产问题的提出，更加拓展和强化了这一趋势。④尹彤云提出，让博物馆更多地参与非物质文化遗产的整理和保护工作，有助于改变在传统博物馆中占据主导地位、注重专业学术论述的一元化叙事模式，使现代社会脉络下的"新博物馆学"思想能够真正贴合当下非物质文化遗产保护的基本原则和终极诉求。⑤赵冬菊认为，博物馆的性质、职责中包含非物质文化遗产的内容，博物馆具有人才、科研、保护保存收藏、展示和群众基础等优势，应该将保护非物质文化遗产纳入自己的工作体系。⑥韩洋也提出，博物馆可以作为非物质文化遗产收藏研究和展示的载体；马建军和杨源都认为，保护非物质文化遗产是博物馆的必然需要。⑦

第二，博物馆在非物质文化遗产保护中的作用、意义、责任和建设问题。潘年英提出生态博物馆是非物质文化遗产保护的有效模式，他还探讨了贵州梭戛生态博物馆的意义。⑧关昕提出，文物征集保存、行为采录、研究三者相互配合，才是博物馆完整记录或者说保护非物质文化遗产的系统性行为，而"保存"是博物馆公共性职能在非物质文化遗产面前的基本延伸。⑨王莉与刘康认为，博物馆在非物质文化遗产启蒙阶段具有倡

---

① Marilena Alivizatou, *Intangible Heritage and the Museum: New Perspectives on Cultural Preservation*, Left Coast Press, 2012.

② Moira Simpson, Museums and Restorative Justice: Heritage, Repatriation and Cultural Education, *International Museum*, 2009, vol.61, No.1-2, pp.121-129.

③ Shashi Bala, Role of Museums to Promote and Preserve Intangible Cultural Heritage in the Indian Context, http://www.maltwood.uvic.ca/cam/publications/conference_publications/BALA.pdf.

④ 陈军科：《博物馆文化形态的新理念——全球化形势下博物馆与非物质文化遗产的哲学思考》，《中国博物馆》2004年第2期，第7页。

⑤ 尹彤云：《博物馆视野中的非物质文化遗产保护》，《民族艺术》2006年第4期，第11页。

⑥ 赵冬菊：《博物馆与非物质文化遗产的互动》，《广西民族研究》2006年第2期，第204页。

⑦ 韩洋：《非物质文化遗产与博物馆相关问题的探讨》，《博物馆研究》2006年第3期，第71页；马建军：《博物馆与非物质文化遗产保护》，《中国文物科学研究》2007年第1期，第14页；杨源：《博物馆与非物质文化遗产保护》，《中国博物馆》2009年第2期，第64页。

⑧ 潘年英：《非物质文化遗产保护与本土经验》，贵州人民出版社2009年版。

⑨ 关昕：《非物质文化遗产保护与博物馆发展新趋向》，《博物馆研究》2007年第3期，第45页。

导地位,应该发挥博物馆的收藏、诠释、展示、宣传教育等功能,引导人们对非物质文化遗产进行保护,发挥领头羊、参与者等推动作用。① 辛儒提出,博物馆要在原有馆藏基础上建立有形"物"与无形"物"相结合的双重馆藏体系,打造非物质文化遗产数字博物馆,以非物质文化遗产的固有特性规划博物馆非物质文化遗产馆藏体系结构。② 张秋莲认为,积极参与非物质文化遗产保护工作是实现博物馆文化理念和价值的必然要求,体现了博物馆的社会职能和文化自觉。万建中回顾了非物质文化遗产与博物馆的关系得到广泛国际认同的过程,认为北京应该尽快建立非物质文化遗产博物馆。③ 刘卫国与叶建芳都对民族博物馆参与非物质文化遗产保护进行讨论,认为保护非物质文化遗产和人类文化多样性,给民族类博物馆的发展带来了机遇和挑战,随着民族博物馆体系的建立和完善,我国必将打开保护非物质文化遗产工作的新局面。④

第三,用个案的形式讨论博物馆参与非物质文化遗产保护的实证性问题。此类研究类文章数量最多,呈现出百花齐放的特点。如:顾克仁在《世界非物质文化遗产在博物馆的保护与传承——中国昆曲博物馆的个案分析》一文中以中国昆曲博物馆为例,回顾和总结了在昆曲保护和传承工作中的基本做法和经验。⑤ 肖坤冰在《非物质文化遗产博物馆:从概念到实践——以"藏东南非物质文化遗产博物馆"尼洋阁的项目实施过程为例》一文中结合自己参与藏东南非物质文化遗产博物馆建设的经历,探讨了非物质文化遗产博物馆的持续性、与社区文化传承的关系。⑥ 叶尔米拉在《博物馆在非物质文化遗产保护中所承担的角色——以新疆地区为例》一文中讨论了新疆的博物馆如何扮演好非物质文化遗产保护使者的角色。⑦ 此类文章还有刘碧虹的《地方综合性博物馆与非物质文化遗产的保护》,魏爱霖的《民俗类博物馆与非物质文化遗产展示》,田雁的《非物质文化遗产的博物馆化展示——以深圳博物馆〈深圳民俗文化〉展为例》,黄祝英的《论博物馆在非物质文化遗产保护中的作用——以黔东南州民族博物馆为例》,黄志强、于宁宁、张园园的《论博物馆在齐齐哈尔非物质文化遗产保护与传承中的作用》,刘琼的《博物馆与非物质文化遗产保护——以川江号子为例》,陶学锋等人的《杭州工艺美

---

① 王莉:《非物质文化遗产的保护和博物馆的社会责任》,《博物馆研究》2007年第2期,第88页;刘康:《论博物馆在非物质文化遗产保护中的作用》,《中原文物》2007年第5期,第108页。

② 辛儒:《博物馆非物质文化遗产馆藏体系的构建——非物质文化遗产保护背景下博物馆建设思考》,《河北大学学报》(哲学社会科学版)2008年第4期,第126页。

③ 张秋莲:《博物馆参与非物质文化遗产保护的重要性与可行性》,《艺海》2009年第11期,第101页;万建中:《建立非物质文化遗产博物馆势在必行》,《北京观察》2009年第3期,第57页。

④ 刘卫国:《非物质文化遗产保护与民族博物馆》,《中国博物馆》2006年第2期,第18页;叶建芳:《民族博物馆与民族非物质文化遗产保护——以广西民族博物馆为例》,《广西社会主义学院学报》2009年第4期,第65页。

⑤ 顾克仁:《世界非物质文化遗产在博物馆的保护与传承——中国昆曲博物馆的个案分析》,《中国博物馆》2006年第3期,第37页。

⑥ 肖坤冰:《非物质文化遗产博物馆:从概念到实践——以"藏东南非物质文化遗产博物馆"尼洋阁的项目实施过程为例》,《北方民族大学学报》(哲学社会科学版)2009年第6期,第96页。

⑦ 叶尔米拉:《博物馆在非物质文化遗产保护中所承担的角色——以新疆地区为例》,《文博》2011年第2期,第84页。

术博物馆群非物质文化遗产传承研究》、梅华全、林存琪的《博物馆——非物质文化遗产保护的坚实平台——福建博物院关于非物质文化遗产保护工作的实践》等文章。这些文章都认为博物馆是非物质文化遗产保护的重要平台。

综观国内外关于博物馆保护非物质文化遗产的研究成果，学者们逐渐从理论研究向现实操作转化，其成果完成了从理论到实践的蜕变。这些研究成果在经过实践检验后回归理论，将会极大地促进非物质文化遗产理论的发展。我们也看到，西藏的非物质文化遗产理论研究成果尚未转化为实践，虽然拥有一座非物质文化遗产博物馆，但还没有人对此进行系统研究。因此，本文将在这方面展开研究，希望弥补西藏非物质文化遗产研究在实践总结方面的不足。

一、尼洋阁非物质文化遗产博物馆的成功经验

尼洋阁坐落在林芝地区雅鲁藏布江和尼洋河的交汇处，距八一镇1.5千米。该博物馆总高36.9米，共5层，展区2829平方米，分为14个展厅。馆藏汇集了林芝七县的民间器物，分别从民族服饰、农耕文化、狩猎文化、藏医药、生活习俗、民间歌舞、手工技艺、文学艺术、体育竞技、节日节庆、宗教信仰、建筑艺术等12个方面集中展示了藏东南各族群的传统文化，对濒临失传的工布藏族、门巴族、珞巴族和僜人等族群的民间传统文化，特别是非物质文化遗产进行抢救性挖掘和保护。西藏东南文化发展有限公司打造了尼洋阁外围景观——藏东南文化博览园。

我国对非物质文化遗产实施了"政府主导、社会参与、明确职责、形成合力"的保护原则，贯彻"保护为主、抢救第一、合理利用、传承发展"的方针。尼洋阁藏东南非物质文化遗产博物馆的建设过程很好地体现了这些原则。

（一）藏东南非物质文化遗产博物馆的建成——合力汇集社会资源，开创文化援藏新途径

1994年中央第三次西藏工作座谈会确定了对口支援西藏的政策，决定采取"分片负责、对口支援、定期轮换"的办法，从内地有关省市和中央国家机关选派干部对口支援西藏，该政策从1995年正式开始实施。在对口援藏初期，经济援藏成为主要的援藏形式。各兄弟省市无偿援建的各个项目工程为提高西藏各族民众的生活水平发挥了积极作用。随着青藏铁路的建成通车，西藏旅游业步入了发展快车道，成为西藏各族民众快速致富的重要渠道。林芝地区由于海拔较低、气候温暖湿润，成为进藏旅游的必然选择。福建省第五批援藏工作队正是在这种情况下另辟蹊径，开辟出一条文化援藏的新路子，并取得成功。

尼洋阁建筑是2004年7月进藏的福建省第四批援藏工作队投入1040万元专项援藏资金援建的重点项目，由福建省建筑设计院设计，于2006年9月在林芝县巴吉村娘乳岗建成，融合了藏汉建筑艺术风格，成为林芝地区八一镇的地标性建筑。2007年7月，福建省第五批援藏工作队进藏。按照第四批援藏工作队原定将尼洋阁内部作为西藏民俗

博物馆的计划，经过充分调研和多方研讨，工作队决定打造出一座藏东南非物质文化遗产博物馆。建设工作从2008年5月开始，到2010年4月建成。2011年，由于西藏自治区文物局的介入，这座非物质文化遗产博物馆被命名为"藏东南文化遗产博物馆"①。

根据我们的调查，福建省第五批援藏工作队的干部来自各行各业，既不是博物馆专业出身，也没有专门研究非物质文化遗产的人士，所以严格来说是非专业人士在做这件事。②但是他们整合了各方面的社会资源，形成了"援藏队＋林芝政府＋事业单位＋高校＋民间人士"的联动机制。在准备工作初期，援藏队请来西藏自治区文化厅从事非物质文化遗产保护的资深人士阿旺旦增，请他表达自己的看法，对林芝地区的非物质文化遗产情况有了全面的认识和了解。③在布展过程中，援藏队确定了尼洋阁项目工作实施情况分工表，布展工作由援藏队员陈维辉等人负责。他们查阅了国内非物质文化遗产的资料，内部开会讨论，划分展厅主题，然后请西藏自治区文化厅展览中心的工作人员策划设计，处理技术问题；请林芝地区文化广电局征集收购农牧民生活生产用品、整理简介文字，并给所收集实物建档；请西藏自治区美术家协会韩书力主席组织专业人员在尼洋阁一楼大厅绘制文成公主进藏图壁画，并进行了多次协商和修改。④除用好西藏的资源外，援藏队还不远万里邀请厦门大学研究人类学和非物质文化遗产的专家彭兆荣教授来到林芝进行现场指导。其弟子肖坤冰博士于2008年2月到林芝，在尼洋阁工作了3个月，为博物馆的布展做了大量的指导工作。此外，援藏队还采访了工布藏族、门巴族、珞巴族、僜人等族群的老人，最终尼洋阁非物质文化遗产博物馆获得各方一致认可。可以说，是福建省第五批援藏工作队首次引入利用博物馆保护林芝地区非物质文化遗产的理念，用一种他者的眼光来看待西藏非物质文化遗产并进行全新的保护。如果没有援藏队的牵头和组织各方面人士参与，尼洋阁藏东南非物质文化遗产博物馆是不可能建成的。

（二）尼洋阁藏东南非物质文化遗产博物馆的运作，为后期发展奠定基础

在尼洋阁藏东南非物质文化遗产博物馆的建设和后期运营维护过程中，西藏企业都扮演着非常重要的角色。2004年，福建省第四批援藏工作队进藏寻找合适的援建项目时，找到西藏四方数码科技有限公司。经过协商，该公司同意援藏工作队在它的地皮上修建尼洋阁。建成之后，西藏四方数码科技有限公司另立西藏东南文化发展有限公司。西藏东南文化发展有限公司以尼洋阁藏东南非物质文化遗产博物馆为核心，建成占地面积120亩的藏东南文化博览园。林芝地区将尼洋阁藏东南非物质文化遗产博物馆设为副县级单位，归林芝地区文广局管辖，外围则归西藏东南文化发展有限公司拥有，形成了外企业、内事业的互补性格局。政府负责尼洋阁藏东南非物质文化遗产博物馆的管理，而企业依托博物馆对整个藏东南文化博览园进行商业运作。⑤

---

① 为了行文方便，笔者在文中继续沿用"藏东南非物质文化遗产博物馆"这一名称。
② 根据笔者2010年10月至2013年10月对西南民族大学肖坤冰女士的当面访谈和多次电话采访整理而成。
③ 根据笔者2012年7月16日、2013年10月12日对西藏自治区文化厅阿旺旦增先生的当面访谈和多次电话采访整理而成。
④ 根据福建省第五批援藏工作队关于尼洋阁布展的原始文稿整理而成。
⑤ 根据笔者2011年10月至2012年8月对西藏四方数码科技有限公司负责人的访谈整理而成。

对于西藏四方数码科技有限公司而言，它之所以愿意出让土地来建设博物馆，用意很明显，就是希望依托尼洋阁藏东南非物质文化遗产博物馆来发展商业。博物馆本质上是公益性社会机构，它有别于学校、科研单位、娱乐场所，但却能发挥教育、科研和文化分享、文化休闲的功能。因此，公司虽是商业机构，但其做法必须符合博物馆的根本定位，其对尼洋阁藏东南非物质文化遗产博物馆外围景观的设计要与博物馆的文化格调保持一致。根据我们的调查，该公司不想重复西藏旅游业发展的既定老路，希望依托尼洋阁藏东南非物质文化遗产博物馆，打造出别具一格的民族文化产业，以此来吸引游客，因此没有在博览园里设置出售旅游艺术品的商店，而是重视文化品位的营造，对颇有口碑的林芝民族文化资源进行了"景观化"的再生产，投入了大量人力、物力和财力建设尼洋阁藏东南非物质文化遗产博物馆的外围景观，完成了这些文化资源的商品化转变。

1. 神话传说的现实展现——尼洋阁

尼洋阁原名娘阁，是西藏的第一座阁楼，位于林芝娘乳岗前边。据说是工布王为苯教祖师辛饶米沃且建造的传教宫殿，东临比日神山，西靠尼洋河滨，故名尼洋阁。虽然这仅仅是一个神话传说，但是却为尼洋阁这座建筑增添了浓厚的神秘色彩。"神秘是在其根本的、肯定的与特殊的性质中被体验为一种能把无与伦比的至福赐予人的东西，但这个东西的真实本性却既不可用言辞来宣讲，又不可用思维来构建，而只能用某种直接的、活生生的经验来加以体认。"[1] 为了使这个神秘的神话传说显得更加真实可靠，西藏东南文化发展有限公司请来能工巧匠在尼洋阁外围的藏东南文化博览园中建成9米高的苯教吉祥宝瓶，该吉祥宝瓶仅鎏金装饰就用去15根金条，为尼洋阁增添了必要的宗教氛围，使游客能感受到神秘的苯教文化。历史上辛饶米沃且传教时的宫殿是什么样子的，没有人知道，现在的人们只能通过对这座博物馆及其周边景观的欣赏和体验来想象当年苯教祖师的雄伟宫殿。这种神化使尼洋阁具有了神秘文化元素。

2. 地方历史记忆的模拟再现——仿造墨脱藤网桥

藤网桥是居住在西藏墨脱县的门巴族和珞巴族民众用珞瑜地区生长的白藤编制而成的桥梁，建造起始时间不可考证，是当地民众横渡雅鲁藏布江的重要通道。当地民众在桥的位置选择、桥身、造桥的原料和编织技艺等方面所积累的丰富的传统知识和经验，显示了其惊人的文化创造力。一般200米长的索桥，需要60背（约合3600千克）的藤条，修一座索桥需要20人，历时10天才能竣工。制作时首先将藤子一劈两半，不能用整根藤子，一是不便将两根接起来，二是它不结实。将劈成两半的藤条接成需要的长度，然后将每根藤条拉到对岸，总共需要35根藤条，再将25个硬藤做的藤圈均匀地置放在桥上，藤条在外，藤圈在内，一般10米左右放一个藤圈。它有一人高，人可从中钻过。35根藤条的分布是：桥的底部15根，桥的两侧各10根，桥的上部是空的。藤圈放好后，用细藤绳将它固定在藤条上，底部行人放脚处，用细藤编织成一个网状的圆筒。藤网桥的制作工艺精湛，这种桥非常适合墨脱的亚热带气候，但是由于藤条韧性有

---

[1] [德]鲁道夫·奥托：《论神圣》，成穷、周邦宪译，四川人民出版社1995年版，第39页。

限，容易断裂，每年都需要维修加固。①

现在，墨脱县各地的藤网桥已经基本废弃不用，幸存的一两座也成了危桥。根据这个情况，西藏东南文化发展有限公司希望借用墨脱县藤网桥的名气来吸引游客。为了使游客能在八一镇看到真实的藤网桥，该公司专门从墨脱县请来擅长编织藤网桥的门巴族、珞巴族艺人，买来原料，历时近20天，在博览园里架起一座35米长的真正的藤网桥供游客参观体验。这也是八一镇唯一的一座藤网桥。人们可以从它身上领略到当年雅鲁藏布江上墨脱藤网桥的魅力。八一镇天气比墨脱县干燥得多，藤网桥因缺少水分而风化，人不能在上面行走，但是因为墨脱藤网桥在互联网上赫赫有名，人们多是慕名而来观赏，他们还能倾听关于居住在雅鲁藏布江两岸的珞巴族青年男子达东和女子亚乃用弓箭射中大鱼而成功地在雅鲁藏布江上建成藤溜索、喜结连理的传说。由此，这座藤网桥也作为藏东南文化博览园的主要景观备受游客喜爱。

3. 藏族丧葬文化的遗迹改造

藏族的丧葬文化非常丰富，有火葬、塔葬、水葬、树葬等多种葬法。其中有些丧葬习俗因为禁忌很多，不许外人在场观看而显得更加神秘，引起很多游客的兴趣。他们不顾禁忌的观看行为曾经引发了与死者亲属的冲突，西藏官方出台了相关规定后才使这种情况逐步好转。藏东南文化发展有限公司针对人们的猎奇心理，对博览园中已经废弃的葬台进行了修复和保护，并提供了相关介绍碑文，让人们可以近距离感受工布藏族的丧葬习俗，满足了游客的好奇心理。此外，该公司还在尼洋阁旁边搭起一座直径35米、高19米的巨大五彩经幡供游客观赏许愿，这座号称西藏第一大经幡的景观在博览园中格外吸引人们的眼球。

此外，该公司在博览园中还建有门巴族、珞巴族民居，设置非物质文化演绎区。手工艺人不定期展示八盖木锁、工布毕秀、珞巴族和门巴族竹编等制作技艺。可以看出，尼洋阁藏东南非物质文化遗产博物馆建成后，西藏东南文化发展有限公司在运作方面发挥了非常重要的作用，为将其投入旅游市场奠定了基础。

(三) 吸纳各族民众参与，促进了非物质文化遗产的传承和保护

非物质文化遗产与它所在的社区有一种先天的密切联系，如果离开产生它的土壤，这些非物质文化遗产将失去原有的生命力。与博览园相邻的巴吉村有60多户人家，村民们大都参加了博览园的基础设施建设。仅2010年，西藏东南文化有限公司就给巴吉村村民累计支付了200多万元工资，极大地提高了村民的经济收入。博览园建成后，巴吉村村民又在博览园中担任保安、服务员、讲解员，融入博览园的后期管理和运营中。2013年，博览园的工作人员增加到90多人，巴吉村村民占有一定的比例。年轻村民从中看到了学习非物质文化遗产的效益，开始有目的地学习非物质文化遗产项目的展演技巧。他们大多以讲解员的身份出现，在讲解本民族非物质文化遗产项目时显得得心应手，娓娓道来，博得了游客的喝彩。保护非物质文化遗产的目的在于传承，而传承非物质文化遗产的希望在于年轻人。博览园的运营机制促进各民族年轻人对本民族本地区非

---

① 根据笔者2010年11月21日在成都对翼文正先生的访谈整理而成。

物质文化遗产的学习，实现了企业和社会的双赢。

（四）藏东南文化博览园的旅游开发具有文化和经济的双重成效

尽管藏东南文化博览园为建造这些文化景观投入了巨大的财力和人力，但从商业角度看，高投入不一定会有高收益，其中缘由很难一言以蔽之。将尼洋阁藏东南非物质文化遗产博物馆与旅游相联系后会如何发展，这与西藏东南文化发展有限公司这一主体如何理解旅游的本质和运作过程有关。旅游是商业主体通过增加游客体验来促进消费的商业活动，而体验构成中必不可少的是娱乐或休闲体验；在运作过程中，又涉及景点、旅行社、导游、公关、宣传、吃住行娱购等环节的结合和所产生的综合效果。对于西藏东南文化发展有限公司而言，更与包括尼洋阁藏东南非物质文化遗产博物馆在内的藏东南文化博览园所陈列和设置的有形文化旅游产品带给游客的具体体验有关。

藏东南文化博览园在2010年开放后没有很快进入盈利阶段，因为博览园没有出售旅游纪念品的商店，没有饭店，收入主要依赖20元一张的门票，也就是说，博览园不能在吃、住、购方面盈利，只能在娱乐这一个方面获得收入。旅游运作的商业盈利渠道过于单一，很难维持博览园的日常运转，博览园每年都要亏损120多万元。直到2012年夏天，西藏东南文化发展有限公司与西藏旅行社建立联系，后又聘请专业人士张谊先生进行管理，员工达到40多人，才逐步实现收支平衡，博览园在文化旅游经营上有了一点起色。[①]但是西藏的各大旅行社给它的时间非常有限，旅行团在藏东南文化博览园中停留的时间被限定为半个小时，游客只能进行走马观花式的参观，这仅能满足游客的猎奇需求，而对于想细细品味的游客来说，时间显然不够。即使是这样，尼洋阁藏东南文化遗产博物馆的存在还是为游客提供了能够集中观赏林芝地区非物质文化遗产的场所，既满足了一般游客在一个地方观看林芝工布藏族、门巴族、珞巴族、僜人等族群的特色文化的需求，又为想进行深度旅游的游客提供了指向性服务，确保游客能够按图索骥，找到自己的旅游目的地。

对于背包客、骑行者和自驾游的散客来说，博览园具有很强的吸引力，因为是纯文化体验旅游，环境优雅，远离喧嚣，博览园在散客中拥有良好的口碑。这种设计扩大了尼洋阁藏东南非物质文化遗产博物馆的社会影响力，提供了集中展示林芝地区非物质文化遗产的场所，满足了不同层次游客的需求。2013年，博览园的员工数量有90多人，收支仍然持平。[②]同比来看，人员数量增加了，可以说博览园还是处于盈利状态。

---

① 根据笔者2012年7月31日对藏东南文化博览园张谊先生的访谈整理而成。
② 根据笔者2013年10月10日对藏东南文化博览园崔女士的访谈整理而成。

二、尼洋阁模式的启示

(一)尼洋阁模式的标杆效应——文化援藏的辐射

尼洋阁藏东南非物质文化遗产博物馆的成功运营,使其成为西藏首个运用博物馆形式保护非物质文化遗产的典范,产生了很强的标杆效应。2009年7月,福建省第五批援藏工作队获得文化部授予的"全国非物质文化遗产保护工作先进集体"称号,这是全国获得这项荣誉的唯一一家非文化单位。从学术的角度去看,不能说因为它受到文化部的表彰就说它是非常成功的,但是我们要肯定它的尝试,因为它毕竟是在西藏首次将博物馆和非物质文化遗产保护结合起来,这是具有开创性意义的。

在尼洋阁模式的带动下,林芝各地在福建省第五批援藏工作队的帮助下掀起抢救和保护非物质文化遗产的高潮。米林县才召村在福建省第五批援藏工作队的援助下建设了一座生态文化展览室,出版了《大山民族——珞巴族社会文化今昔》一书。在援藏工作队的支持下,林芝地区的珞巴民族服饰和工布民族服饰制作技艺被列入第二批国家级非物质文化遗产名录,出版了《工布民歌集》,这使没有词曲、口口传唱、濒临失传的工布民歌和民谣能以书面形式保存下来,广为传播。墨脱县德兴乡已经建成一座非物质文化遗产展室,墨脱县政府也正在按照尼洋阁模式将兴建的莲花阁建筑建设成展示墨脱门巴族、珞巴族非物质文化遗产的博物馆。可以说,尼洋阁模式给林芝地区和援藏人员带来了重要启发。客观地说,虽然林芝地区的文化底蕴比起西藏其他地区相对不足,但是西藏非物质文化遗产保护最成功的地区就是林芝。可以说,尼洋阁模式产生了非常明显的标杆效应,并将辐射整个林芝地区。

(二)开发文化旅游所产生的社会作用

在藏东南文化博览园中用于消费的旅游产品有三个层次:核心层是林芝地区非物质文化遗产所拥有的独一无二的文化内涵和特色;外层即有形层,是将这些特色和内涵"视觉化"的各种有形形式;扩展层是博览园。这三个层次的文化旅游属于文化交流的一种,促成游客对林芝地区工布藏族、门巴族、珞巴族、僜人等族群文化创造的欣赏。文化旅游涉及旅游者对旅游产品的陌生体验和消费,而文化旅游中的旅游产品通常是由文化遗产转化而来。我们注意到,很多游客在到达参观目的地以前仅仅是想在有限的时间内玩个痛快,很多时候对正在造访的地方基本上是一无所知的。就西藏而言,很多内地游客在各种宣传信息中,往往得到的是由"奇特的高原自然风光+神圣的宗教膜拜+奇异的服饰"等构成的视觉图景,充满了"新鲜""神秘"的感觉,更不乏程度不一的"落后"感觉,而他们到达的地方也确实能提供这些视觉体验。与这些一般层次的旅游体验不同,博物馆作为一个具有严肃、庄严意义的文化空间,更大的作用在于引导游客以"尊重"的态度去欣赏少数民族普通民众的文化创造,如藤网桥、八盖木锁、木碗、服饰、民居等,发挥博物馆保存、教育、文化分享和交流的功能。如果藏东南文化博览园的后期管理规划具有可持续性,并能承受文化旅游发展所需要的较长周期的考验,其发展与越来越成熟的游客会有良好的互动,在这个时刻,经济利益的获得也就在情理之中了。

（三）政府与企业红利博弈的警示意义

根据调查，福建省第五批援藏工作队干部也想过要推进第二期项目。第一期工程是以尼洋阁为载体，采取传统博物馆的形式来保护非物质文化遗产；第二期他们计划把邻近的巴吉村作为民族村寨包括进来，形成实体的非物质文化遗产体验区，构成一个整体。这样核心区不变，外层包括整个实体的博物馆展示，扩展层则有既可以看又可以体验的民俗村寨，整个局面就会因为人的加入而成为一盘活棋。但是这个工作随着援藏工作队的轮换而停止，更重要的是受到西藏东南文化发展有限公司的抵制。从理论上说，将巴吉村这一民族村寨纳入博览园，就能满足游客吃、住、购等方面的需求，增加更多的互动节目，把游客留住，弥补博览园现行运行机制的不足，为博览园的盈利创造更多的条件。但现实情况是，现在藏东南文化博览园这120亩地属于该公司，而身居博览园中的尼洋阁藏东南非物质文化遗产博物馆却属于国家，还设为副县级单位，成为"园中之馆"，这使公司运营掣肘。如果将巴吉村纳入进来，再加入当地村民这一方，超过了公司的驾驭能力，无疑会使公司的运营成本增大，利益受损。因此，该公司在这方面并不积极。这表现出政府与企业间的红利博弈。按照非物质文化遗产的保护原则，对非物质文化遗产要以保护为主，不能为了开发而保护，更不能以盈利为目的。如果福建省援藏队的第二期项目可以完成，还是会交给林芝地区政府管理，这很有可能造成像尼洋阁藏东南非物质文化遗产博物馆一样的问题。这一点与企业所追求的终极目的相背离，因此不可能得到企业的认同。

尼洋阁藏东南文化遗产博物馆的建设过程，体现了福建省援藏工作队、林芝地区政府和西藏企业三方的话语角力。第一期项目尼洋阁藏东南文化遗产博物馆的成功，符合福建省援藏工作队和林芝地区政府的意愿，也得到了西藏四方数码科技有限公司的配合，但最终的结果使西藏四方数码科技有限公司不快。第二期项目的搁浅伴随着福建省援藏工作队的轮换而发生，也不符合西藏东南文化发展有限公司的意愿。这背后所体现出的权力话语的角力是今后西藏引入企业参与非物质文化遗产保护所必须关注的问题。

三、结语

文化援藏催生了在外力干预下西藏非物质文化遗产保护的良性机制，其缺陷在于由于人员轮换，只具有短期效应。仅凭政府对博物馆的单一管理，尼洋阁藏东南非物质文化遗产博物馆并不能充分发挥作用。这种情况下，商业机构介入并成为博物馆中非物质文化遗产实物的托管人，借助商业结构发展文化旅游，某种意义上，在产业结构转型的大背景下，既为当地村民提供了新的就业机会，也为以非物质文化遗产为主的文化交流和文化对话提供了崭新的平台。游客不可避免地会接触到当地村民，这种交流和对话是在游客的参观体验中完成的。我们也相信，随着商业主体对文化旅游的把握越来越成熟，来西藏旅游的民众文化素养越来越高，这一文化旅游地尽管是人工再造的，但假以时日，定会收获良好的文化效益和经济效益。

非物质文化遗产保护的田野思考
——中国北方民间布老虎现状反思

马知遥(天津大学)

布老虎及相关风俗作为中国古老"虎图腾"崇拜的遗存,至今在中国北方农村仍有广泛表现。民众在日常生活中对虎的各种表现,有老虎鞋、虎头帽、布老虎玩具等,"虎"成了生活中不能缺少的伙伴。显然,当龙成为帝王家不可缺少的象征后,虎则成为寻常百姓家的守护神。对布老虎文化进行追根溯源的探究,对其古老寓意和现代传承进行细致挖掘和分析,是当前非物质文化遗产保护工作中的应有之义。保护布老虎,就是在抢救和保护已在民间传承上万年、目前面临濒危的虎文化传统,就是试图从田野挖掘中找到中国文化之根。

一、布老虎文化的现状

(一)濒危的布老虎

我们在对山东布老虎的田野考察中发现,山东的布老虎因地区不同,生存现状不尽相同。以临沂地区为例,莒南县的布老虎文化有遗存,当地县文化馆也做过文化普查,但所获甚微。当地文化馆目前准备申报非物质文化遗产保护的布老虎工艺虽然传统,但他们所推荐的传承人只是近几年才开始向婆婆学习手艺,学艺未精,其所掌握的技艺并不能真正代表当地的布老虎传统手艺。我们在莒南县乡村调查时,却发现一位七旬老者,虽然已经多年不做布老虎,但仍旧保留着当地最传统的布老虎制作技艺。一个很明显的问题凸显出来:真正的非物质文化遗产传承人常常并没有得到重视,而一些被作为传承人的人是否真的能传承非物质文化遗产令人生疑。一个明显的事实是,当地政府推荐的这个年轻传承人的岳父是文化站前站长。是否在传承人推荐中,由于权力作用,非物质文化遗产也开始成为权力操控下的利益分配对象?如果是这样,对目前处于濒危状态的布老虎文化可谓雪上加霜。

在山东临沂沂水县,我们发现了从乡村移居到城里的艺人谢祥芳。她的布老虎作品精工细作,完全手工,刺绣技术高超,造型独特。根据对她的口述史访谈,她的手艺完全来自家传,而且是地道的当地布老虎工艺。据对周边著名刺绣之乡高桥镇的调查,当地的虎纹布老虎市场需求量很大,造型和谢祥芳的大致相仿。最大的不同就是,谢祥芳的布老虎保持了原始的手工制作,而高桥及周围市场上的布老虎已经半手工制作,而且只针对市场制作。结果,谢祥芳的布老虎半个月制作一个,价格不菲,但买者稀少;市场化的布老虎,一个小的手工作坊一年也可卖几万个,市场价格是一个10元,批发价可以达到4元。最直接的后果是:谢祥芳对自己的手艺产生怀疑,对传承的信心不足。尽管知道自己掌握了祖传的技术,但面对市场上那些简易的半手工布老虎走俏市场,她对自己的布老虎的命运还是十分担忧。目前,谢祥芳之所以还在坚持制作布老虎,其中很大一个原因是她和丈夫都是镇里退休职工,有比较稳定的收入来源,做布老虎是退休后的一种业余爱好。此外,她看到国家对非物质文化遗产的重视,希望通过自己的手艺得到国家的认可。但2万元的非物质文化遗产申请费用需要艺人自掏腰包,这就难为了本来就不富裕的艺人。谢祥芳至今还不是市级非物质文化遗产传承人。如果非物质文化遗产保护工作连谢祥芳这样的艺人都忽视,未加保护,可以想见还有多少珍贵的非物质文化遗产被忽略。和谢祥芳境遇相仿的还有胶州农村的李进花老人。79岁的李进花做布老虎纯属爱好,本来只是闲着没事做些,做好以后送给生了孩子的人家,后来发现这东西受到国家重视而且能卖钱,于是就接着做。在这个村庄里,从事布老虎制作的就她一个。当地外企比较多,进企业打工的村民也多。45岁以下的人几乎都外出工作,闲散人口少,也缺少对布老虎的兴趣,因而少有妇女加入手工布老虎的制作行列。如果照这样发展下去,几年之后,这个村里就不会再有人制作布老虎了。

  分析临沂和胶州两地布老虎艺人的生存境况,我们得出这样一种印象:临沂属于山区,受外界影响较晚,所以这里的传统工艺保持得比较好。半手工的布老虎之所以大行其道,价格便宜是一个原因。这说明,虎图腾崇拜的信仰心理在这一带仍旧存在:小孩满月当地都要绞头,而且需要姥姥家送布老虎,舍得钱买个好的送,不舍得钱就买个便宜的;绞头的一定是他的舅舅,否则小孩妨舅舅;绞头仪式男女有别,生男孩第12天,生女孩第9天,姥姥家人去了后,讲究的人家除了送布老虎外,还做虎头鞋、虎头帽。在相邻的莒县,给结婚新人送"对虎"的习俗也大致保留。

  胶州布老虎历史悠久,当地自古就有给小孩送布老虎的习俗。布老虎分金、绿、红、黄四种颜色,新生孩子满月时由姥姥家送,有祝福的寓意,如期盼孩子健康、健壮。但现在,当地制作布老虎的人日益稀少。显然,随着城市化进程的加快,作为沿海城市的胶州早就加快进入城市文明,农耕时代的许多习俗退出了日常生活,布老虎文化随之衰微。费孝通说:"以农为生的人,世代定居是常态,迁移是变态。"[①]至今仍生活在村里的李进花老人,心里存留着祖祖辈辈的记忆,她的布老虎缝制技艺是当地文化传统的一种延续。居住在城市里的谢祥芳,凭着从母亲那里学到的手艺挣扎在城市边缘,其生存的前景并不令人看好。失去了生存的环境,失去了手工布老虎的消费对象,布老虎的传承陷入困境。

---

  ① 费孝通:《乡土中国》,北京出版社2005年版,第134页。

(二)看似繁荣的市场

并不是所有布老虎艺人的生存境遇都不乐观。比如潍坊人王永训，38岁，颇有经营头脑，长年致力于布老虎的改良制作和营销，其布老虎年销售总额在四五十万只，利润在10万元以上。他的宗旨是以走量为主，量大利小，积少成多。同在潍坊的孙爱美、孙秀兰母女，2010年9月开办了布老虎工作坊，每天凌晨4点把裁剪好的布样发送滨州各地农户，一天需要生产4000只布老虎，60台缝纫机同时工作才能保证按时按量完成。可以看出，虽然潍坊当地的布老虎文化遗存不是很多，但因为经营者找准了市场，并且借助会展经济获得了买家的信赖，生存前景看好。经过改良和市场改造的布老虎，也许会有一定的市场，但长此以往，当地布老虎文化的特点和依附其上的民俗文化内涵可能会丢失。比起潍坊以走量促销到大都市及包干加工进农户的模式，在远离都市文化的偏远地区山东沂水一带，布老虎的传统样式算是保存得比较完整的。当地民间工艺销售商王兴美，54岁，以销售做工简易的虎纹布老虎为主，填充物为锯末，她的布老虎价格低、销量大，基本上是销往邻近县乡。高桥镇玩具厂厂长、布老虎艺人赵常娟，今年50岁出头，其布老虎产品主要是销往当地旅游景点和淄博莒县等市场，批发价只要5元，每年至少销售2万只，带动了周边妇女致富。按照她的制作要求，一个熟练人手一天只能制作20只布老虎。沂水地区布老虎的做工相对简单，虽然用虎纹布代替了过去的老粗布，用缝纫机代替了手工，但家庭作坊式的半手工制作基本上保持了当地过去布老虎的模样。

山西长治地区布老虎艺人张健旺是让布老虎市场化、大机器化生产的典型。他承认很早就有从事布老虎生产的意识，从大江南北搜集了大量布老虎造型，然后进行改造加工。他基本上走了两条道路：一条是手工制作，价位高，走收藏品路线；另一条是市场化，机器批量复制，价位低。生产采用公司加农户的经营模式，传统的造型加上现代的工艺，是他现在的生产经营理念。

山西大同的孙敬是一位对民间艺术情有独钟的"80后"。她于2010年9月在大同开设了第一家布艺工作坊。她的工作坊以制作布老虎为特色，集中了全国各地布老虎的图样，然后根据客户需要进行生产。她对布老虎的市场信息和布老虎技艺了然于心，有自己的布老虎QQ群，并和群友们互称"虎友"。她使用电脑构图、设计，甚至剪裁布老虎，她的布老虎现代工艺感强。和许多经济效益较好、规模化生产的布老虎厂家一样，她"两条腿走路"：一是保护传统工艺，走高端收藏的产品路线；二是积极生产投合市场需要的大众产品。张健旺的思路与她不谋而合，同样走"手工+机器化"生产之路。但是目前，她的作坊生存不容乐观，尽管有一些小的订单，但毕竟靠艺人个人无法迅速打开市场，所以年轻人的热情能否持续，还是未知数。

总的来说，"公司+农户"这种方式，目前依然处于小规模状态，也反映了当前布老虎制造的市场环境初级、分散。在非物质文化遗产保护背景下成长起来的艺人已经有了一定的文化自觉，知道手艺的重要性和价值所在，也在努力维护传统工艺，但却因为市场原因艰难生存。以上几位身份复杂，他们既是民间艺人又是商人。他们的布老虎生产和销售有一个明显的特征：市场需求大，销售看好。临沂地区的布老虎做工简单，粗糙，半手工制作，销往周边农村，借助的是当地完好保存的虎文化生育民俗。潍坊地区虎文化崇拜的痕迹已经不明显，但该地的布老虎销量大，而且价格高，主要销往外地一些经济发达地区。其原因明显：借助当地闻名的"风筝节"，挂靠会展经济，发展了市场，扩大了销量。当地布老虎半手工制作，机器规模化生产的痕迹还不是非常明显。

山西张健旺的市场意识强，其布老虎市场占有率大，机器化批量生产程度很高，手工制作的部分已经非常微小。可以肯定地说，市场的冲击已经让他的布老虎失去当地独特的风格，其市场目标主要是海内外高端市场，小量供应国内和附近有虎文化崇拜的地区。从保护的角度看，他的规模化生产已经破坏了传统。

一些重要也是紧迫性的问题凸显出来。艺人为了卖出产品必然要让作品适应市场，而市场对艺人创作的引导导致艺人对本具有独特地方色彩的布老虎进行改造，使得为大众所喜爱的布老虎代替了独具地方特色的布老虎。同时，因为要走市场，完成订单，在赶工赶时的情况下，大批量的制作势必粗制滥造，质量下滑。为了追求效益，艺人们大多在机器化生产上打主意。结果机器化生产的产品的确精美，但千虎一面，最终丧失了传统布艺的韵味和技术含量。

（三）艰难度日的老艺人

同处山西的张娅婷，今年60周岁，是山西芮城人。她的布老虎是按照当地传统工艺制作的，造型古朴自然，憨态可掬。她把材料、样式分派到各村各户，分开制作，按件付酬。经营比较艰难，一个妇女跟她做手工布老虎，一天只能挣到20元。

芮城另一位布老虎艺人杨雅琴住在东垆乡西南村。她家高大的门楼在村里尤其显眼，但仔细观察，除了客厅和两间主卧室是简单装修外，其他几个房间都是土坯房，甚至连门都没有安装，是盖房子费用不够中途停工了。她从小受娘家妈的影响学习手艺，而且吸收了婆婆和母亲手艺的精华，制作的摇头虎、娃虎、鱼尾虎等特点鲜明。她的布老虎目前还保留着传统工艺的特点，为了完成订单，实行小作坊的分工合作，但因为手工制作，量小价高，市场并不看好。

在河南灵宝，布老虎艺人生存艰难。大多数艺人年龄在70岁以上。如果没有专家学者带领一些人来购买，她们手中那些精美的布老虎基本上没人来买。恰恰是这些没有被外界打搅的布老虎，保持了当地最为传统的渲染工艺，如老虎的眼睛、鼻子、身体造型等方面很具特色。对灵宝地区布老虎民间艺人的访谈可以得出一个印象：灵宝地区有很多富有当地特色的民间工艺品，艺人们大多处于原始的自娱自乐的创作中，很少和市场接触，所以作品还保持着当地传统的风格，极为可贵。但因为没有多少经济效益，所以现在从事布艺制作的艺人大多在60—70岁，加之没有人组织和引导，几乎没有年轻人自觉传承。一系列的忧虑由此产生：传习的机会太少，学习的人几乎没有，灵宝地区的布老虎工艺面临人亡艺绝。她们保持了传统手工艺，使之没有受到任何机器化大生产和市场化的引导，无声地存活于民间。因为无声，找不到买主，手艺面临生死存亡的考验。

从以上三省布老虎文化来看，民间制作布老虎大多用来驱鬼避邪，希望借助老虎保护婴幼儿成长。"驱鬼实际上却是驱除了心理上的恐惧。鬼有没有是不紧要的，恐惧却得驱除。"① 此话不虚。中国虎文化源远流长，一种文化之所以能够穿越千年而牢牢扎根于这片土地，与这种文化为民众接受并形成共识极有关系，久而久之成为民俗。民俗的生命力是非常强大的，它几乎可以抗拒政治、经济、文化的变革，根据自己的生长规律和轨迹在民间扎根。布老虎文化扎根的基础在于人们从远古时代起对虎的崇尚，通过最早的虎图腾崇拜获得内心的安全感。山东地区的布老虎威风八面，充满王者之气；山西布老虎憨态可掬，如同一个娃娃；河南灵宝的布老虎五彩斑斓，像个花姑娘。但它们都是人们心中的老虎，是可以辟邪的瑞兽，是可以保家护院、照顾小孩的。民间传统工艺中的布老虎，应该是有日常生活气息、有人味的。

二、针对布老虎文化现状的反思

（一）事件反思

通过对山东、山西、河南三省布老虎的田野调查，我们发现在非物质文化遗产保护工作中，基层工作者对非物质文化遗产保护的态度和认识非常重要。政府官员的文化遗产意识淡薄，一些地方的文化馆平时并不重视对濒危文化的考察和保护，真正到乡村中进行实地调查的较少。许多民间艺人是在学者深入民间后被发现，然后才为当地政府所认可。一些基层文化干部没有基本的文化保护训练，缺少对文化遗产的自觉意识，大多数只重申报，不重视保护，客观上造成对文化的漠视和损伤。据村民反映，上级领导在视察参观时，经常白拿或者廉价购买民间艺术作品。作为非物质文化遗产保护第一责任人的文化保护部门，对非物质文化遗产的态度如斯，如何能让艺人们感受到政府对文化遗产的支持？

对于学者而言，田野发现是需要积极主动地到乡村中去的，只靠当地文化部门的推荐是无法真正了解真实情况的。比如，山东莒南县74岁的布老虎艺人张怀香，潍坊寒亭区59岁的布老虎艺人王爱琴，就是我们在和村民聊天时偶然知悉的。此前，当地文化部门并不知晓两位艺人的情况，更谈不上积极推荐。

地方经济水平决定了布老虎遗存的好与坏。经济水平高的地方，布老虎遗存市场化程度高，破坏程度大；经济欠发达地区，布老虎遗存好，破坏程度低。尤其是产业化发展后，布老虎的加工和制作主要来自欠发达地区，比如临沂一带。组织销售和市场化运作则在发达地区，比如潍坊和胶州。潍坊当地庆生送布老虎的习俗已经很少，一般送虎头帽、虎头鞋的较多。为何在当地风俗不再流行的情况下，布老虎还发展成为当地的一种特色文化产业？主要原因是会展经济带动了农村文化产业的发展。以潍坊为例，其布老虎专业村是针对强大的旅游市场而发展起来的。旅游越发达，客户的购买力越强，布老虎的销量就越大。许多单位用以作为礼品赠送客户或奖励员工，如银行、公安部门以及酒店等。在多元文化和信息交流日益蓬勃的今天，这已是普遍现象。胶州地区布老虎

---

① 陈建宪：《神话解读——母题分析方法探索》，湖北教育出版社1997年版，第196页。

制作和销售不成气候,主要原因是当地没有可以带动整个地区文化产业发展的品牌会展业,旅游资源不如潍坊等地。

(二)濒危信号

据山西省右玉县政协原主席王德功介绍,右玉布老虎和当地满族民间的爬娃娃造型有一定的关系,精良的做工受旗人讲究绣活的影响。据了解,当地过去缝布老虎主要是送给孩子,或放在柜顶、炕上辟邪。现在的右玉,基本没有人做布老虎。"当年使用的人没有了,绣花的人也就没有了,遗留下的器物也消失了。"在王德功看来,民族大融合使得当地布老虎的生存土壤消失。据山西省长治市潞城市史志办主任常宏武介绍,此前布老虎是当地人用来欣赏的,"巧手"们做好了自己用,不送人。潞城市文化馆馆长曹光涛则介绍说,布老虎在当地很常见,上点年纪的老人都会做,过去在孩子满月时要送纯手工的布老虎、虎头鞋、虎头帽,现在也是。只是由于市场化,手工制作的经济效益远远低于机器制作,以致许多布老虎的原产地已经没人会这门手艺,或者只剩下一群老人在苦苦坚持。山东莒南县虎园村的村民们都说,布老虎在本村已经有100多年的历史,但现在这里已经无人能做。在莒南,当地文化站负责人坦言,当地已经没有了传统布老虎艺人。

布老虎文化消亡的主要原因,还在于当前城市化进程的加快,乡村城市化让蕴含着丰富民间文化的村落正在一座座消失,村落消失的同时就是村落文化的消亡。村民被分散到楼房公寓中居住以后,传统的村落格局和生活空间的改变,对村落文化是致命的打击。少了传统文化的背景,少了民俗生活的浸润,布老虎文化自然也面临消亡的命运。"文化的衰败已经导致了社会的分崩离析,失去了强有力的民间传统,个人之间的道德联系也就削弱了。"[①] 布老虎文化的衰败和濒危表明,在传统的生育民俗中虎作为民间小孩守护神的信仰在淡化。在现代文明发展的今天,古老的习俗虽然还在北方大地流传,但已经走向衰微。

三、解决办法:从河南淮阳布老虎的勃勃生机中找思路

很显然,如果我们意识不到民间文化的价值,意识不到民间文化的精神含量,就很有可能成为民间文化的漠视者、破坏者。同时,如果我们对非物质文化遗产的生存空间不加以关注,不准确感受非物质文化遗产赖以传承的民俗环境和民俗文化内涵,不懂得传统文化的生命源头,我们的保护也会流于肤浅的形式。故此,源头记录和源头探索成为当前非物质文化遗产保护中最为重要的方法和思路。我们现在看到的许多文化其实已经与最初的文化含义有了巨大的差异,而且在变动的时代,如果任文化遗产市场传播,必然会产生以讹传讹的情况。布老虎文化是这样,其他的非物质文化遗产也都面临同样的问题。

---

① [美]克利福德·格尔茨:《文化的解释》,韩莉译,译文出版社1999年版,第197页。

"民间美术是人类社会生活的产物,与民俗有互为生存的关系。若民俗消失,民间美术便会衰退,若民俗活动没有民间美术相辅,便会失去感召力。"[1]这段话清晰地传达出一个观点:任何民间文化的产生都不能和使用、创造它的主体分开,同时,任何一种民间主体的活动都离不开民间文化潜移默化的影响。所以,在非物质文化遗产保护中,针对传承主体的精神世界、影响传承主体的民俗事象的探究应成为一种必需。我们不了解传承主体的思想,用他者的眼光去审视或者解释可能会带来对文化的误读,文化遗产的保护就失去了意义。

在各地布老虎面临濒危的时候,河南淮阳地区的布老虎仍旧延续了上百年的生命力,勃勃有生气。河南淮阳的布老虎和当地的泥泥狗玩具,几乎成为淮阳当地旅游文化的标志。这两种玩具都是民间图腾崇拜的产物,而且民间自古流传着很多关于淮阳布老虎的传说,这些传说大多与人祖伏羲及女娲有关。当地人深信老虎就是伏羲女娲的化身,认为伏羲老祖会保佑小孩,带来家庭的和美、太平。每年农历二月二在伏羲庙会上买到的淮阳布老虎是最应验的。这一习俗流传下来没有中断,主要依托有百年历史的伏羲庙会。庙会时间长达一个月,从农历二月二日到农历三月三日,庙会期间几乎每天都有来自全国各地的香客。在庙会开张的第一天,买票进入太昊陵伏羲庙会的全国各地香客竟然达到40万人次,还不算不进太昊陵只为在山门前做生意的人。

淮阳庙会上的布老虎造型和全国其他省份比较,是最为简单、做工也最为粗糙的。价格特别便宜,小的卖5元,中等的卖8—10元,大的卖到20—30元。造型单一,方头方脸,五官过去是用笔画上去,现在因为销量太大,为了赶数量,艺人干脆用刻好的章蘸了颜料直接加盖。与传统工艺相比,工艺更简单了,但造型和样式据说和多年前没什么变化。艺术造型不变、工艺逐渐简化的布老虎,非但没受到市场冲击,而且生存得非常好。除了当地庙会文化的延续给淮阳布老虎文化找到了活路外,更为重要的是布老虎文化赖以生存的民俗土壤没有改变。

当地人崇信伏羲,庙会上的布老虎同样受到了追捧。此外,很重要的一点,是当地政府的参与和支持。一个庙会如果单靠民间的力量,是很容易受到外界冲击的。当地政府非常重视文化建设,充分意识到伏羲文化作为中华民族优秀文化的价值,因此根据民间习俗和历史沿革,对本来并不起眼的伏羲庙会予以支持。电视直播、领导人致辞和亲临朝拜,将政府工作和当地文化保护工作紧密结合在一起。政府部门还亲自招商引资,让庙会"经济搭台,文化唱戏",文化的附加值得到充分彰显。有了政府的支持和帮助,有了大量商家的投入,热闹的庙会引发民众回归传统。过去靠庙会生存的艺人都重拾老本行,纷纷加入布老虎制作的行列,如伏羲庙会附近的白楼镇庞庄村就是如此。

庞庄村有107户人家,500余口人,几乎家家从事布老虎的生产、加工及销售。当我们前来调查时,所有农户都在赶制布老虎,连说话的空都没有。为了配合我们的调查,村领导决定,凡是接受采访的农户一律补发200元误工费。据调查,一个村民艺人光靠庙会,一个月的布老虎销售收入至少3万元。家庭人员多的,一个月获得10多万

---

[1] 冯骥才:《鉴别草根:中国民间美术分类研究》,中州古籍出版社2006年版,第71页。

元的收入也很正常。村民一年到头都在做布老虎,并在庙会这个月里卖完,没有人在庙会结束后还有积压的。

淮阳布老虎的勃勃生机,给当前的布老虎抢救工作带来诸多启示:①通过政府扶持,让艺人心甘情愿地将绝活传给更多人,走集体传承的道路是可行的。淮阳布老虎专业村走的就是从家庭传授到村落集体继承的道路,通过培植市场,调动农户积极性,在发展当地经济的同时将传统手工艺保护和传承下去,这已经能够弥补过去家族血统传承的不足。②培育传统手工艺生存的空间需要从民俗文化入手,从当地的传统中寻找契机。如果生硬地制造"庙会"或者所谓的"传统",这样的文化平台将是难以长久的。当地政府要从尊重当地文化的传统出发,充分发掘和利用当地文化资源,保护和恢复当地优秀传统,让百姓心甘情愿地遵守传统的引领,在自然的文化空间中获得新生的希望。③政府对优秀艺人应给予政策扶持和导向引领。政府看到布老虎的商机,命名制作传统布老虎的白楼镇庞庄村为"布老虎专业村",就是在树立村落形象。而且,政府给该村在庙会中专门设立摊位,帮助销售,给当地艺人创造致富门路和时机。

政府作为非物质文化遗产第一责任人的角色,已经通过《中华人民共和国非物质文化遗产法》得到了进一步确认。那么,政府在今后的非物质文化遗产保护工作中作用至关重要。民间文化得到政府重视并登堂入室,应是我们这个时代的骄傲。不过,政府在引导艺人走出传统传承方式、让濒危的非物质文化遗产实行集体授受的同时,还要考虑非物质文化遗产的知识产权即原创权。否则,还会发生诸如作为国家级非物质文化遗产的川剧"变脸"秘诀流播四海,响应号召开门授徒的"中国第一虎"的制作者高秋英被徒弟抢了饭碗,原创者成了受害者等令人尴尬的事情。所以,政府应成为保护工作的积极倡导者和实行者,让保护工作落到实处,让非物质文化遗产在现代生活中仍旧能延续生命,呈现出勃勃生机。

对少数民族民间口头文化传承人的思考

王宪昭（中国社会科学院民族文学研究所）

我国作为一个具有悠久历史的统一的多民族国家，各民族在漫长的历史发展进程中都形成了较为丰富的口头文化。各民族优秀的口头文化是我国非物质文化遗产的重要组成部分，这些文化产品之所以得以世代流传，重要原因之一就是在民众的生产生活中形成了相当数量的文化传承人。传承人在民间文化传承中起着承上启下的重要作用，传承人的数量和整体素质关乎优秀口头文化的延续与发展。

一、口头文化传承人在民族文化传承中的地位与类型

学术界对民间口头文化传承人有不同的理解和表述，但有一点是一致的，即关于传承人的职能。一般认为，传承人能够直接参与、表演民间口头文化活动，在某些领域的某些项目中具有公认的代表性与影响力，可以是个人，也可以是一个群体。他们担负着"传"与"承"的双重任务，愿意并能够将自己的表演技艺或技能传授给特定人群，并承担着一定的培养后继人才的任务。

我国许多少数民族与汉族相比，由于自身生产形态进程的相对缓慢和文字表述的相对不发达，口头文化在生产生活中占据了重要地位，如数量众多的英雄史诗、创世史诗、神话传说等的存在。尽管许多口头作品后来被整理成文字资料，但民间文化的主要载体与渠道仍然是口耳相传。我国少数民族除了蒙古族、藏族、傣族、彝族、纳西族等为数不多的一些民族产生了比较悠久的本民族文字外，大多数民族只有语言而没有形成本民族文字。这些无文字的民族除少数人能够借用其他民族文字外，绝大多数民众在传达生活信息、接受生产经验甚至交流男女感情、继承传统文化时，一般只能依靠口头叙事来完成。这样，许多民族文化的精华只能保存在一些较为固定的、典型的口头作品中。民间文化作为一种活态文化对文化传承人具有高度的依赖性，民间文化遗产作为一种技艺或技能类文化遗产，在附着于某些物质性载体的同时，更紧密地附着于这些特定人群上。因此，在一定范围内具有一定影响的口头文化传承人就成为公认的民族文化人才或民族特色文化的代表。

民间口头文化传承可以划分为自觉传承与非自觉传承两种情况。民间口头文化传承

人自觉坚守着文化传统的种种规范与程式，身上承载着大量的历史信息、生产经验或生活礼仪，他们的演述是我们研究民间文化的"活化石"。但从现代人才管理的角度看，他们又是一种特殊的文化人才。这些人才不受我国传统人才管理制度的制约，其成长过程具有自发性，对其管理应其有灵活性。我国各民族民间文化类型相当丰富，文化传承人的身份、性质与特点具有很大差别，大致分为两大类型。

第一类是不同行政区划级别的传承人。从我国文化部门目前公布的民间文化传承人名录来看，可以分为国家级、省市级、市地级、县区级等民间文化传承人。这种分类主要采用由下到上、层级申报的方式，我国各级文化管理部门对民间文化传承人做出相应的等级申报和定位。目前，国家、省、市、县四级非物质文化遗产名录体系正逐步形成并趋于规范。如2009年《文化部关于公布第三批国家级非物质文化遗产项目代表性传承人的通知》公布了711位各类非物质文化遗产传承人，其中包括民间文学26人，传统音乐96人，传统舞蹈56人，传统戏剧196人，曲艺51人，传统体育、游艺、杂技19人，传统美术83人，传统技艺136人，传统医药24人，民俗25人。①民间文学、传统音乐、传统戏剧等类型都涉及大量的民间口头文化传承人。除国家确定的传承人外，各省区市也参照这一模式逐步建立起相应层级的非物质文化遗产项目名录，确定了相当数量的非物质文化遗产传承人。如经州民族民间文化优秀传承人领导小组专家全面评审，贵州黔东南州于2009年在全州确定了100位民间艺人为黔东南州民族民间文化传承人，并颁发了"优秀民族民间文化传承人"证书。该州一些县级文体管理部门也与县级的传承人签订了《非物质文化遗产传承人工作责任状》。这不仅是对不同层级的民间文化传承人身份的确定，也是对他们的义务和责任做出相应的阐释与说明。

第二类是不同文化身份的传承人。这些传承人并不一定被政府部门明确认定为传承人身份，只是从他们的实际作用看，其具有口头文化传承人的鲜明特征。如村落中的歌手、讲唱艺人、故事讲述人以及从事民间祭祀活动的巫师、祭司等，他们虽然水平参差不齐，却构成一定的民间口头文化创作或流传的基本队伍。不少民间叙事长诗、传说故事、神话经典等都保存在这些相对优秀的传承人的传唱中。以祭祀为例，在人类早期生产生活中，许多保留至今的经典文化都与宗教活动有关。无论是彝族的毕摩、纳西族的东巴、壮族的道公，还是普米族的韩规等，他们都是本民族地方性传统文化重要的保存者和传承者。特别是那些具有明显民族特征或重大意义的作品，一般必须由这类具有特殊宗教身份的人员承担；那些篇幅较短的民间传说、故事、谚语、俗语等的传说人并不受身份限制，甚至在家里或田间地头就能广泛传播。这类传承人可以由一般的社会个体充当，如家庭中的父母把从上一辈听来的生产生活经验传给下一代，一个人把自己知道的故事讲给朋友，一个村子的村民把知道的传说讲给另一个村子的人，等等。目前，许多文化研究者把这类人群作为文化传承研究的重要对象或口头传承的构成元素。

---

① 《文化部关于公布第三批国家级非物质文化遗产项目代表性传承人的通知》，《中国文化报》2009年6月12日。

二、口头文化传承人的传承特点与现实困境

少数民族民间口头文化传承人在文化传承中,虽然常常表现为不自觉或非完全自觉的文化实践,但在传承中却会形成不同文化种类或地区特色。这些特色往往与该民族的传统文化乃至宗教、艺术、风俗等发生着密切关系。一种口头文化样式能否在传承中经久不衰,受经济形态与文化环境的直接影响。

(一)口头文化传承人自身具有灵活性

从学术意义上讲,任何一类"人才"都应该具有较为规范的专业特征和评价指标,但民间口头文化传承人则是一个比较笼统和模糊的概念。由于生活经历不同,他们在民间往往没有明确的身份认知,甚至传承人对自身也没有所谓的技能考量意识,也无视所演述对象的文化价值或类型归属。这些传承人大多数属于边劳动边传承,特别是在社会缺乏精密分工的情况下,对身份的认定并不需要非常明确。他们有的属于很少离家的封闭型,有的属于经常与外界交流的开放型;有的文化水平相对较高,有的没有受过任何教育;有的属于单一"传承型",有的则属于"传承兼创作型";等等。在传承目的方面也表现出多样性:有的传承人是源于对本民族文化的保护和热爱,有的是为了展示自身的价值,有的则是作为一种谋生的手段,等等。在技艺获得的渠道方面,也出现了师承式、家传式、社会群体式、国家扶持式等多种形式。例如,家族式的传承人主要是以家族内部的创作成果为依托,采取单线传承的方式,具有一定的传递规则,在传承人的性别、身份等方面会有相应规定;社会性传承人则相对自由灵活,这类传承人往往走南闯北,生活经历丰富,其文化传承属于社会传承体系,一般采取广泛收徒的方式,演述的内容也相对灵活、宽泛。

(二)口头文化传承人基本保持了古老的文化传统

尽管我们说民间口头文化传承人自身具有灵活性,但从目前的田野调研结果来看,各民族民间口头文化传承人的知识来源主体上保持了某些古老文化传统的主体或内核,这主要表现在传承人在口耳相传中学习知识,在表演中把握技巧,呈现出自上而下的单向性传授的特征。我国55个少数民族中,绝大多数民族的很多地区仍然使用自己的语言,流传着本民族的口头语言传统。传承人演述技艺的获取与表演场景都与本民族的文化土壤相关,这种仅靠师承关系的口耳相传保留了丰富的民族特色。这些传承人的知识建构主要依赖具体实践中的感悟与模仿。

感悟与模仿的根源在于口头场域中的文化实践。从目前对少数民族地区民间文化调研的结果来看,绝大多数民间文化传承人是土生土长的艺人。他们没有传统意义上的教育背景,有的没有文字识别能力,有的民族本身就没有文字。这些传承人主要依靠在实践中向师傅或长辈学习,心领神会,达到融会贯通的境地。当然,对一些反映民族重大问题的口头文化的传承人在传承能力的获得方面会有一系列较高的要求。如藏族《格萨尔》说唱艺人,学术界认可的大致有五种情况,即神授艺人、撰写艺人、吟诵艺人、闻知艺人和传承艺人。其中,传承艺人是指将家中祖上所掌握的史诗循规蹈矩地传授给子

孙后代，一代一代传承下去，包括口耳相传和抄本传承等。无论哪一种艺人，表演能力的获得都离不开直接的艺术实践，虽然前两种好像强调了艺人的无师自通，但是如果没有平时对《格萨尔》演唱耳濡目染的潜在实践，也是难以"神授"的。

　　口头文化的传承一般离不开特定的文化语境。这种情况主要表现为文化传承人的艺术实践常常受到环境的制约。如口头传承神话有散文体、韵文体两种，一般都在民俗环境里传讲或传唱，特别是韵文体神话，一般与若干特定的传唱场合相结合。一是巫师或歌师在婚嫁礼仪中传唱，如毛南族《创世歌》，巫师或歌师在婚礼中传唱五代神，以统一的韵律介绍第一代混沌神到第五代女神的事迹；二是巫师在丧葬礼仪中传唱，如云南一些少数民族创世史诗大都由巫师在丧礼中传唱，让亡魂回到祖宗居住的地方；三是巫师在节日祭神时传唱，如瑶族创世史诗《密洛陀》，巫师在农历五月二十九日达努节中传唱全本；四是巫师在民族祭神大典中传唱，如在满族春秋家祭、星祭等祭祀大典中，萨满传唱各种"神谕"。

　　口头文化的传承就是演述人与受众之间的交互活动，包括思想、情感、态度和观点等的复杂交流与反馈。在口头作品的演述活动中，所用的载体除口头语言之外，还可以有形体语言，如表情、姿势和动作等，以辅助传达人的思想、情感、体验和情绪等。在具有代表意义的文化演述活动中，对一个优秀的传承人的基本要求就是尽量保持传统文化形式的原汁原味。这种传统性与民族性成为维系某个文化样式能否生存的重要条件之一。

（三）口头文化传承人的现实困境与成因

　　目前，我国少数民族民间文化传承人的数量与素质构成，与其他文化艺术领域的人才状况有诸多相似之处，同时又有自身的特点。它主要表现为"不够用""不适用"和"后继无人"等实际问题。所谓"不够用"，主要指民间文化传承人的总体规模在统计数字方面非常庞大，但整体素质不高，不仅较高层次的具有创新素质的人员特别是著名的艺人相当匮乏，在应用型、实践型人才方面也表现出供不应求，许多传统民间口头艺术的表演者出现断代。"不适用"，主要表现在虽然不少地区通过非物质文化遗产的名录申报，确定了相当数量的文化传承人，但由于各方面的原因，特别是目前文化管理体制和用人机制等方面的原因，文化传承人的职能与文化演述岗位的需求难以合理匹配。这些传承人难以适时开展工作，当前并没有形成能让他们主动发挥自身特长的环境。有的传承人不愿意表演，有的则是因为没有演述场所而无法表演，这造成民间文化人才的浪费和艺术样式的停歇。"后继无人"现象有多种表现：一方面是随着老的传承人的去世而出现人亡歌息的情况；另一方面是年轻人的外出打工或情趣转移，根本找不到可以传授技艺的接班人。例如，蒙古族独特的发声方式郝林朝尔，被誉为古老的音乐化石，现在仅有几位高龄老人掌握，年轻人不愿学习；流行在四川九寨沟地区的南坪小调，会唱的人也都年过半百；满族的口语处于濒临消亡的状态，全国只有几个偏远村落还保留着说满族口语的习惯，并且使用频率正在逐渐降低；赫哲族"伊玛堪"最后一位传人已于1997年去世；鄂伦春族"摩苏昆"演唱者也只剩下一位。这些濒临消亡的民间文化如不能得到及时的抢救、传承和保护，将会造成不可弥补的损失。① 由于各个民族和地区的具体情况不同，上述状况的形成具有多种原因，大致归纳出如下因素。

1. 生产方式的改变对传承人的影响

口头文化传承产生的环境大致与以手工劳作为主的时代或传统的农业社会的相吻合，其特点是人们有相对充裕的时间和较为缓慢的生活节奏。在这种情况下，人们才有可能采用民间口头艺术的形式来保留和发展本民族的文化。相反，人类进程的现代化不仅造成一些民族语言的消逝，还会直接导致口头文化产品的消亡。而且，生产生活方式的改变或多元化，同样会对口传文化的生存带来巨大冲击。现在，许多民族地区原有的生产生活环境已经发生了巨大变化。如云南的基诺族、佤族等，随着狩猎生活的终结，关于狩猎的口头叙事渐渐淡出人们的记忆；北方一些原来的游牧民族随着定居或转为农耕，也自然影响到与草原文化相关的一些口头传承。少数民族地区生活方式的改变，会直接影响到传承人的价值定位。据2010年对广西平果县、田阳县县城附近5个自然村65户壮族群众进行的入户调查发现，89.2%的家庭拥有电视机，27.7%的家庭买有影碟机，12%的家庭拥有电脑，其中4.6%的家庭可以上网，69.2%的家庭拥有手机，43%的家庭安装了座机电话。在这种情况下，5个村子中能够演唱被命名为国家非物质文化遗产的《嘹歌》的民间艺人只有2人，其中1人已多年不唱，对《麽经布洛陀》的内容，30岁以下的年轻人几乎无人知晓，表示出不感兴趣。新的文化语境下，民间口头文化空间锐减，即使被列入国家和地方非物质文化遗产传承人名录的传承人也难以在实际生活中真正派上用场。从事文化传承内需的不足成为影响传承人责任感和技艺提升的重要因素。

2. 口头文化传承环境的变迁对传承人的影响

一般而言，一种较为规范的口头文化样式对传承环境有相应的要求，需要相应的场所或人文环境，这样才能在演述人与受众之间形成一种默契，使口传文化的内容和形式得到最大程度的表现或发挥。目前，这种传统环境正遭遇着前所未有的挑战。以对贵州侗族地区侗歌传承人的调研为例，大多数侗寨有数量不一的鼓楼。以前的鼓楼既是当地群众集会、议事、讲授民族历史、传唱民族歌谣、开展各种文化活动的重要场所，也是村寨与村寨之间文化交流的必去之地，年节活动时的文化功能尤为突出。但近些年来，许多村寨的鼓楼依然林立，但在鼓楼开展群众性文化活动的风光不再。许多村寨，集会议事更多的是在村委会或居住宽敞的人家家里进行，鼓楼的文化功能正在被消解。类似的情况在其他民族也非常普遍。

3. 教条式或经验式的传承方式对传承人的影响

许多民族经典口头文化的传承不是随意的，具有各种各样的规定性程式，形成一系列的烦琐要求，如某种文化作品由何人演唱、如何传唱、在什么情况下演唱等。有时民间艺人演唱某些特定作品时具有严格仪式和诸多禁忌，如一些地区的江格尔艺人忌

---

① 朱兵：《非物质文化遗产传承人的保护及法律制度》，中国人大网，2008年9月27日，http://www.npc.gov.cn/zgrdw/npc/bmzz/jkww/2008-09/27/content_1588709.htm。

讳学唱完整的《江格尔》，认为演唱整部史诗会缩短生命。如果在一次演唱活动中演唱了《江格尔》的所有章节，便会带来不幸，甚至招致死亡。当江格尔艺人一旦开始演唱《江格尔》中的一章，就一定要把这一章演唱完。歌手中断不唱，或是听众中途退场，都会折寿。这是因为人们相信，《江格尔》这部史诗具有非凡的魔力。[①]有时歌手、艺人的演唱有固定对象，如哲理歌主要是民间自然领袖或老年人在排解纠纷和训诲年轻人时唱诵的；有的有性别限制，像壮族的长诗《梁山伯与祝英台》、侗族的《孔子之歌》，要由妇女传唱。不少学习者会因为这些程序不合时宜而失去学习兴趣。

此外，还有一些影响口头文化传承的因素，如一些传承人的价值在目前不能得到充分重视，传承人的基本权益难以得到充分保障，传承活动缺乏足够的外部环境支撑，诸如资金、场所、权益保护等方面难以得到必要的支持，传承人自身失去传授技艺的责任感和兴趣，等等。

三、民间口头文化传承人的保护和培养

优秀的民间口头文化往往是一个民族文化发展之根，但对传承人的保护和培养却面临着诸多困境。2011年2月25日第十一届全国人民代表大会常务委员会第十九次会议通过的《中华人民共和国非物质文化遗产法》第三十条明确提出："县级以上人民政府文化主管部门根据需要，采取下列措施，支持非物质文化遗产代表性项目的代表性传承人开展传承、传播活动：（一）提供必要的传承场所；（二）提供必要的经费资助其开展授徒、传艺、交流等活动；（三）支持其参与社会公益性活动；（四）支持其开展传承、传播活动的其他措施。"[②]当然，这对少数民族口头文化传承人的保护、培养和使用必将产生深远而积极的影响。同时，如何使这些政策真正发挥作用，还需要做大量工作。

（一）做好传承人的现状调研

保护和培养民间文化传承人不是一个抽象的概念，而是一项实实在在的复杂工程。如文化生态、民族文化需求、民族语言、文化推广等，都与准确定位民族的口头文化传承人有密切关系。当务之急是要全面掌握口头文化传承人的现状，即使是那些今后没有开发价值的民间文化，通过传承人调研也可为这些瞬间即逝的文化种类积累相应的研究。正如有的民间文化学者所提出的，"必须强调，尽快调查传承人在非物质文化遗产保护中至关重要。因为我们对传承人之所知十分有限。对其保护的力度，抵不上它消失的速度。在这第一批传人的调查中，就多次遇到过闻讯而去，却已人亡艺绝的憾事！特别是这批传人经过专家鉴定上网公示是165位，但在公示的过程中已有4位辞世，目前剩下的是161位。超过80岁的18位，年纪最大的是纳西族东巴舞者习阿牛（93岁）。

---

① 萨仁格日勒：《论蒙古史诗生成的民族志特征》，中国社会科学院博士学位论文，1998年，第66页。
② 《中华人民共和国非物质文化遗产法》，中央政府门户网站，2011年2月26日，http://www.gov.cn/jrzg/2011/02/26。

一旦失去传人，非物质文化遗产就不存在。传人去后，只有遗存。遗产的非物质性就转化为物质性的了。因此说非物质文化遗产比物质文化遗产脆弱得多。它的关键是传人的脆弱。所以，抢救性的普查、科学认定以及切实有效地保护传承人，才是保护非物质文化遗产的关键"①。虽然目前我国不同行政区划级别的传承人名录已得到逐步完善，但与各民族丰富多彩的口头文化的实际状况相比，还存在很大差距。特别是一些偏远和经济相对不发达的少数民族地区，一些原生态的口头传统还有大量遗存，这些都是我们研究文化发展的重要资源。以口头神话为例，有研究者调研发现："云南这个神话王国还拥有现今神话学界通过研究所能列出之神话的各种存在形态……其中，与民俗生活、文化心理、信仰体系联系在一起，还存活于某种特定之文化生态系统中的活形态神话，一直是云南少数民族神话的主体部分。这无论在国内外都是极为罕见的。"②不同民族的口头文化一般具有明显的民族特征和地域特点，再加上语言和流传过程中的演变，会造成民族口头文化的多样性和传承人的复杂性。政府文化部门只有从宏观和微观两方面入手，点面结合，建立起口头文化类型和传承人的信息网，做好文化需求分析，因地制宜建构文化发展模型，才能真正做好民族口头传承人的培养和民间文化的可持续发展。当然，深入调查是各级政府联动的工程，不仅需要像《中华人民共和国非物质文化遗产法》所提出的"县级以上人民政府文化主管部门根据需要"采取相应措施，同时，又要避免传承人在没有任何文化意义前提下的"被保护"，防止某些地方为"传承人"而对"传承人"的身份造假。

（二）创设多样化的传承人培养渠道

口头文化传承人的成长渠道和过程复杂多样，可以世代家传，可以师徒传授，也可以大范围培训。要真正把一个民族的优秀文化发扬光大，地方政府及文化部门的大力扶持和政策引导非常重要。在传承人培养方面，因地制宜的教育普及就是一个成功经验。如贵州黎平县自2000年开始就把实施民族文化走进中小学校课堂作为义务教育的内容之一，在肇兴小学、黎平县城关四小、岩洞中学、岩洞小学等分别建立侗族大歌人才培训示范基地，将侗族大歌教学纳入学校音乐教育体系。近年来，岩洞镇民族小学还开展"汉、侗"双语教学，该镇的竹坪小学挂牌进行"汉、侗、英"三语试点教学。其他村寨小学也一般兼设侗歌班，有的幼儿园还把侗族大歌作为幼儿的启蒙教育内容。政府部门出台政策把民族语言的保护与口头文化传承结合起来，使一大批传承人有了用武之地，也为侗族大歌传承人培养奠定了坚实的基础。

对于民间口头文化传承人而言，他们学艺时主要是依靠自己在实践中心领神会，有时对技艺的接受甚至会囫囵吞枣，对文化本身的理解缺乏理论深度，这影响着他们的艺术自觉。在目前传承环境中，单单靠民间艺人的文化自觉和传统的教授方式难以实现口头文化人才的素质提升和长期发展。因此，在传承人的层级培养上，应有专业教育体系

---

① 冯骥才：《民间文化传承人：活着的遗产》，《文汇报》2007年5月10日。
② 李子贤：《神话王国诸相——对云南少数民族神话总体特征及存续的解读》，《云南师范大学学报》（哲学社会科学版）2010年第6期，第71页。

或相应的研究机构。如新疆木卡姆艺术的传承人培养，木卡姆作为一部历史悠久的巨型音乐史诗，多年来主要靠民间艺人的口传心授，形成"人在乐在"的文化样式。为保护木卡姆文化，新疆艺术学院在20世纪80年代建立起全世界首个木卡姆教学、科研、实践"三位一体"的培养模式，培养了大批人才。2000年，新疆师范大学开设了木卡姆艺术研究生班，在木卡姆艺术成功申遗后不久，新成立的新疆非物质文化遗产保护研究中心制订了2005—2014年中国新疆维吾尔木卡姆艺术保护、传承计划，为健在的木卡姆老艺人提供扶持，并通过有关的音像、图谱、器材以及文字资料等为木卡姆艺术的传承创造条件，对艺人进行有针对性的指导和培训。

民间文化传承与义务教育、职业教育和其他学校教育相结合的教育实践，是解决民间文化传承人培养困境的一项有效措施。国务院办公厅早在2005年颁布的《关于加强我国非物质文化遗产保护工作的意见》中就提出："建立科学有效的非物质文化遗产传承机制。对列入各级名录的非物质文化遗产代表作，可采取命名、授予称号、表彰奖励、资助扶持等方式，鼓励代表作传承人（团体）进行传习活动。通过社会教育和学校教育，使非物质文化遗产代表作的传承后继有人。"[1]2011年颁布的《中华人民共和国非物质文化遗产法》第三十四条进一步明确："学校应当按照国务院教育主管部门的规定，开展相关的非物质文化遗产教育。"[2] 当然，包括民间口头文化的非物质文化遗产的传承人的教育培养途径非常广泛，应该既包括国民教育规划的义务教育，也包括社会职业教育、业余教育和其他公共教育。这些教育形式作为民间文化传承人才培养的重要的、不可或缺的力量，在保护和传承非物质文化遗产的工作中起到积极的引领作用。

（三）注重传承人技能在实践中的创新

任何文化的价值都在于服务社会。文化的传承是一个动态的过程，现有传承人的"传"与新的传承人的"学"应该紧密结合起来，民间文化传承人在文化传承过程中应有"技术自觉"。这种"自觉"的内在动力，就是以适应社会发展为前提的，以引导传承人努力提高以适应社会文化发展需求为前提的艺术接受和艺术创新双重素质。传承人不仅要很好地继承本民族文化传统，使许多优秀作品通过他们代代相传，而且应对传统文化不断进行加工、丰富和创新，增强本民族艺术的生命力。

民间口传文化传承的本质是文化实践，而传承人的口头传承具有动态性和变异性，会受到诸多因素的影响，如图1所示：

---

[1] 《关于加强我国非物质文化遗产保护工作的意见》，新华网，2005年4月26日，http://news.xinhuanet.com/newscenter/2005/04/26。

[2] 《中华人民共和国非物质文化遗产法》，中央政府门户网站，2011年2月26日，http://www.gov.cn/jrzg/2011/02/26。

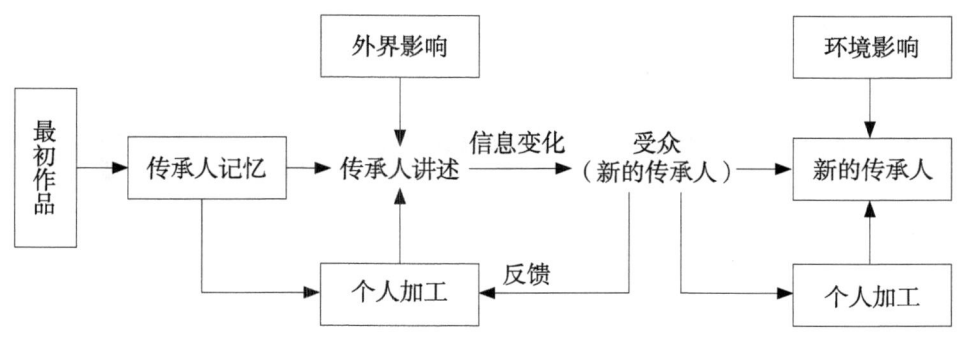

图 1　民间口传文化传承路径图

民间口传文化传承路径图反映了口头文化传承人在现实实践中遇到的问题。口头文化的传承过程表现出讲述者与受众、讲述内容与形式之间的相互影响。这就要求传承人在实际表演中采取与听众或观众直接交流的方式，传承人和听众应该在同一场合进行面对面的交流。有时传承人和听众之间的身份可以换位，有时要把自己当作听众，强化表演"实践"的针对性、可操作性和内容拓展。这既是保证口头文化资源共享性的需要，也是保持口头文化基质本真性的必然要求。文化发展实践证明，创新是文化发展的生命，面对那些即将消失的一些口头文化，如何使它具有新的受众，产生新的生命和活力，一个最有效的方法就是对它的内容和形式进行必要的创新。创新本身也是一种自我保护。如被中国文联、中国民间文艺家协会联合授予"中国民间文化杰出传承人"称号的土家族故事家孙家香，原来一直生活在湖北省长阳县土家族自治县的山村，从小喜欢从父母乡邻那里听故事，虽然连自己的名字都不认得，但她能够把学来的故事按照自己的实际生活体验消化吸收，用朴实生动的口语转述出来。后来，她因为故事录制需要离开乡土，讲述时开始迎合城里人的口味，讲些比较时尚、现代的故事。有人从研究的角度认为这种情况违背了"传统文化生态"。现实中，我们没有权利也不可能让民间文化的口头传承人处于一个永远封闭的文化小系统中，有时恰恰是他们自觉服务于社会的创新，使古老文化样式获得新的生命力，实现了传统文化样式的延续。

总之，少数民族口头文化传承人的培养是一个复杂的过程，也是一个在实践中不断探索的过程。只有从宏观与微观相结合的角度重视我国少数民族民间口头文化传承人队伍建设，遵循口头文化传承人的成长规律，有目的、有计划地实施传承人培养计划，加强政策激励和保障措施，才能使许多濒危的少数民族优秀口头文化有人能"传"、有人愿"承"。同时，要不断推进传承人自身的文化自觉和素质提升，使之在我国非物质文化遗产保护和利用中发挥出应有作用。

"非遗"项目代表性传承人的文化身份

——基于刘德方的分析

林继富(中央民族大学)

2002年以来,我国非物质文化遗产保护取得了巨大成就。至2011年,我国已有29项非物质文化遗产获联合国教科文组织批准保护,建立了国家、省、市、县四级非物质文化遗产名录体系,国务院先后公布了三批共1219项国家级非物质文化遗产名录项目;非物质文化遗产传承机制不断完善,文化部命名了三批近1500名国家级非物质文化遗产项目代表性传承人。中国非物质文化遗产保护理论研究涉及诸多方面,传承人是重要的研究内容。非物质文化遗产传承人的主体是生活在广大农村、牧区的农牧民,他们被政府命名为项目代表性传承人以后,获得了荣誉,赢得了声誉。然而,在熠熠光环的背后,却隐藏了文化身份的不确定性,为传承人的生活和非物质文化遗产的传承带来许多问题。本文以湖北省宜昌市夷陵区"下堡坪故事"项目代表性传承人刘德方为例,讨论非物质文化遗产项目代表性传承人的文化身份问题。

一、文化身份成为问题

全球化打破了人们原来的生活空间观念,导致社会关系、人物身份的交叉与错位。传统的文化传播方式逐渐瓦解,中心与边缘、中心与非中心的文化关系在现代社会中越来越难界定。非物质文化遗产传承人从乡村进入城市,其文化身份变得模糊而复杂起来。

非物质文化遗产传承人的杰出成就得到政府的肯定,政府出台了一系列保护措施,改善他们的生活条件,给予一定的待遇,安排相应的社会职务,给予一系列优惠条件,等等。这些举措既是对传承人传承文化功绩的褒奖,又是激励传承人继续传承文化、培育新人的动力。于是,传承人身上附加了许多先前没有的社会的、政治的元素。这些元素干扰了他们习以为常的生活,干扰了乡民对他们的再认识。他们重新审视自己,于是"我是谁"的问题重新被提了出来。

非物质文化遗产具有认同感和历史感,具有促进文化多样性和人类创造力的特殊功能。然而，当传承人享受政府提供的相应待遇，从农村来到城市，离开生活已久的故土，离开传承文化的特殊空间，离开熟悉的听众和观众的时候，出现在他们面前的是陌生的面孔、城市化的新鲜生活。由此，他们心中充满了寂寞和无奈。传承人与先前文化传统渐行渐远。他们在享受优越的生活，享受多姿多彩的城市文化的时候，也在被乡亲们"另眼相看"，认同的模糊随之而至。于是，"我是城市人还是农民"的问题，再一次被提起。

刘德方，中国宜昌市夷陵区下堡坪谭家坪村农民，中国杰出的民间故事讲述家，中国民间出色的歌师和薅草锣鼓鼓手，晚年被接到夷陵区生活。这个最靠近宜昌市的县级城市，是当地人羡慕的城市生活乐园，是宜昌市民的后花园。刘德方融入其中，在这里结婚，组建新的家庭和定居。城市生活与乡村生活的冲突让这个在乡下生活了60多年的老人犹豫、彷徨乃至恐慌。长期孤苦生活的刘德方到了晚年，在政府的帮助下建立了新的家庭。这个曾靠卖苦力糊口度日的人，如今得到政府的帮助和资助，一段时间无所适从，难以适应。刘德方兴奋过，苦恼过，焦虑过，挣扎过。他渴望未来，却不敢奢望未来。对于刘德方而言，其晚年的身份转换较之先前更加剧烈、更加明显，主要体现在两个方面：从农民到城市人；从乡村故事讲述人到政府命名的故事家。这种变化不是外在的，而是深深地影响了刘德方的生活。刘德方在心里一遍又一遍地拷问自己"我是谁"，乡亲们也在问"德方伢子还是原来的德方伢子吗"，我们也在思考"刘德方的故事还是原来刘德方的故事吗"。所有这些发问汇聚起来变成一张无形的网缠结在刘德方的身上，刘德方的文化身份自然就成为问题了。非物质文化遗产项目代表性传承人的"身份"问题被提起，也就不难理解了。

二、刘德方文化身份的层次性

刘德方的文化身份是多元的，这种多元建立在刘德方文化身份的稳定性元素之上。笔者以为，刘德方对自身身份以及他人文化身份的认知与生俱来，并受到刘德方所属群体以及周边文化群体普遍价值观念的影响。

刘德方一生经历了许多挫折，这些挫折背后包含着身份的考验和转变。他承受着生活的种种磨砺，赢得了周围人的喜爱和欢迎，这奠定了他身份中的亲和力和适应性。

刘德方人生中的前三次婚姻让他受尽感情的折磨，也激励他不断调整自己，以适应生活的各种变化和转换。生活的磨难和婚姻挫折，成为刘德方身份多样性的诱因和动力源。

幼年时，刘德方家境殷实，是当地富甲一方的"地主"。

> 我们啦，我们老祖宗是江西的。我们是从我们老太爷时来的，迁到这个地方。老太爷他们过去是做生意的，放鸭子。那个时候，江西填湖北，湖北填四川，迁来的时间有两百多年。我是迁到这里的第六代。我出生就在栗子坪。在我爷爷时代，

我们家还是发财。①

刘德方的爷爷用心经营，家里的日子过得很不错，有房子，有田地，有牛、羊、猪、马等牲口，生活滋润而平静。

我爷爷本身自己会劳动，会做生意。在我们太爷爷手里呢就有了几个，耗转（花光）了。我太爷爷有三个儿子，大爷爷，我是二爷爷的，幺爷爷。树大分桠，人大分家，那时候把我们就分出来。分出来，我们在刘家河里有一份田，就在那里准备起三个大天井的屋，起高楼大厦。最后呢，把那个大坎子砌起了，屋铲平。好，又到谭家坪去了，贾家人有一栋屋就是卖，我爷爷就在那儿没起屋了。就扯过来，把贾家人这个屋场，连这个田，这个屋就哈（都）买了。买了，那么就重新把这个屋又一整。整了，我们就是临时捂饭（做饭）吃。两边两个岩头，两头两个门都在外头，一个院墙，院墙外头下面吊钩子，喂牛，喂马，喂羊，头上就是一个连屋。②

1949年以后，刘德方被划定为地主。

解放了，这个屋就分有上十户贫下中农。你分一间，他分两间。他们去了，院墙掀了，门苑子哈拆了，吊钩子也哈拆了……③

刘德方被划为地主后，离开了家，住到了炭窑里。此时，与他相依为命的母亲改嫁，与一位贫农结婚。

我后来搞成地主了，就把我一赶赶到山上烧炭的这个窑里，就是我们烤火的这个木炭，它是在山上砍树下来，在坡里打的窑，就把柴架起来烧成这样的木炭。土改的时候，贫下中农就搬到我们的屋里去了，就把这个茅草屋跟我们换了有这么两间间。两间茅草屋，我们就离我们这个老屋就近些。在那个屋里，我的妈就下了堂，就嫁了人。我的个继父老子是四川当兵下来的，当兵下来就落在我们这个地方，帮人家做长工。那解放了，他就是贫农。后来，他们介绍呢，我妈就下堂，就嫁给他。他们二老老了，那还靠我来养活啦。我就搬到下堂去，那就跟着他们。跟着他们在这个屋里住着呢，他们底下又挖矿，我们这个屋就要塌了。塌了呢，就叫

---

① 访谈对象：刘德方；访谈人：林继富、王丹；访谈时间：2007年5月26日下午；访谈地点：宜昌市夷陵区文化馆招待所。

② 访谈对象：刘德方；访谈人：林继富、王丹；访谈时间：2007年5月26日下午；访谈地点：宜昌市夷陵区文化馆招待所。

③ 访谈对象：刘德方；访谈人：林继富、王丹；访谈时间：2007年5月26日下午；访谈地点：宜昌市夷陵区文化馆招待所。

我们自己又起。我就在这个屋坎下呢又起了有这么大两间间屋。我又想到我一个人，起那么多做什么子呢？起了这么两间间屋啊，只要住得下。我在那里住，以后就从那个屋里到小溪塔来的。当中还搬了几次家，还搬到仓库住了的，还搬到下马河住了的，那都没住蛮长时间，都是临时的。[1]

就这样，刘德方四处搬家，过着居无定所、食无定餐的动荡生活。刘德方承担着极大的思想压力而又不得不坚强面对。

这期间，刘德方被视作"牛鬼蛇神"，接着又被打成"反革命"，"莫须有"地被戴上各种"帽子"。刘德方不断挨批斗，游街示众，甚至被捆在柱子上审讯，受尽各种酷刑的逼供。划为地主以后，刘德方不仅干着最苦最累的活，而且连说话的权利都被剥夺了。

刘德方凭着坚强的意志和智慧走过了特殊的年代。经历了非人生活的历练和考验后，刘德方看清了人世的是是非非，理解了人间的悲欢离合。他始终坚信苦难不是他生活的主色调。

刘德方小时候因痢疾差点丢掉性命。成年后，刘德方四处做工，辛苦谋生。一次帮人建房子，他从6米多高的屋顶跌下，没有摔死；一次在林场赶溪（将木材从山上通过河水运到山下），他被浪卷入深河，没有淹死。刘德方一次次与死神交手，一次次与死神擦肩而过，他奇迹般地活了下来。正是在如此艰难困苦的生活境遇中，刘德方练就了达观的生活态度、坚强的意志品质。

刘德方是一个追求情感生活的人。1958年，20岁的刘德方与兴山县亮马桠村姑娘何大英走进婚姻殿堂。婚后，刘德方服从安排，参加了一系列的农村基础设施建设，回家的机会很少。在村干部逼迫下，何大英回到了兴山老家，再也没有回来。1971年，刘德方与同村七组的邓大英走到一起。1974年春天，村干部说他与邓大英非法姘居，犯了重婚罪，威胁刘德方离开邓大英。1979年，刘德方在雾都河公社双龙山村唱皮影戏，与秦凤英办理了结婚登记手续。不久，秦凤英被人拐骗到了宜城。此时的刘德方已经跌入人生的低谷。2007年笔者采访刘德方时，说起先前的三次婚姻，无不唏嘘感叹。

唉，我的婚姻第一次被一个大队书记戳散了，想把我的媳妇子搞给他小舅子，我的媳妇子想到跟不到我啊，也不跟别人，就回兴山老家了。第二次也是个大队书记说我们没有拿手续，乡武装部长和村民兵连长就赶我的媳妇子走，说不走就捆到，就把我们拆起。第三个婆婆呢，我唱戏就唱到雾都河，当时有人问我有没有婆婆，我说没有，他们就把当地的一个人介绍给我。她是当地的妇女主任，她也蛮欢喜，不久我就把手续拿回来啦。我有老的啊，她有小的，两边跑。有一次我外出唱戏，当时有贩卖人口的就把她卖到宜城。

---

[1] 访谈对象：刘德方；访谈人：林继富、王丹；访谈时间：2007年5月26日下午；访谈地点：宜昌市夷陵区文化馆招待所。

我每次婚姻相隔10年。第一次是20岁,第二次是30岁,第三次是40岁,这个拐卖了以后,我说我再也不说媳妇。后来还有好多人自己来,也有的当媒人来说,我说我搞得这么穷。①

屡遭情感挫折的刘德方学会了泰然地直面生活,顽强地对待困难。尽管婚姻一次次失败,但是他却一次次用特殊的方式化解情感的挫折,一次次从失败的情感中走了出来。

刘德方经历了太多的磨难,每一次磨难就是一次新的人生,每一次磨难意味着刘德方身份的变化,意味着在刘德方的身上多了些许生活阅历和文化元素。这些既是社会环境所迫,也是刘德方为了生存而必须面对的,再苦再难,生活还得进行。刘德方不仅在与他人交际过程中随交际环境而改变自己的文化身份,并且这些文化身份之间也会因冲突而发生改变,尽管这种改变不明显。多重身份意味着刘德方具有的社会阅历和文化经历在不断丰富,他具有的多重文化身份也显示了刘德方文化结构的多层次性和文化表达的多样性。

刘德方文化身份的多重性与他进行的跨文化传播有密切关系。在刘德方实施的跨文化传播过程中,有两种力量发挥作用:同一性确保了刘德方文化身份的认同属性;差异性是激发刘德方文艺交流的原动力。

当然,上述种种变化没有让他离开下堡坪,没有让他离开生他、养他的农村,因此,这些变化没有动摇他的身份属性,只不过身份角色有所变化罢了。这些变化没有引起他更多的焦虑,他感叹的是自己命该如此。真正引起他身份焦虑的是晚年进入城市生活圈。

三、刘德方文化身份的模糊性

刘德方晚年迎来了文化盛世,迎来了生命中的春天。他讲故事、操演各类民间艺术的能力被人认识和重视。政府将他从谭家坪村接到县城,从而改变了他的人生轨迹。可以说,这使他的身份发生最为剧烈的转变,变得模糊不清,从而带来文化传承中的种种问题。

刘德方从传统村落走向广阔的社会舞台和不同的文化群体,他的文化身份就被塑造着,被不断地建构着。

刘德方出色的民间文艺表演能力和故事讲述能力引起当时栗子坪乡文化站站长余贵福的高度关注。时任宜昌县委副书记的彭明吉经过考察,认定刘德方是极富发掘价值的民间故事家。各大新闻媒体,包括报纸、电视台、电台、网络等竞相报道,推动了刘德

---

① 访谈对象:刘德方;访谈人:林继富、王丹;访谈时间:2007年8月22日晚上;访谈地点:宜昌市夷陵区下堡坪乡永顺旅社。

方走出宜昌，走向全国。

1999年6月，宜昌县委常委、宣传部部长曹轩宁带领县文化局、文化馆的负责同志前往谭家坪村探望刘德方，征求他移居县城的意见。刘德方爽快地同意了。1999年6月16日，县里派人进山将刘德方接到了县文化馆，让他住进了粉刷一新的房间。床铺、被子、液化气灶、高压锅、电饭煲等生活用具一应俱全。宜昌县各方面的领导到文化馆看望刘德方，为他送去衣物等生活用品。有关领导又募集资金为他购买了一套木制沙发和办公桌椅，使他有了一个舒适安静的生活环境、讲述环境和创作环境。2001年春节，在县委常委办公会议上，县委书记赵举海、县长王国斌决定将刘德方的生活费和医疗费纳入县财政预算，每年拨款1万元。地方政府及相关部门还四次为刘德方的民间文学作品集和音像制品的出版拨出专款。

2003年腊月，刘德方与杜远菊喜结良缘，政府为他们租用了一套两室一厅的住房。2005年，在彭明吉等领导的多方努力下，刘德方的住房问题得到彻底解决。辛劳了大半辈子的刘德方真正过上了安居乐业的生活，过上了许多农村人羡慕的城市人的生活。

晚年的刘德方逐渐适应了城市生活。每天，他都按时到刘德方民间文艺研究会上班，处理日常事务，接待来访者，穿梭于宜昌各大旅游景点讲故事，唱皮影戏，有时还下乡表演。宜昌市、夷陵区的重大文化活动，他也常常应邀参加。正是这样全新的生活，促使刘德方继续发挥他的创造性，他通过对现实社会和民众生活的观察、描摹与思考，创作了不少新故事。刘德方的艺术人生焕发出新的光彩，讲述民间故事也有了新的活力和激情。

尽管先前每一次变故都历练了刘德方的意志，造就了刘德方的性格，完成了一次又一次身份角色的变化。但是，刘德方离开下堡坪乡进入夷陵区是否就真正变成了城市人呢？笔者以为，刘德方仍然是一个地地道道的中国农民，在他的身上有中国农民的生活传统和农民的乡土情感。2007年5月26日，刘德方告诉笔者：

> 我从11岁开始背脚，我一个人埋了五个老的，说了三道妇人。那我总的来说这个人还是搞些子啦。就是说，我哪怕是地主出身啦，死了，个个都还是弄了枋子的；能打丧鼓，我还是跟他打了丧鼓的。我现在还在这儿想一个事，就是跟我几个老人打个碑。就是说，在我的，没得后人了。这个孤坟，立个碑了，还晓得埋的张三、李四。我想明年把这点事完成，那么，我再死了，就万无牵挂了。再一个就是要回报社会呢，我就尽我的力量，有人帮忙搜集整理，将我所记得的东西，我绝不保密，哈把它说出来。只要是有人牵头，我记得的东西，全盘和肚子倒出来。我带个头，起个什么作用呢？留于后世。那人家看到了这个书啦，哎呀，这还是某某人的，刘德方子的东西。①

---

① 访谈对象：刘德方；访谈人：林继富、王丹；访谈时间：2007年5月26日下午；访谈地点：宜昌市夷陵区文化馆招待所。

刘德方的这段倾诉是中国农民最好的注脚。他要为死去的亲人立碑，免得那些坟墓成为孤坟；知恩图报，受过苦难的刘德方，晚年得到政府的关爱，他要用心回报社会，用心回报有恩于自己的人。在夷陵区，他交往最多的是来自下堡坪的乡亲们，与城市人聊得最多的还是农民关心的话题。刘德方受城市文化的浸润，其生活方式、价值观念及身份观念等发生或多或少的变化。这种变化使他从原有的农村聚落中脱颖而出。然而，就身份来说，刘德方依旧是农民。乡村文化在他身上烙下的印迹，以及制度的限制，使他很难成为城市人。"尽管自我会遇到变化的过程，但他仍将拥有许多知识和经验，这些因素在一个较早阶段决定着他的身份特征（identity）。身份的概念总是与一个特定的时刻和环境紧密关联的，自我也许可以在另一时刻或另一情境展现出不同的面目。然而，这些转变决不意味着个体的身份会被完全抹杀或得到重新建构，因为连接这些不同身份之面目是得到记忆保证的。"[①] 身份的双重边缘化，使刘德方在城乡的夹缝间处于虚空状态。现在的刘德方不同于过去的刘德方，他常常站在城市人的角度分析问题和看待世事。

四、刘德方的文化身份属性

界定刘德方的文化身份属性，我们要看刘德方在特定文化中的信念、价值观、行为准则和社会准则，看刘德方在人群中具有的独特文化特征，以此构成以他为核心的圈内人和圈外人以及不同圈内人之间文化身份的差异性。

语言是一个人最直观的身份表达，它在身份认同中具有特殊作用。美国加州伯克利大学教授克拉姆契（Kramsch）在《语言与文化》中谈道：一个民族的标准语言，就是一个民族的文化图腾。在古希腊时代，不会说希腊语的人，不具备希腊人的身份而被称为"野蛮人"。[②] 一个民族或地方的语言有完整的语音、词汇、语法、句法系统，在反复的运用中，语言沉淀为民族或地域情感，沉淀为民族或地域的价值观念。我国唐代诗人贺知章的诗句"少小离家老大回，乡音无改鬓毛衰"，激起无数游子的共鸣，这就是语言在文化身份塑造中起到的特殊作用。

刘德方使用的语言是宜昌夷陵区的方言，这种方言是他在农村与人交往时使用的语言，进入城市生活以后，他仍使用自己的方言。除了有个别语汇上的差别外，生活在县城的人操持的是与刘德方一样的语言。因此，刘德方在生活和交往上不存在任何障碍。刘德方通过相同的口音、词汇、语法和言语模式，被自己或他人确认为他和夷陵城区身份的同一性。刘德方操持的方言是包括他在内的文化群体联系过去和历史的重要纽带，所有操持这种方言的人可以从中获得精神力量、骄傲，以及一种社会归属感和历史延续

---

① [荷兰] 杜威·佛克马：《走向新世界主义》，王宁译，载王宁、薛怀源：《全球化与后殖民批评》，中央编译出版社1988年版，第254页。

② Claire Kramsch, *Language and Culture*, Oxford University Press, 1998, p.65.

感,并且依靠这种方言,与此相关的人被凝聚在一个文化身份的大板块里。

方言是刘德方社会文化身份的语言表现。刘德方进城以后一直恪守着方言讲述,即使面对外来的"他者",他依然如故地用方言故事吸引听众。这成为他守护文化身份的重要壁垒。

当然,我们不能否认刘德方在讲故事的时候,因为空间和听众的差异性,会屏蔽掉许多的乡言乡情和俚语。刘德方进城后使用城市语言的语汇和表达,以此赶上城市人的生活步伐,避免被别人瞧不起。因此,刘德方极为灵活地使用夷陵城区的语言,他懂得语言的使用对于交往有着奇妙的调节作用,懂得语言的使用可以恰当地实现身份置换的特殊功效。

刘德方为了获取城市"主流"身份,有意无意地进行着"被选择的传统"活动,有意无意地在建构新的身份。"没有挑选、采纳和扬弃的潜力,没有对进入现实利益和价值系统的可用要素的调适,没有社会的控制和排解,就没有传统能够进入文化。"[①]也就是说,刘德方进入夷陵区所经历的是一种异质性生活,而且处于边缘化和结构性异化的可能境地。此时的刘德方置身于不同于以往的生活经历和文化环境之中,在彼此视线中,以相互异质性为前提,去寻找适合自我的表达方法。

刘德方通过故事讲述表达情感,由此与观众协商,建立生活共同体,以此建立一种认同,从而实现联合,构成与"我们"关联性的文化空间。在形成"我们"共同体中,能够给被选择的一系列象征带来传统上的统一性。与刘德方关联的"我们",强调的是在"被选择的传统"中彼此认同构成的整体。在这里,刘德方"被选择的传统"建构的共同体是现实生活和民众实际奉行的行为规范与准则以及"草根性的"意识形态。

刘德方在适应新的环境中进行传统选择和身份建构。在这里,身份建构强调了文化身份的历时性变化及共时的多层面性。刘德方的文化身份建构充满了碰撞与融合:在历史记忆中,刘德方生活的村落文化在长期的传统中形成的系列特征,是其文化身份的恒定层面,成为文化认同的基础,制约着文化认同。在社会生活层面,刘德方又不得不去适应现实的政治、经济等活动,这些调适着刘德方实践中和历史记忆中的身份文化应有的色彩。

刘德方面对各种文化的和心理的冲突,通过体现自己的主体性选择,通过建立与"互动者"形成的共同文化板块来克服和超越冲突与隔膜。随着他在夷陵城区生活方式的变化,他在积极发挥自己主体性的基础上改变自身存在的意义,努力试图在新的情况下获得新的认同。

刘德方在建构文化身份的过程中,不断对文化内容、形式进行调整和适应。其适应性主要包括顺应性行为、节制性涵化、整合性多元文化。这些在他的讲述生涯中体现为把听众的审美心理及审美需求作为重要原则,减少文化交流的障碍而去寻求审美的共通性。刘德方从1999年移居夷陵城市人生活区后,在其10多年的生活中,他主要是"适应而不同化"所特有的生活方式,支持该生活方式的社会环境,移居在社会特定"场

---

① [芬兰]劳里·航柯:《史诗与认同表达》,孟慧英译,《民族文学研究》2001年第2期,第91页。

所"形成的纽带以及移居城市以后与"互动者"所形成的社会结构及其特殊空间所表现出来的各种实践方式、与城市人之间的"多元共存"。这一过程充分展示了刘德方身上拥有的传统文化在认同中的坚固性和守恒性。同时，刘德方在维系自我文化身份的基础上，尽力增加与听众接受期待视野一致性的内容，避免因距离过大使听众对他讲述的故事失去兴趣。因此，刘德方在演述的时候，考虑听众的文化身份是在为自己的声音争取空间，为自己的生活争取空间。

五、结语

目前，我国非物质文化遗产项目代表性传承人主要有两种生活状况：传承人被政府接进城市生活；传承人仍然生活在乡村。无论哪一种，他们都被政府命名，享受政府提供的物质生活待遇、精神生活待遇乃至政治地位待遇。他们的身份发生或多或少的变化，有些传承人的身份甚至变得模糊起来。这不可避免地影响传承人传承非物质文化遗产的活动。

非物质文化遗产项目代表性传承人被命名之后，传承人传承文化的自觉意识更加明显。在政府的要求下，他们开始有意识地培养传承人，开办培训班。然而，非物质文化遗产项目代表性传承人与民众之间却产生了距离感。乡亲们开始高看他们，有时甚至在传承中出现利益冲突而使传承的非物质文化遗产变味，甚至失去原来的传承群体而导致该项非物质文化遗产传承人减少。

刘德方和刘德方们进城后想办法确认"城市人"身份，以此获得生活上的安全感。于是，他的故事、皮影戏自然加入了"城市人"喜欢的题材和欣赏习惯，在讲述中做出适当的调整成为维护他们"城市人"身份的重要策略。但是，刘德方以及刘德方们进城之后，与乡土、乡亲、宗亲和村民之间的纽带被削弱、被阻隔，他们不再拥有恒定不变的文化身份。尽管城市生活和现代观念把刘德方与刘德方们的乡村生活吸纳其中，然而，他们却不能成为真正的城市人，也不能像先前那样为地地道道的农民。他们身上出现了文化转型的明显倾向。于是，刘德方和刘德方们面临身份焦虑的苦恼也就不可避免了。

刘德方以及刘德方们从偏僻的山村迁到繁华的城镇，享受着政府和相关人士提供的待遇。尽管刘德方和刘德方们的文化身份没有明确的归属，但是他们在小心翼翼地协调自己和他人之间的关系，在用心回报社会、回报生养他们的土地。

坚持和完善少数民族非物质
文化遗产保护政策研究

——基于湘西土家族苗族自治州和内蒙古自治区的调查

柏贵喜（中南民族大学）　杨　征（中南民族大学）

非物质文化遗产概念确定前，相关保护政策大多散见于民族民间文化保护相关文件中。2004年8月，我国通过了《全国人民代表大会常务委员会关于批准〈保护非物质文化遗产公约〉的决定》，从而在世界性非物质文化遗产保护的政策框架下，开始了我国非物质文化遗产保护政策制定与执行的历程。

目前，我国非物质文化遗产保护政策主要有代表作名录、代表性传承人和文化生态保护区相关政策，综合性指导政策，以及保护法律、法规等方面的内容。2009年，中央政府颁布了《国务院关于进一步繁荣发展少数民族文化事业的若干意见》，强调要"加强少数民族非物质文化遗产发掘和保护工作，对少数民族和民族地区非物质文化遗产保护予以重点倾斜"，并对推进非物质文化遗产申报等内容做了明确规定。2005年3月，国务院办公厅发布了《关于加强我国非物质文化遗产保护工作的意见》，它成为我国非物质文化遗产保护的主要政策依据。与之同时颁布的《国家级非物质文化遗产代表作申报评定暂行办法》对国家级非物质文化遗产代表作的申报和评定工作做了进一步规范。2006年11月，文化部颁布了《国家级非物质文化遗产保护与管理暂行办法》，重申了对国家级非物质文化遗产的保护实行"保护为主、抢救第一、合理利用、传承发展"的方针，以及真实性和整体性的保护原则，并提出建立国家级非物质文化遗产数据库。2008年5月，文化部颁布了《国家级非物质文化遗产项目代表性传承人认定与管理暂行办法》，对非物质文化遗产项目代表性传承人的评定条件、申报材料、申报程序、管理和培训以及义务等进行了规定。2011年2月25日，第十一届全国人大常委会第十九次会议通过《中华人民共和国非物质文化遗产法》，将非物质文化遗产保护的方针政策上升为国家意志。

在此背景下，少数民族地区根据国家相关政策，结合各自实际情况，制定并实施了一系列非物质文化遗产保护政策，为开展少数民族非物质文化遗产保护工作提供政策上的支持，推动了少数民族非物质文化遗产保护的进程。本文结合调研材料，对少数民族非物质文化遗产保护政策实施所取得的成就及其存在的问题进行初步分析，并尝试提出推进保护政策进一步完善的建议。

一、少数民族非物质文化遗产保护政策实施的成就

从实际情况来看，非物质文化遗产保护政策在民族地区得到较好的贯彻执行。调研地湘西自治州和内蒙古自治区都投入了大量的人力、物力和财力，陆续完成了当地的非物质文化遗产全面普查工作，并在此基础上将少数民族非物质文化遗产保护纳入社会文化发展规划体系。当地的非物质文化遗产保护职能机构深入调研，收集、整理了非物质文化遗产相关素材，建立了较为完备的代表作、代表性传承人名录和信息资料数据库，并积极申报各级非物质文化遗产保护项目，保护优秀传承人，培养后续接班人，加强人才队伍建设，不断建立、健全少数民族非物质文化遗产保护的体制和机制，取得了丰硕的成就。

（一）地方性政策和法规逐步完善

近年来，为了做好非物质文化遗产保护工作，建立长效保护机制，民族地区政府相继出台了各类政策、法规，在工作规划、经费投入、人才培养、资料保存等方面对各级名录项目的保护、抢救、活态传承等做出规定。

湘西州委、州政府制定了《关于发展民族民间文化产业的若干优惠政策》《湘西土家族苗族自治州民族民间文化遗产保护条例》和《湘西土家族苗族自治州民族民间文化遗产传承人保护管理暂行办法》等。在县级层面，凤凰县委、县政府颁布了《凤凰县民族民间文化保护工程实施意见》和《凤凰县非物质文化遗产实施细则》，将民族民间文化遗产保护工作纳入国民经济和社会发展规划。

内蒙古自治区结合实际制定了《内蒙古自治区非物质文化遗产保护条例（草案）》《内蒙古自治区非物质文化遗产名录申报评定暂行办法》和《非物质文化遗产项目代表性传承人认定和管理办法》等，转批了《自治区非物质文化遗产保护专项资金管理暂行办法》等，确立了自治区非物质文化遗产保护工作的目标、方针、原则、步骤和措施。

（二）建立专门的非物质文化遗产保护职能机构，专业队伍进一步完善，工作成效显著

2004年，湘西自治州委、政府成立了民族民间文化遗产保护工程领导小组，其后成立了自治州民族民间文化遗产保护中心（现称为湘西自治州非物质文化遗产保护中心），其后聘任了53名专家组建保护工程专家委员会，设8个学科组。2005年，湘西自治州下辖的凤凰县成立了非物质文化遗产保护领导小组，并于2006年成立非物质文化遗产保护中心，该中心为县财政拨款的差额拨款事业单位，配备编制数5个。到目前为止，该中心共举办普查培训班8期，调查村民小组960个（普查面达90%），采访传承人900余人次，获取项目线索5734条，拍摄影像资料2100小时，照片万余张，收集实物120件。

内蒙古自治区非物质文化遗产保护中心于2009年挂牌成立。该中心由内蒙古文化艺术干部学校转制而来，现有编制25人，是目前全国规模最大的非物质文化遗产保护中心之一，在普查、申报、挖掘、保护、传承、制定标准、数据库建设、人才培养等方面做了大量的工作。目前，自治区各级非物质文化遗产保护机构全面开展四级非物质文化遗产项目的文本、申报片、照片、代表性传承人资料的分类、归档及统计工作。自治区非物质文化遗产保护中心现已整理项目资料近300卷、传承人资料200多卷、音像资料100多张、DV带200多盒、文书档案92卷，登记实物数千件。

（三）开展普查、成果出版、名录体系和数据库管理系统建设，基本实现数据的动态管理和资源共享

目前，湘西自治州和内蒙古自治区已基本完成各自的非物质文化遗产普查工作，并组织专家小组对非物质文化遗产项目及代表性传承人进行评审、认定和命名，组织非物质文化遗产保护机构工作人员对项目和传承人进行逐级申报；同时，还初步建立数字化管理系统，对录入数据的电脑实行专人管理，与各级中心接轨，实现档案资料工作的现代化管理和数字资料的多功能服务。

迄今为止，凤凰县有国家级项目5个，省级项目8个，州级项目14个，县级项目34个；国家级传承人5个，省级传承人4个，州级传承人8个，县级传承人29个。2010年年初，凤凰县"非遗"丛书收集、编写、出版工作正式启动，《茶灯与阳戏考略》和《苗医药史话》于2011年出版。

在内蒙古，四级非物质文化遗产代表作名录体系目前已基本建成，共有"人类非物质文化遗产代表作"2个，国家级非物质文化遗产代表作名录项目63个、自治区级项目251个、盟市级项目461个、旗县级项目1313个；有国家级代表性传承人26人、自治区级323人、盟市级882人、旗县级882人；有自治区级文化生态保护区12个；全区民间文化艺术之乡67个；国家级名录项目试点1个（蒙古族服饰艺术）；蒙古族长调民歌和呼麦保护实验基地6个。以上这些工作的完成，为非物质文化遗产保护与传承打下了坚实的基础，使其工作思路更加明晰。

（四）重视活态保护，建立民族文化生态保护区

少数民族传统文化有着自身的特点，对物质形态的文化事象可以通过加强管理来保护，而对具有活态性质的民间艺术、技艺、风俗等文化事象，则只有活态传承才能维系其独特的生命力，才能称为真正意义上的保护。"武陵山区（湘西）土家族苗族文化生态保护试验区"于2010年在湘西自治州挂牌，建立了以龙山县里耶为窗口的土家族文化生态保护基地、以凤凰县山江镇为窗口的苗族文化生态保护基地，在文化生态保护区建设上迈出了关键的一步。

到目前为止，内蒙古自治区分两批建立了12个自治区级文化生态保护区，包括赤峰市巴林右旗建立的格斯尔文化生态保护区、呼伦贝尔市锡尼河布里亚特蒙古族文化生态保护区等。两地借建设文化生态保护区的契机，将非物质文化遗产保护从展示性的静态保护转化为活态传承。

（五）非物质文化遗产保护和管理机制日趋成熟，保护工作逐步迈向深入

湘西自治州对各级代表性传承人都建立了资料管理档案，由州、县两级非物质文化遗产保护机构进行跟踪管理。自治州非物质文化遗产中心与吉首大学联合举办了全州非物质文化遗产普查培训班，组织开展了非物质文化遗产培训共10期，在凤凰县山江镇和古丈县默戎镇龙鼻村组织苗族农民群众参加苗族鼓舞培训，邀请著名学者专家授课，提升其保护非物质文化遗产的认识水平。传习所的建设在凤凰县已全面展开，该县陆续建立了蓝印花布、土家织锦和凤凰彩（纸）扎等3个传习所，依托师带徒的平台，向社会开放培训。

内蒙古自治区为全面推动非物质文化遗产传承工作，大力支持非物质文化遗产博物馆、传习所（基地）建设，依靠各级政府和社会力量建立了一批国有或民间的非物质文化遗产博物馆与展示中心。全区现有各类博物馆、民俗馆、传习所（基地）等100家左右。在巴林右旗，有县级博物馆4个，其中巴林蒙古族民俗博物馆（由个人筹建）和历史博物馆拥有大量非物质文化遗产。此外，内蒙古自治区还率先完成少数民族语言文字的非物质文化遗产专有名词规范工作，于2009年年底公布了由自治区蒙古语名词术语委员会审定通过的217条专有名词的蒙汉双语翻译。① 这是我国第一个用民族语言翻译非物质文化遗产专有名词的尝试，对促进蒙古族群众了解、保护非物质文化遗产起到极大的作用。

（六）制定保护发展规划

2011年4月，湘西自治州完成了《武陵山区（湘西）土家族苗族文化生态保护实验区总体规划》；为一些具有较高历史、文化和科学价值的民间艺术，如苗族银饰、凤凰纸扎和凤凰蓝印花布等，制定了详细的五年规划；按照保护规划要求，完成具体项目如国家级非物质文化遗产"苗医药（癫痫症疗法）"的"十二五"保护规划书，在保护总体目标、2011—2015分年度保护计划、中央财政资金需求明细等方面做了详细安排。

内蒙古在非物质文化遗产项目规划方面也做了具体要求，其由各级文化行政部门结合自身实际制定。巴林右旗文化局制定了《乌兰牧骑第十二个五年工作规划》，对传统的乌兰牧骑在新时期的发展做了详细规划；对重点建设的"格斯尔文化生态保护区"，巴林右旗文化行政部门在建设目标、保护原则、保护方式、保护措施和保障机制等方面做了详细规划，制定颁布了《巴林右旗格斯尔文化生态保护实验区保护工作条例》等4个文件，从制度上为保护少数民族非物质文化遗产提供支持。

二、少数民族非物质文化遗产保护政策存在的主要问题

调研中发现，少数民族非物质文化遗产保护实践中存在着部分民族地区还没有建立专门的非物质文化遗产保护机构；相关工作人员专业化程度不高，专项资金保障不

---

① 见内蒙古自治区文化厅：《关于规范使用非物质文化遗产专有名词的通知》（内文社字〔2009〕67号）。

足；代表作名录申报机制不严谨，代表性传承人突出个人，缺乏"传承群体"的内涵；非物质文化遗产进入学校教育的力度不够；重开发利用、轻传承保护的现象突出等主要问题。

从目前的情况来看，少数民族非物质文化遗产保护实践中存在的这些问题，虽有来自执行方面的原因，但作为政府主导的一项事业性工作，政策因素带来的影响更为关键。归纳起来，主要表现在以下几个方面：

（一）政策体系不完善、不完整，政策供给不足

非物质文化遗产保护方法很多，既有目前所提倡的活态性保护，也有传统的静态展示性保护，同样还包括仍在学习和探索的新方法等。在实践中，最重要的是根据当地的工作实际开展保护工作，找到符合少数民族非物质文化遗产保护规律的新路子，包括从传承人、传习所、文化空间、生态基地、活动、节庆、展示、制度、法律等方面去探索，在已有经验的基础上有所创新。从保护机制层面来说，既可以有目前主导的国家保护、政府保护、部门保护，也要有民间保护、企业保护、集体保护以及个人保护等形式。非物质文化遗产保护所必不可少的资金，既要保证来自政府的投入，也要重视民间投入，广开企业投入、外资外商捐赠，建立发展基金、个人基金、专项基金等源头。

然而，由于少数民族非物质文化遗产保护工作的起步较晚，现有政策仅涉及其中的几个方面。从目前的非物质文化遗产保护政策体系来看，其核心内容集中在非物质文化遗产代表作名录体系、代表性传承人、文化生态保护区及专项资金管理等方面。关于文化空间、节庆保护、民间保护方式与方法、地域性保护、文化开发与保护的协调，以及针对具体的个别非物质文化遗产项目、涉及少数民族和民族地区的政策，都是比较缺乏的，大多没有出台相关的政策，政策供给明显不足。而且，已有的相当多的非物质文化遗产保护政策常常散见于各种条例和政府规范性文件中，自身没有形成完整的体系。

（二）政策细化程度不够，部分领域缺乏必要的专门性政策

在良好社会氛围和国家相关决策的推动下，少数民族非物质文化遗产保护工作进展迅速，各级各类少数民族非物质文化遗产保护政策相继制定、推出，对非物质文化遗产保护工作的深入起到积极作用。但现有的一些政策侧重宏观的指导，在一些细节上缺乏必要的细化和完善。[①] 在资金保障方面，《中华人民共和国非物质文化遗产法》第六条规定："县级以上人民政府应当将非物质文化遗产保护、保存工作纳入本级国民经济和社会发展规划，并将保护、保存经费列入本级财政预算。"无论是《国家非物质文化遗产保护专项资金管理暂行办法》，还是地方性的相关资金管理条例，关注点都集中在管理方式上，对资金来源、所占财政预算的比例、单项代表作的经费数额及代表性传承人的补助标准等，都缺乏具体表述，致使资金保障难以落实。

此外，在一些重要领域还缺乏必要的专门性政策，如少数民族非物质文化遗产传承的学校教育问题。《中华人民共和国非物质文化遗产法》第三十四条规定："学校应当

---

① 凌照、周耀林：《我国非物质文化遗产保护政策的推进》，《忻州师范学院学报》2011年第3期，第117—122页。

按照国务院教育主管部门的规定,开展相关的非物质文化遗产教育。"国务院办公厅在《关于加强我国非物质文化遗产保护工作的意见》中也强调:"教育部门和各级各类学校要逐步将优秀的、体现民族精神与民间特色的非物质文化遗产内容编入有关教材,开展教学活动。"但该项政策至今没有形成独立的文本,对教育教学体系、师资队伍、地方性课程和教材等建设缺乏专门性的指导。因此,真正针对少数民族、凸显民族性的教育举措尚未得到体现。①

(三)部分政策内容缺乏科学性,实验性明显

由于非物质文化遗产研究起步较晚,一些理论还没有形成共识,因此在部分政策中,对相关概念的表述缺乏必要的科学性,实验性特征明显。

目前,在相当多的政策及制度、法规中,关于非物质文化遗产的定义和所包含的范畴都不统一,在一定程度上缺乏科学性和规范性。一些类型的非物质文化遗产项目在政策文本中被明确指出,而一些本属独立类别的项目在政策文本中未被明确指出。例如,某些非物质文化遗产保护政策将民族民间原生性文化生态区看作非物质文化遗产,这明显有理论认识上的误解;属于民族文化核心内容的传统知识、文化空间、宇宙观念等重要的表现形式却缺失了,只以"其他表现形式"予以概括,这显然是不合适的。这种明显缺乏科学性、实验性特征的政策内容造成的后果是,基层工作者往往对被明确指出的类别予以更大的关注,亦即他们认为所必须重点关注的,而对于以"其他需要保护的民族民间传统文化形式"概括、不包含在之前明确指出的类别中的遗产,往往会有一定程度的忽视。这一问题在实际工作中普遍存在。笔者在调研中发现,基层非物质文化遗产保护机构往往重点关注政策中详细列出的类型,并以此为导向开展调查、登记、申报和保护传承。

(四)缺乏可操作性和倾斜性

各级各地国家机关制定颁布了一些政策、制度和法规,对保护少数民族非物质文化遗产起到一定的作用。然而,这些政策虽然对与非物质文化遗产相关的政府职责、公民权利、保护方针、保护原则和保护制度等做了规定,但许多条款是显示性的,缺乏可操作性。

另外,适应少数民族和民族地区特殊性的配套政策也不足。《中华人民共和国非物质文化遗产法》第一章第六条明确规定:"国家扶持民族地区、边远地区、贫困地区的非物质文化遗产保护、保存工作。"少数民族和民族地区的非物质文化遗产相对汉族地区有较大的差异,在民族性、地域性、文化内涵及文化生态等方面多有不同,普适性的政策不一定适应其保护、传承和发展的需要。但目前还没有明确的、适应少数民族和民族地区特点的倾斜性配套政策,现有的政策又大多缺少有利于少数民族非物质文化遗产保护、传承及合理开发利用的倾向性,难以很好地解决少数民族非物质文化遗产保护中的现实问题。

---

① 普丽春:《民族地区学校教育传承少数民族非物质文化遗产的现状与反思——以国家级非物质文化遗产云南彝族烟盒舞为例》,《民族教育研究》2011年第2期,第114—119页。

(五)跟踪评估和责任追究制度不健全

跟踪评估是检验政策是否得到贯彻执行的重要依据,是判断少数民族非物质文化遗产是否真正得以传承发展的验证机制。从这一层面来说,跟踪评估为决策提供可供选择的方案,并通过"观测"来揭示少数民族非物质文化遗产保护实践在不同条件下的可能结果和对策。因此,要准确把握非物质文化遗产的变迁方向,就必须对其目前的状况进行准确、客观、多层面、多角度的评估,这样才能依据相关理论和方法,有针对性地提出对策。[1] 目前,已有的相关政策以前期指导性为主,在普查、申报、认定、管理等方面有着较为详细的规定,但对贯穿整个保护工作的跟踪评估还没有形成完整的制度,各地对相关工作的评估标准多是自己酌情把握,没有可作为依据的成文规定。

此外,无论是在《中华人民共和国非物质文化遗产法》,还是在地方性的相关配套政策中,都缺乏对政策贯彻效率和工作执行效果的责任追究制度。虽然大多数的非物质文化遗产法规和相关政策都有对"法律责任"的表述,但内容主要集中在非物质文化遗产保护工作及工作人员的行为规范上,而并非对非物质文化遗产保护和传承效果等的问责。因此,少数民族非物质文化遗产保护的监督、评估和责任追究等政策还有待健全。

(六)部分政策强调开发利用,容易引起误读

国家提出的非物质文化遗产保护指导方针是"保护为主、抢救第一、合理利用、传承发展",但很多地方在实际的保护工作中,都将开发利用看作传承、发展非物质文化遗产的重要手段,过于强调搭建平台、开发利用非物质文化遗产的经济价值。很多地方还将其纳入当地文化产业发展规划,认为"丰富的民族文化是发展文化产业的重要资源",明确提出加大开发利用的力度——少数民族地区的客观情况决定了经济社会发展是其政府工作的重点。在对待非物质文化遗产的态度上,相关政策往往偏重开发利用。但是强调开发利用在一定程度上引起"保护性破坏"的问题,使少数民族非物质文化遗产的衰退和变异呈现出加速进行的态势。一些非物质文化遗产项目因经济利益驱使而遭受破坏性开发,大范围的商业化、规模化和流水线式生产,使其以一种简单和人为迎合的方式予以呈现。非物质文化遗产商品化的"双刃剑"效应被忽视,对其中蕴藏的风险没有引起足够重视,在一定程度上偏离了非物质文化遗产保护的目的、本质和意义。

三、推进少数民族非物质文化遗产保护政策进一步完善的建议

(一)贯彻《中华人民共和国非物质文化遗产法》,加快民族地区非物质文化遗产的立法进程,积极完善政策体系

非物质文化遗产保护传承是一项庞大的系统工程,如何有效地传承发展,避免非物质文化遗产项目"走形""变味"以至"被遗忘",是其中的重要问题和核心内容。要彻底解决这些问题,必须通过立法明确有关制度,将非物质文化遗产的保护通过法律的形

---

[1] 陈兴贵、李虎:《试论非物质文化遗产保护效果的评价》,《重庆三峡学院学报》2011年第1期,第29页。

式上升为国家和社会的共同意志。

少数民族非物质文化遗产的法律保护，包括非物质文化遗产保存的法律制度完善和少数民族文化权益、非物质文化遗产现代利用的惠益分享、知识产权保护等法律制度的完善，在立法中要确立公权与私权并重的观念。2000年，云南省审议通过《云南省民族民间传统文化保护条例》，标志着少数民族非物质文化遗产保护工作进入法制管理的新阶段，为完善少数民族非物质文化遗产保护政策体系树立了一个范本。当前最为要紧的是，民族地区各级政府和相关职能部门要尽快拿出实施办法，真正做到有法可依、有法必依、执法必严、违法必究。

（二）推进政策进一步细化，针对具体问题制定专门性政策

这里所说的政策细化，指的是全面细化，涉及各相关政策，尤其是代表作名录、代表性传承人和文化生态保护区相关政策。国家层面须把握普适性原则，相关政策可以突出指导性和概括性。地方性的配套政策应在此基础上，根据各自实际情况，针对具体问题制定出更为细化的专门性政策。

建立健全少数民族非物质文化遗产保护政策，不能只对某项或某部分保护制度做出概括性规定，而应将此项或此部分制度的基本框架交由民族地区自行设定，重点在于把握少数民族非物质文化遗产本身如何传承发展的思路，结合各民族地区的区域特点和非物质文化遗产保护机构的职能特点来完成政策的细化和专门性政策的制定。

（三）提高政策的科学化水平，强化可操作性，坚持政策的严肃性，重视对少数民族和民族地区的倾斜性

首先，在制定和完善保护少数民族非物质文化遗产的政策与法规时，要科学定义其理论概念，健全并完善相关标准，提高规范性，以避免标准不一、重视程度轻重有别的情况出现。其次，少数民族非物质文化遗产保护作为一项比较"新"的工作，目前我们还缺少可以借鉴的可靠经验，相关保护措施和保护方案仍在摸索当中。在目前阶段，制定政策的目的就是指导和规范少数民族非物质文化遗产保护工作，构建有效的工作程序和方式，并形成良好的导向。从这个层面来说，规避显示性而提高可操作性的政策对于保护少数民族非物质文化遗产才有意义。最后，对于已有的政策，尤其是地方性政策，在实施过程中要坚持其严肃性，杜绝因利益问题而进行人为的、有意的误读和曲解。

此外，少数民族非物质文化遗产的存量相对较大，文化开发中发展地方经济社会的需求比汉族发达地区相对要高，保护压力相对更大。因此，国家和地方须制定符合少数民族和民族地区实际的特殊政策，如产业税收优惠，财政重点资助，代表作名录、代表性传承人、文化生态保护区申报倾斜政策等，加大对少数民族和民族地区非物质文化遗产保护的扶持。

（四）完善跟踪评估和责任追究制度

现有的非物质文化遗产保护政策的核心内容是建立代表作名录体系、代表性传承人制度和文化生态保护区制度。这些制度的实践效果与制度设计相去甚远，民族地区的地方政府由于认识和经费等原因，重申报、轻保护的现象比较普遍。因此，必须建立并完善跟踪评估和责任追究制度。一方面，跟踪评估是检验保护政策执行情况和工作成效的重要依据；另一方面，通过责任追究来发现问题、总结经验，为完善保护政策提供支持。

评估标准要全面、充分地考虑定性和量化的平衡，将定性评估和量化评估有机地结合起来。在条件可行、措施有效的情况下，可以对某些问题在一些方面形成量化标准，比如传承人授徒多少、参加了多少次宣传推广活动、有无基本的传习场地等。通过定性和定量相结合的方式提高评估标准的可操作性，加强统一性。要针对少数民族非物质文化遗产保护、传承的实际成效明确责任单位和责任人的职责，将着眼点放在作为效果上，明确责任追究方式和惩处力度，以加强对少数民族非物质文化遗产保护工作的监督和管理，保护其原生态环境，保障其顺利传承发展，避免保护工作的无序化。

（五）健全工作机制，加大政策执行力度，完善资金保障政策

建立健全保护少数民族非物质文化遗产的体制机制，不仅要完善政策体系，还要在已有政策的基础上，加大执行和落实的力度，确保政策措施能够有效实施，组织引导非物质文化遗产传承发展。同时，还要加快少数民族非物质文化遗产保护专门机构的建设，完善相关工作机制，把保护工作提升到足够高的位置。

资金投入是少数民族非物质文化遗产可持续传承发展的重要保障，但目前的保护工作严重依靠财政支出。[①] 针对这一现状，民族地区要尽快制定和完善民间参与、赞助的政策措施，鼓励个人、企业和社会组织通过投资、捐助及设立基金等形式参与保护。同时，政府还要出台一些配套的优惠政策，有针对性地给予一定的政策支持，并严格把握资金投放，把使用效果放在首位。具体来说，根据调研分析，笔者建议西部民族地区的县级财政要保证每个代表作项目的经费维持在每年1万元人民币以上；根据当地经济情况适当提高代表性传承人的补贴标准（县级补贴建议提高至每人每年至少2500元，其他的以此类推），条件符合的对象可以纳入社会低保体系，关注年纪较大的传承人的身体状况，改善他们的生活条件和传承条件。

（六）正确处理好保护、传承、发展及开发利用之间的重要关系

少数民族非物质文化遗产是一个庞大的体系，围绕其进行的保护是一个需要长期开展的复杂工作，维持其可持续发展是首要目标。因此，在实际工作中，要正确处理好保护与传承、传承与发展及保护与开发利用的关系，贯彻抢救第一、保护为主的方针，正确理解合理利用、继承发展的原则。

抢救保护是少数民族非物质文化遗产传承的基础，传承是发展的先决条件，合理的开发利用又是传承发展的动力。反过来，发展是为了更好地保护和传承。实践证明，单纯的保护不仅因为经济方面的原因很难实现，文化遗产的社会价值也很难在封闭的状态下完全展示出来。[②] 在实践中，要创造性地处理好保护与利用的关系，不能单纯强调保护而使之僵化，也不能为了追求片面的经济利益使之异化，丧失民族精神内涵。因此，要

---

① 贾志永：《非物质文化遗产保护"东亚经验"国际学术研讨会综述》，《民族学刊》2011年第5期，第95—96页。

② 参见苑利、顾军：《非物质文化遗产保护的十项基本原则》，《学习与实践》2006年第11期，第120—130页。

不断地探索、实践和总结,使"抢救第一、保护为主、合理利用、传承发展"的原则得到贯彻,以达到既能使少数民族非物质文化遗产得到有效保护和传承,又能在此基础上合理利用使其不断发展的目的。

民族文化传习馆：区域性大学非物质文化遗产传承新模式

黄龙光（玉溪师范学院）

"区域性大学是区域高层次人才培养的重要阵地和知识创新的战略高地。区域性大学的发展对区域发展的影响有着不容忽视的推动作用。"[①] 区域性大学要真正实现良性、健康、科学发展，必须紧紧围绕复合型人才培养、综合性科学研究、全力服务区域社会和先进民族文化引领四项职能，立足区域，面向未来，积极探索具有区域自身特色的科学发展道路。"文化遗产的继承犹如知识的继承，是每一代人的责任。何况继承民族文化遗产除了对国家有所贡献外，对自己也是毕生受用的。所以这种教育，首先就应在学校中施行，成为学校教育的一个组成部分；继而要通过传播媒介，使之成为广大国民教育的内容。"[②] 非物质文化遗产的保护和传承，事关民生、民族精神、文化多样性，事关和谐国际社会创建，不能等闲小视。

2005 年 12 月，由玉溪师范学院倡导并发起的"湄公河次区域高校学术联盟"成立，中国、泰国、缅甸、老挝的多所高校以及研究机构积极响应并参与，共同探讨民族文化与区域发展的课题。发表的《玉溪宣言》（以下简称《宣言》）强调，教育是社会发展的基石，教育事业尤其民族教育是推动湄公河次区域各国社会政治、经济、文化共同发展的坚强动力，因为湄公河次区域是世界上最具文化多样性的地方。对此，为推动次区域社会政治、经济、文化的共同繁荣与发展，我们将加强合作，建立学术联盟，用学术智慧来实现本区域民族文化共享，以及把区域文化提升为"本土化"大学课程。为积极响应非物质文化遗产保护与传承，在《宣言》所倡导的理念的指导下，玉溪师范学院随即创建了"湄公河次区域民族民间文化传习馆"。

---

① 成长春：《区域性大学的科学发展理念》，《中国高等教育》2009 年第 13、14 期，第 39—40 页。
② 古兆申：《口传非实物文化遗产是不可炒卖的商品》，载郑培凯：《口传心授与文化传承》，广西师范大学出版社 2006 年版，第 175 页。

一、区域性大学非物质文化遗产传承的文化自觉意识

文化自觉是社会学家费孝通先生提出来的，它指生活在一定文化历史圈的人对其文化有自知之明，并对其发展历程和未来有充分的认识。换言之，文化自觉是文化的自我觉醒、自我反省、自我创建。费先生还说："文化自觉是一个艰巨的过程，只有在认识自己的文化，理解并接触到多种文化的基础上，才有条件在这个正在形成的多元文化的世界里确立自己的位置，然后经过自主的适应，和其他文化一起，取长补短，共同建立一个有共同认可的基本秩序和一套多种文化都能和平共处、各抒所长、联手发展的共处原则。"区域性大学在非物质文化遗产保护和传承中，应具有一种强烈的文化自觉意识。通过民族文化传习馆传承非物质文化遗产，我们既要让文化传习者知道自己的历史，明确自己的文化位置和状况，同时也要让他们对自己民族文化的未来发展有着理性的继承和合理的创新。在这个文化教育传承的具体实施过程中，要让他们耳濡目染、感同身受、切身体悟，积极树立起应有的民族自豪感和文化自信心。

湄公河次区域绚烂多彩的民族非物质文化遗产，是丰富的教学和科研资源。玉溪师范学院作为区域内高校联盟龙头，对区域内优秀非物质文化遗产的良性传承和有效保护，具有不可推卸的责任。在非物质文化遗产的传承实践中，区域性大学民族文化传习馆还应有一个倡导多元文化的觉醒，自觉将普适性、公众性知识文化传承和传播方式转变为经验世界、生活世界方式的传承模式，实现由国家概念到地域概念的转变，知识形态到生活形态、生活方式的转变。知识的转变，主要针对普世体系到地方性知识的转变，这是现代高等教育反省的后现代多元维度的知识理论体系。在这个过程中，靠国民教育的艺术专业学生来传承，基本上是难以实现的。因为这些艺术专业的学生接受的一般是华丽的、展览式的普适性文化教育，缺少对民族文化的生活化体验，不能把民族文化作为一个鲜活的生命体来对待，更不能将非物质文化遗产活形态的自然传承视作天经地义的高等学校知识文化传习的一部分。

在为区域社会经济文化发展服务的过程中，如何积极地承担起复兴民族文化的责任，是区域性大学在科学发展进程中应该思考的问题。"文化责任是指在民族伟大复兴的工作中，人们需要认识和把握文化在民族复兴中的地位，自觉地肩负起文化发展、创新和繁荣的责任。在非物质文化遗产保护呼声日益强烈的今天，文化责任是时代的赋予和呼唤。"[①]不论从国民教育所配置的资源优势，即厚实的基础硬件设施和强大的知识人力资源所带来的先进的理论、方法，还是从区域内丰富多彩的非物质文化遗产资源来看，区域性大学都应理所当然地承担起民族文化复兴的神圣职责。这不仅是国家非物质文化遗产保护和传承政策对高等院校实施教育传承的庄严要求，更是区域内部各民族文化主体对自己民族文化传承和保护的呼声。湄公河次区域民族民间文化传习馆，就是在这样的时代背景下建立的。

---

① 王守义：《非物质文化遗产保护与地方高校的文化责任》，《文艺理论与批评》2010年第1期，第140页。

二、如何将地方性知识转变为大学课程

地方性知识的概念，由美国人类学家格尔茨（Clifford Geertz）提出，它产生于"二战"以后全球化与地方性冲突，以及对殖民意识进行批判的后现代语境中。在《地方性知识：从比较的观点看事实和法律》一文中，格尔茨将地方性知识模糊地定义为："事情发生经过自有地方特性，并与当地人对事物之想象能力相联系。"① 普世性的知识文化，是整个人类共享的一套认知体系及其结果，其在社会生产、生活中占据垄断性地位。但这种垄断的知识文化主张，当它面对具体语境下的文化问题时，往往又会显得局促不安、手足无措，这就让我们有机会从经验层面对其提出质疑。在知识传习、民族文化发展中，千百年来，地方性知识往往处于被忽视、被抛弃的弱势地位，或者被置于现代化的对立面。历史发展到今天，人们逐渐发现号称先进的现代工业文明并不能解决一切社会问题，那些被长期遮蔽了的民间地方性知识，于是逐渐从普世性科学主义的光影下走了出来。所以，地方性知识在当下具有实际意义。

区域性大学具有地缘优势，拥有丰厚的非物质文化遗产资源，理应将带有地方性知识特征的非物质文化遗产有效地纳入学校日常教育教学，使之成为高校知识传播、文化传习体系的一部分。区域性大学民族文化传习馆，是非物质文化遗产教育、保护与传承较为稳定的现实途径。为实现湄公河次区域民族民间艺术在大学里的认知学习和传承创造，将民族民间艺术传承融入大学教育，培养满足社会发展需求的具有艺术创造力的高层次应用型人才，玉溪师范学院于2004年建立"湄公河次区域民族民间文化传习馆"（艺术传习实验中心）。该馆于2008年被评为云南省实验教学示范中心。

当前，在大学教育体系中，除了国家级课程外，并没有多少作为地方性民族自我的知识来源。主流的知识文化垄断了我们对知识本身和对世界的认知逻辑，全球化的同时带来多样性的文化，地方性知识就是一种基于地域或民族的知识体系。换句话说，我们脚下的土地是有养分的，它孕育并滋养着地方丰富多彩的民族民间知识和文化。这些知识和文化体现出独特的生活方式与地方人文精神，是我们认识自我身份和了解主流文化的重要基础与内容。它们主要渗透在地方性的生活方式和生活常识里面，是历史上人们生存和发展的重要精神动力，是人们自信和力量的源泉。我们希望通过地方性知识的传习，使之成为学生个人成长的精神养料，使学生能够成为有文化根基、文化自信的人。

经过5年多的建设，依托湄公河次区域民族民间艺术亲缘关系，我们积极探索"本土化"高校课程体系的构建，推进民族民间艺术特色课程建设，探索本土艺术教育传习道路。到目前为止，玉溪师范学院"湄公河次区域民族民间文化传习馆"已开设了"云南少数民族传统体育""民族民间手工刺绣""民间扎染""本土陶艺制作""云南绝版套

---

① ［美］克利福德·吉尔兹：《地方性知识——阐释人类学论文集》，王海龙、张家瑄译，中央编译出版社2004年版，第273页。

色木刻""云南重彩画""云南视觉元素设计""云南民间木雕""语言学田野调查""葫芦丝演奏"等一批既具有云南民间地域性特点,又有云南民族文化特色的专业课、公共选修课程。更为重要的是,我们倡导并践行了把民族民间文化资源提升到大学课程的新理念。此外,学校还将一些民间艺人、民间文化传承人聘到学校讲学,向学生言传身教民间技艺。

在传承口头与非物质文化遗产的过程中,区域性大学是否具有文化自觉意识,是否具有一种民族文化传承的社会责任感,是衡量区域性大学是否具有社会良知和开展民族文化建设的重要指标。非物质文化遗产的高校教育传承,是一种稳定而有效的教育机制,旨在培养面对未来民族文化建设的潜在传承人和保护人。我们特别倡导建设"本土化"课程体系,体现区域民族生活的日常世界。课程的学术归纳与提升不能以牺牲经验感性为代价,要保持该课程的经验特征和内容,使新课程在情境化条件下进行知识的良性传习,也就是基于"人"的文化需要的视点来建构新课程,改变"知识离我们近了,生活离我们远了"的现代大学课程的尴尬。我们非常关注民族区域的社区文化与发展,很多本土性的文化基因保持在"村寨"的文化母体中。民间文化的持有者是我们的老师,我们要向他们学习。民间文化呈现地是我们的学术之根,要创造机会使处于边缘的民族民间传统文化走进大学课堂,恢复学生对民间文化的自信心,使"地方性"知识还原为存在并生活于地方的人的知识,用来解决我们的发展问题。人的"现代化"的实现不能以失去文化之根为代价。根不在了,多样性何在?

三、区域性大学非物质文化遗产传习者的文化心理健康

高等学校是国家人才培养和知识创新的重要基地,培养人是大学的根本。以人为本是大学科学发展的本质和核心理念。大学作为知识生产、传播、创新和转化的重要基地,所有的教学科研活动均须围绕"人"而展开。区域性大学承担着为区域培养各级各类管理、专业技术人才的重任,承担着为区域社会经济文化综合协调发展源源不断地提供强大智力保障的重任。同时,作为区域国民教育的重要平台,尤其重要的是,它还应为区域民族文化的保护和传承,特别是非物质文化遗产的保护和传承贡献出自己应有的力量。我们的国民教育,在一定程度上由于其知识传播的"唯我独尊"地位,使那些来自边缘民族社区的传习者,在强烈的文化价值评判下,快速形成一种极端的自我民族文化反观结果,那就是加重了其民族文化自卑心理,加速了其对民族文化传统的抛弃。这不仅体现在其整个知识文化表述和解释话语体系的急剧转变,同时更深层次地发生于其文化心理的微妙变化。长期以来,我们的国民教育实践对此却采取一种漠视和无奈的态度。

过去,民族文化在一个相对封闭、自给自足的环境下,是民众生活的自然呈现和文化自觉行为,在其日常的生产、生活中,可轻易地得到良好的传承和保护。当前,全球经济一体化的浪潮席卷了世界各个角落,随之而来的是外来强势文化的渗透。这种不对

等的文化遭遇冲淡了主体对本民族文化的价值认识，有的甚至要放弃自己的民族文化传统，企图快速跑步进入全球现代性一体化当中。这在青年一代学子身上尤其突出。民族文化传习馆非物质文化遗产传承教育，就是为了使他们在民族文化保护和传承中的主体性地位得到充分肯定，使他们的民族文化个性和精神得到一定程度的张扬，在他们接受国民教育成为合格的人才的过程中，培育他们尊重差异、提倡文化多元的健康友善的教育文化心理。

"民族文化的真正传习，应该是不离本土文化生境的、由当地民族自我完成的。否则，便会像从大海里捞出鱼来'保护'一样具有诸多问题。"[①] 区域性大学由于独特的区域地理优势，基本可以在不脱离本土文化生境的条件下，进行真正的民族文化传习。从区域性大学教育的接受者来讲，近70%的学生来自乡村、乡镇，近30%的学生来自少数民族社区。要达到高校教育教学的有效性和良善性，在教育教学过程中，不应强行割裂其文化情感联系，不能是断根式的教育，而应在高校非物质文化遗产传习过程中，积极地自觉链接起民族传统文化的血缘纽带，这样才能充分汲取普世知识文化。民族文化传习馆，是链接来自民族社区的青年学子的文化血缘纽带和桥梁，是基于区域民族文化源头活水的传习空间，虽不可能完全达到民族文化自身实际生存、呈现的真实态，但可设计成一种拟自然的情境，使前来接受大学主流普世知识文化的区域民族文化主体，拥有一个在文化知识继承和创新之间缓冲与过渡的链接端口。这样，他们在接受全新的知识和文化时，就不会因太突兀而被文化震撼（culture shock），也能更好地建构健康的文化心理。

四、民族文化传习馆模式的知识传习转变

具有教育垄断地位的主流国民文化教育，自有其一整套特定的知识传播方式，主要是在既定课堂固定时空下，对各种知识文化的静止描述和精致解释；当然，还有一整套复杂的实验操作流程，以验证或推断某种客观规律。这当中，由于缺乏民族文化传习中的人文性和活态色彩，师生面对的是一堆僵硬、抽象的普世知识文化符号群。整个知识传播过程形而上特征明显，枯燥的理论说教色彩浓厚。民族文化在其自我呈现中本身是鲜活灵动的，文化主体在其生产生活中自由操弄着民族文化。它是流动的而不是静止的，是经验的而不是抽象的，是文化主体以感性形式呈现的理性认识及其过程。

"非物质文化遗产的教育传承，不仅是一种被长期忽视的民族民间文化资源进入主流教育的过程，同时也是一个对民族生存精神和生存智慧及活态文化存在的认知过程，是一个更具有人性发现和理性精神的民族文化的整合过程。"[②] 民族文化传习馆的知识传

---

① 周文中、邓启耀：《民族文化的自我传习、保护与发展》，《思想战线》1999年第1期，第102页。
② 孙燕：《区域性大学在非物质文化遗产保护与文化传承中的作用》，《玉溪师范学院学报》2007年第10期，第93页。

习，强调一种情感式的知识构建过程，有效还原我们的"元认知"。这里的元认知，主要指尽可能地在再情境化条件下，接近知识产生的活水源头，接近民族文化的母基因库。这不是一种武断的割裂式转换，而是创设性转换。民族文化传习馆不是展示文化遗留物的展览馆，不是展示生物多样性以满足猎奇心理的"文化动物园"（culture zoo）。非物质文化遗产传习是一种建构式的，而不是一种纯粹而生硬的理论宣导，它强调的是文化传习的过程本身，是一种参与式、体验式的传习模式。民族文化传习馆非物质文化遗产传承教育，是一种活形态的知识文化传习方式，它使整个传统国民教育知识文化传授为之一振，极大地补充和丰满了民族文化传习的内容与形式，使之活色生香，具有生生不息的人文灵性。

"倡导全国所有高等院校积极地、紧迫地以民族文化整合心态来认知自己的文化资源。尤其是文化遗产丰富地区的高等院校，都应对当地文化遗产的保护与传承及文化生产力的发展发挥积极的桥梁作用。我们不能把学术看成单一的文本化、学院化、单向化的封闭研究形式，也不能让学术脱离开活态文化的研究，我们应当使学术在社会发展中起到作用，让保护成为文化资源可持续发展的重要桥梁，保持文化健康和有朝气地发展。"[①] 民族文化传习馆模式，呈现的是一种开放性的、宽泛的高等教育理念。目前，非物质文化遗产传承出现这样的情形：一方面，老一辈民间艺人对无接班人而忧心忡忡，甚至很多民间艺人年老体弱，面临人亡艺绝的悲惨结局；另一方面，民族青少年找不到合适的民间艺人学习民间技艺。传习馆为双方提供了传与习的平台，为民族文化的保护、传承和发展培养人才。一方面，我们邀请区域内杰出的民间艺术大师进入传习馆，作坊式言传身教地带徒传艺，传承民族民间艺术；另一方面，夯实非物质文化遗产学、民俗学、艺术人类学等相关学科建设，让专家、学者传授非物质文化遗产等相关知识，挖掘本区域重要的民族民间文化资源，多学科研究其文化特征，展示其文化内涵和社会价值，以此教育青年学子树立理性的文化价值观。

区域性大学民族文化传习馆模式，"将民族文化精粹整理纳入课程体系之中，吸引青年学子自觉研习，在研习中对传统民族文化产生真切的认同。这一过程本身就是对传统民族文化支持系统最好的复兴和培育，使民族传统文化的传承和阐扬有了活的载体……它以课程的形式，在赋予文化以新的意义的同时，也在塑造民族文化传承最好的载体——人。概括起来，传习馆以'活'的形式将民族文化保存下来，使云南少数民族文化的传承和创新有了新的机制，符合文化传承的规律"[②]。民族文化传习馆模式，实际上以高校国民教育的形式，培育了未来民族文化发展的新型人才，真正实现了对非物质文化遗产保护和传承的目的。

---

① 陈孟昕、张昕：《中国高等院校首届非物质文化遗产教育教学研讨会综述》，《湖北美术学院学报》2002年第4期，第141页。
② 董云川、刘永存：《校本课程的开发与高校的文化传承责任》，《北京大学教育评论》2008年第4期，第82页。

五、作为研究性学习的民族文化传习馆模式

"我们也倡导全国所有高等院校都来积极地、紧迫地以民族文化整合心态认知自己的文化资源。尤其是文化遗产丰富地区的大学，都应对当地文化遗产的保护与传承及文化生产力的发展积极地发挥桥梁作用。我们不能把学术做成单一的文本化，也不能让学术脱离开文化活态的研究，应当使学术在社会发展中起到作用，让教育成为文化资源可持续发展的重要桥梁，保持文化健康有朝气地发展。"[①] 大学鼓励教师和学生在科学研究领域积极探索，并尽可能使教师在学术研究领域具有很大的自主权。因此，大学本身就是一个学术共同体。

民族文化传习馆非物质文化遗产传习，是一种研究性学习，是以民俗学、艺术人类学等理论和方法为指导的田野调查研究。师生共同参与，对区域性民族民间艺术资源进行田野调查式的研究，挖掘区域范围内各民族民间艺术形式、门类及其艺术特征，从而发掘和展现区域内各民族民间艺术所蕴含的文化艺术主体的生活哲学与艺术智慧。到目前为止，我们已对区域内峨山彝族花鼓舞、新平花腰傣花街节、通海蒙古族卡卓语、玉溪花灯艺术等进行了较为深入的调查研究。在研项目包括文山壮族马关农民版画、西双版纳傣族金水漏印、迪庆黑陶技艺、哈尼族棕扇舞、大理白族瓦猫民俗、建水陶瓷等。这些项目都由专业教师带着学生进行相应的调查，让学生在田野过程中，重新了解民族民间文化传统艺术的魅力和价值，达到民族文化美育目的的同时，增强学生初级田野研究能力，改变他们来自课堂的单一抽象知识文化结构。目前，传习馆在积极筹措资金，拟建立"民族艺术传习基金会"，奖励在民族艺术调查研究和艺术作品创作方面做出杰出贡献的专家、学者，同时建立区域民间艺术大师数据库。到目前为止，传习馆正式聘请了5位民间艺术家进入传习馆献艺授课，计划每年聘请10位，未来10年内就有100多位各类民间艺术大师。

"传习馆教育的目的是实施对文化的保护，它追求的是对文化多样性的诉求，做的是功在千秋的伟业，因而，以赚钱为目的的'职业技术性'民族文化教育是和它格格不入的；传习馆的教育是建立在对民族文化理解、尊重基础上的高雅行为，容不得半点对民族文化本身的亵渎和误解；传习馆是一把'金钥匙'，希望通过它能够进一步打开深埋在民间的无穷的文化宝库，而不是肤浅的利用；传习馆更是一个标尺，在民族文化教育中，在不断地丈量着他者与自我、过去与现在、小地方与大世界。"[②] 我们的主要目的，就是积极投身到区域非物质文化遗产保护和传承工作中，使传习馆成为背后维系着广大阡陌纵横的民族文化田野、前方导引着民族文化未来发展之路的重要教育传承平台，为来自民间的文化精英和文化传承人，搭建对年青一代言传身教的国民教育场所，同时也为作为未来民族文化保护和传承人的年轻学子，提供再情境化（re-contextual）的传习

---

① 乔晓光:《非物质文化遗产与大学教育和民族文化资源整合》，《美术研究》2003 年第 1 期，第 68 页。
② 文苹:《边缘地位与核心作用间的"二律背反"——民族文化教育场域中的传习馆教育》，《云南师范大学学报》(哲学社会科学版) 2009 年第 1 期，第 63 页。

空间，使他们得以真实地与真正的民族民间艺术大师面对面交流，以此重新唤起他们对民族文化的历史记忆，启蒙他们对民族文化的再理解和对其价值的再评估，从而重建他们对民族文化的自豪感和自信心；最后，使他们在与主流普适性知识的不断比较和整合中，来实现"美美与共"的多元文化和谐共处的理想。

家庭教育传承对于"非遗"保护的价值和意义
——以新疆少数民族民间文化传统为例

薛 洁（新疆石河子大学） 韩慧萍（山西省文化产业发展中心）

我国是一个由56个民族组成的民族大家庭。在长期的历史发展与相互交往中，各民族间既有共同的民族文化性格，又基于各自生存之自然经济环境与历史文化传统形成了多姿多彩的民族文化传统，如生产方式、手工技艺、表演艺术、语言风格、人生仪礼等。这些民族文化传统，或者说各民族之传统文化，在维持各民族日常生活、文化认同等方面均发挥着积极作用。然而，随着当前经济全球化及现代化进程的加快，各民族之文化传承正面临着前所未有的冲击与挑战，许多传统正以飞快的速度发生着改变或流失。在此情形下，如何更好地保护与传承各民族民间传统文化，是摆在所有人面前的一个重要命题。文化是人类能动性的产物，人是各种文化的主体与直接载体。因此，要更好地传承与保护民族民间传统文化，做好民间传统文化的代际传承是关键一环。家庭教育、学校教育与社会教育是民族文化传承的三大基本途径。其中，家庭作为人类社会的基本组织细胞，同时也是一个人早期社会化过程中最重要的组织依托，因此家庭教育在民族文化传承过程中具有启蒙性、基础性地位，是传统文化传承的重要载体。[1]尤其对许多无文字的少数民族而言，传统文化传承主要依靠一代代的口耳相传。在这一过程中，家庭教育更是起着极为重要的作用。下面以新疆少数民族为基本案例，试对家庭教育在传承本民族文化传统过程中的内容与意义做简要介绍，力图对当前的非物质文化遗产保护与传承问题提供些许借鉴意义。

一、民族民间传统文化家庭教育传承的内容

所谓家庭教育，就是指父母对子女自觉或非自觉、经验或意识、有形或无形的教育

---

[1] 王世枚：《民族传统文化的传承与教育的自觉》，《湖北民族学院学报》（哲学社会科学版）2010年第3期，第37—40页。

行为。① 就内容而言，少数民族家庭教育主要包括以下四方面，即生产劳动教育、宗教信仰教育、艺术及节日等传统文化教育、品行教育。② 下面结合新疆地区诸少数民族特点，主要从非物质文化层面对传统文化在家庭教育传承中的内容做简要介绍。

（一）家庭收藏与家谱教育

从哲学上看，世界是物质的，没有任何事物是可以离开物质而存在的。对人类的创造物——文化而言亦自是如此，它也需要一定的物质载体才能得以存在。家庭收藏正是相关文化传统家庭传承的物质载体。父辈们定期、不定期地向儿童展示自己的家庭收藏，在岁时节日、各种人生仪礼上，通过代代相传，让子孙们了解家庭对文物、手工制品等的收藏情况。尤其是许多传统工艺世家所珍藏的传家宝，如瓷器、绣品、年画等，父辈们通过讲述其历史价值、审美艺术价值等，展示收藏品的稀有珍贵。这样不仅可以教育子孙后代牢记收藏物的来历、含义、功能，以增强家庭亲和力，而且可以激发子孙后代对家庭祖传文化遗产传承的志趣。

家谱是一个家族的谱系，是家庭收藏中的一种。家谱教育通过记载家谱的方式，厘清家族的来龙去脉、分支结构，彰显为家庭、社会做出贡献的前辈，光宗耀祖；通过口耳相传的方式，教育后代牢固家族亲情，继承家族中尊老爱幼、勤劳朴实、发奋图强等优良传统。在家庭中，家长一边让子女记诵家谱，一边讲解家谱的内容，哪代中的哪位如何，先辈们如何勤于农耕、精于读书，或以何种表演艺术、祖传技艺持家兴业，传予子孙，等等，使后代不断熟知先祖的历史和传统规范并习得技能，从中体会、继承本民族传统与文化。如锡伯族人每逢春节，都要把"喜利妈妈"③请出来，由屋内的西北角挂到东南角，然后上香叩头、祭拜，以祈祷"喜利妈妈"保佑全家太平、子孙满堂、安居乐业。祈祷之后，家族中的长辈讲述家族繁衍的历史，解释"喜利妈妈"的深刻内涵，并告诫子孙今天拥有的幸福时光离不开前辈的努力，教育他们铭记前辈创业的艰辛，千万不能丢掉本民族的传统文化，努力将家族业绩一代代地相传下去。到农历二月二，再将其收起来。每年的正月十六还要给"喜利妈妈"供尼什哈布达（一种用鱼虾做成的饭），全家人为祭"喜利妈妈"要吃"素饭"。再如，哈萨克族妇女从小就让儿童学记七代祖先的名字和祖先中的英雄，在各种传统节日、家族聚会场合，通过比赛的形式，激发儿童背诵家谱的积极性。谁能把家族谱系和祖先业绩讲得流畅且娓娓动听，谁

---

① 李伟：《论家庭教育对传统文化的传承》，《淮北职业技术学院学报》2009年第4期，第59—60页。
② 范婷婷：《多元文化背景下家庭教育与少数民族文化传承问题》，《黑龙江民族丛刊》2009年第6期，第169—172页。
③ "喜利妈妈"是锡伯语，其意是"延续"。它是保佑锡伯族家室平安、人丁兴旺的女祖神，汉译为"子孙妈妈"。实际上，它是一条长10米左右的麻绳（表示家庭繁衍的一条主线），在这个麻绳上分别系着许多小弓箭、各色布条、髀骨、铜钱以及桦树皮制成的小摇篮、小水桶、小靴子等物。每生一个男孩就在绳上绑一个小弓箭，希望男孩长大后成为骑射能手；每生一个女孩绑一个红布条；每娶一房儿媳妇便绑一个小摇篮，希望生儿育女，子孙满堂；每繁衍一代人，就拴一个髀骨，与上一辈区别开来。铜钱象征富裕，桦树皮小水桶、小靴子等物则表示子孙满堂、五谷丰登、家室平安。平时，"喜利妈妈"缠在一起，外面用黄纸对角包成上稍细、下略粗的无底纸筒，上贴"福"字和挂笺，供在西北墙角上，只有春节才把它请出来。参见韩钢、韩连赟：《图说新疆风情》，新疆人民出版社2006年版，第226—229页。

讲的家族史上的英雄人物及其传说故事最多，谁就会以聪明才智赢得家长的赞许和其他孩子的羡慕。家谱教育让儿童记住自己的祖先，热爱自己的民族，从中习得本民族传统文化，并将其很好地继承发展。

（二）传统手工技艺、表演艺术的家传教育

在实际生活中，各种传统手工技艺、表演艺术等不同表现形式的文化传统，主要通过家传的方式传授给下一代。身怀绝技的长辈们，通过言传身教，将特殊的技能传承发展下去，这是民族文化传统通过家庭教育传承的重要方式之一。

传统手工艺类项目，传承人大多得益于家传。新疆生产建设兵团农六师红旗农场、107团、奇台农场垦区流行的哈萨克族毡绣和布绣是第二批国家级非物质文化遗产项目，其传承人代表为红旗农场63岁退休牧工卡门。笔者2011年12月登门拜访了卡门老艺人，她16岁跟母亲学会了毡绣、布绣（她的奶奶及祖辈妇女大都会绣），现在她的儿媳、女儿也都会这门手艺。① 这种祖母教孙女，母亲教女儿、媳妇的方式一代代地传承下去。一般情况下，刺绣活动是在家庭中进行的，通常是数个年龄相近的女性聚集在一起，边做边说，交流着经验，也交流着情感。同时，她们也会共同创造出一些新的图案，到她们成为母亲后，就会将自己的手艺传给子女。如此循环往复，本民族的传统文化生生不息。民间剪纸的传承也离不开家传教育。在家中，母亲将老辈人手里传下来的富有个性创造和地域特点、生动鲜活的剪纸图样展示给子女，告诉他们其中蕴含的民族文化意韵，激发儿童对民族文化、民间艺术的兴趣。在兵团，有的女孩子从小就拿起剪刀跟作为剪纸艺人的奶奶、姥姥、妈妈学习，把老一辈的剪纸当作样本反复练习，或买来剪纸画册，照着模型剪，渐渐熟练了就根据自己的想象剪，久而久之，便形成自己的艺术创作风格。兵团民协剪纸学会会长李永梅即是典型。

表演艺术类项目，传承人得益于家传的亦相当普遍。被列入第二批国家级非物质文化遗产名录的传统戏剧——眉户戏（迷糊戏），是兵团农六师文化局申报的，主要流传于农六师五家渠、芳草湖、新湖等垦区。眉户戏是清末时狄氏祖辈由甘肃武威带到新疆的，芳草湖的狄春辉（2008年去世）、狄光照是第四、第五代传承人。我们一行在与民间艺人狄光照交谈和观看狄氏家族表演的过程中得知，当地眉户戏虽与秦腔、新疆曲子戏有着渊源，唱词多是老词曲，但它既传承又创新发展，融入了与时俱进的新词。如歌唱改革开放、身边鲜活的新人新事，歌唱屯垦戍边主题的作品，深受兵团职工群众喜爱，代表作有《羊羔肉你搭上》等。兵团级非物质文化遗产项目布拉丁家族民间音乐，由兵团农三师图木舒克市、伽师总场申报立项。布拉丁家族祖孙五代口传心授，传唱喀什、库车民歌及伽师民歌110多年。布拉丁家族五代以家庭、家族为基础，父传子、子传孙，代代相传，自发自愿地传承民族民间传统歌舞、音乐，多在家庭亲朋聚会、节日喜庆期间即兴表演，以此带动和影响了当地民众对民族民间传统歌舞音乐的喜爱。布拉丁家族在喀什噶尔河中游、图木舒克市伽师总场及伽师县3乡、9乡一带影响很大，知

---

① 新疆生产建设兵团党委宣传部、文化广播电视局、文物局编：《新疆生产建设兵团非物质文化遗产项目图册》，内部资料，第11页。

名度很高，①堪称维吾尔民间歌舞世家。

（三）人生仪礼与家庭伦理教育

人生仪礼与家庭伦理教育亦是家庭教育的重要内容。儿童往往通过观察家庭中成年人的言行，习得相关的待人接物礼仪和家庭伦理。如哈萨克族婚礼仪式上，新娘离开父母前，都要唱哭嫁歌："生我养我的父母之恩，谁人相比？十月怀胎，奉献母爱之心，母亲谁又能代替？过去的日子永不再来，我亲爱的故乡，亲爱的乡亲，祝愿你们永远平安！"②哭嫁歌里蕴含着父母生养自己、抚育成人的伦理道德，表达了对父母养育的感恩之情，以及对家乡故里、亲朋好友的依依不舍之情和祈福平安之意。母亲语重心长地嘱咐女儿："……夜晚要迟睡，早上要早起。提水烧奶茶，双手敬公婆……"③母亲教育女儿进了婆家要勤劳贤惠，尊老爱幼，夫妻恩爱，和睦相处。

蒙古族过春节时，晚辈要向长辈敬献"新年碗"（碗内装有酒或食品），祝长辈长寿，而长辈也要以优美的颂辞祝愿晚辈新年愉快，并向幼童分发吉祥糕点，以示祝福。民间故事《奶奶盆》通过小儿子天真无邪的话语，教化年轻夫妇要遵循家庭伦理，善待老人，否则自己也会遭遇同样的处境，被晚辈虐待，巧妙地说明了父母言行对子女影响的重要作用。④在家庭教育中，父母的一言一行都会对子女产生深远的影响。父母是孩子的第一任老师，子女的道德观、人生观、价值观等很大程度上取决于父母的教育。家长的言传身教作用于儿童幼小的心灵并占据着重要的地位。家长通过讲述民间故事、歌谣，传授民俗活动中人生礼仪方面的知识，使子女懂得为人处世的礼节和家庭伦理道德。因此，我们应重视对子女进行传统仪礼的家庭教育，规范子女的礼仪行为，并传授相关家庭伦理知识。

二、民族民间传统文化家庭教育传承的意义

家庭是传承民族传统文化的民间基本组织与基本力量。家长让子孙后代学习有关本民族的语言文化、生产生活技能、传统习俗、家庭伦理和道德礼仪等知识，对实现民族整合、传承民族优秀传统文化具有不可取代的重要意义。

（一）家庭教育对传承与发展民族语言文化具有启示意义

语言是民族文化的重要特征。透过一个民族的语言，我们可以窥见该民族绚丽多

---

① 新疆生产建设兵团党委宣传部、文化广播电视局、文物局编：《新疆生产建设兵团非物质文化遗产项目图册》，内部资料，第24页。

② 贾合甫·米尔扎汗：《哈萨克族历史与民俗》，夏里甫罕·阿布达里译，新疆人民出版社1999年版，第280页。

③ 帕提曼编著：《哈萨克族民俗文化：暨哈萨克族研究资料索引（1879—2005）》，民族出版社2008年版，第79页。

④ 参见周福岩：《"养"与"弃"：民众孝亲伦理观念试析——以耿村民间故事文本为对象》，《辽宁大学学报》（哲学社会科学版）2006年第3期，第30—35页。

姿的文化形态。可以说，语言的发展同民族文化的传承发展密切相关。中国是一个多民族、多语种的国家，不同的民族有自己特有的语言（方言）。当孩子还在襁褓时，父母就为其唱摇篮曲，指认各种实物，教其名称，让孩子学会听；自会说话时起，父母便陪伴在孩子身边，和他（她）沟通交流，有意识地加强对孩子语言的训练；两岁是孩子语言发展的关键时期，一般情况下，孩子掌握语言的能力在这一时期也特别强，只要加强训练，到三岁左右，就能掌握本民族生活所需的全部语言了。父母以口语的形式与幼儿交流，如哈萨克族妇女在"摇篮礼"上，为孩子唱"别瑟克歌"[①]；在孩子咿呀学语时，又教孩子学儿歌；在孩子开始懂事时，给他们讲述民间传说、故事、谚语等。这样既教育了子女，也传承和发展了本民族语言文化。

（二）家庭教育对传承与发展本民族生产生活技能具有示范意义

生产生活技能是一个人、一个群体为了生存与发展，在长期的社会生产实践中，一方水土养育一方人的生活积累中创造和传承下来的独具地方特色、民族智慧的生产知识与生活经验。在社会结构的细胞里，家庭是传承生产生活技能的基本单位，在本地方、本民族生产生活技能传承上具有承上启下的基础地位，家庭教育有利于子孙后代对家业的继承光大和人生道路的选择。因此，家长们十分重视对孩子生产生活技能的培养训练。在家庭环境熏陶下，子女习得相关生产生活知识和技能，并将其一代代传承发展下去。如以畜牧业为主的蒙古族素有马背上的民族之称，长期随季节变化、逐水草而居的游牧生活造就了当地人的骑马技艺。孩子们从小就向父辈学习骑马、摔跤、射箭等相关技术和经验，五六岁起学习赛马，到十一二岁就要随大人骑马放牧，十五六岁就可独自进行马上竞技较量。哈萨克族也特别注重对孩子生产生活技能的培养。男孩子从小学习骑马，家长为他举行骑马礼，之后跟家长学习放牧、打草、管理牲畜等；女孩子很小就跟母亲学习挤奶、捻毛线、绣花、料理家务等。

（三）家庭教育对传承与保护本民族优良传统习俗具有积极意义

在新疆，每逢节庆或遇到婚嫁仪礼等日子，各民族都有自己的独特表达方式。每个家庭都会按照本民族的习俗举行仪式活动，晚辈在参加仪式过程中体会本民族传统习俗的文化意义。如春节期间以家庭为单位，成年人给父母、老人买礼物，给子女买新衣服，让孩子帮忙清扫房屋、学包饺子、贴春联年画、挂龙灯、放鞭炮等；长辈给晚辈压岁钱，向孩子讲述春节习俗的来历以及今昔变化，使之了解春节丰富的民俗文化内涵。通过家庭教育，本民族优良传统习俗——这一非物质文化遗产的民俗类节庆文化精华得以传承和发展。

（四）家庭教育对传承与保护民族之家庭伦理与道德礼仪具有深远意义

父母是孩子的第一任老师，父母的言行会给孩子带来很强的示范作用。要求孩子做到的，父母首先必须做到。父母以自身的榜样示范和行为力量对子女进行熏陶、影响和

---

① 别瑟克歌，又叫"摇篮歌""妈妈的歌"。在"摇篮礼"上，哈萨克族母亲都要为婴儿唱。如："小宝贝，小宝贝，好好睡在摇篮里，下面铺皮子，上面盖种子。客人来了要宰羊，为你起个好名字，不要哭，不要闹，不要为难你妈妈。"参见周亚成：《谈哈萨克族妇女对儿童的道德教育》，《伊犁师范学院学报》（社会科学版）1997年第3期，第27—30页。

教育，使孩子逐渐懂得本民族的家庭伦理、道德礼仪。如蒙古族是一个非常讲究礼仪的民族，礼仪的习得是在家庭中父母言传身教、长期训练，儿童不断模仿、实践养成的。在蒙古族家庭中，长辈受到普遍的优待，晚辈受到普遍的关爱，母亲得到普遍的尊重，困难者得到普遍的帮助，尊老爱幼、友善邻里、请教和遵循长辈的教导，已成为蒙古族社会的传统美德。蒙古族谚语"金银可以获得，父母不能再得""别看是鬓发蓬乱，也还是慈爱的母亲；别看是草檐茅舍，也还是可爱的家庭"①，形象地说明了要重视对孩子尊重父母、热爱家乡、热爱民族的教育，这对家庭、家族亲和力及向心力的凝聚有着血浓于水的黏合作用。

三、余论

综上所述，家庭代际间的言传身教与身体力行，可以更好地将本民族的生产方式、生活经验、民间工艺、思想观念、伦理意识等一代代传承下去。家庭教育是整个教育大厦的基石，每个人总是在家庭中接受最初的教育和影响，因此，家庭是传统文化传承的前沿阵地。相应地，家庭教育也就成为传承民族传统文化的起点，传统文化能否在这一阶段得到有效传承将直接影响到其整体的传承程度。②因此，我们必须充分重视家庭教育在传承民族民间传统文化过程中的重要地位与作用。

家庭教育对于传承民族传统文化具有重要价值与意义，这对当前的非物质文化遗产保护与传承具有重要的借鉴意义。因为从本质上说，非物质文化遗产是传统文化的一部分。正如2005年3月国务院办公厅公布的《国家级非物质文化遗产代表作申报评定暂行办法》所说的那样，所谓非物质文化遗产，即"指各族人民世代相承的、与群众生活密切相关的各种传统文化表现形式（如民俗活动、表演艺术、传统知识和技能，以及与之相关的器具、实物、手工制品等）和文化空间"。我国历史悠久，非物质文化遗产资源极为丰富，如何更好地保护与传承这些非物质文化遗产资源，教育传承是一个重要策略。关于"教育"在当前非物质文化遗产保护与传承过程中的作用与意义问题，学界已有较多研究。③但综观之，我们可以发现基本都是从学校教育角度展开探讨，④而对于具有基础性的家庭教育在非物质文化遗产保护与传承过程中的地位与作用问题则关注甚少。如前述，现今新疆的很多非物质文化遗产项目，如哈萨克族毡绣、布绣、眉户戏和布拉丁家族民间音乐等，便主要是通过家庭教育进行传承的。因此，我们应充分重视家

---

① 王莲花：《蒙古族传统家庭教育及其传承研究》，华中师范大学硕士学位论文，2008年，第16页。
② 李伟：《论家庭教育对传统文化的传承》，《淮北职业技术学院学报》2009年第4期，第59—60页。
③ 牟延林等：《非物质文化遗产教育传承：当代高校文化素质教育的新路径》，《民族艺术研究》2011年第1期，第94—98页；刘霞：《论非物质文化遗产保护的教育策略》，《泰安教育学院学报岱宗学刊》2009年第6期，第32—33页；等等。
④ 关于新疆地区非物质文化遗产传承过程中的学校教育概况，可参见陈鑫：《新疆非物质文化遗产的教育传承研究——以乌鲁木齐十所中学为例》，新疆大学硕士学位论文，2010年。

庭教育在非物质文化遗产保护与传承中的重要地位和作用。

　　所谓非物质文化遗产家庭教育，就是在家庭（家族）中，长辈对晚辈以口耳相传的方式，不断传授活态的、未经加工和修饰的、原原本本的、真真切切的传统文化知识，它具有本真性、自发性、启蒙性和连续性特征。透过家庭，孩子们在聆听儿歌、本民族史诗、传说、故事及观看手工艺制作的过程中，通过模仿大人的行为，在长辈的教育和家庭环境的熏陶下，自然地习得这些生产生活技能、民间工艺与表演艺术等。同时，这些知识又将对青少年的文化认同、审美观、价值观的形成具有启蒙作用和积极影响。因此，我们应挖掘非物质文化遗产家庭教育保护的文化内涵，丰富非物质文化遗产家庭教育保护的教育内容，特别注重发挥非物质文化遗产家庭教育传承、保护的启蒙与奠基作用，以培育、激发幼儿与青少年传承本民族及中华民族优秀传统文化的热情和志趣，有效地传承和保护非物质文化遗产。正如党的十七届六中全会报告中所提倡的，"坚持保护利用、普及弘扬并重，加强对优秀传统文化思想价值的挖掘和阐发，维护民族文化基本元素，使优秀传统文化成为新时代鼓舞人民前进的精神力量"①。

---

　　① 《中共中央关于深化文化体制改革推动社会主义文化大发展大繁荣若干重大问题的决定》，人民出版社2011年版，第25—26页。

民族民间文学类遗产研究

非物质文化视野下对民间
文学文本的传承与尊重
——以青藏地区民间文学文本为例

米海萍（青海师范大学）

一、引言

在民间文学的话语中，所谓的"文本"是指见于古代各种文献记录的民间文学作品、现当代搜集记录和整理而转换成文字的各种民间文学作品，既有在大的语境下的鸿篇巨制，如民族史诗、叙事诗，也包括简短的一两句话，如谚语、俗语或歇后语。在当代就叙事类民间故事（指广义的民间故事）文本化而言，青藏地区至今积累的文本可谓连篇累牍。以"三套集成"为例，青海省"三套集成"文本化工程开始于1984年，采集编印六州、八县一市《民间故事集成》资料16卷本。"三套集成"之"青海卷"公开出版于2007年。西藏"三套集成"文本化工程开始于1987年，搜集有六地一市、七十七县《故事集成》资料35卷本，"三套集成"之"西藏卷"公开出版于2001年。这项抢救性搜集整理工作，既"在普查、采录、甄选、编定等每一个环节上都凝聚着许多人的心血，是我国民间文学事业上一项空前浩大的系统工程"，又是在中国文化史上"对我国社会主义精神文明建设有所贡献，同时也为世界文化宝库增添新的异彩"的功在千秋、利在当下的壮举。[①]

在2006—2011年由文化部确定并公布的三批非物质文化遗产名录中，独特的中国民间文学被纳入其保护范畴。在第一批名录中，青藏地区有藏族的英雄史诗《格萨（斯）尔》、土族的民间叙事诗《拉仁布与吉门索》；在第二批名录中，有蒙古族的英雄史诗《汗青格勒》、藏族的叙事歌《婚宴十八说》和康巴拉伊民歌；在第三批名录中，有珞巴族神话《珞巴族始祖传说》、嘉黎县藏族的《嘉黎民间故事》和果洛藏族自治州藏族的《阿尼玛卿雪山传说》等。尽管与青藏地区流行的故事群、传说圈的实际情况和

---

① 见载于"三套集成"各省卷中的中国民间文学集成全国编辑委员会写的《总序》。

已经有千万言、数万篇文本化实际似乎难成比例,但这是经过层层遴选而最终获准的保护项目,是在贯彻"保护为主、抢救第一、合理利用、传承发展"方针下推选的。尤其是藏族英雄史诗《格萨(斯)尔》备受世界性关注,并被列入国家级非物质文化遗产保护名录,对于青藏省(区)而言,是值得庆幸的文化大事件。当下,民间文学进入非物质文化遗产保护时期,就诚如刘锡诚先生所言,"三套集成大量工作的完成,意味着全国民间文学界已经进入了一个'后集成时期'"[①]。针对后集成时代民间文学的现状,其搜集整理与保护工作倘若是再度"回访"或继续搜集整理民间仍旧存活的民间文学,并对其做文本化处理,长期以来所积淀的一些民间文学文本化的经验教训值得借鉴和深思。

二、民间文学形成"本真性"的文本继而典籍化的传统应继续传承

在搜集整理民间文学的过程中,"忠实记录"和"慎重整理"成为保证民间文学本真原貌的原则。这一原则在很大程度上保证了民间文学在文本流传中的原初状态和本真性面貌。纵览记载有关青藏地区的古典文献,保持来自民间作品的"本真性"传统是存在的,而且,"本真性"文本传承的传统,一直保存在古代撰写的各类典籍中。

在各类藏文典籍中,本真性的民间文学文本大量存在。一是保留在敦煌古藏文写本中有关吐蕃11世纪早期的谚语、卜辞和民间故事文本。1957年,英国人F. W. 托玛斯考释编著了《东北藏古代民间文学》[②]一书,该书包括五篇民间故事作品、一篇格言(谚语)集、一篇占卜辞。从整体来看,散文式的民间故事,其叙述深受印度故事讲述模式影响,歌谣和占卜辞当是藏族最古老的文学形式。从典籍化文本视角看,该书是研究藏族古代文学、宗教、民俗、语言和历史文化的宝贵资料。以藏文文本方式流传的民间故事《孔子项托相问书》,早在唐代就被翻译为藏文,深得藏族民众喜爱。该故事的古藏文文本亦保存于敦煌文献中。

二是保存于各类藏文典籍中的民间文学文本。除了专门的文本故事集《喻法宝聚》《萨迦格言及注释》等以外[③],在诗歌类的《米拉日巴道歌》《仓央嘉措情歌》,格言类的《萨迦格言》《噶丹格言》《水树格言》,传记类的《米拉日巴传》《玛尔巴传》《日琼巴传》《唐东杰布传》《颇罗鼐传》,历史类的《巴协》《西藏王统记》《西藏王臣史》《贤者

---

① 刘锡诚:《对"后集成时代"民间文学的思考》,载《民间文学:理论与方法》,中国文联出版社2007年版,第432页。
② [英]F. W. 托玛斯:《东北藏古代民间文学》,李有义、王青山译,四川民族出版社1986年版。东北藏是指今天青海、甘肃藏区及部分四川藏区,东北藏古代民间文学指这一带流传的藏族古代民间文学。
③ 青海湖景区保护利用管理局、青海省民间文艺家协会编:《青海湖民间故事集》,中国文联出版社2009年版,第275—299页。

喜宴》《红史》《青史》等各类著作中，都保存有比较完整的民间文学文本，或用于人伦道德的说教，或借以深奥佛教教义通俗化表达，或作为史料用以丰富历史内容。其中，14世纪后期的著名历史学家萨迦·索南坚赞的《西藏王统记》是一部系统叙述吐蕃史的著作，最为后人所推崇。①此著作第十三章"迎娶甲木萨汉公主"长达万余字，围绕"迎娶文成公主"史实，以时间为序，采用民间文学"三段式"方法，做了融民间传说于史实的历史叙述。若以民间文学视之，是一篇保持"本真性"的精彩民间故事文本。②由于该书在青藏地区影响很大，广泛流传于藏区，在唐蕃古道上形成众多文成公主传说圈、禄东赞传说圈，并在明中叶蒙古族迁徙青海湖畔后，衍生出蒙古族机智人物辉特·美日根·特木尼与青海湖形成、迎娶文成公主等系列故事圈。③这些反映汉、蒙、藏民族历史佳话的民间文学，除了被萨迦·索南坚赞完整地写进历史著作外，还被编成著名藏戏，画成艳丽的壁画，塑成神奇的酥油花人物，制成栩栩如生的排灯画廊，久久流传在广袤的青藏大地。究其原因，不能不与"本真性"记录民间文学文本并能广泛传承和扩布影响有密切关系。

　　三是文本化的民间故事集《尸语故事》广为流传。这是一部受印度《僵尸鬼故事二十五则》影响而由藏族民众创作的连串插入式民间故事文本集，曾引起世界性关注。从19世纪初期至20世纪60年代中期，有俄国的贝尔格曼收集的蒙古文文本13章本、德国的弗兰格在拉达克收集的藏文文本25章本、英国的大卫·麦克唐纳发表的13章本、法国的石泰安收藏的13章本、日本人星实千代记录的《尸语故事》等。在国内流传的手抄本、木刻藏文文本很多，有浪卡子手抄本《尸语故事》、四川德格木刻本《具神通的故事》、安多缮本《具神通的人尸故事》、甘肃拉卜楞寺木刻本《人尸变金的故事》、西藏手抄本《起尸变金的佛法故事》、《尧西·朗顿珍藏缮本》等；公开出版的藏文本有山木旦等整理的《说不完的故事》，王晓松、和建华译注的《尸语故事》汉藏对照本；公开出版的汉译本有远生译的《西藏民间故事集》、王尧编译的《说不完的故事》等、青海省民间文学研究会编的《青海民族民间文学资料·说不完的故事》④、李朝群译的《尸话故事》、田海燕编著的《金玉凤凰》等十几种。2004年，青海省海南藏族自治州同德县唐干乡东嘎村之村民列措讲述、李连荣博士和诺日尖措搜集的《莫拉塞尔雍鸟的故事——安多口承本尸语故事》，在2006年翻译注释成汉文，⑤《中国民间故事集成·西藏卷》收录了其包括异文在内的28篇。众多的版本和多个汉藏文出版文本表明，这本有着迷人故事结构、生动有趣故事内容的《尸语故事》，凝结青藏高原民众生活史、心灵信仰史以及民族文化史于其中。这与各种文本方式的保存和流传分不开。

　　综观历代中央王朝官方撰写的汉文典籍，可谓汗牛充栋。在这样一笔积淀着深厚

---

① 〔明〕萨迦·索南坚赞：《西藏王统记》，刘立千译，西藏人民出版社1987年版，第60—77页。
② 参见米海萍：《青藏地区民族民间文学的文本传承》，《青海师范大学学报》（哲学社会科学版）2011年第3期。
③ 〔明〕萨迦·索南坚赞：《西藏王统记》，刘立千译，西藏人民出版社1987年版，第60—77页。
④ 李朝群译：《尸语故事·译后记》，西藏人民出版社1983年版，第165—166页。
⑤ 参见李连荣：《简论安多口承〈尸语故事〉》，《民族文学研究》2007年第4期。

历史记忆的中国传统文化遗产中，没有也不可能把民间文学视为主流文学纳入上层精英文化加以重视和扩布。相应地，有关青藏高原的民间文学记载是少之又少，零散不成系统，处于极度边缘化状态。但出于"系统描述"上古史的需要，或者是表达对圣贤祖先活动的文化追忆等功利需要，时有点滴、片段及"本真性"的记载。拂去这些传统典籍上的尘埃，仔细爬梳有益内容，可为我们建设文化名省（区）提供可资借鉴的资料信息，民间文学文本担当了大有"古为今用"裨益的重要使命。

青海地处祖国西北部，是"中华民族文明的发祥地之一""中华民族文化的交融地之一"和"中华民族精神的展现地之一"。2011年年末青海省文化发展大会通过的《中共青海省委、青海省人民政府关于加快文化改革发展建设文化名省的意见》，明确提出了"着力构建以昆仑文化为主体的多元一体文化格局"的文化定位和建设目标。这是基于上述文献记载的考证研究，结合多年来学界对青海的考古学研究，对青海历史民族与文化的探索讨论，从世界历史语境、中华民族伟大复兴的视野来审视青海历史文化和现实文化而提出的富有学理性和实践性的定位。昆仑文化的源头来自昆仑神话。正如学者苏雪林所指出的，言昆仑文化，即言昆仑神话矣。① 昆仑神话是指中国古典神话中以昆仑山为核心的神话系统，围绕着昆仑山、昆仑丘、昆仑墟，以黄帝、西王母大神为轴心主题，关联于昆仑周围的神人、神兽、神物、神地等展开。②《尚书》中有上古圣贤"窜三苗于三危""导河积石"壮举的寥寥数语；《诗经》中的《大雅·生民》《小雅·斯干》有周人始祖神话；《穆天子传》《淮南子》等有围绕昆仑的"神圣叙述"神话片段。与这些传统典籍相呼应的，有关女娲娘娘补天、王母娘娘赐仙药、尧舜禅位、舜孝父悌弟、大禹治水的神话故事，仍然在青藏民间流传。土族婚礼歌中还有"远古时期盘古出世，开天辟地留了天地；伏羲女娲出世，留了人间的婚姻；三皇圣人出世，遗留了忠孝节义"的唱段。种种文化史表征，加之"根据多方面的佐证，昆仑西王母神话与青海高原有着密不可分的关系"③。简言之，昆仑神话与青藏地区民族文化息息相关。建设青海文化名省定位的文献来源依据之一，就是存录于典籍化文本的民间文学资料。

司马迁《史记·五帝本纪》以"将个人系于华夏的'血缘与空间'坐标上。而这个人所属之'血缘与空间'坐标，在华夏整体血缘与空间中居一特定位置，使得个人成为华夏整体之一部分"的写作方式④，把当时流传甚广的古代神话人物以"木本""水源"的思维传统加以谱系化整饬后予以记载，神话中的创世大神和诸多英雄人物按照人间家族式世系传承模式被谱系化，成为后世所推崇的圣贤和帝王，形成三皇五帝的授受系统。太史公所开创的各帝王与诸侯家族之血缘或与炎黄相关联的文本模板，被后来的史家撰写正史时因因相袭。特别是构建被中原王朝视为"四夷"的部族或民族早期渊源发展史，神话传说文本尤显重要和关键。如以史家的眼光在《后汉书·西羌传》和《魏

---

① 参见赵宗福：《西王母的神格功能》，《寻根》1999年第5期，第32页。
② 赵宗福：《昆仑神话》，青海人民出版社1995年版，第124页。
③ 赵宗福：《论昆仑神话与昆仑文化》，《青海社会科学》2010年第4期，第8页。
④ 王明珂：《族群历史之文本与情境——兼论历史心性、文类与范式化情节》，《陕西师范大学学报》（哲学社会科学版）2005年第6期，第9页。

书·吐谷浑传》中采用两则"英雄祖先"的传奇故事,勾勒出古老民族西羌的历史渊源、吐谷浑早期兴起的典型史实。前者开篇记战国初期西羌酋长无弋爰剑逃离秦国来到河湟间,使西羌大兴之事迹;后者开篇载鲜卑吐谷浑部首领吐谷浑率部众迁回迁居青海之历史。史家承续《史记》之叙事风范,将世代流传甚广、颇具传奇性的历史传说视为信史,建构起羌人在秦汉时期的源起与蓬勃发展史、吐谷浑部族早期西向迁移史和建国史。尤其是吐谷浑率部西迁的起因,颇具民间叙事的传奇色彩。

> 吐谷浑,本辽东鲜卑徒河涉归子也。涉归一名奕洛韩,有二子,庶长曰吐谷浑,少曰若落廆。涉归死,若落廆代统部落,别为慕容氏。涉归之存也,分户七百以给吐谷浑。吐谷浑与若落廆二部马斗相伤,若洛廆怒,遣人谓吐谷浑曰:"先公处分,与兄异部,何不相远,而马斗相伤!"吐谷浑曰:"马是畜耳,食草饮水,春气发动,所以斗,斗在马而怒及人,乖别甚易,今当去汝万里之外。"若落廆悔,遣旧老及长史七那楼追谢留之。吐谷浑曰:"我乃祖以来,树德辽右,先公之世,卜筮之言,云有二子当享福祚,并流子孙;我是卑庶,理无并大,今以马致乖,殆天所启;诸君试驱马令东,马若还东,我当随去。"即令从骑拥马令回,数百步,欻然悲鸣。突走而西,声若颓山,如是者十余辈,一回一迷。楼力屈,乃跪曰:"可汗,此非复人事。"浑谓其部落曰:"我兄弟子孙并应昌盛,廆当传子及曾玄孙,其间可百余年,我及玄孙间始当显耳。"于是遂西附阴山,后假道上陇。

这段鲜卑吐谷浑部西迁的史实,其实就是一则首尾完整的叙事故事,既有史实的真实性,又有民间文学的传奇性质,被数代史家连贯传承了数百年。这类采用文学化的语言和民间文学文本作信史的叙事风格,在那种刻板的"流水账簿式"史籍里,文字的可读性大为增强。作为架通历史与文学桥梁的历史传奇故事,被正统史家采录于"有资于治道"的史籍中,显示了民间文学强大的教育功能、规范功能和历史功能。虽然古代民族西羌诸部、鲜卑吐谷浑消失在历史的长河而不复存在,青藏民间也没有口头流传此类故事,但从今天的历史文化研究和从非物质文化遗产文本传承的视角来看,记录于典籍中的这些历史传奇文本,是经过了严谨的工作程序的,看似承袭前人,实际上是撰修史籍时的创新之举。将历史传奇故事文本视作信史资料加以采纳,在于揭示部族或民族渊源和发展的"历史意识",书写历史背后的"历史",以传承和发展民族文化。由此观之,民间文学文本的典籍化,是历史,更是传统精髓文化的本真记录。

三、民间文学的文本化过程中,尊重民间传统,保持其应有的民俗文化属性

历史的经验值得借鉴,当下在主流意识主导下的非物质文化遗产保护中,对于仍旧

存活于民间的活态的民间文学,既应继续承继记录民间文学"本真性"文本进而典籍化的传统,更应在民间文学文本化过程中,尊重民间传统,保持其应有的民俗文化属性。

青藏地区"三套集成工程"的完成出版,和我国其他地区一样,几十年来数以千计的工作者,以"眼光向下"的视角深入民间,按照"全面普查、科学采录,以县为单位编印民间文学的资料本"的要求规范进行操作,①记录了民众的历史文化记忆。在访谈过程中,访谈者始终是文字记录者、翻译者,或是录音录像的记录者;受访者是民间文学的讲述者、传承者,是关于"历史声音"的表达者,也是日常民俗文化的表演者。有时访谈者与受访者关系融洽,相处友好,就会在一起创造出相对独立的叙述、回忆与和谐的气氛环境。应该说,通过访谈者的笔录和录音、录像记录,这种瞬间讲述与表演的在场性和语境可以被完整地保存下来。从搜集整理到翻译编纂出版的流程看,尽力保持了民间文学作品的"本真"原貌,使得所有集成作品(尤其是县、州的原始卷本)以书面文本形态得以永久性存活。

青藏地区各民族口头传承、享用的民间文学,是各民族不可缺少的文化生活样式,具有浓郁的高原民族风貌和地域文化特性,包含了民间文学的生成、传承、演进至随时代而变迁乃至创新的全部过程,显示出生生不息的深层生命运动力和久远的文化底蕴。神话、史诗、故事和谣谚等活态的民间文学被文本化后,虽然变成"一个格式化了之后的文本"②,但是其依然能够跨越时空传播,并"使一个事件的最初的讲述者达到千万里外或千百年后的听众或另一些讲述者那里时,早已变成了一个融入了千百万人自身的经验与想象的故事,变成了一个民族的神话或史诗,变成了一部民族生活的百科全书"③。这与历史上青藏地区被官方视为"杞宋无征,文献渐灭"的文化荒芜印象形成鲜明对比。无论是纯文学的欣赏还是作为民族民间文化遗产对待,民间文学文本化的过程与非物质文化遗产传承和保护的精神相一致。随着世界各地纷纷进入现代社会,民间文化日益受到外来文化的冲击影响。这些世代口耳相传、如今被文本化的民间文学是无形的精神文化遗产,对于青藏地区只有本民族语言而没有文字的民族尤显重要,文本化的"三套集成"倍觉珍贵。但也不可否认,在搜集采访后的整理出版过程中,出现了许多有意或无意删减、完善、移植的主观判断做法,其危害性在于消磨掉民间文学作品的地域性及多样性特征。那些富有深刻民俗文化意义的作品,经过删减、移植反而失去其本质性的内涵。从这个角度而言,尊重民间传统、保持其民俗文化属性,尤显必要。

首先,在民间文学的文本化过程中,尊重民众口头创作内容的独特性。作为搜集整理工作者,应坚持"全面搜集、忠实记录、慎重整理"的大原则,不应急于做"取其精华、去其糟粕"的主观价值判断,避免凭主观意识将民间流传的口头作品在内容上做随意改动,妄加增添或删改。在前集成化时期,搜集整理和翻译的一则藏族传说故事《铁

---

① 《中国民间故事集成·青海卷》编辑委员会:《中国民间故事集成·青海卷·总序》,中国ISBN中心2007年版,第1页。
② 刘魁立:《民间叙事机理谫论》,《民俗研究》2004年第3期,第57页。
③ 耿占春:《叙事美学——探索一种百科全书式的小说》,郑州大学出版社2002年版,第1页。

匠明珠央托》,①就凸显"中国特色"顽疾,造成故事作品"没有新鲜思想,没有思想个性和讲述个性,即没有讲述者个人的风格"。②该故事讲述了给官府支差的地位低贱的孤身铁匠与官家高贵小姐恋爱的悲剧故事。这个"手艺好得像表演魔术一样"的铁匠,被那"权势像威严的雪山、性格像熊熊烈火的朗若本长官"活活打死扔进拉萨河,小姐抱着刚刚出世的孩子"快快乐乐"地唱了一首"既然在人世难成对,那就到天国结成双"的歌后,决然跳入深河与丈夫相聚,从河中飞出三只金鸟,盘旋、歌唱在拉萨河上。这是一则艺术性和思想性兼具的精华民间故事,其原始文本三易其稿而定,倾注了讲述者、搜集整理者和翻译者的诸多心血。但窃以为整理者的随意删改行为,在很大程度上损害了原有故事的思想内容和所展示的民俗意蕴。

原文本在整理后增加了一条"附记",说这则故事在藏区广为流传,"原故事中,小姐怀孕了,去找明珠央托,明珠央托既没有留小姐住下,又没有跟她逃跑的决心,以致被长官发现,丢掉了性命。我们在整理时,细节略有改动"③。在公开出版的《中国民间故事集成·西藏卷》中,重新题为《铁匠米垂托牙》收录,其中的加工改动痕迹更甚,还大刀阔斧地砍去这样一段话。

> 长官老爷对铁匠很不放心,专门派自己的女儿去监视。他说:"女儿呀,你到那个白帐篷里,看着明珠央托那小子干活,不准他偷懒,留心他偷东西。记住:铁匠的灵魂是黑的,骨头也是黑的,铁匠的影子映在谁的身上,谁就要倒一辈子霉,你千万不能跟他随便讲话呵!"

其实,这个情节和这段贵族官老爷的话,在民众的口述中是非常有意义的。因为在农奴制长期存在的藏区社会,像明珠央托这样有着绝佳手艺但身份低贱的铁匠,是藏区社会箭垛式代表人物。他们凭一双灵巧无比的手、化腐朽为神奇的高超技艺,令世人叹为观止,打造出的艺术作品难以计数。然而,他们的社会地位低贱至极,从不知晓自己对作品有署名权。这才有20世纪50年代广大民众挣脱反动统治者套在自己身上的沉重枷锁,挺直身板求得"翻身农奴把歌唱"的社会政治解放和人格独立,是极有价值的生动教材。从中能看出民间文学文本化过程中的遗憾之处,也可窥妄加臆改所造成危害之一斑。另外,故事中还有一些按照叙事情节发展脉络,完善其故事情节内容但又显得比较拙劣的"神来之笔",在此不一一列举。令人遗憾的是,此种凭借主观判断随意删改添加的做法在青藏地区民间文学文本化过程中,是普遍存在的。

其次,在民间文学的文本化过程中,尊重民众口头创作语言的独特性。作为民间文学的搜集整理翻译者、研究者和保护者,应保持民众口头语言的本真性。倘若妄加或者转换民间文学口头语言,即由地区方言表述转换成普通话,就会消磨掉民众表述的民

---

① 西藏自治区群艺馆集体翻译整理:《西藏民间故事集》(第一集),西藏人民出版社1984年版,第1—6页;《中国民间故事集成·西藏卷》编委会:《中国民间故事集成·西藏卷》,中国ISBN中心2001年版,第846—853页。
② 刘锡诚:《非物质文化遗产:理论与实践》,学苑出版社2009年版,第213页。
③ 西藏自治区群艺馆集体翻译整理:《西藏民间故事集》(第一集),西藏人民出版社1984年版,第7页。

族性与地域性特征。如何在搜集整理和翻译中保持民族语言的本真性,搜集整理和翻译出版的《藏北民间故事》①堪称"样板"。此故事文本是已故次仁玉珍女士在藏北工作30年、深入藏族民间采风而成的心血结晶。她将藏语民间故事翻译成汉语文本,使之既符合汉族语言表达的习惯,又保持了藏民族鲜活的语言表述特色,具有真实而鲜明的民族感、地域感和民俗文化感。它是一本成功保留了丰富的民族文化史的民间文学文本,也是一本实践了搜集整理的"忠实记录、慎重整理"原则、具体做到了翻译过程中"信、雅、达"要求的本真性文本。

最后,在民间文学的文本化过程中,尊重民众口头创作风格的独特性。民间文学是一种语言艺术,作为民众文化生活的组成部分,和作家书面文学不一样的是,它具有活态文学样式和立体性特点。②对民间文学进行非物质文化遗产的"本真性"传承和保护,不仅对研究或发展一门学科有价值,而且有着强大的民族凝聚功能和教育功能等实际价值。特别是对下一代的传承教育尤为重要,这也是民间文学文本化传承的关键。一方面,在高校开设"中国民间文学"或"民俗生活与文化"课程很有必要,这是民间文学传承的新途径;另一方面,学界的研究、文本的整理出版和传播,本身就是一种"润物细无声"的普及教育。我们可以通过一个民间文学作品的立体性呈现,让更多的人既知其表象,更知其生成的历史过程和文化内涵,使民间文学这样一种世代集体创作、集体传承和集体享用的活态与"本真的"精神文化,在传承和保护中形成以传承人为主、更多的人参与其中的良性扩布传播。

在前集成化时代,民间文学的搜集整理很大程度上只停留在文字的整理翻译层面,文本化后民间文学静静地保留在了纸质中。经验教训告诉我们,在进行非物质文化遗产传承和保护的后集成时期,若是对存在于民间的活态的民间文学再次做田野的搜集整理或追踪调查采录,学者们更要有高度的责任感和历史使命感,更要有专业的文化理论素养。学者们在深入民众生活进行观察体验、调查记录时,一是对那些富有表演性的作品如多民族婚礼歌、劳动歌等,在传承的具体场域中依照一定的程式做本真性、立体性的记录,使人们能够看到在那个特定空间叙述中作品的立体性样式,发现过去没有在意的作品,或在新文化事象下出现的新作品,展现其中隐藏在书面文本背后的许多文化象征和民俗意义,没有做有意或无意地删去民间文学的民俗文化属性的主观判断,而造成无法领略或体悟其文化含义的遗憾。这些为研究民间文学的生存状态和流变规律等课题,有非常重要的作用、意义。二是防止把一些伪作品当作民间创作进行搜集和采录。以青海民歌"花儿"为例,在搜集整理和研究中,学者们根据其内容分为传统"花儿"和新编"花儿"两大类③。后者指1949年以后深受一定文化教育的基层民众,包括民间歌手在内新创作的"花儿",表达了民众对新中国、新思想、新事物及新时代变迁的心声,深深打上了时代的烙印。

---

① 塔热·次仁玉珍搜集、整理、翻译:《藏北民间故事》,西藏人民出版社1993年版。
② 见载于"三套集成"各省卷中的中国民间文学集成全国编辑委员会写的《总序》。
③ 关于"花儿"的分类,在吉狄马加、赵宗福主编的《青海花儿大典》的"综述"中,以其所呈现的文化形态和传统模式,从艺术形式、表达系统、表现内容、传唱民族和流传地区等方面分为五大类。

黑白的电视换彩电，还买了个带电的风扇；"飞鸽""永久"不稀罕，骑上个"嘉陵"了撒展。

　　手机的短信（俩）传情哩，不知道，你在个QQ里等的；我拿上实心呵维人哩，不知道，你心里啊们个想的？

这是两首收录在县卷本中的反映民众新生活的新编"花儿"，其句式章法、语言表达完全符合花儿结构和韵律，也是较为成功的新创作的代表性"花儿"，自然成章，弥漫着现代文明气息。但是也有一些不懂"花儿"格律章法，或不懂得"花儿"结构体式的以所谓"破格"名义胡乱编造，不遵循"花儿"创作规律编出来的"花儿"，却被采录在民间文学文本中。针对这种状况，早在20世纪80年代末，赵宗福教授在其《花儿通论》中就严肃批评了一些不懂"花儿"格律和韵味而编造假大空口号式的、颂词式的"新诗"来冒充"花儿"的作品。① 民众也不满意那些将民间文学文本化后发表在各类公开报纸刊物上的扭曲的、走了样的作品，就用"花儿"形式表达不满和愤懑。

　　青海"花儿"是四六句，"令儿"有几十样哩；五句、七句胡编哩，不入令阿么价唱哩！

　　"破"得没有框儿了，变成个四不像了；"新"得不像"花儿"了，唱家也唱不上了。②

在以往搜集整理的州县卷文本中，就有许多"新得不像'花儿'"的伪作品，这些作品甚至被堂而皇之地收录在公开出版的"三套集成"中。如果伪民间文学文本大行其道，将会破坏和失去民间文学原有的韵味，严重损坏民间文学本身，造成对接受教育者尤其是年青一代"误读""误解"或"误传"的极大危害。因此，尊重民间文学本身具有的表达风格，防止伪民间文学作品的出现，十分必要。

综上所述，在民间文学进入非物质文化遗产保护的时代，尽可能接近实际地搜集和整理、保持口头叙述传统的文本化，是保护和传承民间文学的方式之一。搜集整理者遵循"忠实记录"原则，尊重民间口头传统而不任意删减、改编、移植或增加拼接，是责任与义务，也是在实践中应掌握的技术手法。

---

① 赵宗福：《花儿通论》，青海人民出版社1989年版，第102—103、204—205、298—299页。
② 赵存禄主编：《中国民间文学集成·青海省民和回族土族自治县·民和歌谣集》（下），内部印行本，1992年，第329页。

史诗传承与生态环境
——赫哲族街津口村"伊玛堪"的传承与生态环境

汪立珍（中央民族大学）

"伊玛堪"是我国人口较少民族赫哲族民间流传的口头说唱艺术。2006年5月20日，"伊玛堪"被列入第一批国家级非物质文化遗产名录。2011年11月23日，联合国教科文组织宣布将"伊玛堪"列入联合国"急需保护的非物质文化遗产名录"，引起国际学术界的关注。"伊玛堪"是赫哲语，其意为"说一段、唱一段"，包括大唱与小唱两种形式。"伊玛堪"大唱属于英雄叙事诗类型，讲唱内容具有强烈英雄色彩、宏大战争场面与气势恢宏的意蕴，篇幅长达10余万字，说唱时间较长，最长的达20多个小时，如《希尔达鲁莫日根》《安徒莫日根》《满斗莫日根》《香叟莫日根》[①]；"伊玛堪"小唱的内容取材于现实生活，篇幅短小精悍，结构单一，演唱时间短，仅有10余分钟，如广为流传的《乌苏里江》《兴安岭》等民歌。[②]纵观赫哲族史诗"伊玛堪"的产生、传承，可以说它与赫哲族居住的生态环境唇齿相依、密不可分。本文从史诗学与生态学的视野考察"伊玛堪"在赫哲族地区的传承变迁问题，从而揭示史诗与村落城镇化建设之间的关系。

一、"伊玛堪"传承与渔猎生态环境

从生态学看，生态环境是指影响人类生存与发展的水资源、土地资源、生物资源以及气候资源的数量与质量的总称，是关系到一定区域内群体生活与社会、经济等持续发展的复合生态系统。赫哲族聚居地生态环境融入赫哲族生活的方方面面，同时也融入赫哲族史诗"伊玛堪"的传承讲述中。史诗"伊玛堪"的传承与生态环境相互联系、相互作用。

赫哲族街津口村位于黑龙江省同江市黑龙江沿岸，地处东北边陲，气候寒冷。街

---

① 中国民间文艺研究会黑龙江分会编辑：《黑龙江民间文学》（第2集），黑龙江大学印刷厂印刷，1981年版，第49—221页。

② 徐昌翰：《赫哲族文学》，北方文艺出版社1989年版，第88页。

津口村山环水绕，对外交通很不便利。中华人民共和国成立前，水路交通主要靠人力划行木船；陆路只能在高山峻岭中选择羊肠小道穿行；冬季大雪封山时，一切来往和运输完全依靠驰骋在黑龙江和莲花河的水道、雪地上的爬犁（雪橇）。中华人民共和国成立以后，这里的交通主要利用水路的木船和定期航行的轮船。从每年4月末开江解冻至10月末的结冻期，约6个月时间，每隔4天有1次客轮来往航行，上游可至佳木斯，下游可达抚远、饶河、虎头。

街津口村附近的江河密如蛛网，沼泽、水泡星罗棋布，各种鱼类资源丰富。这些鱼出产量较大。1957年，街津口村农业生产合作社的社员发现一水泡子，从中捕鲫鱼6万千克。渔猎生产为赫哲族生活主要来源。渔业的收入较狩猎业大一些。一年之中，从春天开江到端午节是捕鱼最旺季节。20世纪初叶是捕获鳇鱼、鲟鱼的兴旺时期。夏季主要是扒网捕鲤鱼。秋季捕鲑鱼、鳇鱼和其他杂鱼，这些鱼主要是用来自食。捕鱼工具主要是船，包括桦皮船、三页板船、"花鞋"船和快马子船等。渔网有拉网、旋网、打蒙网、丝挂子网、底网等。

街津口附近的群山都为郁郁葱葱的茂密森林覆盖，桦、杨、榆、柳、楸等树木交错丛生。山丁子、稠李子、山里红、山梨、山葡萄、山核桃、榛子等野果，成为赫哲族人从这个天然果园中取之不尽的财富。山林和灌木丛中栖息着獾、貂、狐狸、熊、狍子、狼、野猪、鹿、水獭、骏等野兽，还有雁、野鸭、天鹅、丹顶鹤、鹰、野鸡等珍禽。各种菌类有木耳、桦蘑、榛蘑、黄蘑、猴头蘑、花脸蘑等。狩猎多是集体进行，多则十几人，少则三五人。分配猎物时，无论大人小孩，无论谁猎获多少，每人分得一份。在茫茫的林海和山川草原中，生长着人参、黄芪等数百种名贵的中草药材和紫貂、梅花鹿、丹顶鹤等珍稀动物。[①]

可见，赫哲族的生存繁衍离不开赫哲族密切接触的江河水源与森林动物，渔猎采集是他们生命延续的依靠。可是，江水的暴涨、山洪的狂流、猛兽的袭击等自然灾害，也给赫哲族带来无数灾难和痛苦。因此，他们用歌声取悦山神、河神，请求他们保佑赫哲族事事平安。由此可见，生态环境与一个民族的史诗传承相辅相成。在这种生态环境下，讲唱史诗"伊玛堪"成为一种广为接受的民俗活动。当地通过讲唱"伊玛堪"，鼓舞激励村落民众的生活意志与信心。

赫哲族"伊玛堪"歌手葛德胜回忆道：

在早，打鹿茸、撑皮子、上山，回来喝圈儿酒，歌手都参加，好顿唱呀。男人唱，老太太唱，闺女们不唱。一唱就唱一宿。有的唱到嘴不好使了，因为喝醉了，就倒在炕上了。

哪家有红白喜事，也是这样，不管老的、少的，成宿唱唱咧咧地唱呀、讲呀。半夜给死者炸麻花，炸完堆着，谁要吃就吃，这时也唱。凡是会唱的，都得请去。娶新媳妇，当天下晚也唱，更是热闹非常。

---

① 《民族问题五种丛书》黑龙江省编辑组：《赫哲族社会历史调查报告》，黑龙江朝鲜民族出版社1987年版。

过年过节也唱。兴拜年,说定了,轮流到哪家唱。破五,热闹非常,说笑话,唱伊玛堪。在山上,主要打猎了,不咋喝,可打着堇角了,高兴,又唱起"伊玛堪"。①

　　可见,在渔猎生态环境下,在生活中讲唱"伊玛堪"是赫哲族人一种普遍的生活方式,从渔猎生产到民族节日、婚丧嫁娶、日常生活,赫哲族人无处无时不在讲唱"伊玛堪",他们通过讲唱"伊玛堪"传承民族历史底蕴、精神追求、审美情趣,凝聚民族士气与力量。对于有语言无文字的赫哲族来讲,史诗"伊玛堪"成为赫哲族民族精神与文化传承的载体。

二、"伊玛堪"传承与城镇化环境

　　根据1958年调查报告,当年街津口村共有92户人家,村子为狭长形,一条主要街道横贯东西,其长不到150米,村民的房屋排列在街道的南北两侧,赫哲族集中居住于村子的西侧角上。②另外,还有汉族等其他民族居住在此。在汉族影响下,各家耕种少量土地,以解决自家吃粮问题。主要作物有玉米、高粱、大豆、谷子、水稻、小豆和绿豆,每户人家房前屋后的栅栏内,都栽种一些土豆、倭瓜、扁豆、白菜、黄瓜、辣椒、芹菜和烟叶等园艺作物。种植面积小,农作物种类也少。街津口村赫哲族的生产方式以渔猎为主,农业为辅。

　　改革开放以来,街津口赫哲族乡逐步完善了家庭联产承包责任制,充分调动了全乡各族人民的生产积极性。农、林、牧、副、渔各业都得到迅速的发展,生产条件明显改善,群众的生活水平显著提高。现全乡拥有耕地3.7万亩、农机具200台(套)。1997年全乡总产值2426万元,农村人均纯收入3000元,分别是1979年的24倍和21倍。1995年开始,为加快赫哲族渔业村经济发展,当地实施了产业结构的调整。街津口赫哲族渔业村现有耕地8400亩,大型农机具7台(套)、小型农机具14台(套)、捕鱼船70只、牛60头,多种经营户达12户,全村转产率达到80%。1998年,全村总收入188万元,人均纯收入2850元,分别比转产前的1994年增长了4.6倍和5.7倍。

　　民族乡的电力、通信、交通、水利等基础设施建设发展迅速,极大地改善了全乡的经济发展环境。赫哲族人民的生活水平和生活质量得到显著提高。街津口赫哲族有线电视入户率达到100%,自来水入户率达到100%,电话入户率达到70%,正在实施的街津口西部小区改造工程,将使赫哲族的住房砖瓦率达到95%以上。街津口大桥、赫哲族风情园等基础设施建设将有效地改善经济发展环境,也为各项事业的全面发展打下坚实的

---

① 中国民间文艺研究会黑龙江分会编辑:《黑龙江民间文学》(第20集),黑龙江大学印刷厂印刷,1987年版,第286页。
② 《民族问题五种丛书》黑龙江省编辑组:《赫哲族社会历史调查报告》,黑龙江朝鲜民族出版社1987年版。

基础。民族乡的教育、卫生等社会事业也得到较快的发展。全乡现有中心校1所，村小学6所。中心校现有砖瓦结构校舍1600平方米，9个教学班。在校生359人，其中赫哲族学生117人。中心校教学设施齐全，功能完备，是同江市乡级学校的示范校。乡卫生院建筑面积404平方米，医护人员14名，其中中专以上学历8人。医院装备了B超、X光机等较先进的诊疗设备，防病、治病水平显著提高。

任何一种口头传统都是在特定的生态环境下孕育而生的。考察一个民族口头传统的发展变迁，必须结合不同历史阶段中自然、社会生态环境的变化与发展。赫哲族乡城镇化发展达到一定规模、取得一定业绩的时候，2011年11月23日，"伊玛堪"被列入联合国"急需保护的非物质文化遗产名录"，成为继羌年、木拱桥传统营造技艺、木活字印刷技术等之后中国的第七个入选项目。"伊玛堪"成为"世界级濒危文化遗产"之一，立即引起专家学者、文化旅游等社会各界的广泛关注。

2011年7月，笔者带领7位学生到赫哲族街津口村对"伊玛堪"传承现状进行深度调查。我们走访了国家级、省级、市级的赫哲族"伊玛堪"传承人、鱼皮工艺制作传承人、特仑固（故事）传承人、说胡力传承人，同时入户调查9个赫哲族家庭，对"伊玛堪"传承历史与现状等一系列问题做了极为详细的调查和访谈。通过访谈发现，关于"伊玛堪"的传承现状，赫哲族人不约而同地有着相同的认识："现在真正会唱伊玛堪的人没有了，六七十岁以上的个别几个人能用赫哲语唱一段两段。这与几十年前的伊玛堪演唱歌手吴连贵、葛德胜等不能相比，差远了。"①"20世纪八九十年代，本乡还有赫哲族老人在冬天晚上没事的时候，大家聚在一起，边说边唱民族历史、生活趣事等等。一讲就连着讲几天，从傍晚讲到深更半夜，有时候讲到第二天凌晨。累了，大家就那么靠着，或东倒西歪地倚在炕上休息到天亮，然后，大家各自回家干别的事情。傍晚吃完饭，大家又凑到一起，接着昨天的话题继续七嘴八舌地你一句我一句地讲唱，这是当时本乡最受欢迎的消遣解闷、聚众娱乐的方式。"②

时至今日，街津口村传唱"伊玛堪"的声音已经寥寥无几，存载本民族传统文化、增强民族认同感和凝聚力的赫哲族史诗"伊玛堪"遭遇村落城镇化生态环境的冲击。没有语言基础，"伊玛堪"只是保留在舞台上的片段表演——在四年一届的"乌日贡"大会上的表演项目。台下孩子们的眼神中充满好奇，他们并不明白里面所唱的内容正是祖先的故事。"过去，男人打猎归来，大家围坐喝酒，也像我们这样唱伊玛堪，这是赫哲族人最好的娱乐活动，也是我们民族的历史，"吴宝臣说，"但是，我三爷③唱起伊玛堪，一部《满斗莫日根》能唱一两个月。可是传承到现在，我们只会唱其中几个片段，而且比较硬，很遗憾。"

由此可见，演唱"伊玛堪"的空间更加公开化、大众化，时间更加固定化、短小化，方式更加模式化、表演化，而歌手的演唱也从20世纪的自愿自觉演唱演变为任务

---

① 2011年田野调查街津口村时尤玉发讲述。
② 徐昌翰：《赫哲族文学》，北方文艺出版社1989年版，第88页。
③ 赫哲族"伊玛堪"歌手吴连贵，20世纪70年代代表赫哲族到北京参加少数民族文艺会演，到人民大会堂演唱"伊玛堪"。

化、表演性的展示，听众由过去的以土著赫哲族为主体发展为现在的以外来民众为主体，演唱语言由本民族的赫哲语演变为融合汉语与国际音标注音化的当代赫哲语。"伊玛堪"歌手演唱环境的变化，势必影响"伊玛堪"的叙事内容。当代"伊玛堪"把传统"伊玛堪"的叙事形式同赫哲族当代民族生活结合，从而摆脱原初的神圣化叙事，而向现实世俗生活靠拢。演唱的篇幅大大缩短，更便于对生活中出现的各种现象做出迅速反应；内容更为凝练，传统萨满教内涵逐渐淡化，现代化观念逐渐渗透和强化。

三、结论

随着赫哲族聚集地区生态环境的变化，"伊玛堪"的传承也出现日渐式微的态势。过去，在赫哲族聚居地渔猎生态环境保持完好的境遇下，史诗"伊玛堪"的传承与赫哲族人的生产、生活紧密相连，甚至可以说是赫哲族人的一种生活方式。赫哲族人每逢重要事项时，都要选择恰当的时间、地点说唱"伊玛堪"。然而，随着赫哲族聚居地城镇化建设进程的加快，当今史诗"伊玛堪"的说唱十分罕见，只是存在于有意识、有组织的民族节庆活动的舞台上。如何有效地保护与传承"伊玛堪"，已成为迫切需要解决的问题。

故事演述与宝卷叙事

——以陆瑞英演述的故事与当地宝卷为例

陈泳超（北京大学）

陆瑞英，生于1932年，江苏省常熟市白茆乡（现归并入古里镇）的著名民间文艺家，2007年被文化部评为第一批国家级非物质文化遗产吴歌项目的代表性传承人。其实，她不仅吴歌唱得好，还会讲很多故事，是汉族地区非常少见的歌谣和故事均有很高造诣的"双栖明星"。笔者在周正良老师的带领和指导下，对陆瑞英的故事进行了为期9年的追踪考察，并和周正良老师一起在2007年为之出版了《陆瑞英民间故事歌谣集》[①]（下文简称《故事集》）。尽管陆瑞英会讲大约250则故事，但该集子限于出版资金等原因仅呈现了81个，本文的分析将限定于已经面世的81个故事。

在白茆采访歌谣和故事的过程中，笔者发现该地区宣卷活动非常活跃，因此也顺带给予了一定的关注，主要精力在于搜集目前在白茆地区实际运用于宣卷活动的台本。通过多次调查，笔者主要从朱某（下文简称A）、马某（下文简称B）和丁某（下文简称C）三位当地比较著名的宣卷先生手里拍摄了各自的全部抄本和木刻复印本，集中比勘，合并重复，共得宝卷约100种。其实，我们在常熟图书馆以及常熟地区其他人士手里还搜集到30余种宝卷，考虑到不能确定其在白茆地区的流行程度，故只对其中与白茆现存本同题的一两种宝卷略加比勘，发现几无差异，故均摒弃不论。

我们将《故事集》中的故事与上述100种宝卷相比对，主干情节相似（只有个别局部情节相同的不计入内）的同一叙事共得8篇，依照它们在《故事集》中的排列顺序罗列为：

1.《甘罗十二为丞相》　　《甘露宝卷》（C本）
2.《瞭娘湾》　　　　　　《龙皇宝卷》（A本）
3.《龙王庙金太太》　　　《总管宝卷》（A本）
4.《刘猛将》　　　　　　《猛将宝卷》（A本、B本）
5.《杀狗劝夫》　　　　　《并家宝卷》（B本）、《杀狗劝夫宝卷》（C本）

---

① 陆瑞英演述，周正良、陈泳超主编：《陆瑞英民间故事歌谣集》，学苑出版社2007年版。

6.《猫打金边碗》　　　　　《相骂宝卷》(C本)
7.《徐三败》《桃梅小姐》　《十富宝卷》(B本)
8.《蔡状元起得洛阳桥》　　《受生宝卷》(A本)、《洛阳宝卷》(B本)

需要说明的是：首先，宝卷经常有一本多名的现象，封面题名之外，内文中还会有别种名称，为了减省头绪，本文只列封面题名；至于不同版本的同实异名则均予标列，故有一个故事对应两个宝卷的，也有一个宝卷对应两个故事的，则是因为两个故事本身很接近，又各有某些重要情节元素与宝卷相当，故并列于上，下文论及时会有详细说明。其次，《故事集》中的故事，我们已知有相似宝卷的不止这些，比如《孟姜女》《白娘子》《顾大麻子》等，但因为没有在当地找到目前流行的本子，故略而不论。再次，虽然我们找到了上述8篇对应文本，但是从陆瑞英回忆中得知，她讲述的这8个（或9个）故事都不是直接从宝卷中听来的，而是各由别人口述。其中，对于2、3、5、6，她根本不知道有同型宝卷，1、4、7、8她是知道的，但也有十分肯定的耳食来源，1、7都是听她的伯祖父陆义松讲的，4是听她的二叔陆二宝讲的，8则是听她的姑妈陆杏珍讲的。当然，她承认这些讲述者可能也听过同型的宝卷，便是她本人也是听过的，但是在陆瑞英的心目中，故事跟宝卷是两回事。最后，与陆瑞英的看法相似，笔者也将故事与宝卷分属两个不同门类，我们的着眼点是叙事体裁的差异。本文所进行的对比研究，将重点放在共时性的平行探讨上，基本不考虑历时性的影响研究，因为我们无法获知两者之间源与流、承与变的具体信息。本文使用的故事概念，多数情况下是较为广义的，泛指一切散文体的民间叙事形态，包括传说甚至神话。

当然，本文所进行的民间故事与宝卷的文本对比，并不准备对其方方面面做全面观照。尤其是很多体裁上的差异，比如散文与韵散相间；手法上的差异，比如宝卷喜欢铺排等一望可知的现象，概不关注。本文只是通过阅读，找到几个叙事上的倾向性差别，并以实际例子予以说明。而且，相比而言，本文更侧重以宝卷为标杆来探讨故事演述的特点而非相反。

一、叙事的模式化与自由度

宝卷的叙事有一定的模式。车锡伦先生在《中国宝卷研究》（下文简称《研究》）中引用江苏靖江佛头在开讲《大圣宝卷》之前说的一段话曰：

说者《大圣宝卷》一部劝善，弟子宣读。总要先宣朝代帝王，后讲贤人出州。总要讲得有头有尾，有始有终，有苦有甜，有前有后，悲欢杂合；先要讲到苦中之苦，难中之难，然后讲到修仙成正，登山显灵，流芳百世，方成宝卷一部劝善。①

这当然主要是指清代以来脱离教派宝卷之后的民间宝卷，是从叙事的角度将宝卷视为一种带有宗教性的俗文学作品而做出的归纳。车锡伦先生在书中对这段文字有非常精当的解说，概言之，宝卷叙事开头总要交代时代及主人公的出生地，然后叙述主人公的磨难历程，其间常有反面人物作祟，但最后总会逢凶化吉，得到"大团圆"的圆满结局，反面人物则或得到感化或得到报应。如果只是这样的话，那么跟戏曲、小说、弹词等传统俗文学作品的叙事模式并无差异。但是，宝卷毕竟是宗教性的，它在传统俗文学叙事模式之外，还会套上一个更大的外圈，即主人公大多是神灵或星宿或仙人，因着某种因缘而暂时流落人间，在历经磨难之后，不仅获得人间的大团圆，还必须命定地成道成仙，即所谓"修仙成正，登山显灵"。这是它区别于其他俗文学模式的明显特征（见图1）。

图1　宝卷与传统俗文学在叙事模式上的区别

以本文所涉的八部宝卷为例，典型的是《十富宝卷》。它说的是大明永乐年间，直隶省扬州府九龙村财主陶百万，生有三子一女。在其六十岁大寿时，陶百万问大家富贵生活靠的是谁的福，大家都说是靠陶百万的福，唯有年方十七的女儿陶美玉说："各人各福，各人头上有方天。"陶百万大怒，将她嫁给乞丐扬州阿二姜介眉。陶美玉小姐毫不畏惧，跟阿二一路乞讨来到处州青田县，靠土地和财神暗中相助，在一间无人敢住的鬼屋里打败了青、黑、金、白、红脸的五路财神，获得了巨大的财富。18年后，扬州遭水灾，陶百万无奈出门籴米，来到处州姜家。陶美玉认出是父亲，特意做了父亲爱吃的鸡脑子馄饨，父女相认，并接父母亲眷同来，相处怡然。其后，陶美玉的三个儿子福、禄、寿高中科甲，同为皇上驸马，招摇回家。这是典型的俗文学故事套路。但是宝卷中还要加上一说，"乃美玉小姐上苍天富星下凡，姜介眉是八败星下凡，因为思凡下界，故而降在凡间，落劫落难，只为夫妻两人姻缘之福，行道公正，忠孝二全，上帝有令

---

① 车锡伦：《中国宝卷研究》，广西师范大学出版社2009年版，第20页。据车锡伦先生告知，文中"悲欢杂合"当作"悲欢离合"，排版错误。

忙差五路财神保佑两人发此大财,就是发达苦报是也。"卷内又说陶美玉本是"十富星下凡",故名《十富宝卷》,又名《富贵宝卷》,这是前因;在人间大团圆之后,宝卷中说:"再宣美玉小姐夫妻两人思想,为人在世总有生死二字,不能长久,愿灶(造)佛门修行念佛,日日焚香点烛并无懈怠,后来修成证(正)果,以旧(依旧)上天归位,得受香烟,受人朝拜是也。"①

这样的例证很多,《猛将宝卷》(B本)中说,刘佛寿原为插香童子下凡(A本认为是南天门骆驼下凡),化成桃子由太白金星梦中给其母,出生后遭后娘和父亲的迫害,历经艰难,因驱蝗有功而被皇帝封赏为"护国大将军",衣锦还乡,后娘及其子跳河自杀。本来作为普通俗文学到此可以结束了,但宝卷还必须往下说,后来他于船中自己破额跳河而升天,被玉皇封为"天曹刘猛将扬威侯",父亲被封"鲤鱼跳龙门"。可见,被人间皇帝加封还不够,必须受到玉皇这样的神界加封,才是宝卷主人公的必要结局。《受生宝卷》中,蔡状元在辛苦造成洛阳桥之后,便与父母一同进庙修行升天。

上述毕竟都是神异故事,而《相骂宝卷》纯然只是人世邻里之间的鸡毛蒜皮、妇姑勃谿,后面却也要加上被劝修行,观音菩萨来点化,姑嫂双修成功的结尾。这在宝卷中也是一个大类,即通过人间伦常的正反演述来宣扬忠孝节义等正统思想,正是修行成道的修炼过程,以此可见宝卷的宗教性在相当程度上是与现实主流价值标准共谋的。《杀狗劝夫宝卷》是讲兄弟之情的,显然是改编自南戏中的同名剧目,它们的基干情节大抵相似。或许正是由于这个原因,本卷结尾没有写兄弟妯娌得道成仙,仅止步于人间的和美团聚。但后面仍然要加上一段结经唱词说:"凡事为人须要善,吃素念佛要紧。一劝良言二劝经,三劝人家不要分……(共十劝)奉劝常做善心人。"这可以视为对宝卷叙事模式的变相遵守。

陆瑞英演述的民间故事,就完全不必理会这些圈圈框框。她故事里的主人公,都是直截了当的现实身份,很少有神界下凡之类的前因;他们在完成人间磨难、实现现实的目标之后,也不必再去修行得道。

《蔡状元起得洛阳桥》里,蔡状元确实也游历过阴间,现实中也有观音等神灵为他助力,但当他修建了沟通阴阳的洛阳桥,完成救助父亲的孝子使命,故事就结束了;《刘猛将》后来成神了,因此在江南民间对刘猛将的信仰以及附着其上的"青苗会"等民俗活动非常盛行。但他不是神灵下凡,从一开始就是一个晚娘型故事中的苦孩子形象,他的成神也没有修炼过程,而是因为驱蝗有功,被人民奉为神。陆瑞英故事里说得好:

> 蝗虫飞掉了,飞到别处去,落到别处,可要吃别人家稻?刘阿大想想:假如我勿赶,蝗虫要停下来吃掉别人家的稻!那么要赶,一定要赶到海里去。刘阿大"当当当"一撒脚,赶到海里,赶得精疲力竭,疲劳得不得了。海里的浪头大得呀勿得了。潮头上来,刘阿大疲劳得勿得了,一掼掼下来,淹死了。

---

① 宝卷抄本多有错别字,括号内是笔者根据文意改动的,下同不注。

淹死了，以后大家纪念他，有一座王庙，造个像，供在庙里。大家尊敬他，叫他猛将老爷。①

这里的成神逻辑，没有虚幻的宗教色彩，只是现实逻辑的延伸：太疲劳自然是要累死的！因为他为民除害，所以人民奉他为神。这是中国自古以来的封神逻辑。《礼记·祭法》说："夫圣王之制祭祀也：法施于民，则祀之；以死勤事，则祀之；以劳定国，则祀之；能御大灾，则祀之；能捍大患，则祀之。"②刘猛将大概属于"以死勤事"或"能御大灾"之类吧。《猛将宝卷》（B本）中却说他是：

龙船下水快如箭，刘爷跌在船中心。
三尺包间破开额，解下红罗扎额心。
百般事件多完备，刘爷跳入河中心。
定道刘爷来淹死，谁知佛寿上天庭。

这种方仙道鼓吹的兵解或水解的灵魂升天方式，在民间故事的观念里过于古怪，因而被摒弃了。

陆瑞英演述的《桃梅小姐》故事更为典型。它基本演绎着《十富宝卷》的情节，其主人公叫"桃梅小姐"，显然是从《十富宝卷》的"陶美玉"演变来的。但它的结尾非但没有说"修成证（正）果，以旧（依旧）上天归位"之类，并且连现实中父女和美共处、三子高中科甲同为驸马的结局也丢弃了。它的结局是这样的：

老子一看，啊呀，想想真正难为情死了。桃梅小姐对老子讲："你出来买啥？""出来买米，今年灾年，颗粒无收。"桃梅小姐讲："勿要买了，到我粮仓拿好了。给娘、阿哥、阿嫂吃吃。"

勿曾说给老子吃，老子气死了。③

伊藤清司先生在《〈天婚〉故事的结构论》一文中，将一个女子被男子赶出富贵之家，后来嫁给一个穷丈夫却意外地发了财，而原先的富贵男子后来败落了，恰巧流落到此女子家里，终于相认这样的情节类型命名为"天婚型"故事，因为女子的婚姻是天意的安排。该类型故事又根据男子的身份分为两个亚类型：如果是父亲，则叫初婚型；如果是前夫，则为"再婚型"。本文中与《十富宝卷》对应的两个故事，《桃梅小姐》是"初婚型"；《徐三败》则为"再婚型"。根据伊藤清司的意见，"初婚型"故事可以根据结尾的父女关系再分成两类：一类是父亲破落、看到女儿羞愧而死的"破落型"，伊藤

---

① 陆瑞英演述，周正良、陈泳超主编：《陆瑞英民间故事歌谣集》，学苑出版社2007年版，第72页。该《故事集》中的每个故事都有吴语和普通话翻译的两种版本，为方便读者理解，本文只引用普通话版，下同不注。
② 〔清〕阮元校刻：《十三经注疏》，中华书局1991年版，第1590页。
③ 陆瑞英演述，周正良、陈泳超主编：《陆瑞英民间故事歌谣集》，学苑出版社2007年版，第244页。

清司将它称作"初婚型A类";另一类是父女和好、女儿供养父亲的"孝养型",伊藤清司称之为"初婚型B类"。准此,陆瑞英演述的《桃梅小姐》显然是"初婚型A类",而《十富宝卷》则为"初婚型B类"。陆瑞英说,《桃梅小姐》是从姑妈陆杏珍那里听来的,后来也听过这个宝卷,但仍坚持演述"初婚型A类",并没有根据宝卷改为"初婚型B类"。① 这里显然有她自己的坚守。笔者不想用陆瑞英亲生父亲的不争气和早死来牵强附会,但是有一点可以肯定,《桃梅小姐》的故事不但打破了宝卷故事的宗教性外圈,连代表传统俗文学一般结局的内圈也一并打破了,充分显示出民间故事无拘无束的爱恨立场。

至于像《猫打金边碗》(与《相骂宝卷》相似)、《杀狗劝夫》之类的家庭伦理型故事,是陆瑞英讲得最多的一类,尤其在敬老院、幼儿园等公开场合。她总是希望通过讲述这些伦理故事,来改善那些过于紧张的人际关系。她自己编创的几个著名故事如《住陆搭》等,也是家庭伦理型故事。但是这些故事只是宣传现实的伦理法则。虽然其中父慈子孝、兄弟相亲、邻里和睦等法则是与宝卷相同的,但她丝毫没有将现实伦理作为个人修道的途径。事实上,陆瑞英本人对于和尚道士、念佛诵经甚至宣卷活动都不以为然。她虽然带我们去拜访那些宣卷先生,但她本人完全不信,只是当作民间活动看待,甚至对于那些成天念佛的人,还颇有微词。她讲的《念佛老太讲媳妇》里就有这么一段:

念佛老太最最自私最最黑心,她念佛是为自己的,勿是别人的。她要修来要让自己下世要享福,下世要发财,下世要省力。反正是为自己修的咯。②

二、神力无边与人间传奇

宝卷的宗教性叙事模式其实反映了宝卷独特的世界观,即人间不是自足的存在,在它之外还有一个神灵世界。这个世界高于人间,并且无时无刻不在干预、掌控着人间秩序。在这个神灵世界里,最高的统治者是天上的玉皇大帝,地下则有阎王管辖的地狱,此外,还有众多神仙游荡于两个世界之间,比较活跃的是八仙(尤其是吕洞宾)、太白金星、灶王、土地等。所以,宝卷文本和宣卷先生尽管都以佛教自我标榜,可真正活跃的佛教神灵大概只有观音菩萨一人,足见其外佛内道的民间宗教特质。在白茆,宣卷先生通常认为有三本宝卷是威力较大的,即《玉皇宝卷》《祖师宝卷》和《雪山宝卷》,因为它们讲述的分别是玉皇大帝、玄武大帝和释迦牟尼的成道经历。

---

① [日]伊藤清司:《中国、日本民间文学比较研究》,内部资料,辽宁大学科研处编印,1983年,第61—71页。
② 陆瑞英演述,周正良、陈泳超主编:《陆瑞英民间故事歌谣集》,学苑出版社2007年版,第129页。

正是凭借这样的世界观，在宝卷的叙事过程中，到处充斥着神灵的身影和作为。像《洛阳宝卷》中那个被蔡状元派去向海龙王送书信的夏得海，只是一个次要人物，却也被说成是玉皇面前的持香童子，因调戏玉女而下凡；《杀狗劝夫宝卷》纯粹只是家庭伦理故事，但在相对次要的分家情节之后，还要让弟弟演一出雪团祭灶滑稽剧，惹得灶王与玉皇大帝大怒，给他一家降了火灾惩罚。这段分家情节早在南戏《杀狗记》中就出现了，却并没有这类神异因素。

至于当主人公出现重大磨难甚至危险之时（这显然是此类叙事所必需），那更是一定会有神灵出来援助的。比如《猛将宝卷》（B本）中，刘佛寿父母因为未践行对神灵的许愿，灵官大帝就派夜叉降灾到其母包氏身上；在他的生父听信后娘的谗言将刘佛寿推入河里的危难时刻，宝卷说：

> 再讲佛寿是上界星宿下凡，江河神奏上天庭，玉皇就差太白金星下凡，差八万乌鸦兵虚空遮住佛寿，并到包家报讯……

后来，玉皇大帝又差太白金星赐给刘佛寿黄金甲和青锋剑两件宝物。刘佛寿正是靠着两件法宝，加上玄武大帝、观音菩萨的直接出手相助才驱蝗成功的。后来，他外公造大船，请客忘了刘佛寿，他一生气就作法不让大船下水，等外公求恳。

> 佛寿听了外公话，焚香祷告上苍神。
> 先请城隍并土地，再请南洋观世音。
> 马赵温关四大将，船头土地要当心。

这样的阵容真可谓声势浩大。但是所有的困难都由神灵相助解决，反而显得难题叙事千篇一律，主人公形象也会流于呆板而缺乏生气。

陆瑞英演述的《刘猛将》故事，单从神异性的展演来说，其效果达成的方式比宝卷要丰富多彩。

这个故事固然也有神灵的直接介入，比如刘阿大（即宝卷中的刘佛寿）被父亲踢下河之后，是土地公公托住他才没淹死的；至于偷吃娘舅家的牛和鸭子的两次唐突幼稚的行为，则是受了八洞神仙的蛊惑和神奇援助。但是《刘猛将》故事很长，其他神异情节还很多，就不一定要神灵出场了。比如关于木船下水的情节，宝卷中那么多神灵帮助，但在陆瑞英的故事里，却只有刘阿大自己的行为。他先叫"木龙"（即木船）不要下水，等娘舅单独请他吃了顿酒席，这才过去吩咐："木龙，木龙，下水！"并在木龙板上拍了三下，那木船就乖乖地下水了，看上去只是这个精灵古怪的小孩天赋异禀。难怪他娘舅也感叹："娘舅服帖，这小鬼神得不了。这样就看得起他了，本来也勿是看勿起，只当他是个小孩。"非常合情合理。至于最后的驱蝗情节，更是依照现实的逻辑来解决，最多不过是现实逻辑的放大和延长罢了。

到七八月里，稻已经碰头哉。田里蝗虫呐，铺天压地，全来吃稻。"哎哇哎哇哎哇"，一听见声音，大家愁得呀，勿用讲了。娘舅想：我家阿大本领蛮大，问问他，叫他想想办法，能把蝗虫赶掉吗？转来问阿大："阿大呀，勿得了，外头蝗虫铺天压地，吃了稻。娘舅田里的稻也要吃光哉，田里的稻全吃了去哉，怎么办？"刘阿大讲："这勿要紧，我去赶！""你拿啥东西赶呐？"刘阿大拿一根竹竿，身上一条破作裙脱下来，作裙上有两根带，往竹头上一扎，一结。跑到田里，横着赶，又转来抹，蝗虫"哑哑哑"，一齐飞起来。①

可见，正是由于民间故事没有宝卷的框框模式，其神异性反而比宝卷更丰富多彩。更重要的是，在《刘猛将》故事里，主人公开始是一个典型的"后娘型"故事中的苦孩子形象；后面在娘舅家放牛放鸭，又显示出特别顽皮淘气以至精灵古怪的特点；后驱蝗，却是小英雄成就大功德的主题面貌。他总体给人的印象还是建基于人间世界的，是一出活生生的人间传奇。不像宝卷那样星宿下凡、命定要历经磨难，后还要莫名其妙地兵解、水解才能成神。它的生活气息，甚至弥散到那些登场的神灵身上。如八洞神仙哄骗刘阿大分吃娘舅家的牛的细节，就非常生动。

八洞仙人看他放牛呐，喊他："小弟弟呀，跑来，这只牛和你杀来吃吧！""唉，勿行哪，我娘舅要骂的！""勿要紧呀，放心吃好了，给你牛头安在东山，牛尾巴安在西山。等你娘舅来看么，话一声，这只牛钻到山洞里去。这样娘舅勿会骂你的，勿会怪你的。""那么蛮好！"八洞仙人呐，杀的杀，剥皮的剥皮，汉钟离："放在我肚皮上烧。"放在他肚皮上烧，烧好了吃。刘阿大一起吃，吃得饱饱的。吃掉了牛肉，把牛尾巴戳在山里，叫他去喊人。②

八洞仙人跟凡人一样馋嘴，并且不避腥臭地杀牛剥皮。汉钟离的肚子用来烧牛肉，更是对于生理异常的夸张表达。在滑稽嘲讽的氛围中，人们感受到的不是对神仙的崇敬，而是对美好生活的向往。这样的情节在宝卷中只被略略提及，包括下一个偷吃鸭子的情节，其中的鸭子据说就是刘佛寿施展法术得来，用作祭奠生母的，非但根本没有情节性，而且硬是将这些顽皮生动的情节套上一层教化和法术的色彩。

可以这么说，宝卷是把人往神的方向推，而民间故事却是把神往人的方向拉，这是民间叙事动人的地方。

这并非《刘猛将》的孤立现象，在别的故事里面同样存在。比如《龙皇宝卷》里的那条龙是太白金龙借人间女子之腹而诞育，出生后就被玉皇大帝派来的雷公、电母、风伯、雨师、五雷神将接走，由虾兵蟹将带去觐见东海龙王等一干神灵，整个故事没有多少情节。《瞟娘湾》里的异常胎儿一直在娘肚子里跟娘说话，后来娘太心急，没有按照

---

① 陆瑞英演述，周正良、陈泳超主编：《陆瑞英民间故事歌谣集》，学苑出版社2007年版，第72页。
② 陆瑞英演述，周正良、陈泳超主编：《陆瑞英民间故事歌谣集》，学苑出版社2007年版，第70页。

小孩的预言就喊他出来，结果他无心害死了娘亲；之后一个白胡须老和尚收留并细心抚养这个孤儿的情节，更是充满人间慈爱之情，直到最后不小心玩水，这个小孩才忽然变成龙飞走了。整个故事笼罩在凡人凡情之中，这在宝卷中是不会出现的。再如《甘露宝卷》和陆瑞英演述的《甘罗十二为丞相》故事，都是说一个有着奇异身世的小孩在长辈因为他而遭到奸臣陷害时，挺身而出解决公鸡蛋的难题，后在金銮殿上剖腹而死的故事。但宝卷开头花了很长篇幅描写这个名叫俊林的小孩是父亲与海神的神异结合所生；在陆瑞英的故事里，这个名叫甘罗的小孩，却是丞相的女儿与船上汉子偷情所生的，故事对这个偷情过程描述得活灵活现，它很像江南长篇私情山歌唱本中的偷情模式，充满着水乡的特点。

三、地方性问题

宝卷和小说、戏曲、弹词等俗文学体裁一样，一开始都要明明白白地交代故事发生的时代和地点，尤其是地点，经常会具体到某县某村，以此表明其真实不虚。尽管其真实性其实毫无保障，但这样一种姿态却是文体所需，正所谓"总要先宣朝代帝王，后讲贤人出州"[①]。白茆宝卷也不例外。《受生宝卷》说的是唐太宗时，湖广人蔡昶之子蔡旭的故事；《猛将宝卷》（B本）说刘佛寿乃宋仁宗时"江苏松江府上海县落坛墩"人；《并家宝卷》宣的是道光间"浙江省内嘉兴府"沈凤林、沈凤春兄弟二人分家又并家的故事；《十富宝卷》说"大明永乐年间直隶省扬州府九龙村"财主陶百万把女儿赶出家门，后来女儿在处州青田县意外发了财……

陆瑞英演述的民间故事却没有这个负担。她几乎从不提及年代，地点也经常可以忽略，直接从"从前，有个人家"就开讲了。当中要提及地点，也是含糊其词，"来到了一个地方"即可。其中比较有意思的是《桃梅小姐》和《徐三败》这两个"天婚型"故事，都说女主人公来到了"山西"。笔者几次问她为什么是山西，她都说不出特别的原因，只说故事是这样讲的。我猜想大约是晋商的财富在某个时段非常出名，以至变成发财地点的代名词。虽然在陆瑞英生活的时代晋商早已风光不再，而故事里却不免依然带着这样的遗留物痕迹。

当然，在陆瑞英演述的故事中有些是有明确地点的，如《葛隆镇》明确提到上海郊县的真实地名，《山东赵员外 扬州白老爷》则明确指出人物籍贯等，这些大约只是故事传承的结果，可见故事中的地方性是非常随机的，并无特别的规律。

有意思的是，白茆是常熟下面的一个乡镇，陆瑞英对于常熟的地方风物传说也算熟悉，在《故事集》里就有《翁同龢》《唐伯虎画常熟山》《婆婆树》等好多个。但是相比于白茆，常熟在陆瑞英的故事里又显得隔膜了许多。比如，《甘露宝卷》中说是"元朝年间常熟南门外甘露镇"的故事，笔者问陆瑞英，她说知道甘露镇，但是自己讲述

---

① 车锡伦：《中国宝卷研究》，广西师范大学出版社2009年版，第20页。

的《甘罗十二为丞相》"说勿着"这个地方,也就是说她认为这个故事跟地方传说毫无关系。再如,总管是常熟地区非常有影响的地方神,据说姓金,有七个兄弟。《总管宝卷》里说得头头是道,他们乃是"江苏常熟水北门外山福山塘后面金家村"人,七兄弟分别叫元、洪、仁、利、济、候、平,因抗金救康王战死,被封为七总管。陆瑞英讲述的《龙王庙金太太》,也提到是七兄弟,但不是抗金,而是救水灾牺牲的。更有意思的是,她只知道其中三个:白茆龙王庙里的小,是七总管;另外白茆芙蓉村红庙里也有一个,是陆总管;再有就知道邻村的董浜有一个,叫石总管,是老大。常熟虽然离得很近,故事家却没有必要去完备这些知识,只要关注与自己生活有关的就够了。更值得注意的是《龙皇宝卷》,故事据说发生在南宋高宗时"常熟县旱北门外顶山脚下有一村庄叫穆家庄",后太白金龙成道后为了纪念母亲,在常熟虞山北门外顶山上造龙王及穆家三世神像以资纪念,有龙王殿、龙母殿,并开白龙江,言之凿凿。可是在《瞭娘湾》故事里却也言之凿凿地说是"发生在支塘过去、董浜那边的盐铁塘"①。笔者问陆瑞英有没有听过这个宝卷,她说没听过。《瞭娘湾》故事,她非常肯定说是在一次妇女代表大会期间听支塘人张雪琴讲的,此人与她有点亲戚关系,年纪略大于她。由此,是否可以表明对于陆瑞英这样一辈子没出过太多远门的农民故事家来说,他们自己可以感知的地方性知识要远远多于并大于那些不能实际感知的知识呢?

对于民间故事来说,地方性知识的一个重要作用是提供丰富的素材,有时候甚至达到改变某一通行故事类型的叙述重心的地步。这一点在陆瑞英讲述的《徐三败》故事上表现得非常突出。

《徐三败》讲一个富家子徐三败,其父苦苦寻觅了一个十富星②给他做老婆,但是等父亲去世后,徐三败就将十富星赶走,自己挥霍无度,后败落了,只好找到山西十富星家,这时的十富星已经跟别人结婚并发了意外的大财。十富星念旧情给他一串钥匙,让他选一把打开,里面的东西都归他所有。他却打开了一个猪圈,羞愧之余一头撞死,从此成了猪圈神。这是典型的"天婚型"故事中的"再婚型"亚类。该亚型通常说的是灶王爷的来历,其中以"郭丁香"与"张大郎"的名字为著名。本文提请注意的是,笔者已知的这类故事都是强调贫富的改换和命运的不可抗拒,对男主人公的败落过程,都只是由于情节转折的需要一带而过,它并没有特别的叙事价值。但在《徐三败》故事里,却用大量篇幅来讲述其种种败家行径:有骑马踏碗、长江里撞碗、灯草石臼煨麻雀、一夜赌输全部石驳岸的磨子、"造屋烧灰卖"、"穷来打打金和尚",共计六事,其中后两事明显是在移用固定的地方俗语。

笔者在常熟市文化馆找到了常熟市民间文学集成办公室编印的《中国民间文学集成·常熟市资料本》(油印本),其中记录了这样两个故事:一为《徐三败造屋烧灰卖》,由彭加值讲述,彭冬记录于1986年;二为《穷来打打金和尚》,由谢阿大讲述,顾锦梁记录于1986年。这两个故事题目引用了两句地方俗语。第一个故事开头就这么说:

---

① 陆瑞英演述,周正良、陈泳超主编:《陆瑞英民间故事歌谣集》,学苑出版社2007年版,第60页。
② 除了故事框架之外,"十富""三败"的称呼也是我们将之与《十富宝卷》对应的一个主要标志。

在常熟东乡，大都知道徐三败这个名字，而且成为败家子的代名词。徐三败确有其人，他是明代徐市镇人，名叫徐汝让，号钦寰，排行第三，故有钱时都称他徐三爷，家产化光后，都叫他徐三败。他的叔公徐栻，做过工部尚书，祖上传下来的田地房产不计其数。徐三败从小就吃惯用惯，长大后更是挥霍滥用。所以，虽有万贯家产，最后终于成了个"完秀"。①

原来徐三败是当地实际存在过的人物，其叔公徐栻更是因与严嵩斗争而广为人知的明代著名大臣。这两个故事虽然分别以"造屋烧灰卖"和"穷来打打金和尚"为主要叙述对象，但也介绍了徐三败的其他败家行为。前者记有方塔上飘金叶、杨梅汁流涧、三百石米请老戏子剃须演戏三事；后者虽然没有情节铺陈，却也概述为"逐妻、拆屋、打斗、游玩……"②其中"逐妻"一事尤可瞩目，或当与十富星的情节相关。上述行迹与陆瑞英的《徐三败》故事或同或异，充分说明徐三败实际早已是地方传说中败家子的箭垛式人物了。陆瑞英在讲述这个典型的"再婚型"天婚故事时，将主人公移植到这位地方名人身上，就注定要将其败家子的种种行径和盘托出，从而在这一通行故事类型中，因其叙事重心的偏移而显得别具一格。

---

① 常熟市民间文学集成办公室编印：《中国民间文学集成·常熟市资料本》，油印本，第174页。
② 常熟市民间文学集成办公室编印：《中国民间文学集成·常熟市资料本》，油印本，第176页。

西北花儿的文化形态与文化传承
——以青海花儿为例

赵宗福 （青海社会科学院）

花儿堪称中国民歌中的经典之作，也是中国非物质文化遗产的重要代表作。青海花儿是西北花儿的重要组成部分，甚至可以称之为主干部分，是青海汉族、回族、土族、撒拉族和部分藏族、蒙古族等6个青海世居民族和其他民族共同用汉语演唱的民歌，民间也叫作"少年"，主要流行于东部农业区以及贵德、门源等县。西北四省区入选首批国家级非物质文化遗产名录的花儿类项目共有8个，青海就占了4个。人们向来把青海称为"花儿的故乡""花儿的海洋"，将青海花儿视为最具多元民族文化特征的地域性文化标志，说青海就不能不说花儿，说花儿就不能不说青海，大有"言花儿即言青海"的自然语态。本文从青海花儿的传承语境、文化形态和生成传承方面，较为系统地梳理其文化传承的环境与机制。

一、青海花儿的传承语境

就花儿的整体而言，它流行于西北的青海、甘肃、新疆、宁夏四省区的汉族、回族、土族、撒拉族、东乡族、保安族、部分藏族、蒙古族和裕固族9个民族中[1]，是用汉语歌唱的一种民歌。根据其音乐旋律特征和歌词格律形式，花儿被分为河湟花儿和洮岷花儿两大系列。洮岷花儿仅仅流行于甘肃的岷县、康乐县等部分县区。相对而言，河湟花儿流行的地域和民族最为广泛，音乐曲令和歌词格律丰富而独特，影响也更大。在外界人的印象中，所谓花儿基本上指的就是河湟花儿。

顾名思义，所谓河湟花儿，就是生成于河湟地区，并主要流行于河湟地区的花儿。青海花儿就是河湟花儿的主体部分。

---

[1] 学界长期以来沿用"花儿是八个民族演唱的民歌"的说法。根据青海民间文艺家们的田野成果，青海东部农业区的蒙古族也是花儿的创造者和传承者，从花儿流行的所有民族看，共有9个民族在唱花儿。详见赵宗福：《西北花儿的研究保护与学界的学术责任》，《民间文化论坛》2007年第3期。

（一）地理生态语境

根据历史概念，河湟地区大致是指青海省东部农业区的西宁市一市三县、海东地区六县、海南州贵德县和甘肃省的临夏回族自治州等地。这里是湟水流域及湟水与黄河交汇的地方，因此被称为河湟地区。

黄河发源于青海西南部的巴颜喀拉山，一路曲折，流经千里，经过龙羊峡、李家峡、积石峡等大峡谷，到民和县峡口出青海省，在甘肃省境内的达家川与从西北流来的湟水汇合。湟水发源于青海省海北州海晏县境内的包呼图山，向东南流经湟源、湟中、西宁、互助、平安、乐都、民和等8个县市，汇入黄河。

湟水作为黄河上游最大的支流之一，曾经是黄河上游的主干道，因为地质演变，新的黄河主干道开辟后，湟水便退居支流。根据文献考察，"湟""黄""潢"同音通假，"湟水"也写作"潢水""黄水"，意思就是"黄河"。① 由此可见，湟水与黄河两水之间有不可分割的密切关系。以湟水为纽带的青海东部农业区被称为湟水谷地，湟水谷地以及两条"黄河"交汇的地域就是河湟地区，这一大片地域正是河湟花儿最为流行的地区。

湟水流域位于青藏高原的东北边缘，是省内地势最低的地区，气候宜人，夏天不炎热，素有"中国夏都"的美称。这里平均海拔2400米左右，植被良好，所有谷地和大部分山区适宜农耕栽培，部分山区宜于牧业，农牧相间。东部农业区一向被看作青海省的天然粮仓。特殊的自然地理环境养育了这里的各民族人民，滋润了独特的民间文化。

20世纪特别是中华人民共和国成立后，随着大规模的经济建设开发和人口流动，花儿也向广大牧区城镇和柴达木盆地扩布开来，特别是海北州的门源县、海西州的格尔木等地也是花儿广为流传的地方。因此可以说，花儿生存传承的自然地理环境以湟水流域为主，间及青海西部各地。

（二）民族历史语境

湟水流域有着悠久的历史文化传统，也是历来多民族文化并存、和睦共荣的地方。根据考古发现，早在5000年前，这里已经有丰富多彩的人类文明，新石器时代的各种彩陶文化足以证明这里是中华文明的发祥地之一。1979年出土于大通县的五人舞蹈彩盆被学界称为"前所未见的一份极其珍贵的资料"②。有的学者甚至认为彩盆图像展示的就是先民们在劳动后休息之时手拉手唱花儿的情景。发现于乐都县的柳湾彩陶更是以其数量之繁多、制作之精美、造型之繁富、纹饰之神秘而被世人瞩目，这里因此有"彩陶的王国""远古彩陶的故乡"的美称。诸多学者认为，这些彩陶上的许多符号可能就是中国最早的文字，其中透露着远古文化的种种信息。循化县的积石峡历来被认为是大禹治水的起点，"导河积石"的故事就发生在这里。湟源县的宗家沟王母石室被地方学界称为中华母亲西王母的故居，湟源县是昆仑神话的起源地之一。如此众多的文化遗存，由于历史久远、文献乏载，不好详细确定族属，只能被宽泛地认为属于古羌人文化。

---

① 赵宗福:《黄河之水青海来——河源神话之谜破译》，《青海民族学院学报》（社会科学版）1995年第1期。
② 常任侠:《中国舞蹈史话》，上海文艺出版社1983年版，第5页。

的确，古羌人是青海历史上最早的族群。尤其是影响中国历史的西羌族群，正是以湟水流域为中心而崛起的。无弋爰剑从秦国来到湟水流域，成为青海羌人总首领，他的子孙"世世为豪"，并壮大成为150个部落，遍布青藏高原及其周边地区。西汉时，汉王朝势力进入青海东部，设立军事行政机构，并驻军屯田。随之汉民族陆续迁入湟水谷地乃至青海湖周边，到东汉时此地已经形成很有影响的汉文化，出现了一些名门望族和历史名人。西晋末年后，鲜卑人吐谷浑部、秃发部等先后进入青海建立政权。除了具有深远影响的吐谷浑王朝，秃发氏还在河湟地区建立了南凉国，兼容各民族文化，有力地促进了湟水流域的文化繁荣发展。从唐代初年开始，吐蕃崛起并逐渐东进，成为现在青海藏民族的主干。到北宋时期，青海吐蕃还在湟水流域建立了唃厮啰政权，与宋王朝形成军事经济联盟。南宋末年，蒙古族进入青海。

元末明初，延续至今的青海多民族格局基本形成。特别是在湟水流域，世居青海的藏族、以吐谷浑后裔为主体的土族、来自中亚撒马尔罕的撒拉族、来自西亚阿拉伯的回族、来自祖国内地的汉族以及元代蒙古族后裔等，在这里杂居共处，形成相互认同、和睦共荣的多民族、多宗教、多文化局面。聚居在甘肃的保安族、东乡族等民族也在这里活动或交往过。

这些世居民族正是河湟花儿的集体编创者，也是忠实的传承者。

1949年中华人民共和国成立之后，随着经济社会的全面发展，五湖四海的各民族人士陆续来到青海，青海的民族更加丰富多元。目前，青海有53个民族，是一个名副其实的多民族地区，是中华多民族文化的缩型区。值得注意的是，青海人口的90%以上就生活工作在湟水流域和牧区城镇地方，他们是青海花儿的传承者和享用者。

（三）民俗文化语境

正因为上述的民族历史语境，湟水流域乃至青海省是多元文化并存的典型之地。正如有的学者所言，"青海处于中原、西藏、西域、北方草原民族四大文化圈的交融地带，这里多种文化同住共存，互相采借，求同存异，生动体现了多民族文化和而不同的相处原则"①。来自中原的儒释道文化、来自藏区的藏传佛教文化、来自西域的伊斯兰文化、来自北方草原的萨满教文化以及其他各种古今东西方文化，在这里交融并存。

试以藏传佛教圣刹塔尔寺为例，其宗教主体虽然是藏传佛教，但僧人则来自藏族、蒙古族、土族，其建筑、绘画、音乐等更是融合了多民族的文化因素。大金瓦殿是汉族合璧式建筑，花寺则是典型的汉式建筑。驰名全球的酥油花则融合了藏族、土族以及汉族的传统雕塑技艺。酥油花花架音乐则更蕴含有多民族文化元素，如30多首乐谱以藏族传统曲子为主，但有些就是来自五台山汉传佛教寺院的音乐，如《万年欢》《月儿高》《小开门》等，有些还借鉴了湟水流域汉族民间曲牌，如《香香德悟》（顺风点）、《拉里呗巴》（八仙）、《却白拉毛》（八谱）等。综观湟水流域的寺院文化，它们大都具有这样的多元特色。

在这个多元文化场域中，各具特色、丰富多姿、和而不同、美美与共的民俗文化应

---

① 班班多杰：《和而不同：青海多民族文化和睦相处经验考察》，《中国社会科学》2007年第6期。

运而生,形成湟水流域多彩多姿的民俗文化事象。比如,乐都"南山射箭、北山跑马"的民间传统体育活动,是当地汉族、藏族以及土族广泛参与的盛大活动。汉族有"西宁赋子(平弦)""贤孝"等曲艺,回族、土族、藏族等民族则有形式多样、纷繁复杂的宴席曲。至于衣食住行,湟水流域各民族相互借鉴,有着明显的趋同化倾向。

花儿在这方面更具有典型性。这里的6个世居民族都在唱花儿,而且基本上都用汉语歌唱,其歌词格式、音乐曲令、歌唱程式在适度保持地域性和民族性特色的同时,几乎完全一样。各地花儿会也是当地各民族都热情参与的活动,他们不分彼此,相互唱和,和睦亲密,集中体现了多民族文化认同、多民族文化交融结晶的河湟文化特征。正是在这样的历史文化积淀和多元文化互融场域中,青海花儿这种有着浓郁多元文化色彩的民歌逐渐生成并不断丰富、传承、扩布。

二、青海花儿的文化形态

青海花儿作为一种区域性民歌,有着独特的文化形态,极具文化的传统模式,反映着多民族社会内容和地方文化心理。

(一)基本类型形态

根据表现内容及表述形式,花儿从不同角度大致做如下分类:

1. 从艺术表达形式看,分为抒情花儿和叙事花儿两种

花儿歌词由于体制短小,因此以抒情见长。抒情类花儿占到花儿的90%以上。一首花儿不便表现复杂的内容,更不能就情节、心理等展开细致的表述,因此往往抓住事物或心理最富有特征的一点或最感人肺腑的瞬间进行表达,而且大多采用比喻、夸张、摹状、借代、示现等修辞手法,突出局部,不及其余,使得抒情的色彩更加浓郁。

> 三两三钱的耳坠儿/穗穗儿打肩膀哩/尕妹妹好比是豆瓣儿/打开时活吸上哩!

对心爱的女孩子不做相貌、品行等具体的描写,只是比作当地人喜爱的青嫩可口的豆瓣儿,恨不能像吃嫩豆一样含在嘴里,表达出对她的极度倾慕。一般来说,一首花儿只表达一个思想主题。如果把若干首内容相关的花儿按照逻辑关系连缀起来演唱,那就使得一组花儿具有了赋的性质,这组花儿也就是一组叙事花儿了,如《熬五更》《十更传》。

2. 从表达系统看,分为草花儿和大传花儿两种

花儿歌词的起兴往往就地取材,或是人们熟知的传说故事,或是当地的风物民俗,或是花木禽兽,或是俗语套话,只要是民众熟悉的世间万事万物,无不是花儿起兴的题材。习惯上对这种起兴句采用一种题材,且以爱情为内容的花儿称为"草花儿",意思是就像草木一样独立的花儿。若干首乃至上百首花儿的起兴句采用某一历史传说或小说

故事题材来表达一个基本内容，习惯上把这类花儿称作"大传花儿"。比如封神故事、三国故事、隋唐故事、杨家将故事、岳飞故事、西游记故事、牛郎织女传说、孟姜女传说、梁祝传说、白蛇传说、八仙传说等，都是大传花儿的基本内容。如果说草花儿是青年男女即兴表达情感的载体，大传花儿则因深厚的历史文化内涵和主流文化情感受到一些乡土精英的青睐。大通县花儿歌手马得林还专门搜集整理出版了《新编大传花儿》一书。

3. 从表达内容看，分为传统花儿和新编花儿两种

就传统花儿来看，绝大多数是表达情爱的，起兴句所采用的都是传统或地方的题材。中华人民共和国成立后，文艺工作者对民间文化给予重视和利用，"旧瓶装新酒"，借花儿歌颂党和国家领导人、社会主义建设成就，宣传新的政策制度，报告新的形势任务，"新花儿"应运而生。同时，随着国民教育的普及、民众文化素质的提高和对新社会的热爱，花儿歌手们也喜欢"新花儿"的创作，于是一批表达新思想、新事物的花儿出现了，为花儿的发展注入了新的活力。

4. 从民族看，分为汉族花儿、回族花儿、土族花儿、撒拉族花儿等

虽然各民族都在演唱花儿，但不同民族在演唱同一首花儿的时候，往往具有浓厚的本民族特色。一是在汉语花儿中夹杂着其他各民族语言，所以出现了汉藏合璧、汉土合璧、汉撒合璧的所谓"风搅雪"花儿。多种语言的交叉使用，使得花儿呈现出另类形态。

> 蚂蚁虫儿两头儿大，
> 介希登你那仁达怀哇（土语：你十七来我十八），
> 介达活罗赛你达怀哇（土语：我俩儿配对嗬美啊）。

二是在音乐旋律上具有明显的各民族特色，如部分藏族唱花儿时糅进了拉伊等本民族民歌的一些元素，这区别于其他民族的歌唱风格。同时，撒拉族、土族等民族还有一些本民族常用的花儿曲令。因此，可以从民族方面对花儿进行分类。相对来讲，回族与汉族在唱花儿时差异比较小，很多情况下难以仔细区分，所以也可把这两个民族的花儿统称为"汉回花儿"或"回汉花儿"。

5. 从地域看，分为湟中花儿、民和花儿、循化花儿、互助花儿等

正如以上所述，不同地区由于方言的差异和不同民族民间艺术的影响，在花儿的歌唱上也往往带有地方特色，而且往往有本区域非常流行的花儿曲令，如"马营令""瞿昙令""湟源令""东峡令""川口令""西宁令"等，因此可以根据地域对花儿做分类。但这种分法也是相对的，在实际情形中，有些毗邻的县区，花儿的演唱完全一样，如西宁市和相邻的湟中县、平安县、大通县、互助县部分地区，在演唱花儿上几乎没有差别。

（二）歌词格律形态

青海花儿的格律在中外民歌中是很独特的，堪称民歌韵律中的绝唱。

从整体结构来看，花儿是一种典型的扇面对结构。花儿的一般表面形态是四句式和

六句式，不论哪一种体式，都是前后两部分形成对偶。

　　尕马儿拉到柳林里/柳林里有什么好哩/一口一声地出门哩/出门时有什么好哩？
　　日头儿落到石峡里/包冰糖/要两张粉红的纸哩/哭下的眼泪熬茶哩/好心肠/为我的花儿着死哩。

前两（三）句和后两（三）句相对称，形成一种较为少见的"扇面对"结构，所以花儿在形式上显得非常整齐协调。这种扇面对在文人诗词中又被称为"隔句对"，如"相思复相忆，夜夜泪沾衣；空叹复空泣，朝朝君未归"（《诗人玉屑》卷七）。当然，花儿的扇面对结构不能与古典诗词的扇面对同日而语，它只是一种朴素的前后对称而已，形成这种结构的主要原因是花儿音乐上下两句式结构的制约。

从上举两首花儿还可以看出：

1. 花儿的句子节奏很奇特

六句式是在四句式的基础上延伸开来的，二、五句一般都是短句，音乐上起衬词的功能，词义上则有实际意义，丰富了花儿的表现内容。因此，四句式花儿的基本句式，都是三顿（三个节奏），但单句单字结尾，双句双字结尾，交叉使用不同节奏的句子，从而在韵律上抑扬顿挫，上下呼应。

2. 花儿的押韵往往采用交韵形式

四句式花儿，单句和双句分别押不同的韵，如果是六句式花儿，还有可能二、五两个短句又另押一韵。如上举四句式花儿，单句"林、门"相叶韵，双句"好、好"相叶韵。六句式花儿则一、四句押"峡、茶"，二、五句押"糖、肠"，四、六句押"纸、死"。正是这种交韵形式，花儿在韵律上此伏彼起，回环律动，有一种回环往复的音韵美。当然，有些花儿也采用通韵形式，不分平仄，一韵到底，同样有着很强的韵律感。

3. 花儿的押韵还讲究平仄相间

特别是在交韵形态下，单句往往押平声韵，双句则押仄声韵，平声上扬悠长，仄声下滑急促，从而使上下两部分遥相呼应，抑扬起伏，余音缭绕。上举两首花儿就是如此。需要说明的是，花儿是方言的艺术，押的是方言韵，民众并非有意识地要这样平仄交韵，他们甚至并不明白什么是平仄，什么是交韵。如此交叉押韵，是湟水流域的方言语调自然造成的。

4. 花儿经常押复韵

一般来说，双句（六句式花儿则是三六句）的押韵往往不在最后一个字（往往是虚词）上，而是压在倒数第二个字上，上举两首花儿就是如此。有时甚至可能压在更往前的字上。

　　蜘蛛儿拉下的八卦网/苍蝇儿孽障/碰死者嘴边里了/尕妹是凉水着喝不上/阿哥们孽障/渴死者水边里了

第三句的"嘴"和第六句的"水"相叶韵,再加上后面的"边里了"三个字重复,更显得音韵流畅。类似这样的复韵方式在花儿中可谓比比皆是,极大地增强了花儿的韵律感。

(三)音乐旋律形态

青海花儿的音乐在保持基本旋律程式的前提下,又呈现出丰富多彩而独具特色的文化形态。

1. 曲令

花儿流行历史悠久,演唱民族众多,流传地域广阔,形成了变异复杂的曲调。据马玉宝等音乐家的最新调查,青海花儿的曲令多达200个。这些曲令的来源五花八门,或者以产生或流传的地方命名,如"河州令""湟源令";或者以人物形象特征命名,如"大眼睛令""乖嘴儿令";或者以民族命名,如"撒拉令""东乡令";或者以衬词命名,如"仓啷啷令""哎哟哟令";或者以花木命名,如"白牡丹令""水红花令";或者以动物命名,如"尕马儿令""喜鹊儿令";或者以曲调特点命名,如"直令""绕三绕令";或者以生产生活内容命名,如"梁梁上浪来令""抹青稞令";等等。其中,还不乏交叉命名的曲令,如"白牡丹令""水红花令""尕马儿令""绕三绕令"等,既以衬词命名,又有其他性质。

花儿的曲令还可以根据旋律特点,分为"长令"和"短令"两种。前者的特点是拖腔悠长,歌唱速度较慢,如"水红花令""尕马儿令";后者的特点是拖腔较短,演唱速度较快,如"金点花令""白牡丹令"等。

2. 调式

青海花儿以四声(56^{12})和五声(56^{123})的徵调为最常见。一般主要用宫、商、羽、徵四个音,其中徵音是构成调式的中心音,商音则是调式最重要的支持音,宫音、羽音的使用仅次于徵音和商音,是调式的重要构成者。角音一般比较少见,如果出现的话,只是起一些辅助性的装饰润色作用。[①]

徵调式花儿曲令主要有"白牡丹令""水红花令""尕马儿令""绕三绕令""直令""河州令"等。四声徵调是青海花儿中最具代表性的调式。此外,商调式和羽调式也比较流行,而且往往在少数民族花儿中较多。前者如土族的"梁梁上浪来令",后者如撒拉族的"孟达令""清水令"以及"三花嫂令"。湟水流域花儿中,当然也偶然有宫调式和角调式的曲令,但不普遍。

3. 曲式结构

花儿曲式在结构上是上下两句式,即两个乐句组成一个乐段,一个乐段只能演唱一首花儿的一半。因此,在花儿的实际演唱中,用一个完整的乐段唱完歌词的前半部分后,再重复一次乐段,唱完后半部分歌词。这种音乐结构使得花儿歌词不得不严格地分为前后两半,并且前后要相互对称,从而使花儿歌词呈现为奇妙的扇面对形式。

---

① 参见张谷密:《论"花儿"的旋法特点及艺术规律》,《音乐研究》1981年第2期。

由于音乐旋律的需求和表达内容的丰富，在实际演唱中，大多要夹杂一些衬词。但是衬词过于复杂或自由化，就会突破乐段的原有节奏，同时也形不成曲子独有的风格，所以在长期的歌唱实践中，人们逐渐约定了一些适合于某一曲令的固定而个性化的衬词。比如，"尕马儿令"中就有"哎，好花儿呀""呗呔，尕马儿拉回拉着来呔，哎哟，拉回了缓来啥肉儿"等惯用衬词。

花儿的演唱往往还有起音和落音两个程式，虽然在书面的曲谱中往往体现不出来，但在实际歌唱语境中不可或缺。所谓起音，就是歌手们开始唱花儿时，先唱的"哎""哎哟"之类的较为漫长的呼唤性词语。其功能在于调整音调，同时给听者一个提示。所谓落音，是一首花儿唱完后发出的辅助性呼应词，如"嗷沙""哎嘿嘿"等。其功能在于补充演唱中的某些不足，同时表示歌唱结束，期望与听者互动。所以，在花儿演唱的现场，往往是一曲刚完，听众便随声呼应，气氛活跃。

可见，花儿演唱中的衬词，不论是曲调中间夹杂的，还是曲调前后附加的，都不是可有可无的东西，而是花儿音乐的有机组成部分。

（四）思想内容形态

如此独特而精美的花儿形式，并不是毫无意义的唯美主义形式，民众创造并传承它的用意在于更好地表达人们的思想感情。所以在老百姓那里，好的形式必然表达着好的思想内容。

传统花儿主要是情歌。在长期的封建社会里，由于程朱理学思想和统治阶层制度的影响，谈情说爱被视为有悖伦理、有伤风化的事，青年男女的心理与生理需求受到严酷的压抑，他们不能公开地表达思恋，不能直白地抒说情感，而他们的生活又是那样的枯燥贫寒，背朝青天，面对黄土，无尽的苦难和苦闷的情感，需要另一种表达，正是花儿给他们带来了精神希望。所以，传统花儿以情歌为主，是最为合情合理的。但在旧时代，这样的民歌在村落里或者有大小辈在时是禁忌的，只能在山坡野洼里歌唱。所以有这样的花儿：

> 花椒的树上你甭上 / 上去时刺权儿挂哩 / 进去个庄子你甭唱 / 你唱时老汉们骂哩

花儿的爱情内容可谓包罗万象，涉及情感生活的每一个细微处，如表达相互爱慕敬重之情、抒发别后日夜相思之苦、畅说相聚时欢欣快慰之乐、表现艰难时日的忠贞不渝之志、陈述种种可能误会之因等等。当然，其中也有对叵测世道的憎恶，有对背信弃义的谴责，有对封建家长的嘲笑，有对愚昧官府的鞭挞，但几乎都是围绕着男女情爱展开的。

新时代唱花儿的环境改变了，爱情表达有了新的内容，于是出现了许多新的爱情花儿。

> 白天晚夕地泡网站 / 为听个妹妹的少年 / 打开个音响闹稀罕 / 花儿哈听了着舒坦

新编花儿极大地丰富了花儿的思想内容。20世纪五六十年代,花儿主要是歌颂党和国家领袖,赞扬新社会,批判旧社会。改革开放后,花儿则又侧重对新事物、新成就的表现,涉及的面也很广泛。

三、青海花儿的生成传承

青海花儿的生成时代,学术界有多种说法,如原始社会说、《诗经》时代说、南北朝时期说、唐代说、宋代说、明代说、清代说等。根据传唱花儿的民族的历史状况,再综合文献记录和花儿反映的早期内容,青海花儿应该生成于明代。

在元末明初,青海多民族格局基本形成,特别是湟水流域乃至河湟地区。这种格局在明代前叶稳定下来,并一直延续至今。作为河湟地区各民族共同演唱的花儿,其生成年代不会早于这个时期。从传统花儿中的一些比兴句来看,其中恰恰有诸多有关明代的内容。如"阿哥们游过十三省,人伙里挑下个你了","十三省"就是明代的区域行政建制,从朱元璋定都南京开始,至明朝灭亡,13个省的行政区划没有改变过,当时湟水流域隶属于陕西行省。到清朝康熙年间,"十三省"扩大为"十八行省",湟水流域隶属于甘肃省。花儿比兴句不说"十八省"而说"十三省",自然是明代河湟民众对当时区划的表述,而不是后代人的追忆,因为花儿的编创者是河湟地区的民众,他们对几百年前的官方区划数不会清晰地记忆。根据《明实录》《甘镇志》等文献,明代中期时湟水流域的方言已经形成,而且与今天的方言基本一致。① 这就是说,当时编创花儿的语言条件已经具备。

更为直接的佐证资料是,明代万历年间,地方官员高洪在今天民和古鄯一带写下了《古鄯行吟》组诗,其二是这样写的:

青柳垂丝夹野塘/农人村女锄田忙/轻鞭一挥芳径去/漫闻花儿断续长 ②

诗中明确提到"花儿"一词,并且描写了农家男女边耕耘边歌唱的情景和花儿曲调断续悠长的音乐特色。一个为官者能如此认知花儿,可见花儿在当时已经颇为流行,而其生成的年代当然更在此前。

花儿在河湟地区生成后,赢得各民族民众的喜爱,逐渐丰富起来,扩布开来。在清代及其后的文人笔下,花儿已经屡见不鲜。如清朝道光年间,叶礼描写青甘宁地区风物民情的《甘肃竹枝词》中有"高声各唱花儿曲,个个新花美少年"的诗句;民国史学家慕寿祺的《西宁道中》一诗中则有"风流曲成调,一路唱花儿"的句子。因为花儿是被精英文化鄙视的民间文化,过去的文人学者一般不去关注,更不会去调查记录,所以文

---

① 详见赵宗福:《花儿通论》,青海人民出版社1989年版,第二章。
② 〔明〕高洪:《秦塞草》(抄本)。

献记载极为匮乏。从这几个文人的点滴描写，我们不难窥测出花儿在湟水流域传唱数百年的历史。

花儿普及开来后，又不断与各地城镇村落以外的宗教活动黏合，逐渐形成大大小小的花儿会。这些宗教活动往往是围绕名山胜水中的佛教寺院和道教道观举行的，周边的各民族民众在敬佛拜神之余，就在这难得的世外佳地，难得的聚会时刻，在草木幽静处相聚，放声歌唱花儿，尽情地宣泄情绪。更有一些有情男女在这里相互唱着爱慕的情歌，成就一段姻缘。这样的聚会歌唱也为花儿的进一步繁荣扩布和不同风格花儿的交流提供了土壤。于是，这种聚会歌唱越来越兴盛，终于在适当的时期取代了宗教活动，成为真正意义上的花儿会。因此，花儿会是花儿展演和传承的重要场所，造就了一代代花儿传承人。

当然，花儿会只能一年一次，而且整个湟水流域只有20个左右的花儿会。花儿会并不能代替花儿歌唱传承的整个时空，村落以外的日常生产生活才是持续不断地歌唱与传承花儿的最大时空。山坡放牧、山林樵采、田地劳作、水上放筏的时候，人们也在纵声放歌，一代代地传唱、享用、传承、光大着花儿。正是这样的文化时空，孕育出一批批优秀的花儿歌手。但是由于社会环境的局限，这些优秀的歌手只能在下层民间享有盛誉，而不被上层所认可。

花儿的传统传承方式是口授心记，年轻人从小在花儿的歌声中受熏陶，边学唱边体会，逐渐提升歌唱水准。一旦在某个花儿会上崭露头角，他便成为当地有名的传承人，并不断形成自己的演唱风格。当然，也有师徒型的传承方式，往往是特别喜爱花儿的年轻人拜一两个有名的歌手为师父，长期跟随学习，这样容易成为优秀的新歌手。由于传统观念和花儿爱情内容的拘泥，家族式传承如父对子、母对女的教唱不太多见。

中华人民共和国的成立，为青海花儿的传承繁荣搭建了前所未有的平台。随着教育的普及，书面传承的形式逐渐兴盛起来，花儿爱好者把从别人那里听到的花儿记录下来，同时把公开出版的书刊中的花儿歌词加以摘录，然后反复唱诵记忆，变成自己歌唱的内容。改革开放后，随着录音、录像手段的普及，花儿爱好者便对著名花儿演唱家和优秀歌手的演唱做录音甚至录像，然后反复播放，模拟学习。同时，音像光盘等现代传播媒介也为花儿的传承开辟了新的途径。多种传承方式，为大批优秀歌手的出现提供了文化温床。

新时代尊重民间文化、推出民间艺人的良好机制，也为一批优秀歌手带来登上典雅之堂，甚至走向国际，在更大范围内成名成家的机遇。生于同仁县保安的朱仲禄，1949年就被吸收到中国人民革命大学三分部学习，毕业后成为西北歌舞团演员，后来先后在甘肃人民广播电台直播演唱花儿，在北京的"各民族大团结联欢会"上演唱花儿，在电影《太阳照亮了红石沟》里配唱花儿，同时得到国内诸多音乐家的指导，终于成为享誉海内外的"花儿王"，晚年还被中国民间文艺家协会授予"中国杰出民间艺术传承人"称号。生于循化县的苏平，17岁进入甘肃省歌舞团，1980年参加文化部举办的全国部分省、市民族民间唱法调演，1984年参加中央电视台春节联欢晚会，还先后赴日本、罗马尼亚、朝鲜以及中国台湾、香港等地访问演出，成为著名的"花儿皇后"。又如出生于民和县官亭镇的马俊,被青海省民族歌舞剧团破格录取为独唱演员,先后在"全国民族民间音乐舞蹈比赛""上海至巴黎世界歌唱比赛国内选拔赛"上成功演唱花儿,在开放的大好时代组建了青海省花儿艺术团,谱写了辉煌人生,被誉为"花儿王子"。还有著名歌手张海奎、马文娥、索南孙斌、张存秀、张秀花、童玉蓉等,无不是在尊重民间文化的社会语境中成长起来的。

如果说这些花儿歌唱家和优秀歌手是新时代花儿领域的旗手,是杰出的花儿传承人,那么还有千千万万名不见经传的民间花儿歌手和爱好者,他们也是花儿的忠实传承人。在不远的将来,他们中间还将产生很多著名歌手。

新时代花儿的展演空间更加广阔,花儿开始走入都市生活。西宁等地出现了不少的"花儿茶社""花儿剧场",还有各地举办的各种"花儿大赛""花儿演唱会",它们为花儿的普及传播推波助澜。尤其是近几年,网络花儿、手机花儿也通过新型媒介而大放异彩,深受群众的欢迎。特别值得一提的是,新编花儿歌词、花儿音乐与花儿歌舞剧、花儿叙事诗、花儿相声等新品种也接踵而来,如《马五哥与尕豆妹》《六月六》《雪白的鸽子》等歌舞剧就曾引起广泛的关注。可以说,再生态和衍生态的花儿借助音像设备、影视及高档舞台而方兴未艾。

一部分学者和花儿歌手还不满足于新编花儿的零敲碎打,着力于成规模的体系化编创,出版了一批成果。影响较大的有马得林的《新编大传花儿》[①]和滕晓天的《青海花儿唱青海》[②]。前者编创了以历史典故、历史事件起兴的系列花儿,从上古到清末的有关传说和事件都被作为新花儿的题材,俨然一部民间历史教科书。特别是严格遵循传统花儿的编创原则与风格,弥漫着原汁原味的泥土气息。后者则全方位编唱青海的山水风物、风俗民情以及建设成就,具有浓郁的时代气息和地方特色。特别是对青海各族人民建设新青海的热情与干劲的歌颂,富有社会动员的时代意义。

不容忽视的是:近年来,由于现代化生产和生活方式的冲击,原始状态的花儿演唱有日趋淡化的倾向,农村青年似乎更喜欢流行歌曲和再生态的花儿,原生态的花儿会逐渐被某些机构有意部署的集贸市场、旅游文艺所取代。传统花儿赖以生存传承的文化场域面临着严峻的挑战。

可喜的是,国家和地方政府正在采取措施,大力抢救和保护非物质文化遗产。青海花儿被公认为优秀的非物质文化遗产,分别列入国家级和省级保护项目,一些花儿内容和花儿会得到有效的保护。再加上民众对自己文学艺术的自然眷恋,原生态花儿仍将继续繁荣传承下去。

---

① 马得林:《新编大传花儿》,青海人民出版社2003年版。
② 滕晓天:《青海花儿唱青海》,香港银河出版社2009年版。

回归民间文学传统:国产动漫困境中的突围之策

徐金龙(华中师范大学) 叶继平(华中师范大学)

民间文学是国产动漫的源头活水,是国产动漫取之不尽、用之不竭的文化资源宝库。[①]然而,当下国产动漫疏离乃至背弃了民间文学传统,严重缺乏想象力和创造力,逐渐失去了与美国、日本动漫分庭抗礼的能力,在所谓的国际化、现代化过程中迷失了立身之本、生存之基——民族性,既失忆又失语:对内背弃民间传统舍本逐末,对外丧失话语权力沦为附庸。这样造成了灾难性的后果,导致国产动漫受众流失严重,国内青少年动漫受众市场不断萎缩,直接危及国产动漫的生存与发展。

一、当下国产动漫民间文学传统的迷失

当下的国产动漫与中华民族几千年的传统文化精髓隔膜得太久、太深:要么抛弃许多本民族文化的历史记忆,徒然失忆;要么不知道如何将残存的记忆童话式地传达出来,哑然失语。我们自己的动漫无异于"扶不起的阿斗",经受失忆症和失语症双重困扰,将丰厚的民间文学资源束之高阁以至无人问津。与之形成鲜明对照同时也是更可怕的是,外来动漫强国都企图染指中国古老的传统民族文化,并从中汲取动漫创作的灵感,在取得巨大经济效益的同时,极力灌输他们的价值观念和思想意志,"潜移默化"地对中国民众尤其是年青一代实施文化殖民策略。

(一)国产动漫民族化的失忆

美、日动漫强国和国产动漫早期"中国学派"的成功主要在于:动漫艺术童话式的想象并非完全没有根基,而是蕴含着深刻厚重的民族文化精神,形成了独特的民族风格,这是掩盖在巨额投资、高新科技、大制作表象下的深层动因。民族的即世界的,具有鲜明民族风格的动漫作品才能为本民族观众喜闻乐见,也才能给其他民族以美的享

---

① 参见黄永林、徐金龙:《民间文学资源对于国产动漫艺术的价值》,《文化遗产》2011年第3期;《国产动漫与民间文学的不解之缘》,《民族艺术研究》2011年第6期。

受。制作成本低、科技含量不高的日本动漫之所以能与美国大佬的大手笔相媲美，根由就在于其独特而鲜明的日本民族风格。民族化在任何时候都是摆在第一位的。然而，20世纪90年代以来的国产动漫患上了严重的失忆症：一味盲目西化，慢慢背弃民族化传统，东施效颦，渐行渐远，竟至于找不着北。典型的如《魔比斯环》。

平心而论，《魔比斯环》并不是一部粗制滥造的国产动画片，它的成熟技术代表着目前中国三维动画电影的最高水平。《国际漫画艺术》杂志编辑约翰·雷特（John Lent）看完该片后说："我毫不怀疑，你们的技术已经开始抗衡好莱坞或欧洲。"①但就是这么一部大制作，与同期上映的外国动画大片《加菲猫2》相比，《魔比斯环》的票房简直惨不忍睹，上映后首周票房却不过区区200万元。令人痛心和不解的并非票房上的失利，而是中国动漫人民族文化自信心的严重缺失。不能否认《魔比斯环》在技术和产业化方面对中国动画电影所做的贡献和影响，但至少在文化传承这一块，它并不尽如人意，首先就使得中国观众缺乏文化认同感。先是民族的，然后才是世界的，《魔比斯环》显然没有做到这点。该片败北的最主要症结就是舍本逐末，为了技术放弃了艺术，为了国际化放弃了民族化，缺乏中华民族的文化底蕴和民族特色。文化上的错位导致该片不土不洋，不伦不类。

仅从片名上看，它就显得洋味十足，从一开始就让中国观众感到莫名其妙。主角形象都是高鼻深目、黄毛蓝眼的欧美人，名字也是西洋的。中国艺术研究院院长助理贾磊磊指出："影片从故事情节到人物设计上完全是西化的，中华文化再次从这部影片中缺失。"②该片最初的故事创意来自法国让·纪劳的漫画，情节结构采用英国莎士比亚《哈姆莱特》的故事原型，然后加入了一些魔幻和科幻的因素，讲述了一个在科幻电影中很常见、很老套的平庸故事。这种题材显然并不新奇讨巧，早在美国动画片《狮子王》、美国电影《王子复仇记》和中国电影《夜宴》中被反复多次演绎过。而且，该片模仿西方的痕迹相当严重，连人物的名字都是英文名。正如北京电影学院郑洞天所说的，"《魔比斯环》的场面像《星球大战》，城市构造像《第五元素》，战争场面像《指环王》，故事是从国外学来的，整部影片就是没有中国文化元素"③。再加上原汁原味的英文台词，时下最流行、最前卫的炫酷元素，全然欧美式的表现手法……整部影片国际化得让人忘记了它的血缘出处，难以想象这一切竟然出自中国动漫人之手，如若不是其中一段有板有眼、中规中矩的中国功夫打斗场面，外加几个晃来晃去的中国龙的镜头，恐怕再也找不出多少传统意义上的中国元素了。每一个不熟悉此片背景的观众，都会误以为这是一部西洋作品。作为中国原创，《魔比斯环》没有中国人智慧的体现，没有中国人艺术的创造，没有中国文化的传递，更没有中国人思想的展示，根本没让中国观众体味到中国本土文化的存在，反倒让他们在心理上感觉到一种文化背叛。"一个中国产品，如果完全按照西方文化的配置、用外国人都熟悉的故事和场景去竞争，其实并不具有竞争

---

① 《〈魔比斯环〉办发布会 动画生力军崛起国际市场》，电影网，http://www.m1905.com/filminfo/news/2006/5/241337423582.html。
② 杨时旸、刘鹤翔：《魔比斯环：中式动画大片搁浅之谜》，《财经时报》2007年1月20日。
③ 杨时旸、刘鹤翔：《魔比斯环：中式动画大片搁浅之谜》，《财经时报》2007年1月20日。

优势。同时,从剧作来看,影片故事复杂,元素太多,核心的东西却被稀释了,我觉得这其中有一个技术倾向的问题:为了完成技术上的难度,我们放弃了一些剧作上的东西,影响了故事的完整性。而放弃的东西显然无法用技术来弥补,这成为影片的致命伤。"①

　　动漫创作需要的是民族自信心和民族独特的创造力,而不是盲目地迷信外国大牌,迷信外国的高端技术等虚浮的东西。更有甚者,为了所谓的国际市场,将自己的文化传统和民族精神牺牲殆尽,这无疑是本末倒置、舍本逐末。重金和高科技挽救不了动漫艺术,振兴不了愈发萎靡困顿的国产动漫市场,更不能疗救中国观众日益扩大的对国产动漫的厌弃心理。看看美国制作的动画片《花木兰》和《功夫熊猫》,它们同样是瞄准国外市场,采用了国外的题材,形式上充满了国外的元素,可是骨子里还是美国的东西。再想想"中国学派",当时的技术要比现在落后得多,资金和人才更是少得可怜,可是那时创作的《大闹天宫》《哪吒闹海》等经典动画片,即使在今天看来依然光彩夺目、毫不逊色,个中原因值得中国动漫人好好反省和深思。曾为《大闹天宫》配音的六小龄童表示:"花木兰、孙悟空这些形象都代表了中国传统文化,却被外国人当成宝贝去拍,我们的制作方忽视传统题材挖掘,而去照搬西方动画的东西,这样下去中国动画电影只会走入死胡同。"关于《魔比斯环》,他很痛心:"中国人去拍西方风格的动画片,西方人却来挖中国题材找故事,国产动画片还有没有未来?"②

(二)国产动漫国际化的失语

　　中国动漫一方面对自身文化传统认识不足、缺乏自信,导致妄自菲薄、舍本逐末;另一方面,对强势的西方文化有着盲目的崇洋媚外心理。即使是以中国民族文化为题材的动漫作品,也在一味学习模仿西方的同时,丢掉了本民族的文化精神,暴露了自身的严重缺陷,丧失了国际竞争力和全球对话权,罹患了失语症。这在近些年代表我国动漫综合实力的动画电影《梁山伯与祝英台》中暴露无遗。

　　2003年,上海美术电影制片厂和台湾中影公司联合打造了动画片《梁山伯与祝英台》,这部动画片取材于中国民间著名的四大传说之一的梁祝传说。我国政府在2003年将梁祝传说申报联合国教科文组织设立的人类口头和非物质遗产代表作。2006年,梁祝传说被国务院列入国家首批非物质文化遗产名录。"可以说,梁祝文化占领了中国几乎所有的剧种、曲艺,为广大民众所喜闻乐见。"③

　　动画长片《梁山伯与祝英台》历经数年,投资数千万,重新诠释演绎了东方版的《罗密欧与朱丽叶》。制作单位把最早的《梁祝》电影中的黄梅调换成时下流行的RB,请来台湾综艺节目当红主持人吴宗宪为马文才幕后配音,并RAP说唱《你不能不知道我是谁》。这虽然增添了不少喜剧和搞怪色彩,但放在一个凄美绝伦的爱情悲剧当中显得极不合调,有些不伦不类。梁、祝的形象参考了著名歌星萧亚轩与刘若英的原型,并

---

① 王纯:《〈魔比斯环〉走出中国三维动画长片的第一步》,《电影艺术》2006年第5期,第133—134页。
② 湘明:《魔比斯环:中国动画无底之渊》,《科学大观园》2008年第12期,第26—27页。
③ 钟敬文:《梁祝文化大观·序言》,中华书局2000年版,第1页。

由萧亚轩反串梁山伯,由刘若英出演祝英台。然而,祝英台在造型上怎么看都像是模仿迪士尼的花木兰,在性格方面与花木兰也颇为类似,在爱情方面的追求却又比花木兰大胆泼辣得多,完全是一个穿着中国服装的美国人。客观来说,该片有其成功之处:在选题立意方面挖掘中国古老的民间传说,结合了现代流行文化时尚;场景设计追求写实与意境的融合,给人以较强的视觉冲击力;丰富了故事情节,加入了"河伯娶亲"的戏中戏;加入幽默搞笑的小宠物,增强了故事的趣味性;汇集了当红影视歌明星刘若英、萧亚轩和吴宗宪等人配音,不亚于一出现代偶像剧。但是,该片的内伤也是显而易见的,除了人物性格单一、概念化倾向严重、祝英台几次对梁山伯暗示女性身份的戏剧情节被舍弃之外,最致命的是该片缺失了主体文化精神,只是借中国的传统故事和历史背景的表层符号去表现西方化的爱情故事,变成一部集诙谐、搞笑、煽情于一体的爱情闹剧。"《梁》假借中国符号,以讲述一个西方化的爱情故事,不是后现代主义式的戏仿(parody),却是后殖民性的深刻体现。"①按说该片的核心应放在表现梁山伯与祝英台之间生死相许、感人肺腑的忠贞爱情上面,突出祝英台女扮男装去争取受教育的权利,大胆热烈追求自主爱情和婚姻,与封建礼教毫不妥协,并与之做不屈的反抗和斗争,这样更能加深二人爱情悲剧催人泪下的力量。但是,祝英台的抗争仅仅只是以河伯娶亲这一戏中戏的形式,通过她的戏词象征性地表达了一下,楼台相会那一段的细节刻画也不够细致深入,压根引不起受众的情感共鸣。该片结尾马太守的悔悟式表白,更是让人匪夷所思。

该片有形无神,令人扼腕叹息。有评论说得好:"假如不是借《梁祝》这个家喻户晓的故事的广告效应来演练电脑技法,且通过诸多意义不明确或是对于主题表现而言,关联度为负值的符号,来传播美国通俗文化,而是要诠释和演绎中国的传统爱情故事,我想《梁祝》不仅要'减肥',而且有必要进行'整容'。"②国产动漫在模仿中学习无可厚非,但最终取得成功的原因不可能是模仿得有多么像,而是在创新中找准自己的民族特色和文化定位,否则就算借用民族化的题材,没有了民族化的主体文化精神,也只是一具没有灵魂和思想的躯壳而已,它在国际上的失语是不难想象的。"学习国外好的经验,只是'为我所用',最终为了创造自己民族的新的动画风格……艺术上的抄袭和模仿,只能成为他人文化上的附庸,是没有发展前途的,只有立足民族文化而去开掘创新,才能有所作为。"③

(三)外来动漫对中华民族文化资源的掠夺和再创造

1998年,一部美国动漫电影《花木兰》(*Mulan*)让中国人的心情变得十分纠结。一方面,中国喜闻乐见的古典题材被美国动漫巨头迪士尼搬上了银幕,这对任何一个有良知和责任心的中国人来说无异于一记棒喝,警醒中国人对自己国家的古老文化传统进

---

① 吴平平:《中国近期动画动作设计的迪斯尼风格——以〈梁山伯与祝英台〉为例》,《美与时代》(上半月)2007年第11期。
② 刘月林:《动画片〈梁山伯与祝英台〉解析》,《艺术教育》2005年第5期。
③ 张松林:《总结过去 展望未来——为上海美术电影制片厂成立四十周年而作》,载中国电影年鉴社编纂:《中国电影年鉴1998—1999》,中国电影出版社2000年版,第210页。

行重新审视和定位,反思自身的差距和不足;另一方面,影片中那个似曾相识的花木兰和她的故事对我们来说熟悉而又陌生,然而骨子里却渗透着美国式的文化精神。①

2008年6月,美国梦工厂与派拉蒙合作,推出以中国国粹功夫和中国国宝熊猫为核心元素的励志动画电影——《功夫熊猫》(Kung Fu Panda),给失忆的中国动漫再上了生动而又深刻的一课。

"功夫"(Kung Fu)一词是中国独有的文化标签,在众多西方人眼里是中国传统文化的精髓之一。很多西方人就是从功夫片开始了解中国的,中国第一个走向世界的明星李小龙实际上就是武打出身,其后成龙、李连杰等功夫明星在美国好莱坞发展并广泛被世界人民所知晓和喜爱。大熊猫是中国独有的世界珍稀物种,作为中国的国宝,它还是国际动物保护基金会的标志。《功夫熊猫》以功夫和熊猫这两个重量级的中国文化符号的组合为题材,仅从片名上就透露出浓浓的中国情结。然而,《功夫熊猫》并不是对中国元素进行简单堆砌,而是将中国文化精神渗入影片的细枝末节,让观众从一开始就强烈感受到浓郁的中国风情,疑心是中国人自己拍摄的影片。如将梦工厂家喻户晓的Logo标识改成了中国风格:原本普通的垂钓男孩变成一副短打装束、戴斗笠、持少林棍的猴子,在中国传统水墨背景下,它以中国侠客特有的蜻蜓点水的轻功掠过水面,跃过中式屋檐,然后坐上月牙垂钓。片中运用的中国元素让人目不暇接,如熊猫、功夫、太极、针灸、牌坊、庙宇、汉字、书法、筷子、豆腐、丽江小桥、桂林山水等,影片对许多中文发音的词语原样保留,像"师傅""乌龟""豆腐"等,将"中国风"发挥得酣畅淋漓。从题材情节来说,该片是一个草根变成英雄、正义战胜邪恶的老套的武侠故事,这对于看过古龙和金庸武侠小说的中国人来说再熟悉不过了,然而却是美国个人英雄主义的又一个中国版本。它将好莱坞经典的"美国梦"与中国传统文化元素结合得行云流水,将中国传统哲学尤其是道家的思想智慧融入现实的人生世界,用一个看似无厘头的虚拟故事给人们以心灵的触动与感悟,使一个看似平常的故事变得耐人寻味,让观众对中国文化产生亲切感和认同感。《功夫熊猫》的导演约翰·斯蒂文森(John Stevenson)说:"我们每个人的童年都有过支持弱者和战胜恶魔的情结,而我又是一个中国功夫和中国文化的爱好者,所以《功夫熊猫》的主意就是这样出来的。可以说,这部动画片是一封写给中国的情书。"②《功夫熊猫》的另一位导演马克·奥斯本(Mark Osborne)迷恋中国功夫,多年研究中国文化。为了使片中的中国功夫惟妙惟肖,制作班底观看了大量港产功夫电影,幕后人员亲自上阵接受中国功夫训练;"而片中那些华丽的中国古代建筑、山水风光,则是影片的美术总监花了8年时间钻研中国文化的结果"③。

这只憨态可掬的熊猫阿宝(Apo,港译阿波)一面世便俘获了全世界的眼球和钱

---

① 参见徐金龙、黄永林:《美国动漫Mulan对中国木兰传说的创造性转化》,《思想战线》2012年第1期。
② 阎云飞:《功夫熊猫是写给中国的情书》,《新闻晨报》2008年5月26日。
③ 参见傅根生:《从〈功夫熊猫〉看国产动漫原创力》,《电影文学》2008年第24期;马华:《动画创作中"中国风"的"变"与"不变"——〈花木兰〉与〈功夫熊猫〉给中国动画创作的启示》,《北京电影学院学报》2009年第3期。

袋：在北美公映后，首个周末就收获了 6000 万美元，超过好莱坞历史上所有动画片的票房；"出口转内销"到中国后，即便遭遇汶川地震、民间艺人行为艺术抵制等突发事件，依然叫好又叫座，在我国上映的第一周就取得了 3800 万元的成绩，国人对这只来自美国的熊猫的喜爱程度可见一斑。截至 2008 年年末，在该年度全球电影票房排行榜中，《功夫熊猫》位居前三名，狂赚 6.32 亿美元！[①] 时隔三年，2011 年 5 月 28 日，3D 版《功夫熊猫 2》在中国上映，首个周末票房破亿，上映 10 天就已逼近 4 亿，创下内地最卖座动漫纪录。该片在浓浓的中国皮影和剪纸艺术中拉开帷幕，功夫熊猫神龙大侠阿宝携盖世五侠，再次带着它憨态十足的搞笑功力来到大家身边。形式上，这是一部彻头彻尾的中式武侠电影；内容上，又是非常典型的美国梦故事。阿宝不愧是保护和平谷的真正的神龙大侠，这一次拯救凤凰城的冒险历程，其实更是他追寻自我的心路历程。他终于揭开了自己的身世之谜，领悟了"我是谁？我从哪里来？"的命题后，用类似于太极拳式的"静下心来"的功夫击败了白孔雀沈王爷，粉碎了孔雀王称霸中原、毁灭功夫的阴谋。如果说第一部是励志片，第二部则亲情味十足，鸭爸爸平先生与阿宝的父子情深让人感动。阿宝梦见父母的那一段，特别采用 2D 手绘动画形式，却比 CG 制作更花时间和心机，银幕上虽然只有短短 2 分钟，其实要画上 3000 幅画，由 10 多位画师合力花上 3 个月才完成，堪称呕心沥血之作。

看着普通话版《功夫熊猫》及其续集，要不是片尾出现一连串英文制作班子的名单，真让人疑心是中国人自己制作的。许多看过的观众哗然惊呼：纯美国制造的《功夫熊猫》太中国化了，甚至比中国人拍的还中国！要是意识到只有 200 多年历史的美国人，将具有几千年悠久历史的中国文化演绎得如此炉火纯青、出神入化，那么带给中国观众的震撼和冲击恐怕还要强烈。当初《花木兰》在中国上映，就有众多有识之士高呼"狼来了"，10 年后的《功夫熊猫》再一次深深刺痛中国人那根敏感脆弱的神经。看过《花木兰 2》和《功夫熊猫 2》之后，如今的观众似乎已经麻木：管你是谁制作的，开心好玩就行。有识之士除了义正词严地批评几句梦工厂对中国文化的剽窃和掠夺之外，也只能眼巴巴看着国产动漫束手无策、无动于衷、依然故我，在困境里越陷越深，甚至有点自甘沉沦。中国人守着金山过穷日子，瞅着美国人几次三番地拿我们民族文化资源赚钞票赚人气，我们自己却不争气、挺不直腰杆。同样是以熊猫形象为题材，中国不是很早就有一部《熊猫晶晶》的动漫吗，但是中美两国分别塑造的这两只熊猫压根不在一个档次，差距显而易见。

痛定思痛，国产动漫应该重拾对本国传统文化的自信心，从 5000 年的中国文化历史长河中去挖掘和组织资源，植入更深的文化历史和思想内涵的思考，同时谋求与时尚的大众文化的融合贯通，如此既契合东方观众原有的期待视野，也能为西方观众带来异域奇观。"《功夫熊猫》横扫全球的背后，暴露出的是中国电影文化视野狭窄，缺乏发现

---

① 《2008 年动漫电影票房总结：功夫熊猫拿下 6 亿》，人民网，http://comic.people.com.cn/GB/123931/8618187.html。

力、创造力、想象力,实质是缺乏对本民族文化的深层理解。"① "这种表面看来只是中华文明走向世界舞台的文化现象却反映了一个根本的问题,中国缺乏对文化资源保护、开发的意识和创新的能力,缺乏文化竞争力。"②

二、国产动漫受众调查中折射的市场危机

笔者对武汉市中心城区各年龄段青少年学生接受动漫的情况进行了问卷调查。该调查问卷投放在华中师范大学附属小学、武汉"妙笔作文"教育培训机构总部、华中师范大学第一附属中学、武汉市情智学校、华中师范大学等单位,主要针对武汉市中心城区10—35岁的青少年学生,从小学、初中、高中到大学,兼及研究生,覆盖学士、硕士和博士学位层次。其中,大学涉及文、史、哲、经、管、法、理、工、教育、艺术十大学科门类。同时,通过互联网进一步征集到一些客观数据。

该项抽样调查共计发放问卷720份,回收700份,有效问卷698份。从调查对象的性别比例来看(见图1),男女比例相差不大:男生占46%,女生占54%。从调查对象的年龄分布来看(见图2),主要集中在35岁以下,12岁以下占29%,13—18岁占34%,19—28岁占35%,29—35岁和35岁以上各占1%。

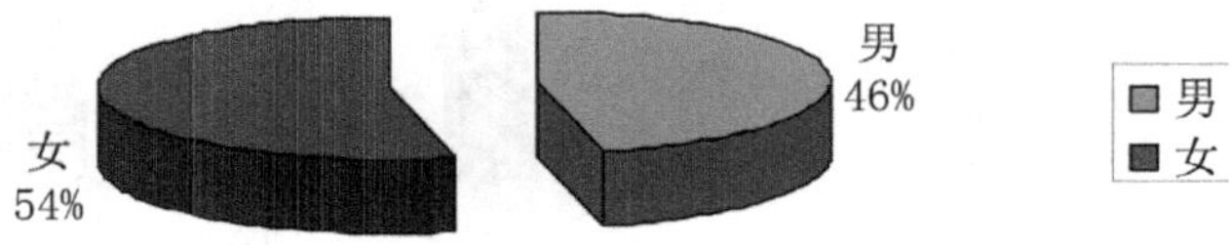

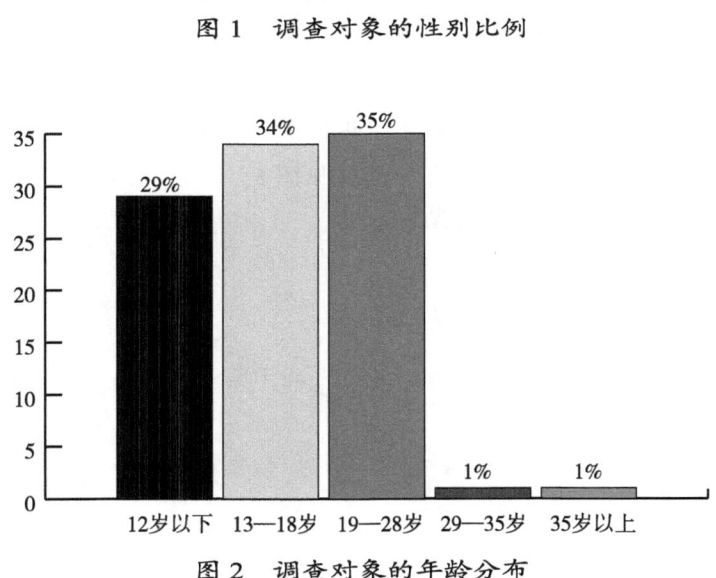

图 1 调查对象的性别比例

图 2 调查对象的年龄分布

---

① 孙丽萍:《对待〈功夫熊猫〉光痛心不行》,《大众日报》2008年6月22日。
② 章莉、景进安:《中国动漫产业发展问题与对策》,《生产力研究》2006年第11期,第155页。

从调查对象的学历分布来看（见图3），主要集中在小学、中学和大学，差不多各占1/3，硕士占7%，博士占2%。从调查对象接触动漫的时间来看（见图4），最多的是接触3—5年，其次是10年以上。

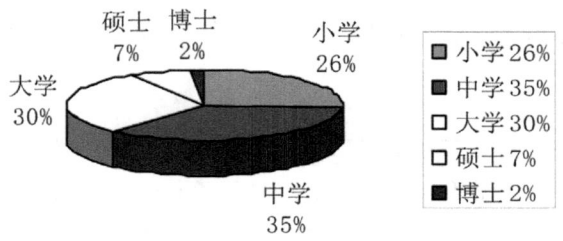

图3　调查对象的学历分布

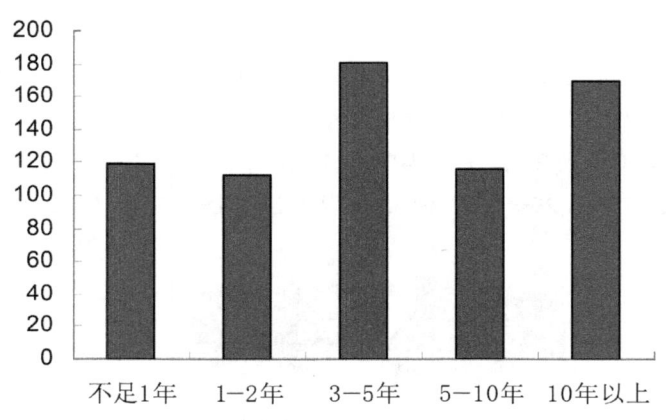

图4　调查对象接触动漫的时间

从调查对象所看动画片的数量来看（见图5），最多的是看过1—10部，其次是11—30部。从调查对象所看漫画的数量来看（见图6），与其看动画片的情况比较一致。这里也有很少一部分人连一部动漫都没有看过。

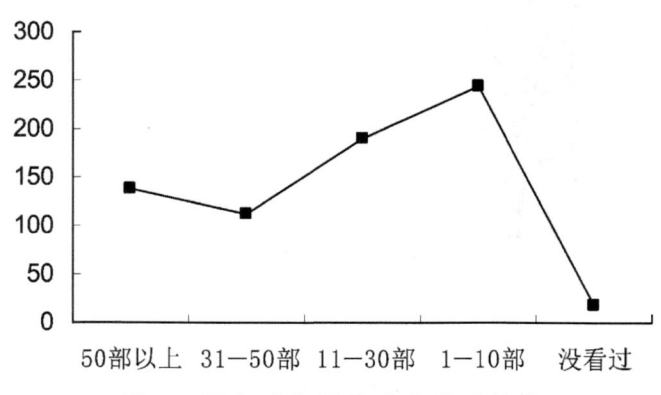

图5　调查对象所看动画片的数量

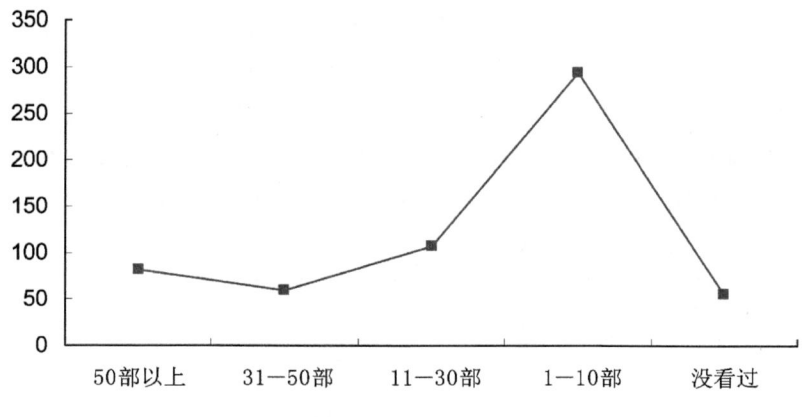

图 6 调查对象所看漫画的数量

从调查对象每周观看动漫的时间来看（见图 7），大部分在 5 小时以下，其次是 5—12 小时，基本不看的也占了相当大的比例，这可能与学生的繁重学业有直接关系。从调查对象了解动漫资讯的途径来看（见图 8），绝大多数是通过电视或广播以及网络的方式。

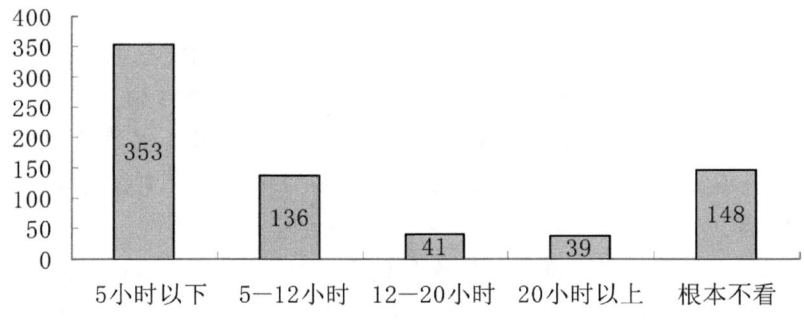

图 7 调查对象每周观看动漫的时间

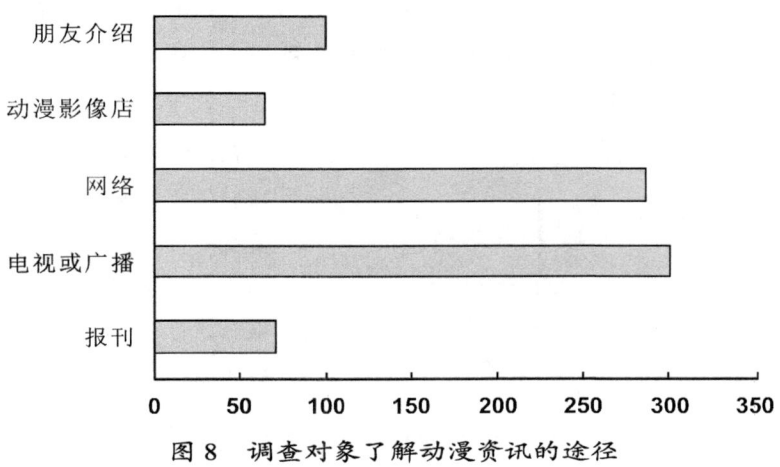

图 8 调查对象了解动漫资讯的途径

其中，最喜欢哪个国家或地区的动漫（见图9），第一位是日本，占54%，第二位是美国，占19%。仅美国和日本就占了70%以上，足见外国动漫在青少年学生中的影响力。喜欢的原因，第一位是"情节内容更吸引人"，占27%，其次是"动漫制作技术更成熟"和"人物形象生动"，分别占22%和18%。不喜欢中国动漫的原因，最主要是"剧情比较呆板、枯燥、单一"，占23%，其次是"制作的水平不高、技术含量低"。不过，近一半的人认为中国动漫的水平虽然一般，但有自己的特色。近30%的人认为动漫是"超越年龄和国界的艺术"和"一种有经济潜力的文化产业"，并认为发展动漫产业有利于"起到教育引导作用""发展经济"，"是对中国文化的继承方式之一"。

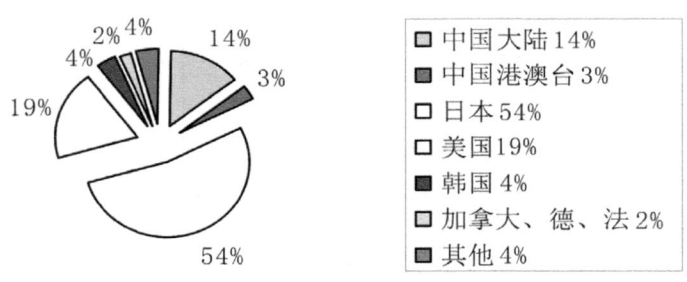

图9　最喜欢哪个国家或地区的动漫

"魔法玄幻类"题材的动漫作品最受欢迎。喜欢的动漫作品，按得票率高低依次是《名侦探柯南》（334票）、《猫和老鼠》（313票）、《机器猫》（273票）、《蜡笔小新》（256票）、《功夫熊猫》（242票）等。喜欢的国产动漫作品依次是《喜羊羊与灰太狼》（339票）、《大头儿子小头爸爸》（274票）、《葫芦兄弟》（260票）、《宝莲灯》（187票）、《黑猫警长》（185票）等。

喜欢的动漫形象，按得票率高低依次是柯南（277票）、机器猫（247票）、蜡笔小新（222票）、米老鼠（180票）、Tom和Jerry（167票）、变形金刚（164票）、樱桃小丸子（162票）等。喜欢的国产动漫形象依次是喜羊羊（280票）、孙悟空（210票）和葫芦娃（210票）等。

关于动漫作品中最重要的元素（见图10），首推"故事情节"，占30%，其次是"视觉效果"，占19%。关于动漫题材的来源（见图11），第一位是"漫画"，其次是"通俗畅销小说"和"寓言童话"。

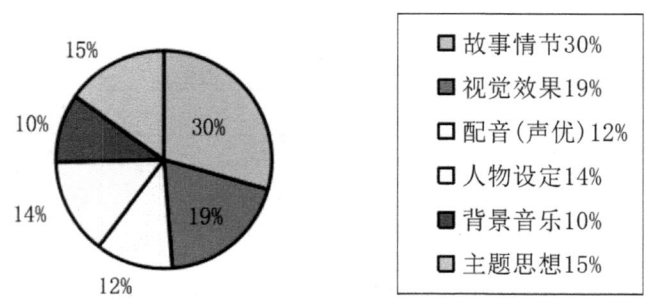

图10　动漫作品中最重要的元素

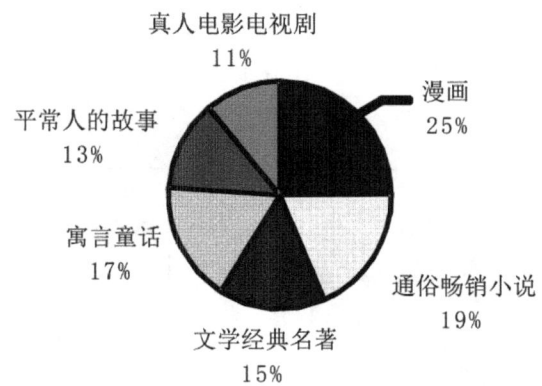

图 11　动漫题材的来源

中国与其他国家动漫相比的优势（见图 12），最明显的是"丰富的文化底蕴"，占 39%。阻碍国产动漫发展的因素，首要的是"题材来源单一（过于传统）"，随后是"故事内容单薄"。国产动漫还存在的问题是"人物脸谱化，教育特征明显"和"太幼稚了"。提高国产动漫的水平和影响力，主要是"多向动漫发达国家学习先进经验""鼓励私人创作好的作品""商业化，将动漫作为一门产业"。

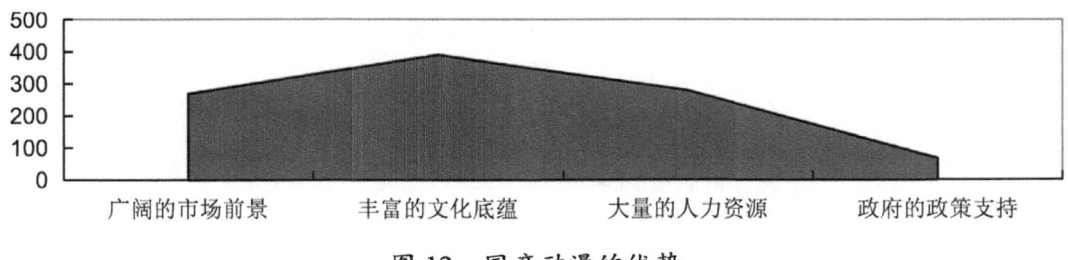

图 12　国产动漫的优势

最适合国产动漫的发展道路（见图 13），首推"先'漫'后'动'的（偏日）"，其次是"结合中国民族传统元素"。

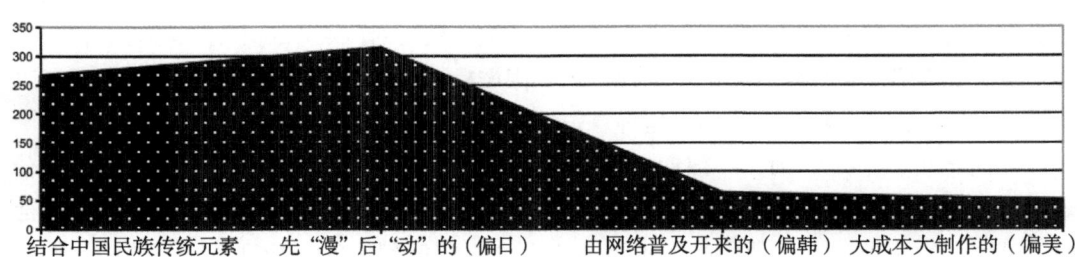

图 13　最适合国产动漫的发展道路

目前最缺乏的动漫人才（见图14），首推"人物设计"和"编剧"，分别占18%和17%。感兴趣的动漫讲座主题（见图15），首推"美日动漫的运作销售模式"和"游戏、漫画、原创对于动漫产业化的效果如何"，分别占26%和25%。

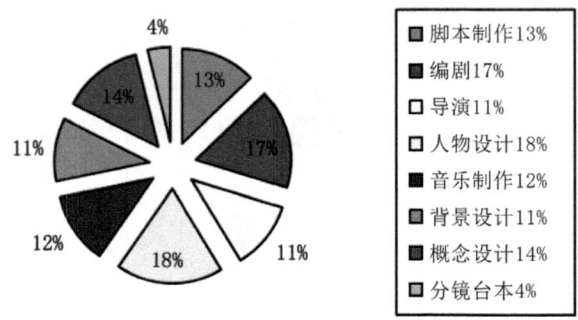

图14　目前最缺乏的动漫人才

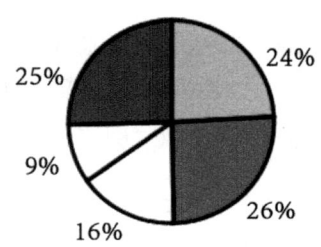

图15　感兴趣的动漫讲座主题

通过对以上调查数据的分析得出，国产动漫全方位落后于美国、日本等国，中国的受众市场向美、日一边倒，青少年学生哈日、哈美，就是对国产动漫不怎么感冒。作为国产动漫的生命线，青少年动漫市场直接关系到国产动漫的生存与发展。然而，国产动漫受众流失严重，受众市场不断萎缩。这种窘迫处境下的国产动漫内外交困，危机重重。

同时也可以清楚看到，一部动漫作品的受欢迎程度取决于故事内容。国产动漫讲什么故事、怎么讲故事的水平和能力与美、日等国相形见绌，能不能吸引受众眼球，给他们带来强烈视听冲击，在他们脑海里烙下不可磨灭的深刻印象，并且震撼、感动他们的心灵，尤其值得每一位有识之士特别是国产动漫作者深思和探究。

三、国产动漫困境中的突围——回归民间文学传统

有人认为,振兴国产动漫艺术应该从提高制作技术入手。诚然,技术能够极大提高动漫作品的艺术表现力,但是千万不要本末倒置、舍本逐末,即使是最好的制作技术和表现手法也要依附作品的故事内容和文化底蕴,形式归根到底是为内容服务的,《魔比斯环》就是典型的反面教材。中央电视台动画技术师王均感叹:"其实我们在制作技术上与国外的差距还是次要的。只要你舍得花钱,技术是可以引进的,但故事不行,一个国家有一个国家的文化。比如《魔比斯环》,其画面和制作技术堪称精良,但在故事情节上西化太严重,不适合中国人的口味。"[①]前国际动画协会主席、美国动画家哈拉斯也尖锐地指出:"你们的动画片应该保持自己的中国风格,不必去学习西方;如果你们的动画片拍得和美国一样,那还用你们去拍吗?"[②]他们都看到了国产动漫最核心的问题不是形式而是内容,不是技术而是艺术。众多电影评论家也纷纷指出:剧本的失败是中国动漫失败的首要原因。中国传媒大学动画学院副院长石民勇教授曾毫不客气地说道:"和美日等国比较起来,我们的落后是全方位的。"这种落后首先是剧本的故事内容差,年龄稍大点的看着觉得特别假,"既没体现出民族特色,也没有让人亲近的价值观,以致大人不屑看,小孩不爱看"[③]。国产动漫要在中国式困境中突围,首先必须反躬自省,以内容为王,重塑民间文学传统。北京辉煌动画公司的袁志刚说:"动画是内容为王的。如果我们的内容够精彩,那么即使是在与外国动画竞争的情况下,也应该有自己的市场。因此,我们遭受毁灭性的打击,根源在于我们的内容不具有竞争力。"[④]

内容的关键性因素就是剧本。剧本乃一剧之本,是决定一部动漫作品优劣好坏的最根本因素。好的动漫剧本是提升作品思想内涵、得到观众认可的首要前提,它对一部动漫的成败起着关键性、决定性的作用。作为"一剧之本"的动漫剧本的创作是最关键、最基础的工作。日本著名电影导演黑泽明指出:"总之,一部影片的命运几乎要由剧本来决定。我甚至认为,抓住一个好的剧本是导演艺术的第一步。"[⑤]动漫中所有我们看到的那些梦幻般的动漫场景、匪夷所思的视听奇观、震撼人心的感人情节,这一切的开端无疑正是一个好的剧本。剧本创作有两种类型,一种是原创,另一种是改编。改编历来是动漫剧作的重要来源,许多成功的动漫作品源于改编,最主要的是改编自民间文学,其次是文学经典名著。

无论是原创还是改编,动漫编剧都应立足中国本土文化的土壤,一定要避免对美、日动漫的单纯跟风模仿,选择能反映本民族文化内涵和民族精神的题材,在主题内涵上

---

① 《7年国产动画片败给境外对手》,《法制晚报》2007年8月17日。
② 张松林:《20世纪中国动画艺术史》,陕西人民美术出版社2002年版,第2页。
③ 《7年国产动画片败给境外对手》,《法制晚报》2007年8月17日。
④ 《中国动漫的中国式困境如何找到出路》,《人物周刊》2009年9月21日,见凤凰网,http://book.ifeng.com/special/labixiaoxin/list/200909/0921_8117_1358350_1.shtml。
⑤ [日]野田高梧:《剧作结构基础》,杜晨译,《世界电影》1984年第4期,第182页。

要深入挖掘，从民族审美心理的特性出发，反映中国人特有的价值观念，展现中华民族独有的民族性格，让我国民族文化丰富的内涵和深邃的底蕴在动漫艺术中得到诠释和张扬。多年的经历及事实都证明，"只有民族的才是世界的"，艺术越有民族性才越有国际性。正如加拿大动画教育家罗宾·金（Robin King）教授在第二届国际文化创意产业博览会动漫设计大师国际论坛上所说："中国动漫产业的当务之急不是照搬好莱坞和日本动漫的形式，而是要用中国的方式来诉说中国自己的动漫故事。中国有着数千年的悠久历史和文化积淀，还有许多文学作品，这些都是动漫产业创作的土壤。"[①]"中国动画如期望在未来的产业竞争中占据一席之地，必须加强对于传统文化的深入挖掘。各种形式上的技巧，各国动画是不难互通有无的，但唯有对本国传统文化的挖掘与表现，这是其他国家的动漫作者不可能与之相比的。"[②]

中国有着悠久的历史，深厚的文化底蕴，鲜明的民族特色，数不胜数的神话传说，浩如烟海的民间故事。据不完全统计，1979—1984年出版的民间文学作品就达600多种；仅1984—1990年《中国民间故事集成》《中国歌谣集成》《中国谚语集成》三套民间文学集成就收集整理了全国各地民间故事（含神话、传说）183万篇，民间歌谣320万首，民间谚语784万条，总字数近40亿字；到2004年，民间文学"三套集成"的收集基本完工，收集到的各项数据远超1990年。[③]"《中国民间故事集成·四川卷》在《后记》中就告诉我们，短短几年中，他们通过普查收集到的民间文学资料达73万件，其中故事16万多篇，编印的故事资料本就达104种。"[④] 民间文学资料的采集历时20年，可谓我国民间文化的万里长城。中国的民族民间传统文化艺术资源非常丰富，拥有几千年积淀而成的民族文化符号，而且有着广泛的受众群体。这些丰厚的本土历史文化资源是国产动漫取之不尽、用之不竭的文化宝库。

国产动漫应将对民间文学资源的挖掘放在一个战略高度上，以此打造中国动漫产业的核心竞争力，制定自己的"资源—产品—品牌"战略。首先，吸引精通民间文学和民俗文化的创意人才，通过充分整理、挖掘民间文学资源来夯实编剧创作的根基。其次，制作出真正具有中华民族文化特色的动漫产品去占领国内和国际市场。最后，通过对动漫产品的宣传和推广，积累影响力，最终树立起具有中国特色、中国气派、中国风格的动漫品牌，在动漫民族化基础上实现现代化、国际化、产业化。

---

① 杨汛：《中国动漫需要中国方式诉说》，《新华日报·文化》2007年11月12日。
② 陈奇佳：《日本动漫艺术概论》，上海交通大学出版社2006年，第202页。
③ 凌漆云：《回归民间：中国民间文学研究百年反思》，《船山学刊》2004年第1期。又见韩英、陈少峰：《中国动漫产业发展出路分析》，山东文化产业网，http://www.sdci.sdu.edu.cn/detail.php?id=12962。
④ 刘守华：《〈中国民间故事集成〉的特色与价值》，《北京师范大学学报》（社会科学版）2010年第2期，第41页。

白族大本曲的文化内涵及传承发展

董秀团（云南大学）

文化是民族之根。中国的56个民族共同创造了丰富灿烂的文化，形成了我国多元一体的文化格局。中国共产党第十七届中央委员会第六次全体会议审议通过了《中共中央关于深化文化体制改革、推动社会主义文化大发展大繁荣若干重大问题的决定》。会议指出，总结我国文化改革发展的丰富实践和宝贵经验，研究部署深化文化体制改革，推动社会主义文化大发展大繁荣，进一步兴起社会主义文化建设新高潮，对夺取全面建设小康社会新胜利、开创中国特色社会主义事业新局面、实现中华民族伟大复兴具有重大而深远的意义。全会强调，要发展面向现代化、面向世界、面向未来的，民族的、科学的、大众的社会主义文化，培养高度的文化自觉和文化自信，提高全民族文明素质，增强国家文化软实力，弘扬中华文化，努力建设社会主义文化强国。[①]在党和国家方针政策的指引下，对我国56个民族的文化进行较为深入的研究，对进一步繁荣和发展各民族的文化、增强各民族的文化自信无疑具有重要意义。本文仅选取我国民族大家庭中的一员——白族的典型文化事象大本曲进行探讨，以期在一定程度上能促进对民族文化的进一步关注。

大本曲是白族民间一种特有的说唱艺术，主要流传于云南省的大理白族地区，深受白族民众喜爱。从说唱的形式上看，大本曲属于有说有唱、以唱为主的类型。其曲本散韵相间，道白为汉语，是散文形式，唱词为白语，是韵文形式。大本曲的唱腔结构形式属联曲体，各个曲牌可用于抒情、叙事，表现人物的喜怒哀乐。从格式上说，大本曲主要采用"七七七五"的白族山花体格式。从内容题材上看，大本曲曲目多数是移植自汉族的民间故事、传说、戏曲等，既有关于忠孝节义的，也有叙述才子佳人和家庭悲欢离合的。大本曲是白族文化系统中极具代表性的文化事象，具有丰富的文化内涵，特别是反映了白族文化发展过程中对外来文化特别是汉文化的吸收和整合，体现了白族本土文化和外来文化的交流、融汇。

[①]《中国共产党第十七届中央委员会第六次全体会议公报》，《人民日报》2011年10月19日。

一、大本曲是民族文化交流的产物

白族主要居住在云南省大理地区，具有悠久的历史和灿烂的文化。尽管地处西南边疆，但白族文化与内地汉文化之间的交流却早已拉开了序幕。特别是在南诏时期，白族地区在经济文化上与中原内地保持着密切的联系。南诏时曾派子弟到成都学习，历时50余年，学成数千。南诏王阁罗凤、异牟寻等均向慕并身体力行地接受和学习汉文化。到明清时期，伴随着大规模的移民涌入，汉文化更以全方位的势态进入白族地区，汉文化和白族文化的交流达到了又一个顶峰。在长期的文化交流中，白族文化受到汉文化的熏陶和影响，同时白族传统文化体系也发挥了自身的整合作用，将一些汉文化因子与本土传统文化有机融汇。汉族文化和白族文化的交流互动，有效地促进了白族文化的发展，具有重要的价值和意义。

白族民间特有的说唱艺术大本曲，正是汉族文化和白族文化交流的例证与产物。通过对大本曲起源和产生的考察，可发现在大本曲身上，鲜明地反映出汉文化和白族文化之间的交流与互动。通过大本曲，我们可以更好地理解汉文化与白族文化之间长期交流的历史事实以及白族文化深受汉文化影响的特征。

关于大本曲的渊源和产生问题，文献记载十分缺乏。大本曲产生的年代，现在还没有足够的材料可考，学界也存在不同的说法。归纳起来，大致有唐代说、宋代说、明代说和清代说等，至今尚无定论。总体而言，目前学者在追溯大本曲的起源与发展问题时，多数倾向于认为大本曲是在明代产生继而达到兴盛的，如《白族文学史》《大本曲简志》等著作均持此观点。笔者认为，在还没有新的反证的目前来说，大本曲产生于明代的论断仍具有更强的说服力。但是必须指出，大本曲在产生之前，有一个长期的孕育过程，这个过程在明代之前早已开始，随着白族叙事长诗的成熟及外来说唱艺术和戏曲的大量流入，到明代，最终使得白族民间独具特色的大本曲艺术得以形成。

大本曲在明代的形成，与当时的社会文化背景有极大的关系。构成社会文化背景的因子又是多方面的而非单一的。如果对这些因子进行归纳的话，一方面是外来文化的因子，另一方面则是本土文化传统的因子。简而言之，大本曲就是白族传统文化中的特定因子在外来汉文化影响、作用之下吸收了汉族说唱艺术的一些形式和内容而产生的。具体来说，大本曲的产生是在白族民间叙事长诗发展到一定程度后，又受到汉族说唱艺术影响的结果。汉族文化中的变文、俗讲、说话、宝卷等说唱艺术和各戏曲声腔都对大本曲这一说唱艺术的兴起有直接或间接的促进作用。在大本曲萌生的众多源头中，汉文化的交流和影响是其中一个重要的方面。从某种程度上说，大本曲的产生和发展就是文化交流的结果，离不开白族文化与其他民族文化特别是汉文化之间的交融。

大本曲产生的本土文化因子是白族民间的叙事传统。应该说，这种叙事传统的产生是十分久远的。古老的神话、史诗已经植下了白族民间叙事传统的根基，白族的民歌也是其叙事传统的构成内容之一。特别是到了元明时期，白族民间的叙事传统有了进一步发展，产生了大量长诗，如主要流传于剑川地区的本子曲便是其典型形式。尽管目前传世的本子曲中抒情长诗占主体，但也不乏《黄氏女对金刚经》这样的有较完整故事情节的本子，且在很多抒情性本子曲中，不难看到叙事的痕迹。元明时期，白族民间长诗的大量产生无疑标志着白族民间叙事传统的不断演进和逐渐成熟，这对明代大本曲的产生及继后的发展起到奠基性的作用。

  大本曲在明代产生除了有赖于白族民间叙事传统在此时的发展，还得益于外来文化特别是汉族俗讲、变文等鼻祖性说唱形式及子孙说话、宝卷等艺术形式的影响。大本曲搭台设香案的演唱方式，由上场诗、正文、团圆诗（或劝化诗）组成的三段式结构，散韵相间的体式，与中国传统的俗讲、变文基本一致，也与说话、宝卷十分相似，大本曲中的很多曲本在变文、宝卷中都可找到对应的曲目。这些都说明大本曲并非只在本土传统文化中生长起来的，还受到汉族同类艺术的影响。事实上，汉族说唱艺术对少数民族的这种强烈辐射也并非只见于白族，其他很多少数民族的戏曲和说唱艺术同样是受到汉族的影响才发展起来的。前面已述，笔者赞同大本曲产生于明代的说法，但并不否认这样的破土而出必定有长期的积累，所以汉文化中的传统说唱艺术作用于白族民间叙事传统也并非到明代才开始，这个过程或许从唐代以后就开始了。因为唐代是我国说唱艺术逐渐成熟起来的关键时期，当时的俗讲和变文也成为后来讲唱文学的渊源。所以，唐代以后，在汉族地区，俗讲和变文已经产生，从而具备了传入白族地区的基础。与此同时，佛教传入大理地区的时间也多被认为是唐贞观、开元之际，至晚唐时，当地的佛教已十分兴盛。俗讲、变文与佛教具有十分密切的关系，因而，俗讲、变文等活动也极有可能伴随佛教的传入而进入白族地区。或者说，由于佛教的传入，白族地区也像中原地区那样产生了讲经说法的需要，并借鉴汉地俗讲、变文等说唱方式来宣扬佛法，这些都并非没有可能。总之，由于汉地俗讲、变文的兴盛，这些说唱方式进入白族地区后直接影响了白族地区同类艺术的萌芽，并不断与白族的民间叙事传统相结合，最终在明代的时候形成一种新的白族特有的说唱艺术形式——大本曲。这或许就是大本曲产生的主要原因。明代特殊的社会背景也为大本曲的破土而出提供了适宜的环境。由于中央集权的加强，大量汉族移民入滇，使得当时大理白族地区的经济生活有了进一步的发展，汉文化更加全方位和大规模地输入当地，汉族戏曲、说唱在云南的影响更加突出。"明代以来，中原大量的流官、商贾、军人和汉族移民进入云南，戏曲和说唱艺术也随之而来。"[①] 所以，经过较长时期的积累，大本曲在明代产生也就不足为奇了。

  总而言之，大本曲是白族民间叙事传统与汉文化特别是汉族传统说唱艺术相结合的产物，是汉、白文化交流互动的结果。

二、大本曲是多元民族文化的结晶

  大本曲是汉族文化和白族文化交流的产物，是白族文化的叙事传统在受到汉族文化

---

① 王胜华：《云南民族戏剧论》，云南大学出版社2000年版，第51页。

中的俗讲、变文等说唱艺术的影响后产生的一种独特的民间文化。当然，民族文化之间的交流不仅导致了大本曲的产生，而且成为大本曲这一文化事象后来发展中不可忽略的重要特点。可以说，大本曲就是多元民族文化特别是汉族文化和白族文化双重影响的结晶。在大本曲的身上，鲜明地体现了汉族文化和白族文化的交融贯通。

其一，大本曲的曲目和题材鲜明地反映了汉族文化与白族文化的交融。

大本曲的曲目题材分为两类：一类是受汉文化影响或移植自汉族的题材，这是大本曲曲目中的主体，约占大本曲曲目总量的90%；另一类是白族传统题材。前一类题材体现了大本曲受汉族文化影响之巨，多以忠孝、伦理、情感的宣扬为主要内容，如在汉族地区广泛流传的《铡美案》、《杀狗劝夫》、梁祝故事、《柳荫记》等均属大本曲中的主打曲目。后一类题材则主要体现了白族传统文化对大本曲的滋养，多取材于白族传统的神话传说、民间故事，如《白王的故事》《火烧松明楼》《杜文秀起义》等。

大量移植和借鉴汉族地区的传说故事与既有曲目，是大本曲受到汉文化深刻影响的最好说明。大本曲中有很多曲目连曲名都和汉族地区的保持一致，如《铡美案》《杀狗劝夫》《张四姐下凡》《天仙配》《薛刚反唐》《二度梅》等；还有一部分曲目虽然名字不同，但内容与汉族地区流传的基本一致，如大本曲中的《赵五娘寻夫》便是汉族地区广泛流传的《琵琶记》，大本曲中的《傅罗白寻母》实即汉族的目连救母故事，大本曲中的《三公主修行》（又名《火烧白雀寺》）所述为观音出家修行的故事，这在宝卷中有《香山宝卷》，也是汉族地区戏曲曲艺中常见的曲目之一。

除了直接移植自汉族地区的曲目，大本曲中还有一些曲目兼具了白族传统文化和外来汉文化的双重特质，也就是说在两个来源中均可找到与其相关联的因素。如大本曲中的《唐王游地府》，曲本讲到鬼谷子算命很准，在他的指点下，一渔夫打到了很多的鱼，龙王不服，变成书生与鬼谷子打赌，让鬼谷子算何时下雨，雨大雨小，鬼谷子准确地算出，告诉龙王明日就会下雨，且城外下七点城内下三点。龙王为了赢得赌局违背圣旨逆行雨点，城外下三点城内下七点，造成城内水灾。上天下旨让魏徵斩龙王，龙王托梦请唐王搭救。唐王拖住魏徵下棋，没想到魏徵阴魂到天上杀了龙王。龙王告唐王说话不算话，十殿阎王请唐王入冥对案。大本曲中的此情节，在白族民间传统文学中可觅到踪迹，在洱源西山白族打歌《创世纪》的"洪荒时代"中，就讲到庙中王指点盘古钓鱼实际钓到了龙王三太子，龙王生气，请庙中王算雨水怎么下，庙中王算准了，龙王反行雨造成洪水，最后盘古、盘生两兄弟把龙王制服。[①]类似的故事情节，在汉族故事中亦是存在的，明代小说《西游记》中便有相似的情节。

大本曲题材中，汉族文化和白族文化的交融还表现在一些改编、移植自汉族地区的曲目既保留了汉族故事的原有特色，又加入了白族化的内容，使这些曲目成为汉族文化和白族文化互融共存的载体。移植自汉族地区的这些曲剧目，一般来说其情节结构在大本曲中得以保持，只不过可能在细节上有所发挥，加入了具有白族特色的内容。如大本曲《傅罗白寻母》即汉族的目连救母故事。罗白"上穷碧落下黄泉"，到地狱寻母、救

---

① 杨亮才、李缵绪选编：《白族民间叙事诗集》，中国民间文艺出版社1984年版，第6—10页。

母的主要情节与汉族故事是一致的。但曲本中也加入了不少白族化的细节，比如说傅罗白家住在云南省洱源县江尾乡沙坪村，或说罗白之母化为白狗投生到鹤庆县，这是大理白族地区两个十分具体的地名。罗白去到员外家寻母时，曲本中员外的家宅被描述成"三坊一照壁"的典型白族民居形式。此外，大本曲中，罗白寻母、救母过程强化突出观音的作用，这也与白族一直以来崇奉、敬仰观音的传统有一定关系。观音在白族地区具有很高的地位，民众对之的尊崇甚至超过佛教的最高神释迦牟尼。再者，汉族的故事中多说刘氏化为黑狗，大本曲中则大多说刘氏转生为一只除局部外几乎全是白色的狮子狗。大本曲中将这只狗的颜色描绘成白色，很可能与白族民众尚白的风习有关。白族认为白色是吉祥的象征，把"白"作为族称。由于白色在白族传统文化中占有重要地位，因而白族人民在移植、吸收汉族的目连故事时也自然而然地运用了这一色彩。这些都表明该故事流入白族地区后经白族人民加工改编，融入了地方化和民族化的内容。大本曲的其他曲目同样存在类似的白族化情况，有些曲目的内容情节保持了原汉族故事的特征，但又反映出白族民众的一些民间观念、审美趣味。如在讲述梁祝化蝶之后故事的曲目《三妻两状元》中，祝英台成为草莽英雄；在《赵五娘寻夫》的曲目中，赵五娘成为贯穿整个故事的主线和中心，而不像汉族故事《琵琶记》那样面面兼顾，要塑造全忠全孝的人物形象群体。也就是说，大本曲在移植外来曲目的过程中，能够将外来文化与本土文化有机结合，既保留了原有的内容，又能融入本民族、本地区的文化特色，使两者得以融会贯通。

其二，大本曲的传承人身上体现了汉族文化和白族文化的双重属性。

艺人是大本曲艺术的承载者、传承人，在他们身上同样充分地体现了汉族文化和白族文化的双重影响。

一方面，所有的大本曲艺人都是生于民间、长于民间的，他们本身就是白族民间世俗民众的一员，与自己植根的乡土生活密不可分。无论是劳动生活还是走村串寨进行演唱，他们都无法脱离自己所处的民间社会和村落语境。绝大多数艺人是半职业艺人，也就是说，他们既不像业余爱好者那样仅把演唱大本曲作为一种娱乐消遣，也不像职业曲艺家那样完全脱离了生产劳动而把大本曲演唱作为唯一的职业和经济来源。实际上，大本曲艺人是介乎此两种人之间的，既没有脱离劳动，又在一定程度上将演唱作为谋生的职业手段。比如目前民间知名的大本曲艺人，大多是农民，他们绝大多数时候是在从事农业生产或其他副业活动，只是在逢年过节或有民俗活动时，受到邀请才会去演唱大本曲。由于没有脱离劳动，他们演唱的对象即观众主要是劳动人民，因而，不论是从演唱还是生活、思想感情的角度视之，他们都和民间民众有着千丝万缕的联系，换句话说，也就是和白族传统的民间文化有着不可分割的关系。

另一方面，由于大本曲传承和记录的特殊性，又要求艺人们必须具备一定的汉文化水平。大本曲的篇幅较长，一唱就是一大本，有时一个曲本要唱四五个小时，加上大本曲的曲目数量很多，一般认为有100多个曲目，目前民间可见的就有几十本，这就决定了艺人不可能完全凭口授心记来记住所有的曲本内容。因而，在民间长期流传着大量的大本曲曲本，有的艺人在演唱的时候将曲本置于前面，在演唱的过程中也会用曲本提醒自己，这样不至于忘词。这些曲本的道白一般用汉语，唱词则多用汉字记录白语，也有一些地方找不到合适的汉字，艺人就用通过增减汉字笔画、部首而自创的白文来记录。也就是说，大本曲曲本的记录主要依靠的是汉文的知识。从目前的调查情况来看，老一辈的艺人或受过私塾教育，或是小学文化程度；中年的艺人大多具有初中文化程度，也有少数的艺人具有高中或大专的文化水平。相较而言，他们比一般的普通老百姓更熟知汉文化和相关的经典，很多艺人有将汉族故事或戏曲剧目改编和移植到大本曲中的亲身经历，而这样的工作无疑也需要较高的汉文化水平为支撑。

此外，长期以来，大本曲的艺人都以男性为主，中华人民共和国成立以前甚至从未有女性艺人。这一方面与过去白族地区受汉文化封建思想影响，认为妇女不应抛头露面，更不该登台献艺有关；另一方面，也与男女两性的汉文化水平差异有关。白族民众中，一般而言，男性的文化水平普遍要高于女性，很多妇女特别是中老年妇女受教育程度较低，有的根本就不识字；男性则普遍受过一定的教育，而大本曲的曲本记录等工作需要一定的汉文化水平为支撑，在这方面确实男性显得更有优势。

上述事实说明，大本曲的艺人是汉、白双重文化的承载者。他们既深受白族民间传统文化的熏陶，又接受和具备了一定的汉文化知识，这使得他们能够在大本曲的传承和传播中发挥自身的作用。在他们身上，无疑体现了汉族文化和白族文化的结合、融汇。

三、大本曲的传承与发展

大本曲是白族民间最具代表性的说唱艺术，它植根于乡土，受到白族民众的喜爱和欢迎，曾经在大理白族地区盛极一时。白族民谚云："不放盐巴的菜肴吃不成，不唱大本曲的日子过不成。""三斋不抵一曲。"这些都说明白族民众对大本曲的深厚情感。在大本曲极盛时期，艺人一年演唱上百场是极其普遍的现象，比如著名大本曲艺人李明璋先生在"文化大革命"前就曾创下年演唱280余场的记录。在民间，大本曲也形成了一套相对完整的传承体系，具有师徒传承、家庭传承、现场观摩传承、艺人交流传承等方式，并将口头传承与曲本书面传承有机结合，这为大本曲在民间的生存和辉煌奠定了基础。

然而，曾经的辉煌并不能阻止大本曲在进入20世纪90年代以来所面临的传承危机。这个阶段，大本曲在发展中所受到的冲击来自电视、录像、电脑等现代媒体。由于物质生活水平的提高，娱乐生活的多样化，大本曲和所有的戏曲曲艺一样不可避免地受到现代化和全球化的冲击。生活方式的改变让年轻人不再像父祖辈那样保有对大本曲的热情和忠诚，而年青一代观众的疏离正是大本曲传承中的最大危机。直至今天，在大理坝子中，只有少数的村寨维持着请艺人来唱大本曲的传统，其中还有一些则在演唱时间的间隔、周期的长短上做了倾斜，如一年一请变成几年一请，过去一唱就是几天几夜变成唱一场就了事等。过去那种著名艺人演唱时周围村寨男女老少倾村出动的场面已再难一见，过去艺人不断被各村各寨邀请以至一出门演唱常常几个月后才能返家的盛况，也仅仅是当下艺人在感叹往昔辉煌和今日消落时的无奈话题。

　　大本曲在现阶段面临传承危机是一个不争的事实，但这并不能抹杀大本曲在白族民众生活中发挥过的重要作用和承担的社会功能，也不能否定大本曲在白族文化系统中的重要地位。同时，现阶段国内外对非物质文化遗产的抢救和关注，加上我国各级政府部门对民族传统文化的关心，也为大本曲在内的各民族文化提供了发展的机遇。对这个曾经是民间文化中最有活力的部分的关注，将为我们更好地了解白族文化的发展历程以及民间文化的特质提供鲜活例证。

　　大本曲这一白族独特的曲艺形式已经引起联合国教科文组织及我国各级政府部门的关注。1997年，联合国教科文组织和中国民间文艺家协会就曾联合对大本曲进行了调查。大理州政府和文化部门一直以来对大本曲的生存和发展较为重视，利用三月街等场合组织大本曲交流会，安排民间艺人登台演唱大本曲。2003年，大理州文化部门还在湾桥镇文化站设立了白族大本曲培训站，对民间艺人进行培训。大理电视台则将民间艺人请到台里，录制并播出大本曲的演唱节目。一些大本曲艺人的演唱被刻录成VCD，在市场上销售，扩大了大本曲的影响面。特别是随着我国国家级、省级等各级别的非物质文化遗产名录的设置，大本曲与其他民间艺术一样受到更多关注。在2006年云南省公布的第一批非物质文化遗产保护名录中，大理市被命名为"白族大本曲之乡"。与此同时，一些著名艺人被认定为传承人，得到鼓励和肯定，这些都对大本曲的发展产生了促进作用。

　　上述各项工作对大本曲的保护和发展无疑起到了积极的作用。在今后的工作中，对于大本曲的传承、保护和发展，笔者认为，还可以从以下方面进一步展开。

　　其一，在大本曲的传承和发展中要注意把握大本曲本身的特点。

　　从总体上说，大本曲是一种口头、非物质的文化，但由于其自身的特殊性以及其传承主体为介于知识分子和民间民众之间的角色，大本曲的传承方式除了口头传承和现场展演外，民间还流传着大量的书面曲本，其与口头展演互生共存。因而，对大本曲的保护，也应该从其自身性质出发，既注重口头的表演和传承，培养新的传承人，也要注重对曲本的抢救和保存，充分发挥曲本的作用。对于民间在节俗等场合的演唱要积极支持，对现场的表演应尽可能用摄像等方式保存，对于艺人要给予物质和精神的双重关注。另外，对文化部门和艺人保存的曲本应花费人力、物力进行整理出版，还应组织学者进行深入研究。

　　其二，在大本曲的传承和发展中要积极借鉴和利用现代传媒。

　　现代传媒一方面对包括大本曲在内的戏曲曲艺造成前所未有的冲击；另一方面，也为大本曲的发展带来了新的契机和空间。现代传媒拓展了大本曲保护和传承的手段与方式，电视节目的播出、VCD和DVD视频的制作，使得大本曲演唱保存的时间被延长，传承的方式更加灵活，观众可以随时随地听到演唱，还可重复播看，而不必像过去那样受制于场合、场所、艺人的表演。

　　电视媒体在大本曲传承发展中的利用早已起步，但在这方面还有很大的发展空间。不光节目的内容可进一步充实，还可以有艺人现场演唱的播放，并在对艺人平常生活的关注中呈现他们和大本曲的关系。同时，节目的形式也可更加多样化，囊括现场演唱、舞台竞赛、深度访谈等方面。应该说，电视媒体在现阶段大本曲的传承和发展中是最能发挥作用的媒介。

此外，大本曲的传播还应该有效利用网络媒体。网络在民族文化保护和传承中的作用已经越来越突出。虽然目前对于大本曲的传承和传播来说，网络所发挥的作用还很小，其作用更多体现为一种面向外界的宣传，但网络在这方面能够发挥的作用却是不容小视的。网络传播大本曲的形式多样，可以是音频的，也可以是视频的，可以是文字形式，也可以是图片形式，图片还有静态与动态之分。从内容上说，网络可以提供对大本曲基本知识的介绍，或者是理论研究的探讨，也可以是大本的曲演唱的欣赏，或是成为民众发表自己的观点进行互动的场所。所以，关于大本曲的表演、曲本、乐器、道具、艺人等各个方面，都可以在网络上得到长久的保存和直观的呈现。

其三，在大本曲的传承和发展中既要保持传统特色又要努力创新。

大本曲在白族民间流传了数百年，形成了自身的风格和特色，是白族文化中不可替代的组成部分，尽管在现阶段受到各种冲击，但其曾经发挥的功能和所具有的价值无可否认。当前，在大本曲的传承和发展中，必须注重对传统特色的保存。比如大本曲在长期发展中形成的固定的唱腔、伴奏方式、经典曲目、不同艺人的表演风格等都是应该认真总结和积极传承的。当然，现阶段大本曲和同类民间艺术受到冲击的原因之一就是，传统戏曲曲艺的慢节奏和相对陈旧的内容与年青一代的生活方式不相适应，所以为了抓住更多的观众，大本曲在保持传统的同时也要创新。从内容上来说，大本曲的传统曲目取材多倾向于才子佳人、中举封王、神仙鬼怪、因果报应一类，而这些与现实生活和年青一代观众间确实存在较大的距离。因而，新创一些与当前民众的生活状态相接近、相适应的曲目就显得尤为重要。在新创曲目的过程中还应讲究针对性，即根据不同年龄层次的观众创造适合他们审美期待的曲目。在形式上，除了有意识地对全本演唱进行抢救保存外，也可以考虑在全本中选择一些精华部分单独表演，在表演前将汉语、白语对照的宣传册和文字材料发给观众，在表演现场利用一些科技手段打出字幕，这些举措对拓宽大本曲的观众层应该会起到一定的作用。

总之，大本曲是白族文化系统中的重要内容，其中包括了丰富的文化内涵，体现了白族文化与汉族文化之间的交流融合。对于这样典型的民族文化事象，我们应该给予更多关注，对其今后的传承和发展提供更多的支持。

非物质文化遗产保护视野中壮族民歌传统与诗性思维的文明史价值

覃德清（广西师范大学）

作为非物质文化存在形态之一的壮族民歌在历史上繁盛一时，至今依然在一些地方遗存。壮族"以歌代言"的习俗是诗性思维和诗性智慧的杰出代表。在人类大脑从神性思维、诗性思维到理性思维的演化序列中，壮族民歌传统和诗性思维具有一定的典型性和重要的文化史意义。本文力图在非物质文化遗产保护的背景之下，以壮族民歌文化作为例证和切入点，探讨诗性思维孕育、习得、失落的内在机制，分析诗性思维作为一种心灵习性在人类文明史上的价值。

一、民歌传统孕育诗性思维模式

民歌传统形成于人类文明社会的早期，并不是随着人类文明演进的脚步而愈发繁荣。传统乡民的纯朴品格更有利于生成诗性的思维，乡间连绵不绝的群山，潺潺的流水，郁郁葱葱的森林，莽莽苍苍的草原，更容易激起诗性的想象。除此之外，乡民们独有的心智结构更有利于孕育出诗性思维的特质。

美国人类学家罗伯特·路威说："在绘画、雕刻、音乐等方面，初民确有了很好的始基，虽然他在工具方面、材料方面、科学知识方面都不及文明人。在文学方面，野蛮人和文明人的凭借本来就相等。无论哪一种初民语言，所含词汇都足以表达使用这种语言者的全盘经验。所以任何简陋的民族都有在诗文方面建树成绩的机会。"[①] 诗歌是民族情感的表达，充满灵思的类比是珍贵的审美遗产，不同族群按照各自认同的途径和方式，传达心灵本性中的美好情感。

在传统的壮族社会中，唱山歌是主要的娱乐方式。唱歌渗透到社会生活的各个层面，生产劳动中唱歌以鼓足干劲，进新房唱贺房歌以示喜庆，祭祀时唱祭神歌以求神灵护佑，过年过节也唱歌，以愉悦身心。唱歌也贯穿人生的整个过程：婴儿降生时，就唱

---

① ［美］罗伯特·路威：《文明与野蛮》，吕叔湘译，生活·读书·新知三联书店1984年版，第196页。

恭贺小孩出生歌；成年后学唱情歌；婚礼上的对歌更是热闹非凡；年纪大了之后，人们在寿礼上唱祝寿歌；老人去世后，民间歌手在葬礼上为之唱丧葬仪式歌。这种浓郁的民歌氛围和深远的歌咏文化传统，衍生出壮族独具一格的诗性思维模式。

亚里士多德认为："作为一个整体，诗艺的产生似乎有两个原因，都与人的天性有关。首先，从孩提时候起人就有模仿的本能。人和动物的一个区别就在于最善模仿并通过模仿获得了最初的知识。其次，每个人都能从模仿中得到快感。"① 洛德认为，歌手学艺经历三个阶段，首先是听他人演唱，熟悉民歌习俗，其次是开口演唱，建立格律和曲调，最后是增加演唱篇目，提高演唱技能。② 这从整体上揭示了民歌习得的大致过程，诗性思维养成的初始阶段是聆听与熏沐。诗性思维主体在童年时代，浸染在民歌氛围浓郁的社会环境中，时常聆听长者的歌声，在模仿中感知诗歌的魅力，耳濡目染，将独特的民歌节奏和韵律贮存在脑海中，成为记忆宝库的一部分。在青少年时期，逐步习得诗歌思维方式，在尝试演唱中领悟诗性的韵律。民间歌者在成长的最初阶段，通常经历两三年的模仿和强记时期。在这一时期，歌者需要了解唱歌的规则和应对技巧，熟悉对歌的一般程序和套路，记下常用的情歌、历史歌、故事歌等，但还不能灵活运用，不能轻易与他人对歌。经过四五年的磨炼，歌者才能做到出口成歌，遇事唱事，见景唱景，由普通的歌手成长为真正意义上的歌师。

根据笔者和学生文江涛、唐钱华的调查发现，壮族歌师习得民歌传统习俗，养成诗性思维习惯，大体分为主动习得和被动习得。主动习得意味着歌者有意识地跟善歌的长辈学歌，甚至拜师学艺，进入著名歌师创办的民间歌馆，系统研习手抄歌本，掌握民歌知识，进行相对系统、完整、严谨、严格的编歌与对歌技巧的学习，有清晰的传承谱系。被动习得与此相反，歌者没有集中的时间、固定的地点用以传歌和学歌，而是跟随父亲或母亲，有时是邻居长辈或哥姐，随时随地唱歌或对歌，主要目的是掌握传情达意的工具以便娱己娱人，也借助其中蕴含的道德法则和生活经验来认识世界，理解人生。譬如壮族著名歌师黄三弟有清晰的师徒传承谱系：第一代为张老溜；第二代为张天恩、赵良斌、赖延标等；第三代为黄三弟、赵胜乾、熊兆烈、熊国斌、覃耀曦等；第四代为黄三弟的歌徒，以方寿德、方国耀为杰出代表，共约50人；第五代为方寿德的歌徒，以朱明生、黄亚桥为代表，共约120人。广西柳城民歌传承的谱系基本分为三个阶段：20世纪30年代之前是初期，老一代歌师传歌教歌，民歌传承谱系逐步形成。20世纪30年代至90年代中期，以黄三弟为核心的谱系正式形成并进入鼎盛时期，该歌师群体歌艺超群，社会影响巨大。尤其是黄三弟，闻名遐迩，有"天上刘三姐，人间黄三弟"之美誉。20世纪90年代中后期至今，该谱系进入衰微时期，虽然他们的歌徒还在传歌唱歌，但境况今非昔比，学歌者寥寥无几，民歌传承谱系有断裂之虞。另外，广西田阳县田州镇歌师李春芬（1914—1987）培养了大批优秀的山歌手，被尊称为"山歌校长"。他经常到各地物色山歌爱好者，然后收之为徒，将自己收藏的歌书提供给歌手们学习，

---

① [古希腊]亚里士多德:《诗学》，陈中梅译，商务印书馆2003年版，第47页。
② [美]阿尔伯特·贝茨·洛德:《故事的歌手》，尹虎彬译，中华书局2004年版，第28—29页。

并且经常率领青年歌手到各地对歌磨炼。其弟子黄达佳至今依然活跃在壮乡歌台上，也有意识地培养了自己的民歌传人。

以周德康为中心的用壮语编歌、唱歌的广西柳城"壮欢"（壮族民歌）传承谱系中的许多歌师，多有被动习得"壮欢"的经历。周德康本人因为想跟着去听人家唱歌被讽刺而决心学歌，另一位歌师覃元秀是在一帮女青年的多次挑逗下开始学唱"欢"的。他说："我大约20世纪70年代开始学的。我母亲是唱欢的能手，但她没有具体教我。她相当支持我去外头，比方说去看篮球赛。……散场了女青年来邀我们唱'欢'，当时我不会唱。我回来说给我妈听：那些妹仔都来拦路唱'欢'，说我有爱人啦这么那样的。我说我不会唱，她就讽刺你、刺激你，说你不敢唱，我妈说那你就学了呗。还有一次我去罗城县大崇屯，四五个女青年来拦路唱'欢'。我们看打球才去，去慢了一点。她就刺激你说，你跟你爱人去田间，又回老家吃饭，怎么不慢来呢。我说没有这回事的。后面我说给我妈听。我妈说这个我怎么帮你呢，我又不在场，后来真的也没有哪场'欢'是我妈教我的，后来自己学唱的，边听边模仿。"①

还有的歌手学歌是为了排解日常生活中的烦恼。20世纪八九十年代开始学歌的韦桂梅说："我从30多岁开始学唱'欢'，没学唱'欢'前，人很忧愁烦恼的，总想找个娱乐的方式。后来就跟周主任（周德康）学唱'欢'，学唱'欢'后忧愁没了，人也变得开心快乐了。"②

这恰好印证了民歌中所唱的"山歌本是古人留，留在世间解忧愁"的说法。山歌是歌手心声的袒露。

以上众多歌手走上学歌道路的经历说明，浓郁的歌唱氛围是习得民歌的外因，起着最初的启蒙作用。在盛行"以歌代言"的文化语境中，不懂唱歌者必然遭遇各种尴尬。人们认为，不会唱歌者，不是痴，就是呆，属于不正常人一类。他们经常说："牛都会叫，难道你不会唱歌？"被责问者自尊心受到伤害，催化了学习民歌的决心。经过年长日久的磨炼，民间歌手逐步能够自由演唱，在掌握了比较丰富的民歌知识和对歌技巧之后，经常出现在歌圩、歌堂、歌会等场合，寻伴对歌，以歌会友，一展歌才，也会在婚丧嫁娶等民俗仪式等场合上演唱山歌。能够自编民歌、自由创作民歌是诗性思维养成的标志。歌手中天资聪颖、勤奋好学者，诗性情结充盈心间，易养成诗性思维的心理惯性，成长为民歌文化的传承主体。

二、诗性文化语境失落危及诗性思维的运作

传统社会中的人生，亲近自然而充满意趣，人们按照自然的节奏饮食起居，根据太

---

① 受访者：覃元秀；访谈者：唐钱华；时间：2008年3月19日；地点：广西柳城县太平镇覃元秀寓所。
② 受访者：韦桂梅；访谈者：唐钱华；时间：2008年3月17日；地点：广西柳城县太平镇菜市。

阳的东升西落安排一天的行程，跟随月亮的阴晴圆缺体验生命的节律，合着春夏秋冬变换的节拍重复一年四季的轮回，依照世代相传的伦理道德来组织生活，崇奉传统的宗教信仰以求得心灵的慰藉，借助歌咏习俗表情达意，只求心灵的愉悦，不计名利的得失，像山间的野花，不管是否有人欣赏，都自然而然尽情绽放。

　　诗性精神植根于对生命体验的切实感悟，随着岁月沉淀，境界升华，赋予诗人丰富的想象力与创造性的天赋。诗性思维的萌生，根源在于"静思""净思"和"敬思"。"静思"是超脱了世俗的喧嚣，在宁静中酝酿诗思。"净思"是远离世俗的污浊之气，在梵净澄明中孕育诗情。"敬思"是在对自然与生命的虔诚与敬畏中锤炼诗意。当"静思""净思"和"敬思"主导精神世界，人们就会返璞归真，心清似玉，身神合一，诗思凌空升腾，诗情油然而生，诗韵发于胸臆，诗句如行云流水，诗意得以酣畅淋漓地抒发。

　　诗性思维的核心蕴含自然的节律和音韵的抑扬顿挫，人的心脑体悟到不言而喻的审美意境，观"物象"而生"心象"，赏"风景"而入"意境"，临"实体"而化"象征"。"观物取象"是灵感思维的重要环节，诗歌的比兴依托具体物象的喻示，并将联想、想象的审美体验流灌其中。

　　根据帕里-洛德理论，口头诗歌创作常有叙述的范型、常备的片语和习用的场景。在演唱过程中，歌手遵循"简单而威力无比"的"程式"，在典型的场景中，演述特定类型的故事型式。

　　　　听众与艺人的互动作用，是在共时态里发生，艺人与听众共同生活在特定的传统之中，共享着特定的知识，以使传播能够顺利地完成。特定的演唱传统赋予了演唱以特定的意义。演唱之前的仪式、演唱之中的各种禁忌、演唱活动本身所蕴含的特殊意义和特定的社会文化功能，都不是仅仅通过解读语言文本就能全面把握的。所以，如果说书面文学的文本还可以在某种程度上是"独立的自足"的话，口头史诗表演中的文本，则尤其不能在解读它时不顾它的语境。[①]

　　民歌传统建立在群体性共同思维模式和文化习俗基础之上，而文人阶层的诗歌创作更为依赖个人的才情。民歌传统具有原生性诗学的文化价值，诗歌的取象方法源于特定族群的生活经验、运思过程和表述机制。历经千百年的歌咏习俗的熏陶，方可造就一种诗性思维和诗性精神。诗性思维是一种心灵习性，诗性精神昭示一种人生境界。表层的诗体、诗法、诗艺，蕴含着深层的诗情、诗意和诗心。在工业革命、理性思维、逻辑推理占据主导地位之前，诗性思维在人类历史上曾经是一种普适性的广泛存在，地球上大多数族群的思维模式大都洋溢着浪漫的气息和诗性的想象。地球上产生了人类，就产生了语言，吟诵有节奏的语言，就有了诗歌的萌芽、生长、壮大，然后枝繁叶茂，生机盎

---

① ［美］约翰·迈尔斯·弗里：《口头诗学：帕里-洛德理论》，朝戈金译，社会科学文献出版社2000年版，第20页。

然。作为一种心灵习性和诗性思维，民歌自然而然是人类生活的有机组成部分，是自如地表达喜怒哀乐情愫的诉说方式，不必搜肠刮肚，拼凑出生硬的语句。民歌演唱通常是见景生情，见物生歌，随心所欲，随性而发，诗思发于胸臆，诗句随口而吟咏。这是一种在人类文明史上谱写了纯美乐章的诗性智慧和心智能力，而这种智慧和能力的衍生空间已经并将继续萎缩。

海德格尔说："接近故乡就是接近万乐之源（接近极乐）。故乡最玄奥、最美丽之处恰恰在于这种对本源的接近，绝非其他。所以，唯有在故乡才可亲近本源，这乃是命中注定的。正因为如此，那些被迫舍弃与本源的接近而离开故乡的人，总是感到那么惆怅悔恨。"①

在现代性主宰人类心灵之后，人们逐渐远离故乡，也与大自然疏离，传统的生活模式和心灵习性在变换了的时空中重新建构。现代社会以科学理性改造世界，以功利至上的价值取向取代神性的崇高感和诗性的浪漫情怀。人们终日奔波忙碌，披星戴月，疲惫不堪，"数米计薪，日以挫其志气，仰视天而不知其高，俯视地而不知其厚，虽觉如梦，虽视如盲，虽勤动其四体而心不灵"（王夫之《俟解》）。被功利俘获的现代人，聆听不到江水东逝的深沉旋律，任凭花开花落，鸟飞虫鸣，朝霞绚烂，落日余晖，也激不起赋诗的雅兴。

科学发达的逻辑结果是对自然宇宙神秘性的消解，用理性工具改造世界，用现代技术控制自然，越来越多的人过着程序化的生活，不能自由地思想，高贵的灵魂依附在卑微的肉体之上。人们忽视了心灵的食谱，遗忘了对自然、对人类的大爱，沉溺于自我陶醉的小资情调之中。理性思维被过分推崇，以致人类丰富的想象力被简单地当作"非理性"而遭到拒绝。源于西方文明的以物为中心的功利主义思维倾向正在侵害着东方文明的诗性传统，人类文化多样性的源泉日趋枯竭，诗性思维的孕育、萌生和外化，正面临前所未有的严峻挑战。

在人满为患的喧嚣世界，屋满为患的城市空间，诗性思维失去了赖以生存的文化沃土，在钢筋水泥的森林中，难觅古迹的踪影，不见青苔的斑驳，遗失的是灵秀祥和、稳健雅朴、温润协和、气韵淳厚、柔和多姿的诗情画意。

三、心灵习性的延续与诗性精神的价值

砍倒了一棵树，就失去一片绿荫；灭绝了一个生物物种，人类就失去一个伙伴；遗失了一种思维模式，多样性的人生就缺少一份精彩。诗性思维和诗性智慧是民族生命活力的象征，是在特定的文化语境中人的心灵自由的自然流露、人的生命价值的内在实现。诗性智慧涵容天地自然的气息、人文情怀的感悟和生命过程的体验，是一种人生品质和精神境界，仰望浩渺星空而悟自然的灵性，徜徉苍松翠竹中而拓宽心源，登临巍峨

---

① ［德］海德格尔：《人，诗意地安居》，郜元宝译，广西师范大学出版社2000年版，第69页。

名山而养得浩然大气。诗性思维不可传授，只能开启，不可重复，只能通过口传心授而自然而然地养成。

作诗凭灵感，靠直觉，诗人们迷迷惘惘，如痴如醉，完全听凭灵感的驱使和摆布。柏拉图认为："诗的性质是非理性的，诗的形成是被动的，对诗的运作的探索和理解是超越人的智能极限的。诗不是科学，因而也不受科学的检验；诗不是理性的产物，因而也不受理性的规束和制约。在生产诗的过程中看不到诗人的能动性和自主精神……神的点拨和启示是诗的源泉。没有神明的助佑，诗人很难有所作为。"①越是在人类社会的早期，神灵世界就越具有普遍性，神灵的力量就越富有控制人的力量。壮族许多歌师兼具神职人员的身份，壮族师公和道公作为神灵世界与现实世界的沟通中介，通常具有歌咏的才能，学会唱祭祀歌，才能与神灵沟通。广西田阳县山歌协会会长黄达佳先生自幼跟随父亲出去做法事，亲身经历了壮族的各种习俗活动，久而久之学会了唱许多祭祀歌，成为布洛陀古歌第七代传人。神性的庄严、浩瀚，容易感召澎湃的诗情，神性思维的迷蒙、浪漫，与诗性思维的幻想以及诗情画意，多有异曲同工之妙，两者是相互关联的心灵习性。

当"上帝死了"之后，"上帝的存在"——传统社会以"神"为主宰的思维模式就作为人类曾经拥有的一种思维方式而具有文化史的意义。同理，以诗性精神以及诗性智慧为核心的思维模式，也因为现代人理性思维的日渐强化而显示出应有的文明史价值。在以诗性思维为核心的思维结构中，神性思维多少带有诗化的色彩，在以理性思维为主导的结构中，工业化带来的激烈竞争压制了诗性思维的发展。尽管人类思维结构永远处于动态的发展历程中，但是诗性思维形态对人类文明的可持续发展具有不可替代的理论价值和现实意义。人类不可能返回以野性思维、神性思维为主导的传统社会，而理性思维的膨胀、传统社会中诗性思维模式的式微，危及人类诗意地安居。因此，非物质文化遗产保护的实质应该是保护人类曾经普遍存在而具有文明史价值的心灵习性，与诗性思维相伴随的诗性精神和诗性智慧，应是非物质文化遗产保护的核心内容之一。

诗性思维是人对充溢诗情画意的境界的虔敬向往，也是人类认识外部世界的认知图式。诗性思维的运思过程是一种心灵体验，常常精骛八极，心游万仞，"观古今于须臾，抚四海于一瞬"（陆机《文赋》），是与神圣力量的感应和互融互摄。在具有"歌海"之称的广西，诗歌充分发挥其独特的社会文化功能。对于民歌传承主体而言，人们借诗抒发情感，宽慰心灵，愉悦心境，宣泄悲愤，消解忧愁，忘却悲伤，振作精神。在协调族群社会和谐方面，人们借诗平息积怨，调解民间纠纷，劝和扬善，促使婆媳之间和睦相处，夫妻之间互敬互爱，兄弟之间相互帮扶，妯娌之间感情融洽，邻里之间相互关照。

直至21世纪，由于外来文化的传播，壮族文化自身的变革以及以电视、网络为中心的娱乐方式的兴起，壮族"以歌代言"的习俗日渐衰微。壮族民歌传承的普遍现象是：老年人会唱，中年人能够欣赏，部分人还会唱，年轻人不会唱，也听不懂。但是，许多壮族地区的民歌余绪犹在，以歌代言的心灵习性犹存，想象奇特的诗性思维未曾完

---

① ［古希腊］亚里士多德：《诗学》，陈中梅译，商务印书馆2003年版，第259页。

全断裂，弥足珍贵的诗性精神和诗性智慧犹可激活。壮族歌师依然活跃在各种民间仪式场合，以歌表述生活的悲欢离合与人生的酸甜苦辣，引起人们的情感共鸣。

心灵习性是民族文化的根和魂。延续本民族深层心理结构中的思维模式，是维系民族文化自主发展的根本需要，是保护民族想象力、创造力、鲜明文化表征的前提条件。如果为了追求现代科技的进步而放弃民族文化传统，就会丧失一个民族自立于世界民族之林的文化基石，纵有民族的政治符码，却没有民族内在的精、气、神。民族的衰微源自传统文化的颓废和民族精神的萎靡，而民族的复兴则必定以文化主体精神的弘扬为前导。千百年来，壮族及其先民在历史的长河中，有花山岩壁画、壮族铜鼓等文化成就，影响最为深远的当是以刘三姐歌谣为代表的文化习俗。刘三姐成为壮族文化心理习性的象征。从唐宋以来的刘三姐民间传说，经1949年后的彩调剧《刘三姐》、电影《刘三姐》，到改革开放后的新编舞蹈剧《刘三姐》、电视剧《刘三姐》，进入21世纪之后的《印象·刘三姐》，其间还有诸多以"刘三姐"为名的商业品牌，说明"刘三姐"之所以千年不衰，缘于其所植根的深厚的文化沃土。刘三姐作为诗性文化的杰出代表，隐含在民族记忆的深处。这种民族记忆在不同的时代语境中被激活，焕发出绚丽的光彩。刘三姐山歌和民俗中包含的淳朴的民风、优美的诗句、杰出的诗才，构成了出类拔萃的诗性的智慧，凝结着壮族人民的审美情操、思想感情和生活态度。

非物质文化遗产是"指被各社区、群体，有时是个人，视为其文化遗产组成部分的各种社会实践、观念表述、表现形式、知识、技能以及相关的工具、实物、手工艺品和文化场所"[①]。在实施非物质文化遗产保护的过程中，我们还应站在人类文明演化史的立场，审思人类的精神历程和当前面临的精神困惑。

充溢诗性精神的社会往往充满心灵的愉悦，具有诗性智慧的人，精神世界不再空虚寂寥。维柯认为：在世界的童年时期，人们按本性就是些崇高的诗人，"最初的诗人们都凭自然本性才能成为诗人，而不是凭技艺"[②]，人作为人，"在他所特有的存在中是由心灵和精气构成的；或者毋宁说是由理智和意志构成的"[③]。诗的本性是整个心灵沉浸到感官里去。"诗必须是真实热情的表现，是一种烈火式的想象力，使我们真正受到感动。"[④] 普天之下，无人不敬惜体现真善美的文化精髓。人类历史的演进轨迹中，拥有诗意的浪漫，将是美妙的期待。非物质文化遗产是全人类共同文化记忆和文明足印的历史见证。当凝聚人类文化智慧的传统文明濒临瓦解的历史转化的关头，人们犹须谨记："唯有保存传统，才是获得生命和幸福的唯一道路。"[⑤]

---

① 向云驹：《人类口头和非物质遗产》，宁夏人民教育出版社2004年版，第416页。
② [意大利] 维柯：《新科学》，朱光潜译，商务印书馆1989年版，第211页。
③ [意大利] 维柯：《新科学》，朱光潜译，商务印书馆1989年版，第172页。
④ [意大利] 维柯：《新科学》，朱光潜译，商务印书馆1989年版，第458页。
⑤ [美] 约翰·迈尔斯·弗里：《口头诗学：帕里-洛德理论》，朝戈金译，社会科学文献出版社2000年版，第103页。

四、结论

　　民歌传统是人类文明史上富有神思异彩的绚丽乐章,人类思维的精细、语言修辞法的精妙、个性美的华丽绚烂,都积淀在民歌文化之中。正是"诗歌提供了一座包容着巨大而丰厚的实用知识的宝库,是一种伦理的、政治的、历史的和技术的百科全书,是积极进取的公民须从中汲取知识的教育贮备的核心"[①]。壮族山歌同样内容丰富,蕴含丰富的历史与民俗知识,包含许多为人处世的道理,而且说理透彻,情真意切,成为人们劝人为善的说理工具。

　　在消费时代,追逐现实利益占据了人的精力的大部分空间,使得人们没有自由的心情去领略丰富的内心精神生活。因此,民歌文化保护的宗旨是张扬诗性精神的人文品格,充实人的精神世界。源远流长的民歌传统造就的诗性思维模式,是人类文明史具有重要意义的心灵习性。在全球一体化时代,人类的思维模式面临革故鼎新的挑战和机遇,很有必要在实施非物质文化遗产保护的进程中,审视民歌传统和诗性思维的文化价值,尽可能挽回并延缓民歌文化习俗的式微,培育诗性思维衍生的文化沃土,激活深隐在人类心灵深处的诗性精神,由此提升人生的境界,让人感受到生命存在的主体意识,拥有完整的感性生活。

---

① [美]约翰·迈尔斯·弗里:《口头诗学:帕里-洛德理论》,朝戈金译,社会科学文献出版社2000年版,第151页。

民间口承叙事与农耕技术传承
——以辽宁满族民间柞蚕放养叙事为例

詹 娜（沈阳师范大学）

民间口承叙事是民俗文化的重要构成，是民俗的诗性特质。民间口承叙事自产生之日起就一直发挥着知识传承、民众娱乐、历史延续等多种文化功能。它既是民俗生活的真实反映，也是各种文化知识的汇集。正如有学者所说，世代民众获取文化知识大多有两种途径：一是直接从劳动实践中获得的以经验为基础的实在的知识；二是从各种通俗文化的传播及民间口头文学中所得的间接的知识。① 对于农耕生产观念及技术的操作和使用而言，从口头叙事中获取的间接知识更是知识获取的必不可少的重要渠道。本文主要以辽宁满族地区流传的与柞蚕放养相关的民间叙事为关注对象，结合柞蚕放养的技术操作及生计特征，探讨柞蚕放养技术与民间叙事之间的深层关联，揭示民间叙事在生产技术及知识传承过程中的运作逻辑与功能轨迹。

按照列维-斯特劳斯（Levi-strauss）的说法，语言是一种时间机器，它允许不同世代之间的社会实践得以再现，使过去、现在和未来的分化成为可能。② 人类的所有经验都是具有传递性的，是通过社会化尤其是语言的获得来实现的。特别是在个体回忆以及集体经验的制度化这两个水平上，语言和记忆都是内在关联的。③ 民间口承叙事作为民俗传承的媒介与载体，一方面在其自身的创造及使用过程中体现民众群体的生存需要与观念意识；另一方面，在对其的具体学习及掌握中又完成民众的习俗化及知识学习的过程。这些口承叙事除了具有直接指向意义的表达功能外，在话语的表意与讲述过程中，始终承担着记忆民俗信息、发挥传承知识及教育规范等多种功能。

---

① 张紫晨：《民间文艺学原理》，花山文艺出版社1991年版，第213页。
② Claude Levi-strauss, *Structural Anthropology*, London: Allen Lane, 1968, 转引自［英］安东尼·吉登斯：《现代性与自我认同：现代晚期的自我与社会》，赵旭东、方文译，生活·读书·新知三联书店1998年版，第25页。
③ Paul Commerton, *How Societies Remember*, Cambridge: Cambridge Univercity Press, 1989, 转引自［英］安东尼·吉登斯：《现代性与自我认同：现代晚期的自我与社会》，赵旭东、方文译，生活·读书·新知三联书店1998年版，第25页。

一、辽宁满族的柞蚕放养及民间叙事

柞蚕与桑蚕一样，是我国的特产。早在四五千年前，我国先民就开始饲养桑蚕。虽然古代先民很早就知道采摘山野中柞蚕结的茧做絮御寒，但人工放养柞蚕技术的出现却只有四五百年的历史。从全国范围看，近一百年来，由于柞树林资源丰富，辽宁已经成为中国柞蚕业生产的第一大省，产茧量占我国总量的90%，占全世界总量的60%以上。尤其是在1915—1938年，这里的柞蚕业资源开发利用达到历史最大规模。[1]在辽宁，放养柞蚕的生计方式主要分布在两大区域：一是锦州和辽东半岛上的复县、熊岳和盖县；二是辽宁东部的岫岩、本溪、抚顺、宽甸、桓仁等山区。其中，辽宁东部山区可谓满族文化发生及发展的一个重要区域。对于这些从黑龙江、吉林等地迁移而来的建州女真人的后代而言，为了适应自然生态环境的变化，南迁至辽宁山区以后，他们逐渐完成了由狩猎生产模式向农耕生产模式的转变。放养柞蚕逐渐成为满族后代的谋生手段，时至今日，生活在辽东山区里的满族农耕民众依然以放养柞蚕为主要生计。

放养柞蚕不仅是一种经济生产活动，也是一种文化创造行为。它是当地民众为了生存发展而做出的适应生态环境的文化选择，也是民众创造性地适应生态环境的结果。在长期的生产生活中，辽宁满族地区蚕民围绕柞蚕放养形成一整套的生产、生活及信仰习俗，还衍生出大量的民间口承叙事。仅在20世纪80年代辽宁各地编纂的民间文学集成资料本中，便收录与柞蚕放养相关的民间故事、传说数十篇。如《蚕姑娘的传说》《放蚕姑娘》《柞树养柞蚕》《蚕的来历》等，均是对蚕民生活及蚕业生计的多方位折射。尤其对柞蚕放养这种生产技术而言，这些口承叙事作品分别从蚕姑信仰、技术源起、操作以及角色分工等多维度实践着传承技术知识的重要文化功能。

二、蚕姑信仰与蚕姑庙

与南方饲养桑蚕的蚕民供奉"嫘祖""马头娘""蚕花娘娘"为行业神一样，辽宁柞蚕放养行业也有自己的守护神——蚕姑。关于蚕姑的来历，辽宁民间口承叙事作品中有各种不同的解释，大致归纳为四种说法。

第一种说法中，蚕姑是一位年轻女性形象，因帮助善良勤快的蚕民而被当地人供奉为蚕姑，如《蚕姑姑的传说》《蚕姑娘》[2]等。其中，以《蚕姑姑的传说》流传最为广泛，在辽宁民间故事集成中，此类叙事的各种异文有6篇。其内容梗概为：有个勤劳肯干的放蚕小伙，一心想把蚕放好。有一年的七月十五晚上，一个迷路的姑娘在此借宿。小伙子心眼好，让姑娘睡在铺子上，自己睡到窝棚外，并把所有的米都煮给姑娘吃。姑娘临

---

[1] 王广运、陈玉清：《论辽东柞蚕业资源的开发与利用》，《中国蚕业》1998年第4期，第10页。
[2] 中国民间文学集成全国编辑委员会、中国民间文学集成辽宁卷编辑委员会编：《中国民间故事集成·辽宁卷》，中国ISBN中心1994年版，第333页。

走时说:"我叫蚕姑,谢谢你了。"随后,小伙子的蚕场上到处都是茧,小伙子这才知道是蚕姑成全了他。从那以后,每年的七月十五,蚕民们都要在窝棚旁摆上供品祭祀蚕姑,以求蚕业丰收。

第二种说法中,蚕姑是生活贫困的姐妹二人。如《蚕姑姑的来历》①讲述,一个白胡子老头送给姐妹二人一把蚕籽,并教她们把蚕籽放到树上,用结的茧子抽丝制成衣服。姐妹按照老人指点,放蚕抽丝织布。后来还把这种技术告诉山里人,姐姐因为教村人放蚕而摔断了腿。后来姐妹又在家放桑蚕,而且一直没出嫁,被天神知道后,接两个姑娘上天掌管人间蚕事。

第三种说法中,蚕姑是一位老年女性形象。她不仅教会贫困无依的姐妹俩放蚕的相关技术,还保佑姐妹俩放蚕发山,过上了好生活。《蚕姑娘的传说》②即为此种叙事的代表。

第四种说法对蚕姑的身世交代得更为详尽。以《蚕姑姑》③为例,其故事梗概为:蚕姑家住松阿里拉中游的西岸,本是一位年轻、贤惠的媳妇,但备受婆婆的刁难打骂,流浪到深山里。她因保护山坡上的一片橡子树而得到一位金钱蛾化身的青衣姑娘的帮助,青衣姑娘教她如何熬茧搅丝织缎。从此,蚕姑四处教人放养柞蚕、搅丝织布之术。后来,为救村屯里的女性,她被大辽王选为黄罗绣女,因手艺精,且又不愿专为皇家织锦而被辽王所害。人们为了感谢她留下放蚕的技术,亲切地称她为蚕姑姑。

几种关于蚕姑身世来历的解说尽管细节不同,但蚕姑的形象及文化特性却是极其相似的,即蚕姑皆为女性神,向当地满族民众传授放蚕的相关技术知识,专门保佑那些勤劳、正直、善良的蚕民。所以,在蚕民的观念中,只要勤恳劳动,虔诚供奉,蚕姑一定会保佑他们发山收茧。正如《蚕姑姑的来历》④所描述的那样,"人们为了纪念蚕姑姑,修了蚕姑庙,哪个放蚕的上山,都要先到蚕姑庙,蒸点供,放点吃的,烧香烧纸,祷告祷告,让蚕姑姑保佑多得茧,这个习俗一直流传到现在"。

直到今天,尽管放蚕技术日益科学化,辽宁地区的蚕民还是与他们的祖先一样,一直虔诚地信奉和敬拜"蚕姑"。这种信仰的存在不仅不会妨碍放蚕技术的应用和推广,反而成为蚕民对未来生计充满期盼的一种强烈的心理支撑。此时,信仰与技术成为相行不悖的两条路径,各自发挥着功能,促成农事生产顺利进行。于是,在每户蚕民的蚕场上都设有蚕姑庙,蚕姑庙多是由从山下扛上山的三块大石头搭立而成。尤其是满族蚕民,在每年的正月十六傍晚,他们都要给自家的蚕姑庙送蚕灯,并许愿祭祀,以求蚕姑保佑蚕业兴旺,蚕民发山。⑤

---

① 夏秋主编:《满族民间故事·辽东卷》(下卷),辽宁民族出版社2011年版,第52页。
② 丹东市元宝区三套集成领导小组编:《中国民间故事集成·辽宁卷·丹东市元宝区资料本》,内部刊印,1987年,第151页。
③ 中国民间文艺研究会辽宁、吉林、黑龙江三省分会编:《满族民间故事选》(第二集),春风文艺出版社1983年版,第257页。
④ 夏秋主编:《满族民间故事·辽东卷》(下卷),辽宁民族出版社2011年版,第52页。
⑤ 关于辽东满族蚕民祭祀蚕姑的具体程序,可参见詹娜:《辽东放养柞蚕习俗调查》,《民间文化论坛》2004年第5期。

三、放蚕技术的源起

与柞蚕放养相关的民间叙事,对满族祖先如何学会放蚕技术也有解释。除了蚕姑叙事中常常讲及的是蚕姑传授放蚕技术这种颇具浪漫色彩的解说以外,当地还流传着一些有关"蚕"的由来的解释。其中,最有名的一则是《蚕的来历》[①]。其故事梗概为:很早以前,有个马员外,老两口只有一个女儿,家里养了一匹大白马,跟小姐同年出生,并一起玩到大。一年,员外到外地做生意,一去就是三年未回。老太太就对大白马说,如果它能把员外找回来,就将小姐嫁给它。大白马去了一个月,果然将员外找回来了,老太太却把承诺忘得一干二净。大白马很生气,白天叫晚上跑,气得员外将它杀死,又剥下马皮放在院里杖子上晾晒。小姐见了,一头扑到马皮上,痛哭不止。这时,马皮将小姐包住,变成一粒大茧。后来,茧又变成一只蛾飞到山上了。蚕就是这样而来的。很明显,此则叙事是南方"蚕马神话"在北方蚕区的流传变异。

与此同时,关于放蚕技术的由来,辽宁满族民众还有另外一种更具史料性价值的解释。在桓仁地区流传的《柞树养柞蚕》[②],讲述了关东老百姓学会养柞蚕是从桓仁柞树岭地区的满族人开始的。"南方人讲柞蚕是桑蚕变的,咱满族人可不是这样讲。柞树上老早就有蚕,只不过老祖宗不知道这大青虫子能吐丝织布,知道柞蚕是一宝,是金朝的事。"一群回到当地的伤兵见到柞树上的青虫子,想到南方人用青虫子做成茧,再纺丝织布。他们就试着等待柞树上的青虫子做成茧再纺丝织布。"树高枝也高,勾不到树上的茧子,他们就砍倒大柞树,摘取茧子……后来又学会了留种、杀虫,以这为谋生手段,发了财,残疾人过上了好日子。桑树上的叫蚕,柞树上的也像蚕又不相同,于是叫成了柞蚕。从那时起,满族的老祖先就在柞树岭上养柞蚕。这手艺代代相传,传遍了关东山,柞蚕在关东山养起来了,一直到现在。"

这则民间叙事至少向我们传达了三条信息:一是满族祖先很早就知道柞树上可以结出蚕茧,但不懂得利用;二是最初满族人并不懂得放养柞蚕的相关技术;三是外出征战士兵由于见到南方人养桑蚕,回到辽东地区后依法炮制才总结出人工放蚕技术,而且这种技术代代相传,延续至今。

然而,放养柞蚕技术的产生历史果真如民间叙事所传达出来的,是由满族人自己学习总结而得?这种学习总结又是在何种情境下完成的?探究辽宁满族的族群建构历史,主要有两支:一支可追溯到明朝末年,黑龙江、吉林等地的建州女真为了寻找有利的经济发展环境,便陆续向南和向西迁移至辽宁东部山区一带;另一支系明清以来,大批的关内汉人移民到此投旗占地,成为随旗满人。南迁至辽宁东部地区的满族人由于自然生态环境的变化,面临着生计模式的全面转化,即由狩猎生计向农耕生计转变。事实上,

---

① 宽甸县民间文学三套集成领导小组编:《中国民间故事集成·辽宁卷·宽甸资料本》,内部刊印,1987年,第23页。

② 桓仁县民间文学三套集成领导小组编:《中国民间故事集成,辽宁卷·桓仁资料本》,内部刊印,1987年,第35页。

满族农业的真正发展也是在南迁辽东并与农业民族为邻以后才出现的。辽东、辽北山区到处是天然的柞树林，为放养柞蚕提供了得天独厚的条件。据史料记载，到19世纪中期，辽东、辽北山区已经出现专饲柞蚕的满族人家，如"处暑斩树条割山柴柞重生，饲秋蚕"[1]"七月中……重发新叶，我开东境养蚕家皆可以饲秋蚕"[2]。由此可见，满族的确是南迁到辽东地区以后才出现了专业的人工放养柞蚕技术。

这种技术又源于何处？我国近代柞蚕发展史的相关研究表明，山东一带是我国发现饲养柞蚕最早的地区。文献上对于柞蚕的最早记载见于晋代的《古今注》，书中记载："（汉）元帝永光四年（公元前40年），东莱郡东牟山（在今烟台市牟平区境内），有野蚕为茧，茧生蛾，蛾生卵，卵著石，收得万余石，民以为蚕絮。"晋代郭义恭撰写的《广志》中第一次提到"柞蚕"这一名词，"柞蚕食柞叶，可以作绵"。此二文献皆是对采收柞蚕茧加以利用的记述，并没有对人工放养技术产生的说明。直到明末清初，以山东一带为中心的柞蚕放养、缫蚕丝、织茧绸的技术日渐成熟。到了清康熙年间，山东放养柞蚕技术逐渐向河南、河北、辽东半岛、陕西、安徽、四川、贵州等地传播。

17世纪后期清朝统一全国，柞蚕业最先由山东传向河南省和辽东等地。传至辽东地区的路线大致有水路和陆路两条：因辽东半岛与山东半岛隔海相望，山东半岛的烟台等地与辽东半岛的盖县、复县一带的海上交通往来频繁，山东的柞蚕业横跨渤海传到辽东；与此同时，明清时期，大批的山东移民到辽东垦荒，这些人带着柞蚕种来到辽东有柞林的地方去放养。[3]于是，在与山东移民邻近生活及生计学习的过程中，辽宁满族人学会了柞蚕放养技术，并成为满族养蚕的最初源起。可见，满族人尽管很早就懂得对蚕茧的观察和利用，但人工放蚕技术的发明者却是关内汉人。民间叙事作为民众口述史的存在，它在记录民众心路历程的同时，除了对正史起到一定的补充和印证作用以外，有时还与真实的历史相违背。但这种与历史相违背的口头叙事情节从来都是有目的而为之的。如满族民间叙事中将放蚕技术的出现归结为满族祖先的创新，这可以大大地增强满族后代蚕民对本民族祖先及对本族群历史的认同感和归属感。然而，如此叙事情节也并非完全脱离历史史实，叙事中也明确指出满族人是在学习了汉族人的生计之后才发明了这种技术。无疑，这也是对放蚕技术源起的一种隐性解说。

四、放蚕技术的操作

大量的与放养柞蚕相关的民间口承叙事，还以细节化的语言来描述蚕的特性，以及放蚕的具体技术操作、程序知识等，使民众在讲述和传承民间叙事的过程中，对放蚕技术进行观念上的强化与学习。

---

[1] 《铁岭县志》卷8，1993年，"实业·农时"。
[2] 《开原县志》卷9，1929年，"实业·农时"。
[3] 章楷：《我国近代柞蚕业发展史探析》，《蚕业科学》1992年第4期。

如《蚕姑娘的传说》①详细地描述了很久以前,一位老太太是如何教导一对姐妹放养柞蚕的:

……临别,老太太从筐里拿出一把树叶,上面聚着像高粱米粒似的黑东西,说:"没有什么好东西留给你们,这是一把蚕籽,你们把它放在柞树上,等到里面出了小蚕,你们就天天上山看着,别叫鸟吃了。等树叶吃完了,再移到有树叶的小树上,以后你们就放蚕吧,这东西成茧之后摘下来,你们可以织布做衣裳,还可以卖钱换粮食。"姐俩把这一把树叶分成了几份,分别送到了门前的柞树上,天天跑去看看。不几天,蚕籽里爬出了黑色的小虫子。几天工夫,就把树叶给吃光了。姐俩按照老太太的嘱咐,又移到了别的柞树上。几天就长大了,变成了绿莹莹、透明的大虫子。这就是蚕。

这则叙事以简单明了的语言记录了蚕的生长特性及放养过程,这与现实的蚕的生长周期及放养过程完全吻合。据调查,蚕的一生有卵、蚕、蛹、蛾四个阶段。蚕民常讲,放蚕有三关:出蛾、出蚕、破刈仔。出蛾属于放蚕的前期准备工作,蚕民买来蚕种穿成串挂好,温度适宜时可以出蛾。等雌雄蚕蛾交配产籽后,再将蚕籽放到柞树上。就辽宁东部地区的放养习惯而言,一般把蚕场划为两大块,即较矮的"刈场"和较高的"茼茧场"。蚕民通常先把粘满蚕籽的蚕纸撕成小条分别缠在刈场的柞树枝上,等小蚕出生、树叶逐渐被吃光后再一个个地将小蚕抓到茼蚕场。蚕吃饱后,就结成一个个蚕茧。

然而,既然叫"放蚕",就说明了这种生产劳动的野外放养特性,同时也决定了这种生产技术的艰辛远非一般农事劳动所能比。一旦蚕上山后,割场子(割掉柞树周围的杂草)、打鸟、驱虫等各项工作都必须做好。蚕民常讲:"出在鸟前,归在鸟后。""放蚕有三勤,眼勤、手勤和腿勤。"山中的松鼠、耗子、鸟、蛇、青蛙等都是蚕的天敌,要想放好蚕,就必须做好防治工作。这些防治手段与措施,叙事文本中也多有描述:

说放蚕就放蚕,姐妹俩脱掉孝衫,上山支起个小窝棚,连夜把阿玛留下的茧种搬到窝棚里。茧上山,蛾上树,蚕脱皮,破蚁子,挪蚕场,姐妹俩九九八十一天,日日夜夜守护在春蚕身边。眼睛熬红了,人累瘦了。姐妹俩的辛勤劳动感动了日神,日头撒出了暖和的光芒,照在蚕儿身上;姐妹俩的辛勤劳动感动了雨神,云雾中洒下了毛毛细雨,催蚕儿快长大。好吃的禽鸟飞来了,妹妹扎林尔哈拿起破铜盆,像打锣一样从东山敲到西山,吓得禽鸟一个个飞走了。馋嘴的癞蛤蟆上山了,姐姐松吉尔哈从南沟抓到北岔,癞蛤蟆一看情况不妙,跑回河边去了;妹妹的手被蜇刺毛蜇了,姐姐把它掐死,用它的汁液搓擦,妹妹的手不疼了;姐姐的腿划破了,妹妹替她洗净伤口,用布包扎,姐姐的腿渐渐长好了。一百天过去了,姐妹俩

---

① 丹东市元宝区三套集成领导小组编:《中国民间故事集成·辽宁卷·丹东市元宝区资料本》,内部刊印,1987年,第151页。

的血汗没有白流,绿莹莹的蚕变成了一筐筐白花花的大茧……①

这则民间叙事生动地展现了放蚕过程的不易,其中的艰辛和困苦只有身体力行的蚕民们才能体会得到。在这里,民间叙事以形象、生动的语言将放蚕过程转化为口头叙事文本,使民众在讲述时从心理上体验放蚕的艰辛,做好吃苦耐劳的心理准备。此外,关于放蚕的技术,当地还有许多俗语,如"秋作白露,春作夏至""白露不作茧,放蚕白瞪眼"等皆是强调要掌握好出蚕时机。

特定的言语符号包含着民众的集体记忆,它的使用体现着民俗信息的传递与民俗知识的延续。而且,特定言语符号的使用在表达民众对民俗事象理解的同时,还传达出较为重要的技术知识与民俗信息。这些口承叙事的最初创作及反复讲述恰恰是以描述农耕生产技术及知识为中心而展开的。农民们智慧地将其寓于日常娱乐形式之中,在农闲歇息之余即可完成对生产技术知识的掌握与巩固。无论是对讲述者抑或是对听众而言,每一次讲述都是给予强化的过程,并时时在民众的心里发挥隐喻型民俗控制的机能。

五、女性放蚕与角色认同

在辽宁地区广为流传的与放蚕相关的民间叙事大多与女性相关。然而,在放养柞蚕的最初阶段,是绝对禁止女性放蚕的。这在民间叙事中也有描述:"安巴林财主走后,姐俩在阿玛的坟上哭了起来……想来想去,没别的招,只有放蚕……可阿玛活着时不让她俩放蚕,阿玛说:'女人放蚕背气。'再说,山里山外,百八十里也没耳闻过有一家姑娘放蚕。唉,背气就背气,没耳闻过就没耳闻过吧……"②

回到民俗生活中,事实也确是如此。由于蚕怕异味,而妇女在日常生活中经常要涂抹一些有气味的洗化用品,辽宁满族俗称"羊胰子"和"猪胰子",所以,在放蚕的最初阶段,女性很少参与。后来,随着男尊女卑思想的传入和加剧,禁止女性放蚕又被附上了意识形态的东西。辽宁地区蚕民曾这样诬蔑女性放蚕,"搽胭抹粉出蚕,不是少胳膊就是少腿"。直到20世纪60年代末期,随着妇女解放思想的宣传和劳动规模的日益扩大,对劳动力的需求也不断加大,妇女才又重新参加养蚕的生产劳动,并逐渐成为该项劳动的主力军。如今,在柞蚕放养中,"女子可撑半边天",毫不夸张地展现了女性在放蚕劳动中的重要作用。

然而,普通民众虽然未必完全理解禁止女性放蚕的真正原因,但面对女性参加劳动的现实,他们仍然遵循他们的逻辑,在民间叙事中为女性放蚕提供了合理而可信的解释:"说来也怪,姑娘媳妇上山放蚕还准发山,大伙儿想来想去悟出一个道理,蚕姑是个姑娘,她偏护着女人,所以妇女放蚕十年九收。也就是从那时起,岫岩沿袭着妇女放

---

① 张其卓、董明搜集整理:《满族三老人故事集》,春风文艺出版社1984年版,第96页。
② 张其卓、董明搜集整理:《满族三老人故事集》,春风文艺出版社1984年版,第96页。

蚕的风俗习惯，一直到今天。"① 这种解释增强了女性群体在放蚕这项生产劳动分工中的角色意识与认同意识，有利于鼓励女性成员积极参与到这项生产劳动中来。

此外，与女性放蚕相关，辽宁蚕区还广泛流传着《找姑鸟》《姑姑鸟》等故事文本。这类故事讲述了姑嫂（或姑姑和侄女）二人到山上摘桑叶，嫂子（侄女）和小姑（姑姑）开玩笑，说谁要是能将菠萝叶（杨树、柳树）变成桑叶，就将小姑嫁给谁（桑叶王或山神）。随后，小姑被抢走，满山的树叶全都变成了桑叶。父母见女儿没了，就逼着嫂子（侄女）要人，嫂子（侄女）就在山中大叫"小姑"（"姑姑"）四处寻找。嫂子（侄女）死后化成一只小鸟，嘴里喊着"不姑"（"姑姑"）。在民间叙事中，嫂嫂拿小姑的婚姻开玩笑之类的情节时常出现。传统社会大家庭的女性角色之间，如婆婆与儿媳、姑姑与嫂嫂，乃至妯娌之间始终充斥着难以调和的种种情感纠葛与利益分歧。然而，《姑嫂石》《姑嫂情》之类的民间叙事又向我们展示了姑嫂情感的另一重表现。由于男子每日外出做工，嫂嫂与婆婆之间又有着不可化解的冲突，而嫂嫂与小姑年龄相仿且性别相同，所以相互之间易于交流，向小姑讲述婚姻生活、传递婚姻知识亦是嫂子的重要职能。自然，嫂子可以成为小姑闺中生活的好伙伴，嫂嫂偶尔拿小姑的婚姻来开玩笑，因为她可以代替未嫁女讲出其心中所想却又不便明言之事。同时，在传统社会，蚕事收成的好坏在很大程度上要取决于运气，取决于神灵的保佑。所以，面对蚕区自然存在的鸟类及其独特的叫声，蚕民们往往要结合现实生活对自然现象做出"合理"的解释。

综上可见，民间叙事在知识传递中发挥的功能是不言而喻的，尤其是生产知识的发掘与传递，是其他任何民俗事象都不可比的。因为民间叙事的出现直接源于生产劳动，它所表现出的文化蕴意是"经过'生产者'的眼光过滤过的，因而凡是与生产有关的知识，都被放在突出的位置"②。这些民间叙事有些尽管不是直接描写生产劳动和技术知识，但它们对农时的把握、劳动的进程、种植的技术等却是十分强调。在这里，丰富的农事经验升华为耕种的科学知识，农耕意识与操作经验融为一体。围绕农事生产建构起来的民间叙事，不仅记载着各种岁时知识、生产技术、农事知识、生活常识以及饲养技巧等，同时还使那些源于农事生产，反过来又强化生产技术的农耕信仰及观念得以延续与传承。

---

① 张其卓、董明搜集整理：《满族三老人故事集》，春风文艺出版社1984年版，第96页。
② 张紫晨：《江南岁时节日的祭与农耕信仰》，载福田亚细男编：《中国江南的民俗文化——中日农耕文化的比较》，文部省科学研究基金（国际学术）研究成果报告书，1992年，第205页。

民族仪式与信俗研究

仪式类非物质文化遗产保护模式研究
——基于长阳"撒叶儿嗬"保护的分析

王 丹（中南民族大学）

近年来，我国政府越来越重视对民族民间文化的抢救和保护，启动了非物质文化遗产保护名录制度，保护运动在全国上下蔚然成风。2011年2月《中华人民共和国非物质文化遗产法》颁布，从法律层面规定了非物质文化遗产传承人的权利、义务以及对他们及其传承文化的保护。然而，与国际社会相比，我国对非物质文化遗产的保护起步较晚，尚处于探索阶段，国家政策主导与地方政府、民间社会保护行动之间尚有一定程度的不对称，致使各地各类非物质文化遗产保护存在不平衡的现象。非物质文化遗产涉及的领域十分广泛，不同领域的文化遗产特点各异，因此，针对不同的非物质文化遗产类型自然应该有不同的保护措施。本文通过对长阳土家族非物质文化遗产"撒叶儿嗬"的保护过程及其成就的梳理，期望为仪式类非物质文化遗产保护提供有益的经验借鉴。

一、"撒叶儿嗬"：民族文化精髓

跳"撒叶儿嗬"，汉称跳丧、打丧鼓。它是土家族一种古老而奇特的以歌舞悼念亡人的丧葬仪式，以其古朴的气息传达出民众强烈的信仰观念和生命意识。土家族这一艺术化的风俗或风俗化的艺术，世代传承，延续至今。

古代巴人能歌善舞，其歌舞质朴、粗犷、矫健，生活气息浓郁。巴人之"巴渝舞"在汉代成为宫廷舞的一种。"撒叶儿嗬"是"巴渝舞"在民间的遗存。承继先祖遗风的土家人极其崇尚威武雄壮的气魄与稳重有力的节律，且保留了巴人神秘的灵魂信仰观念，在奔丧祭祀歌舞中渗透进了祖先崇拜和图腾崇拜的深刻寓意。过去，"撒叶儿嗬"几乎遍及整个清江流域和三峡地区。但是，随着生存的自然环境和人文环境的变迁，如今，只有清江中游的长阳、五峰土家族自治县和恩施土家族苗族自治州的巴东、鹤峰、建始等县及周边地带还在跳"撒叶儿嗬"。其中，长阳的资丘、榔坪、巴东的野三关、建始的景阳关、鹤峰的邬阳关、五峰的渔洋关等连成一片的地区成为"撒叶儿嗬"流传的核心区域。

年届一个甲子的老人去世，土家族认为是"顺头路"，是升天，叫"白喜事"。此时，不分死者是男是女，也不论死者名望高低，乡邻亲友都要赶来为死者打一夜丧鼓，以此怀念故人，安慰生者。"人死众家丧，大伙都拢场，一打丧鼓二帮忙。"在紧靠棺材的前左侧置一个直径一尺三四寸、高二尺多的牛皮大鼓，由一位能歌会舞的歌师擂鼓领唱，两人或四人在棺前踏着鼓点，按照一定的动作和程式，边舞边歌，一班人跳累了，另一班人接着跳，轮流更换，通宵达旦。跳丧上半夜以歌颂古人业绩、叙述民间故事、打哑谜子、唱农事十二月等为主，下半夜为了驱除人们的倦意，演唱内容以"荤歌"即男女爱情和笑话为主，到天亮时唱一个"刹鼓歌"收场。跳丧的样式很多，以死者的遗体是否在家分为"打丧鼓"和"打空鼓"两类，还有高龄或久病的老人，在未死前要求人们给他打丧鼓，称为"打活丧"。

"撒叶儿嗬"是土家族研究中最引人注目的民俗传统之一。20世纪90年代以来，许多学者或立足现实，或穿越历史，从多个视角和层面展开了对撒叶儿嗬的调查和研究。田万振的《土家族生死观绝唱——撒尔嗬》①就"撒叶儿嗬"的形式、内容、观念、功能、流源、变迁等予以了较为全面的介绍和阐析。刘启明等编著的《清江流域撒叶儿嗬》②清晰地划定了"撒叶儿嗬"的传播空间，对"撒叶儿嗬"的音乐、舞蹈和包含的文化因子进行了描述和分析。白晓萍的《撒叶儿嗬——清江土家跳丧》③则是一本深入系统又具体而微的"撒叶儿嗬"调研成果。该著作在大量细致的田野工作基础上，参与观察和深度描写了当下流传的"撒叶儿嗬"的情状，由此阐释土家人寄寓其中的生命关怀和文化诉求。单就"撒叶儿嗬"的某一个问题展开研讨的论文就更多了。比如，讨论"撒叶儿嗬"与白虎崇拜的关系的文章有戴曾群的《巴人白虎图腾与"跳丧"的关系》④、黄柏权的《跳丧舞的祭虎行为》⑤等。这些文章从"撒叶儿嗬"的歌舞形式和祭祀对象来认定它是源于土家族的白虎崇拜。解读"撒叶儿嗬"涵括的文化内涵的论文有裴亮的《鄂西土家族"跳丧舞"的文化解读》⑥、桑大鹏的《论长阳土家族跳丧舞的文化构成》⑦等，从人类学角度探讨"撒叶儿嗬"的文章有曹毅的《土家人原始生命意识的独特传递》⑧等，从哲学视角研究撒叶儿嗬的文章有萧洪恩的《土家族"撒叶儿嗬"的哲学思维初探》⑨。诸多著作和论文为我们全面认识和理解"撒叶儿嗬"的起源、流变、形式内容与文化内涵等起到极大的帮助和启发作用。随着"撒叶儿嗬"被认定为国家级非物质文化遗产，关于"撒叶儿嗬"的研究也逐步系统化和科学化，胡世春等编著的《土家族

---

① 田万振：《土家族生死观绝唱——撒尔嗬》，中央民族大学出版社1999年版。
② 刘启明、田发刚、沈阳编著：《清江流域撒叶儿嗬》，湖北人民出版社2006年版。
③ 白晓萍：《撒叶儿嗬——清江土家跳丧》，湖北美术出版社2006年版。
④ 戴曾群：《巴人白虎图腾与"跳丧"的关系》，《民俗博物馆刊》1997年第6期。
⑤ 黄柏权：《跳丧舞的祭虎行为》，载《土家族白虎文化》，中国文联出版社2001年版，第158—163页。
⑥ 裴亮：《鄂西土家族"跳丧舞"的文化解读》，《中南民族大学学报》（人文社会科学版）2003年第5期。
⑦ 桑大鹏：《论长阳土家族跳丧舞的文化构成》，《三峡大学学报》2001年第1期。
⑧ 曹毅：《土家人原始生命意识的独特传递》，载《土家族民间文化散论》，中央民族大学出版社2002年版。
⑨ 萧洪恩：《土家族"撒叶儿嗬"的哲学思维初探》，《湖北民族学院学报》（哲学社会科学版）1998年第2期。

撒叶儿嗬》①是呼应非物质文化遗产保护而出版的推介和留存"撒叶儿嗬"的著作，但真正从保护的角度研究撒叶儿嗬的成果较少。从长阳土家族自治县保护撒叶儿嗬的做法和经验出发，当可研讨中国仪式类非物质文化遗产保护的相关问题。

二、"撒叶儿嗬"的申遗与发展

"撒叶儿嗬"作为现今主要流行于湖北境内的土家族祭祀歌舞和风俗，虽然目前在清江流域中游地区还很兴盛，但从历史的情况看，流行的范围在缩小；加之外来文化的侵入，土家乡民越来越多地走出大山，传承的人群逐代减少，传承的氛围也越来越淡薄。因此，"撒叶儿嗬"属于濒危文化之列，对其进行保护已迫在眉睫，势在必行。长阳县委、县政府对于这一现象非常关注，早在20世纪80年代就组织了一批文化工作者对长阳"撒叶儿嗬"的活动情况进行摸底调查，大量珍贵的资料被记录在《中国民族民间舞蹈集成·湖北卷》等著作中；同时，欢迎和支持各学科的学者开展有关"撒叶儿嗬"的实地考察和研究工作，从学理上对这项文化传统进行系统论考，开启了"撒叶儿嗬"保护的先声。

如果说20世纪长阳县保护"撒叶儿嗬"主要是一种个人行为和地方举措的话，那么，到了21世纪，无论政府还是民众，都开始从民族自觉和文化自觉的高度体认与重视保护行动了。

2002年4月，长阳县文化体育局出台了《关于建立长阳民族民间文化资源库的实施方案》。在这个方案的指导下，几年来，通过实施文字资料、声像资料、图片资料、实物档案和电子数据五位一体的工作计划，现已采录到近千名土家族"撒叶儿嗬"重点艺人的相关资料。

长阳县各级政府行政主管部门，尤其是乡镇一级的文化单位为保护"撒叶儿嗬"做了很多切实而具体的工作。比如2003年在"撒叶儿嗬"盛行的资丘镇，镇民族文化馆承办了首届"中国土家族撒叶儿嗬大赛"，来自湖北、重庆等县市的300多名民间艺人参加了比赛，这极大地扩展了这项古老民间文化的影响。资丘、榔坪两个乡镇率先筹建了以保护"撒叶儿嗬"等优秀传统民间艺术为核心的"土家族传统文化生态保护区"，定时定期举行文化活动，聘请民间艺人为老师带徒传艺，出台了保护传承人的政策和措施。政府拿出专款，命名表彰了杨世鹏、陈本栋、覃远新等20名优秀传承人，发给每人1000元作为经济奖励。2005年，长阳县在资丘镇实施"高龄传承人奖励基金"试点，为高龄传承人每月发放传承补贴60元。这些实实在在的保护措施很好地恢复了"撒叶儿嗬"生存的生态环境，为"撒叶儿嗬"的传承与发展提供了物质保障和文化保障。

为使土家族传统文化"撒叶儿嗬"得到更加有效的保护和传承，长阳县委、县政府及时抓住我国首届非物质文化遗产的申报契机，调动多方力量，制订符合实际的申报方

---

① 胡世春、萧国松、戴曾群主编：《土家族撒叶儿嗬》，云南人民出版社2008年版。

案,科学决策,积极行动,一举成功。

2004年7月8日,长阳县召开了申报土家族传统民间歌舞"跳丧舞"为非物质文化遗产保护项目的动员大会,到2005年6月全国申遗工作会议召开后将之改为长阳土家民俗"跳丧"。随即,2004年7月15—31日,县文化体育局组织工作组分两路实施关于"撒叶儿嗬"专题的田野调查,基本掌握了长阳"撒叶儿嗬"的流传情况。长阳县各乡镇都有人会跳丧,总人数2600人,其中最具代表性的重点艺人有1214人,最盛行的地区有资丘、榔坪、渔峡口、都镇湾、火烧坪等5个乡镇。对于县境内和周边地区流行的土家族"撒叶儿嗬",长阳文化主管部门采取分地区建档、建卡管理的方式,用文字、录音、录像、数字化多媒体等手段,进行了实事求是的记录和整理。

在综合考虑和权衡了"撒叶儿嗬"的历史渊源、文化背景及普及性和广泛性等因素的基础上,长阳文化体育局、民族宗教事务局等主管部门在县委、县政府的指挥和敦促下,成立了申遗工作专班,集中精力,严格按照申报人类非物质文化遗产的要求展开工作,进行调查、搜集和拍摄,并且多方面、多途径地争取和听取领导与专家的意见和建议,形成合格而精美的文字材料和音像资料,实施科学运作。这个过程得到广大老百姓的大力支持和配合,特别是"撒叶儿嗬"传承人的热情投入,确保此项工作的顺利开展和圆满完成。申遗前后,特别是申遗成功之后,人民群众保护"撒叶儿嗬"的意识空前高涨,以往自发、自在的民间活动逐渐走向自觉。

这些上自政府、下至百姓的保护"撒叶儿嗬"的举措和行动体现了多重力量与智慧的汇聚,最终使得长阳土家族"撒叶儿嗬"跻身中国首批非物质文化遗产保护名录。

三、"撒叶儿嗬"保护方略与措施

在长阳,无论政府部门还是乡村百姓,他们都认识到社会进步的标志和保障在很大程度上得益于对地方文化的保护。文化作为民族传统和地方知识的标签,得到越来越多人的关注和重视,地方政府和老百姓都自觉不自觉地加入文化保护的行列。

为切实加强和落实保护工作,2005年8月,长阳县人民政府印发了《长阳土家跳丧习俗五年保护计划》。这一计划包括制定有效的法律规章,建立文献保护的有效机制,实施"撒叶儿嗬"的传承、开发和基地建设等。[①]2006年4、5月,长阳相继在湖北卫视、湖北经视的访谈栏目中做了"撒叶儿嗬"等传统文化的专题节目。2006年6月9日,中央电视台《焦点访谈》栏目以"保护精神家园"为主题,介绍和宣传了包括长阳在内的宜昌市非物质文化遗产保护工作的成绩和经验。这年6月,长阳县资丘镇成功举办了土家族撒叶儿嗬传习基地的首届培训班,反响十分强烈。7月,长阳又在《湖北日报》上做了有关"撒叶儿嗬"的专版宣传。这些活动均全方位地展示了"撒叶儿嗬"等长阳土家族优秀民族民间文化的面貌,让更大范围的更多人认识了灿烂的土家文化,有

---

① 参见长阳土家族自治县人民政府印发的《长阳土家跳丧习俗五年保护计划》,2005年8月。

意识地关心和保护我国的非物质文化遗产。

　　保护是一种长期行为。2006年2月17日，长阳土家族自治县第六届人民代表大会在全国率先制定和通过了《长阳土家族自治县民族民间传统文化保护条例》。2006年3月31日，条例经湖北省第十届人民代表大会常务委员会第二十次会议审查批准，在6月10日我国第一个"文化遗产日"正式施行。条例的目标十分明确，那就是保护、继承和弘扬民族民间传统文化，促进自治县经济和社会发展。

　　根据保护条例的规定，长阳民族民间传统文化的激励机制和约束机制建立起来了。例如：自治县人民政府每三年对文化传承人和传承单位进行命名、表彰；县文化行政主管部门为命名的传承人、传承单位建立档案，鼓励、支持和帮助其依法开展活动；对经济困难的高龄传承人按照有关政策规定给予救助或者补贴；等等。同时，对在进行民族民间传统文化考察、收集、采访、整理、研究、出版等过程中出现错误和造成损失的当事人及部门要给予严厉批评教育；情节严重的，由有关行政主管部门予以行政处分或者行政处罚；构成犯罪的，由司法机关依法追究其法律责任。①这部"民族民间文化保护条例"是中华人民共和国成立以来第一部以县级为单位制定的保护法，它充分体现了长阳县委、县政府对民族文化的重视，体现了各级部门对文化保护的自觉意识，更从法律上保护了以"撒叶儿嗬"为代表的民族民间文化的传承机制和创新机制，从而为文化可持续发展提供了强大的法律保证和政策支持。

　　2006年6月，《关于贯彻、落实〈长阳土家族自治县民族民间传统文化保护条例〉的意见》公布。长阳县逐步建立起县、乡（镇）、村三级保护网络：自治县成立了民族民间传统文化保护委员会，研究、协调民族民间传统文化保护工作；乡镇成立民族民间传统文化保护小组，具体实施民族民间传统文化的保护工作；传统文化生态保持较完整，具有特殊价值的村寨或者民居，也可以设立保护小组。自治县还设立了民族民间传统文化保护中心，具体负责民族民间传统文化的收集、整理、研究、保护和传承等日常工作。在保护中心，县政府拨专款购置的设备已经启用，录入民族民间文化数据库的所有资料由保护中心统一管理。2006年7月起，长阳又实施县级领导联系民族民间文化人才的制度，全县45名优秀传承人和民族文化优秀工作者成为县级领导主动走访、慰问、听取意见和建议的对象。

　　文化的保护除了需要良好的生态环境、人文环境以外，经费的保障和资金的支持是一个关键因素。尽管长阳土家族自治县经济发展并非先进，财政收入有限，但是为了能让民族民间文化在新的历史条件下尽快走上良性循环的发展轨道，县人民政府创设了民族民间传统文化保护资金，该项资金被纳入财政预算，实行专款专用，并接受审计监督。资金的保证为长阳文化，尤其是被列入国家级非物质文化遗产保护名录的"撒叶儿嗬"的保护提供了非常优越的条件。

　　在从事非物质文化遗产的抢救和保护过程中，政府文化行政主管部门已经意识到，

---

　　① 《长阳土家族自治县民族民间传统文化保护条例》，2006年2月17日长阳土家族自治县第六届人民代表大会第三次会议通过，2006年4月21日长阳土家族自治县人民代表大会常务委员会公告公布。

民间文化的保护不仅仅是保护，不仅仅是传承，而更重要的是让老百姓通过民间文化活动获得经济收入，安定生活，这样才能进一步促进文化的传续。比如组建"撒叶儿嗬"班子，到葬礼现场为主人家服务，适当给予报酬；在旅游项目中创设表演节目，吸引外来资金。这样，民间艺人的生活有了着落，民间文化也得到了传承、发扬和推广。当然，这中间我们一定要注意对文化本真的保护和传扬。

长阳县文化体育局、民族宗教事务局等单位正在联手探索民间文化示范村的民族文化保护模式。这个模式的主要思路和做法是，对某一种或几种民间艺术保存比较完好的村落进行指导和辅导，重点培育，成立民族艺术示范村，既遵循民间规律，又给予引导规划，做好、做精、做强，再以点带面，让整个村寨和地区都相互学习，彼此借鉴，活跃起来，不但传承了民族民间文化样式，而且丰富了农村人民的精神生活。如此一来，各类民族民间文化的资料不仅被搜集、整理和装进数据资源库，而且能够变成活的流体，继续在民间传承和跳跃。这种"从民间来，到民间去"，立足实际工作层面进行的探讨和尝试，必将更好地贡献于非物质文化遗产的抢救和保护。

四、"撒叶儿嗬"保护的启示

我国绝大部分少数民族生活在边疆地区，自然生态和文化生态都很脆弱，因此，从现实和学理的角度研究少数民族非物质文化遗产的保护成为刻不容缓的重大问题。长阳土家族"撒叶儿嗬"作为仪式类的非物质文化遗产，它的保护为我国非物质文化遗产的保护提供了可资借鉴的运作方式和强有力的理论阐释。

（一）政府支持是前提

在长阳，民族民间传统文化保护工作得到了历届党委、政府的高度重视。早在2001年，长阳县就向文化部提出了《关于加强民族民间文化抢救与保护工作的建议》。为了切实保护好优秀的土家族文化，县委、县政府坚持按照"保护为主、抢救第一、合理利用、传承发展"的方针，紧紧围绕建设"文化长阳"的目标，正确处理了经济发展与文化保护之间的关系，充分发挥了政府主导和管理职责，在全国率先实施了民族民间文化抢救与保护工程，采取了一系列有效措施，加大对地方民族民间文化的挖掘、整理与研究工作，取得了显著成效。在财力十分困难的情况下，长阳县委、县政府每年都要挤出资金用于民族文化工作。

保护好民族民间文化是各级政府义不容辞的责任，只有坚持政府主导，发挥政府职能，才能确保民族民间文化挖掘的有序性、整理的规范性和保护的强制性。没有各级政府的重视，没有各级政府的推动，没有各级政府的投入，民族民间文化的保护就会成为一句空话。

（二）法律法规是保障

健全法制和行政管理体系是完善我国文化遗产保护工作的重中之重。

资丘镇是长阳县民间艺术最为集中的地方，也是保护民族民间艺术和艺人工作做得最早、最好的地方。2000年，在省、市、县民族事务委员会的支持下，资丘文化站开全国之先河，建立了首家"中国土家族传统文化生态保护区"，并以资丘镇政府的名义颁布了《资丘镇土家族传统文化生态保护规定》，这为中国民族民间文化保护工作探索了一条崭新之路。该规定确定：镇里对老艺人实行"带徒传艺奖"，对青年人实行"学艺有成奖"，每年评定一批"民间艺术大师"，给予重奖，对家庭生活突出困难的实行固定补贴，等等。①

长阳县印发了《县委、县政府关于进一步加强文化工作的意见》，颁布实施了《长阳土家族自治县民族民间传统文化保护条例》，就民族民间传统文化的内容、范围、保护方法，以及人力、物力、财力等多方面的保障情况给予详细界定和说明，为文化保护工作步入有法可依的法制化轨道和管理的规范化、程序化奠定了坚实基础。

（三）群众自觉是基础

强化公众参与，引入公众参与机制，形成自上而下的保护约束和自下而上的保护要求，这样的良性互动能促成有效保护，合理利用资源。

要做好民族民间文化保护工作，必须充分调动专业文化队伍和民间文化传承人的积极性。人是关键，必须坚持以人为本。既要鼓励爱好传统文化的人积极投身民族民间文化的保护和传承，又要有重点地保护优秀的民间艺人，采取多种措施引导和激励更多的人来传承和发扬民间艺术。只有这样，民族民间文化的保护才有深厚的土壤。

"撒叶儿嗬"的传承主体亦是传承人，所以，保护的重心在于传承人。20世纪80年代后期，资丘文化站就开始关注民间艺人了。1998年，资丘在全国率先进行了民间艺人普查，将其信息登记造册，并通过民间文艺协会组织民间艺人开展活动。1999年，资丘建起了长阳县第一个民间艺人活动中心。民间艺人成为受人尊重的群体。这里，民间艺人生老病死无人过问的状况已不复存在，民间艺人把民间文艺协会当成自己的家。2003年，资丘镇委、镇政府发文表彰了20名民间艺术大师，这对全体民间艺人产生了巨大鼓舞。近年来，长阳县委、县政府在民间文化传承人方面所做的种种工作充分体现了他们的胆识和文化策略的正确，也真正肯定了传承人的价值，激发了他们的积极性和自觉性，从而创造了优良的文化传承空间。

（四）保护遗产是核心

长阳深入开展了民族民间文化的发掘、整理工作，包括山歌、南曲、花鼓子、吹打乐、民间故事等艺术形式。以"撒叶儿嗬"为例，长阳组织了30多人的专班，历时一年多时间，跑遍了宜昌、恩施和湘西等地，访问、登记民间艺人近2000人，真实、系统、全面地搜集了大量的实物材料，整理、拍摄和录制了文字、图片及音像资料，并切实加强了基础设施的建设和必要设备的配置，运用科学的方法，建立资源数据库，进而为制订"土家族撒叶儿嗬"的长期保护计划提供了依据，也为我国的学术研究及文化利用积累了翔实的资料。

---

① 参见长阳土家族自治县资丘镇人民政府印发的《资丘镇土家族传统文化生态保护规定》，内部资料，2000年。

长阳在对全县民间艺人进行普查摸底、登记建档的基础上对重点艺人进行重点管理，记录和展现他们的文艺才华与地方知识，将其成果录制成电子音像资料，装进民间文化资源数据库；借助表彰奖励制度调动民间艺人传艺、人民群众学艺的能动性，在广大乡村形成民间艺术传承热潮。长阳还积极支持民间文化人的自我发展，坚持按照民间事民间办的原则，先后批准成立了长阳民族文化研究会、长阳民间文艺家协会，创办了长阳土家民间艺术团等，从身份保障、物质待遇和精神生活等方面帮助文化人解决实际问题，造就了一支精干的民族民间文化保护队伍。

长阳历来重视联合科研院校的学术优势对土家族文化进行研究和保护。自20世纪70年代以来，长阳县共编印各类公开出版物和内部刊物150多种；积极鼓励文艺创作和文艺形式创新，出版了各类民族文化资料及文艺专著等近百部，发表了各类文艺作品3100多件，先后有120多件作品获得省级以上奖项。根据土家"撒叶儿嗬"创编而来的群众舞蹈长阳巴山舞，获得文化部"群星奖"金奖，被国家体育总局评为"全国全民健身项目一等奖"，并被列为全国亿万妇女健身展示项目在全国推广。

（五）多元保护是动力

要做好民族民间文化保护工作，必须不断创新展现形式。丰富多彩的民族民间文化就要用丰富多彩的文艺形式来展现。长阳县在充分挖掘、整理资源的基础上，创造性地开展了一系列大型的文化体育活动，通过这些活动载体不仅展示了土家文化的神奇魅力，也培养了一大批文艺新人。

要做好民族民间文化保护工作，必须走规范管理的道路。在长阳，民族民间文化保护项目的申报、民间艺人的命名以及文化生态保护区的建立，由专门的鉴定评审委员会审查评定。在管理的层次上，长阳在县里成立了传统文化保护委员会，在乡镇成立了文化遗产保护领导小组，在保存民族文化生态比较完好的村寨成立了保护小组，层层推行到位，切实把各项政策、措施落实下去，探索现实而有效的非物质文化遗产抢救和保护的工作模式。

要做好民族民间文化保护工作，还必须建立多元化的投入机制。政府投入是有限的，主要用于非物质文化遗产的挖掘、搜集、整理、申报和宣传等工作。在进一步增加政府投入的同时，长阳十分注重运用市场运作机制来增加对文化工作的投入，确保各项重大文化体育活动的成功举办。这些活动不仅丰富了长阳，活跃了长阳，而且让长阳走出了大山，走向了世界，赢得了发展的契机和腾飞的力量。由于对文化保护的特殊贡献，长阳获得了很多荣誉，得到多方面的肯定，是湖北省和全国的文化工作先进县，被誉为"中国民间艺术之乡"。

综上而论，长阳土家族自治县对"撒叶儿嗬"的保护已经成为一种较为成功的模式。无论地方政府还是文化部门，以及广大民众，都对非物质文化遗产的保护倾注了极大的热情和力量。这种热情和力量源自他们对非物质文化遗产的深切体验和深刻理解。在他们看来，土家族"撒叶儿嗬"的保护和传承不但可以振奋民族精神，增强民族凝聚力，维护民族团结，而且是建设社会主义先进文化的基础和源泉。

妈祖：从民间信仰到非物质文化遗产

王霄冰（中山大学）　　林海聪（中山大学）

宗教信仰，作为人类的一种文化创造，总是在历史发展的过程中由不同的人与人类群体参与建构而成。不论是耶稣基督还是穆罕默德，抑或是中国古代的孔圣和关公，都经历了一个从人到神的被形塑、被建构的复杂过程。出生于福建莆田的妈祖[①]，原本也应是一名普通的农村女性，由于一些偶然的历史因素被民间信奉为地方神灵，并创造出显圣一类的传说故事，后来随着海上贸易的盛行而在沿海各地得以迅速传播，成为从事海上贸易的水手和商人们的保护神。其后由于乡绅的推动和文人的创作，妈祖信仰的文化影响力日趋增强，甚至得到帝王的青睐。朝廷通过敕赐题额和敕封神号的方式将妈祖纳入国家祀典，使其逐渐国家化和经典化。20世纪初，随着王朝时代的结束，国家的意识形态与人们的信仰生活都发生了翻天覆地的变化。对于科学和理性的崇尚取代了传统的神灵信仰，以至于类似妈祖一类的民间信仰不得不改变其生存形态。在很长一段时间内，妈祖信仰只是作为学术界的研究对象存在，被中外学者加以剖析和解构。直至最近以来，它的社会与文化价值才又重新得到各界人士的认可和重视，被确认为全民族全社会共享的一笔公共文化遗产。妈祖信仰的非物质文化遗产化，对于这一信仰本身，尤其是对于最早发明了该信仰形式的莆田人民和海内外传承这一信仰的广大信众来说，到底意味着什么？在现代化的今天，重拾民间信仰的传统，又当持有怎样的文化抱负和未来愿景？本文追溯妈祖信仰从一种地方性民间信仰成长为国家非物质文化遗产的历程，探讨国家政治、社会文化潮流尤其是当代的非物质文化遗产与民间信仰发展之间的关系。

一、作为地方性民间信仰的妈祖崇拜

自古以来，针对妈祖在历史上是否确有其人，存在着两种不同的看法。一种认为妈祖为宋代莆田湄洲屿林氏女，名为林默，死后多次显圣而被民众建祠祈拜，后为帝王敕

[①] 除"妈祖"以外，还有"娘妈""马祖""天后""天上圣母"等称呼。本文除特别声明之处，一般行文过程中统一使用"妈祖"作为这一海洋女神的指涉性称呼。

封成神。① 另一种说法认为妈祖未必真有其人，乃是民间以水为阴，故将海神演绎为女性，并将神的身世具体化的结果。② 总体上看，前一种说法为诸多有关妈祖的文献传记、神宫庙志所援引，并且进入了林氏族谱，③ 业已被多数学者接受。此处不做赘述，仅对妈祖的生平事迹做一个大致的概括：名叫林默，生于五季宋初，为湄洲屿人，曾为里中巫④，屡显神通，普济世人；一生未曾婚配，年轻早逝⑤。

  作为一位可以"乘席渡海""化草救商""祷雨济民"的妈祖，从这些传说故事所"还原"的妈祖生前职业、灵验巫术能力来看，基本符合了宋代海边居民对"神灵"的想象和需求，因此她被塑造为女神就很自然而然。自从妈祖"白日飞升"之后，无论是"殁而人祠之"⑥还是"既殁，众为立庙于本屿"⑦，乡民出于对妈祖生前巫术的崇敬与祈福的需求，很快在湄洲岛上为她建立神祠——这就是湄洲屿祖庙。湄洲屿祖庙的出现，说明妈祖已经开始进入地方性神祇体系，同时也与宋人崇尚巫觋、闽人多立丛祠的历史

---

  ① 有关妈祖身世的文献和研究资料，可详参〔宋〕廖鹏飞：《圣墩祖庙重建顺济庙记》，蒋维锬编校：《妈祖文献资料》，福建人民出版社1990年版，第1—3页；无名氏：《三教源流搜神大全·天妃娘娘》《天后圣母圣迹图志》《天上圣母源流因果》，载蒋维锬编校：《妈祖文献资料》，福建人民出版社1990年版，第121、296—297页；林明峪：《妈祖传说》，东门出版社1988年版，第60—86页；李露露：《妈祖信仰》，学苑出版社1996年版，第3—26页；林洪国：《妈祖世系及莆田天后宫史迹》，载肖一平、林云森、杨德金编：《妈祖研究资料汇编》，福建人民出版社1987年版，第92—93页；蔡相煇：《妈祖信仰研究》，秀威资讯科技股份有限公司2006年版，第275—306页；徐晓望：《妈祖信仰史研究》，海风出版社2007年版，第21—32页；石万寿：《台湾的妈祖信仰》，台原出版社2000年版，第10—34页；〔日〕增田福太郎：《台湾宗教信仰》，黄有兴译，东大图书股份有限公司2005年版，第308—322页。

  ② 持此意见者，多是古人以"天地阴阳"观念作为解释。也有学者认为妈祖只是凡女，称其为海神，不过是民众迷信附会。详细内容可参见〔明〕刘基：《台州路重建天妃庙碑》，载蒋维锬编校：《妈祖文献资料》，福建人民出版社1990年版，第50页；〔明〕方以智：《通雅·卷二十一·姓名·鬼神》，中国书店1990年版，第269—270页；〔清〕赵翼：《陔余丛考·卷三十五·天妃》，中华书局2006年版，第759—761页；〔民国〕李幹忱：《破除迷信全书》，台湾学生书局1989年影印，第564—565页。

  ③ 〔明〕《南渚林氏族谱·灵女》，载蒋维锬编校：《妈祖文献资料》，福建人民出版社1990年版，第68页。

  ④ 多数学者认同这一说法，但是蔡相煇认为妈祖为女摩尼教徒，石万寿则认为妈祖既非巫媪，也非摩尼教徒，而是一位聪明正直、会预测天象的凡人渔女。详见蔡相煇：《妈祖信仰研究》，秀威资讯科技股份有限公司2006年版，第290—306页；石万寿：《台湾的妈祖信仰》，台原出版社2000年版，第33—34页。

  ⑤ 有关妈祖生命的最终归宿，有三种猜测：一种是溺水而亡，有救父说和自杀说；一种是病夭；一种则是"重阳飞升"，以合道教"尸解"观念。持非正常死亡说的学者，多是从"常衣朱衣"这一传说环节上进行阐述，认为是女性死后成为厉鬼的象征，正是对鬼神的恐惧才使民众开始为其建庙。实际上，"朱衣"恰是古人对神性的一种外在描述，不仅是妈祖，还有陈靖姑的神迹故事里也有相似的情节，男性神灵如关公则以"红灯"作为显灵的标志。相关研究可参见 Duyvendak, The True Dates of the Chinese Maritime Expeditions in the Early Fifteenth Century, *T'ong Pao* 34: 344（1939）；林明峪：《妈祖传说》，东门出版社1988年版，第107—111页；庄德仁：《显灵：清代灵异文化之研究——以档案资料为中心》，台湾师范大学历史研究所，2004年，第155—158页；罗春荣：《妈祖传说研究》，天津古籍出版社2009年版，第42—46页；黄瑞国主编：《妈祖学概论》，人民出版社2013年版，第69—72页。

  ⑥ 〔宋〕黄岩孙撰，仙游县文史学会点校：《仙溪志》卷3《祠庙·三妃庙》，福建人民出版社1989年版，第64页。

  ⑦ 〔宋〕廖鹏飞：《圣墩祖庙重建顺济庙记》，载蒋维锬编校：《妈祖文献资料》，福建人民出版社1990年版，第1页。

记载相吻合。①

此后,妈祖也不负民众所望,多次"显圣",驱除疠疫、护佑商舶、惩罚海寇。虽然妈祖的神迹与其他的神灵并无太大差异,但是在当地处于入海口、商贸频繁的社会环境下,②妈祖信仰很快从湄洲屿传到内陆,首站就是莆田。③民众先后为妈祖建起了一批内陆宫庙:平海天妃宫(宋咸平二年,999年)、圣墩神女庙(元祐丙寅,1086年)、仙游枫亭天妃庙(宋元符初,1098年)、莆禧天妃祠(宋绍熙三年,1192年)、白湖庙(宋绍兴戊寅,1158年)。④

其中,圣墩立庙是妈祖信仰传入内陆最为重要的一个环节。起初,自女神飞升立庙后大约一百年,离岛几百里外的圣墩突发异象,并有一段枯木漂至莆田圣墩。马上,有民众传说妈祖托梦,并指定地点,要求立庙:"我湄洲神女,其枯槎实锁凭,宜馆我于墩上。"⑤现在来看,这是一则很常见的有关建庙的风物传说。为了增加建庙的合理性,它从侧面说明当地已经有很多妈祖的信众。⑥经由莆田李氏族人的努力,庙宇终于落成,妈祖升序为主祀神,但只是民间私祀。直到妈祖在危急时刻救助了出使高丽的给事中路允迪,其事迹得以上奏宋廷,圣墩祖庙第一次获赐"顺济"庙额,妈祖的地位才开始由

---

① 有关宋代对巫觋的信仰与崇拜研究,可详参王章伟:《在国家与社会之间:宋代巫觋信仰研究》,香港中华书局2005年版;徐晓望:《妈祖信仰史研究》,海风出版社2007年版,第32—37页。

② 泉州海外交通史博物馆调查组:《天后史迹的初步调查》,《海交史研究》1987年第1期,第46—52页;朱金明:《谈妈祖信仰的初期传播》,载朱天顺主编:《妈祖研究论文集》,鹭江出版社1989年版,第51—55页;徐恭生、翁国珍:《海上贸易与妈祖信仰的传播》,载林文豪主编:《海内外学人论妈祖》,中国社会科学出版社1992年版,第304—317页;安焕然:《宋元海洋事业的勃兴与妈祖信仰形成发展的关系》,载龚鹏程主编:《海峡两岸道教文化学术研讨会论文》(下册),台湾学生书局1996年版,第513—585页;[美]韩森:《变迁之神》,包伟民译,浙江人民出版社1999年版,第144—145页;皮庆生:《宋代民众祠神信仰研究》,上海古籍出版社2008年版,第19—20、242—246页。

③ 李献璋并不认同此说,他认为妈祖首先开显于圣墩,然后才有民众生造"湄洲屿女神"这一来源之说,反而是圣墩庙早于湄洲屿祖庙。然而从历史来看,湄洲屿在信众们的心中已经被逐渐塑造成"圣地",而且林明峪、徐晓望、李露露、石万寿等学者也多持这种意见。笔者认为,以传说反推都有掣肘之处。循以常理,倘若无湄洲祖庙和当地信众的崇祀,妈祖信仰在百年后突然立庙,既稍显突兀,实现的难度也略大,故认同先有湄洲屿祖庙之说。相关文献,参见李献璋:《妈祖信仰的研究》,东京泰山文物社刊1979年版,第10—13页;林明峪:《妈祖传说》,东门出版社1988年版,第119—124页;徐晓望:《妈祖信仰史研究》,海风出版社2007年版,第58—59页;李露露:《妈祖信仰》,学苑出版社1996年版,第38—41页;石万寿:《台湾的妈祖信仰》,台原出版社2000年版,第98—100页。至于圣墩祖庙的具体位置则有两派意见,此处不赘述。详细论证可见蒋维锬:《一篇最早的妈祖文献资料的发现及其意义》,载朱天顺主编:《妈祖研究论文集》,鹭江出版社1989年版,第26—35页;庄景辉、林祖良:《圣墩顺济祖庙考》,载林文豪主编:《海内外学人论妈祖》,中国社会科学出版社1992年版,第392—410页;蒋维锬:《关于圣墩遗址问题的再商榷》,载林文豪主编:《海内外学人论妈祖》,中国社会科学出版社1992年版,第411—415页。

④ 李露露:《妈祖信仰》,学苑出版社1996年版,第38—40页;蔡相煇:《妈祖信仰研究》,秀威资讯科技股份有限公司2006年版,第555页。

⑤ 〔宋〕廖鹏飞:《圣墩祖庙重建顺济庙记》,载蒋维锬编校:《妈祖文献资料》,福建人民出版社1990年版,第1—2页。

⑥ 在宋代,这种人死后充任某方神祇的现象很见。相关研究可见皮庆生:《宋代民众祠神信仰研究》,上海古籍出版社2008年版,第22页。

地方女神向国家性神祇转变。①

不仅如此，随着信仰圈的不断扩大，妈祖的神性也被民众不断增附，并吸纳和超越了一批地方神灵。首先，通过陈俊卿的努力，龙王和与妈祖同时代的神灵朱默兄弟都成为妈祖殿内的陪祀。②后来，晏公、高里鬼、千里眼、顺风耳等神祇也被妈祖信仰吸纳，形成一个以妈祖为中心的海神仙班体系。妈祖信仰起初的巫女崇拜色彩被淡化，妈祖一跃成为最高规格的海神。③这既是神格的提升，也是神性的一次重要转向，使其之后成为闽台地区渔民首要选择的神灵。

与此同时，妈祖信仰开始向南传播到漳泉、厦门，向北到达福州、霞浦一线，向西至长汀、武平等地，遍布八闽大地。然后，随着闽商迁往内陆，多数是以闽南会馆、林氏宗亲会或家祠的形式存在，一度传到江浙、广东、贵州、湖南、山东、辽宁和港澳等地，并且由移民横渡海峡，将其传播到中国台湾。随后，通过中国台湾和大陆的分香，传至东南亚、美国、巴西等海外华人社区，形成庞大的妈祖文化圈。据不完全统计，妈祖庙分布在世界上20多个国家和地区，约有5000座主祀妈祖的宫庙。④

二、妈祖信仰的国家化、经典化和标准化

毫无疑问，围绕妈祖生成的各种身世、形象和神迹文本，都在逐步层累，不断加注这个女神信仰体系，某些神话传说还记录了当时的重大政治事件。同时，历代朝廷根据各自的需求，对民间的妈祖信仰叙述进行收编和利用，通过敕赐题额和敕封神号的方式将妈祖纳入国家祀典，妈祖信仰逐渐国家化和经典化。

（一）朝廷的加封与祭祀

历史上朝廷第一次对妈祖进行加封是在宋宣和五年（1123年），宋徽宗准路允迪所奏，赐"顺济"庙额，嘉许妈祖降桅显圣，护佑大风浪中的使者船只这一神迹。此为妈祖由区域性地方神祇向全国海神转变的起点。

此后，妈祖通过灵泉救疫、助师灭寇、击退外敌、降雨涌泉、救潦退潮、助阵清兵

---

① 〔宋〕丁伯桂：《顺济圣妃庙记》，载蒋维锬编校：《妈祖文献资料》，福建人民出版社1990年版，第11页；张大任：《宋代妈祖信仰起源探究》，载朱天顺主编：《妈祖研究论文集》，鹭江出版社1989年版，第36—50页。

② 蔡相煇：《妈祖信仰研究》，秀威资讯科技股份有限公司2006年版，第96—100、279、305—306页。

③ 无名氏：《天后圣母圣迹图志》，载蒋维锬编校：《妈祖文献资料》，福建人民出版社1990年版，第296—304页。

④ 详细的传播路线和妈祖宫庙的分布情况，可查阅黄秀琳：《妈祖文化与旅游》，吉林大学出版社2012年版，第22—28页；妈祖文化旅游研究课题组：《妈祖文化旅游研究》，人民出版社2011年版，第29—34、43—56、394—398页；李献璋：《妈祖信仰的研究》，东京泰山文物社刊1979年版，第317—376页；张大任编：《妈祖宫集》，打印本；江灿腾：《国际的妈祖：信仰传播与学术研究》，《历史月刊》1993年第63期，第61—63页；黄瑞国主编：《妈祖学概论》，人民出版社2013年版，第144—153页。

等一系列护国救民之神功,屡获宋、元、明、清历代朝廷的褒封,共计35次。①从最初的绍兴二十六年(1156年)宋高宗加封妈祖为"灵惠夫人",到清咸丰七年(1857年)升至最高规格的六十二字神号,"护国庇民妙灵昭应宏仁普济福佑群生诚感咸孚显神赞顺垂慈笃祜安澜利运泽覃海宇恬波宣惠道流衍庆靖洋锡祉恩周德溥卫漕保泰振武绥疆天后",其神性也由一般的女性神祇变为女性战神,妈祖的尊荣可谓无以复加。

与册封相对应,妈祖祭祀被纳入官方"正祀"。②虽然妈祖在宋代已有赐额和封号,但宋代礼典中无明确记载,其祭祀规格并不明确。及至元皇庆以后,妈祖祭祀才被纳入官方国家祀典,列为中祀,与"岳镇海渎"祭仪并重,由朝廷定期遣官致祭。同时,漕运沿岸的妈祖庙也相应地被纳入地方祀典,享受春秋岁祭。明代曾在都城南京建妈祖庙,并由礼部太常寺官代为致祭,同时对湄洲祖庙春秋行祭,仪制相较于元代又有提升。及至清代,妈祖祭仪规格变动颇多,最终在嘉庆时从康熙年间的国家群祀升格为朝廷小祀,于都城立庙,取少牢之礼,行三跪九叩,遂为定制。

(二)文本经典化

有关妈祖的文本,大致归为三大类:一类是碑文,一类是经书,一类是志传。它们是不同的文化群体对妈祖这同一个对象进行神异叙述的不同结果,但文本之间的彼此交织和重叠,最终形成一个经典化的、多层次性的妈祖文本体系。

首先是庙志一类的碑文,赋予妈祖详细的家世背景和宗族世系,甚至影响到《南渚林氏族谱·灵女》的记载,此后诸多文献多认定妈祖为"林氏女"。③其次,是佛教的《观音大士说天妃娘娘经》与道教的《太上老君说天妃救苦灵验经》两个宗教经文,分别将妈祖本生与两教的重要神灵产生联系,这既是两大宗教企图通过吸纳妈祖信仰来扩大各自宗教影响力的一种途径,也是抬升妈祖神格的尝试。④这些都最终影响了妈祖志传和传说的衍变,从《天妃显圣录》《天妃娘妈传》到《敕封天后志》,都将这些变化的

---

① 蔡相煇:《妈祖信仰研究》,秀威资讯科技股份有限公司2006年版,第555—560页;肖一平:《妈祖的历代褒封》,载肖一平、林云森、杨德金编:《妈祖研究资料汇编》,福建人民出版社1987年版,第71—91页;石万寿:《宋元明妈祖的封谥》,《成大历史学报》第17号,第129—146页;石万寿:《台湾的妈祖信仰》,台原出版社2000年版,第38—95页;李献璋:《妈祖信仰的研究》,东京泰山文物社刊1979年版,第205—314页。

② 本文仅挑选妈祖历代祭祀仪制与规格中较为重要的阶段进行罗列。详细的论述可参见郑丽航:《宋至清代国家祭祀体系中的妈祖考述》,载宁波市文物保护管理所编:《海峡两岸妈祖文化学术研讨会论文集》,中国文史出版社2010年版,第72—102页;黄瑞国主编:《妈祖学概论》,人民出版社2013年版,第186—209页。

③ 廖鹏飞的《圣墩祖庙重建顺济庙记》与丁伯桂的《顺济圣妃庙记》首先提出妈祖为"林氏女",元代程端学的《福惠明著天妃庙记》则首次提及妈祖家世,明万历王圻修纂的《续文献通考》第一次明确了"天妃父积庆侯林孚,母显庆夫人王氏",最后形成清代林清标《敕封天后志》所云的"妃父林惟悫"之说。此外,还有"林愿"之说,学界多认为此乃后世文人信士、林氏族人为提高妈祖神格,方增衍附会所致。

④ Judith Boltz, In Homage of T'ien-Fei, *Journal of the American Oriental Society* 106:1, pp.211-232;陈宠章、杨兆添:《试论妈祖信仰的宗教属性》,《社会科学战线》1990年第4期,第338页;谢重光:《妈祖与我国古代河神、海神的比较研究》,载林文豪主编:《海内外学人论妈祖》,中国社会科学出版社1992年版,第100—101页。

妈祖形象不断调适和整合，最终辑录了一套完整的妈祖神迹传说，①妈祖由一位普通的海洋女神转变为身披戎甲的女战神。民间"天上圣母"的称号也被一些官方文本和宫庙碑记所使用。②不同时期不同文本对妈祖的不同面相进行刻画，使得妈祖的形象越来越深入人心。

（三）神灵的标准化③

随着妈祖的神格不断提升，供奉妈祖的庙宇不断兴建，妈祖的功能由祈雨、护佑航海的海洋女神向求子、助战的全能女神转变，妈祖开始对地方神祇产生标准化的影响。

首先是妈祖吸纳了朱默兄弟、晏公等民间神祇，作为水阙仙班的成员。其次，通过与福建古田女神陈靖姑（临水夫人）合祀形成三圣妃信仰④，加上民间传说将妈祖与观音形象联系起来，促使妈祖吸收陈靖姑的保育功能，呈现出神灵的"多面相"⑤特性，并最终超越临水夫人信仰。⑥除此之外，天津保漕运的天后也因与注生娘娘和碧霞元君合祀，同样承担着当地的生育神神职，灵力甚至超越北方重要的民间女神碧霞元君。⑦辽宁大孤山和广东的海神信仰中，则出现了妈祖取代龙王信仰，兼并当地神灵或吸纳其他神职，成为主祀神的情况。⑧

---

① 谢重光：《妈祖与我国古代河神、海神的比较研究》，载林文豪主编：《海内外学人论妈祖》，中国社会科学出版社1992年版，第100—101页；罗春荣：《妈祖传说研究》，天津古籍出版社2009年版，第52—55页；李丰楙：《妈祖传说的原始及其演变》，《民俗曲艺·妈祖进香专辑》1983年第25期；李献璋：《妈祖信仰的研究》，东京泰山文物社刊1979年版，第94—152页；蔡相煇：《妈祖信仰研究》，秀威资讯科技股份有限公司2006年版，第41—176页。

② 王见川：《施琅与清初台湾的妈祖信仰：兼谈"天上圣母"的由来》，载《汉人宗教、民间信仰与预言书的探索》，博扬文化事业有限公司2008年版，第89—91页。

③ 有关妈祖的"标准化"问题，最初由华琛（James L. Watson）提出，宋怡明则对华琛的研究进行补充。见［美］华琛：《统一诸神：在华南沿岸推动天后信仰（960—1960）》，载［美］华琛、华若璧：《乡土香港：新界的政治、性别及礼仪》，张婉丽、盛思维译，香港中文大学出版社2011年版，第223—255页。亦可见华琛的《神明的标准化——华南沿海天后的推广，960—1960年》，陈仲丹、刘永华译，载刘永华主编：《中国社会文化史读本》，北京大学出版社2011年版，第122—149页；［美］宋怡明：《帝制中国晚期的标准化和正确行动之说辞》，刘永华、陈贵明译，载刘永华主编：《中国社会文化史读本》，北京大学出版社2011年版，第150—170页。

④ 林元柏：《妈祖庙与三妃庙》，载肖一平、林云森、杨德金编：《妈祖研究资料汇编》，福建人民出版社1987年版，第240—241页；谢重光、邹文清：《三圣妃信仰与三奶夫人信仰关系试析》，《文化遗产》2011年第4期，第114—120页。

⑤ 此处借用康豹研究吕祖时的表述，见［美］康豹：《多面相的神仙：永乐宫的吕祖信仰》，吴光正译，齐鲁书社2010年版。

⑥ 张珣：《台湾的妈祖信仰——研究回顾》，《新史学》1995年第6卷第4期，第90页。

⑦ 来新夏主编，张格、张守谦点校：《天津皇会考·天津皇会考纪·津门纪略》，天津古籍出版社1988年版；尚洁：《天津皇会》，山东教育出版社1999年版；马书田、马书侠：《全像妈祖》，江西美术出版社2006年版，第86—88、216页。

⑧ 孙晓天：《辽宁地区妈祖文化调查研究——以东港市孤山镇为例》，中央民族大学出版社2011年版，第173—195页；王芳辉：《标准化与地方化——宋元以来广东的妈祖信仰研究》，《文化遗产》2008年第3期，第98—105页。

总而言之，无论赐额、加封还是祭祀仪制，妈祖一直受到官方的重视。① 这既与妈祖的"战神"显灵之神迹有关，也与妈祖为海神而保佑漕运的功能关系密切。与早期的地方神祇不同，妈祖已经由民间的"乡土之神"变迁为国家的"公务之神"和全国的"海商之神"。② 同时，不同的传说文本使得妈祖形象越来越细节化，也越来越经典化，信众很容易受到这些传说的影响，将一些奇异现象附丽于妈祖身上，这增加了妈祖的神性色彩，使其神灵功能扩张，吸收当地其他神祇，形成神灵的"标准化"。③

三、作为学术研究对象的妈祖信仰

近代以来，由于王朝时代的解体和崇尚科学、理性的现代思潮的勃兴，传统的信仰形式——无论是国家正祀还是民间信仰——都逐渐丧失了其生存的思想与社会根基。妈祖崇拜又退回到基本以民间团体或个人为单位的民间信仰的地位，在我国甚至由于政治的原因在一段时期内销声匿迹或者潜入地下。然而，立足现代科学主义的立场，妈祖信仰因其本土性和特殊性而成为从事民间信仰研究的中外学者所关注的焦点，自民国时期以来，相关研究层出不穷。④ 事实上，妈祖信仰能够在当代重新获得社会与官方的认同，与海内外学人长期以来对它的深入研究是分不开的。尤其是西方和中国台湾地区的学者，在这方面的研究从未间断过。

当代大陆地区的妈祖信仰研究复兴于1985年，当时的泉州海外交通史博物馆调查组就得到文化部文物事业管理局和文博界前辈王振铎研究员的支持与鼓励，对关于妈祖的真经、签诗、祭祀物品、碑刻、研究文献和符箓进行了搜集整理，并对各地的天后史迹进行了初步调查，形成了一篇非常重要的文献，拉开了中华人民共和国成立后的妈祖信仰研究序幕。⑤ 莆田市在1986年与1987年举行了两次妈祖学术研讨会。⑥ 1990年，莆

---

① 虽然妈祖受到官方的礼遇，成为国家正祀，但自宋代以来，也有诸多儒生对妈祖信仰的性质、妈祖信仰的越界问题进行抨击和辩护。见［美］韩森：《变迁之神》，包伟民译，浙江人民出版社1999年版，第146—147页；皮庆生：《宋代民众祠神信仰研究》，上海古籍出版社2008年版，第255—271页。

② 李伯重：《"乡土之神"、"公务之神"与"海商之神"——简论妈祖形象的演变》，《中国社会经济史研究》1997年第2期，第47—58页。

③ 甚至有些地区的民众参考妈祖的"标准化"模式，对区域内的其他女性神灵进行主动的"标准化"。见谭伟伦：《申遗背后的曹主娘娘信俗研究》，《民俗曲艺》2011年第174期。

④ 这一时期的"妈祖研究"基本上将民间的妈祖信仰实践视为"迷信"，国民政府也曾计划取缔全部妈祖宫庙，后由于福建林氏宗族的再三陈情，并将妈祖庙改名为"林孝女祠"方才得以保存。有关民国时期的妈祖研究成果和妈祖宫庙境遇情况，已有不少文章做过梳理。相关文献可参见张珣：《台湾的妈祖信仰——研究回顾》，《新史学》1995年第6卷第4期，第89—126页；蔡相煇：《妈祖信仰研究》，秀威资讯科技股份有限公司2006年版，第1—40页；徐晓望：《妈祖信仰史研究》，海风出版社2007年版，第4—14页；无逸：《民国以来妈祖研究概述》，《历史月刊》1993年第63期，第54—60页。

⑤ 泉州海外交通史博物馆调查组：《天后史迹的初步调查》，《海交史研究》1987年第1期，第46—65页。

⑥ 1987年研讨会会议成果由肖一平、林云森、杨德金编辑，福建人民出版社于1987年出版，名为《妈祖研究资料汇编》。同时，该年为民间传说"妈祖成道千年"的时间，两岸都曾举办活动庆祝。

田召开"妈祖研究国际学术研讨会",首次邀请了中国台湾、美国、日本等学者与会。①在这期间,还有学者提出了"妈祖文化"与"妈祖学"两个概念。②此后,海内外学人开始共同致力于妈祖信仰的学术建构。近年来,除了研究妈祖信仰的历史问题,还有学者将民俗旅游与妈祖信仰相结合,开展了"妈祖文化产业"和"妈祖文化旅游"两个研究课题。③

大陆地区之所以会在20世纪80年代兴起妈祖研究热潮,首先是得益于国家政府部门在1983年批示允许重建妈祖庙。其次,学者们逐渐意识到妈祖信仰的民族凝聚力和文化价值,因此论述主要围绕湄洲妈祖祖庙展开,并对台湾信徒在两岸尚未形成"三通"时返回湄洲参拜这一"寻根热潮"做出积极响应,希望以"祖庙认同"推动两岸的文化交流。最后,"妈祖信仰"本身内容丰富,历史悠久,传播广泛,也为学界提供了丰富的研究对象。总之,在海内外学界的共同努力下,"湄洲"成为妈祖信仰的神圣核心,带动了大陆(内地)与台港澳的文化交流。当代妈祖信仰也增添了诸多新兴文化元素,妈祖还得到学界的一次"褒封":"海峡和平女海神"。④学术界对于妈祖信仰的定位也逐渐由"封建迷信"转变为"重要的非物质文化遗产"。⑤

四、妈祖符号的现代化与全球化

与此同时,通过现代化的媒介形式,妈祖在海峡两岸与世界华人的交流互动中,成

---

① 该次会议成果已由林文豪主编、中国社会科学出版社于1992年出版,名为《海内外学人论妈祖》。
② 林文金:《应该重视妈祖文化研究》,载朱天顺主编:《妈祖研究论文集》,鹭江出版社1989年版,第1—5页;林其锬:《"五缘"文化的传承与变异——论妈祖文化现象》,载林文豪主编:《海内外学人论妈祖》,中国社会科学出版社1992年版,第51页;妈祖文化旅游研究课题组:《妈祖文化旅游研究》,人民出版社2011年版,第5、35页;黄瑞国主编:《妈祖学概论》,人民出版社2013年版,第1—16页。
③ 妈祖文化旅游研究课题组:《妈祖文化旅游研究》,人民出版社2011年版;黄秀琳:《妈祖文化与旅游》,吉林大学出版社2012年版;陈添寿、蔡泰山:《文化创意与产业发展》,兰台出版社2007年版;张珣:《妈祖信仰与文化产业:人类学的个案研究——以台湾嘉义新港奉天宫为例》,《莆田学院学报》2012年第19卷第3期,第1—7页;陈淑媛、黄育聪:《创意文化产业:妈祖文化资源开发与利用的方向——莆田妈祖文化产业深度开发策略研究》,《莆田学院学报》2007年第14卷第4期,第84—89页;陈淑媛、黄新丰:《妈祖文化品牌在产业界的延伸与创新》,《湖南科技学院学报》2010年第31卷第11期,第111—114页;蔡泰山:《妈祖文化遗产对妈祖文化产业发展之重要启示》,《国立历史博物馆馆刊》2008年第18期,第60—65页;廖芮茵:《妈祖文化与产业发展》,载彭文宇主编:《妈祖文化研究论丛(Ⅰ)》,人民出版社2012年版,第297—308页;孟建煌、颜珊珊:《论妈祖文化资源产业化开发的方向——以妈祖文化创意产业为例》,载彭文宇主编:《妈祖文化研究论丛(Ⅰ)》,人民出版社2012年版,第344—352页。
④ 肖一平:《妈祖的历代褒封》及《海神天后与华侨南进》,载肖一平、林云森、杨德金编:《妈祖研究资料汇编》,福建人民出版社1987年版,第91、175页;郭美娟:《海神天后与旅游》,载朱天顺主编:《妈祖研究论文集》,鹭江出版社1989年版,第192页。
⑤ 陶立璠:《妈祖祭典与非物质文化遗产保护——兼谈"非遗"名录评审的理论和实践》,载《中华妈祖文化学术论坛论文集》,百花文艺出版社2008年版,第5—8页;乌丙安:《国宝"妈祖祭典":重大非物质文化遗产的杰出价值评估》,载《非物质文化遗产保护理论与方法》,文化艺术出版社2010年版,第129—132页。

为全球华人文化认同的一个标志性符号。尽管妈祖自明清以来就已经是一位国际化的神灵，但纷繁的文本叙述与传播过程又加剧了妈祖信仰的本土化，从而使得妈祖信仰呈现出多面相的特征。只有在最近这二三十年中，与妈祖相关的信仰实践才逐渐走上一条现代化、民族化与全球化的道路。

在传播路径方面，当代的妈祖信仰开始通过网络、电视等新媒体进行传播，[①] 涌现出一大批关于妈祖神迹的"现代叙述"形式——电视剧和电影版《妈祖》及动漫《海之传说：妈祖》《海上女神妈祖》等新媒体文本。为了推广妈祖信仰，迎合年轻的信众，一些妈祖宫庙还生产了妈祖的公仔玩具、明信片。[②]

妈祖信仰也在社会发展过程中应时变迁，过去的妈祖是一位神判、救苦的神灵，而现在的妈祖却拥有着非常强大的民主与环保色彩。自20世纪80年代以来，妈祖就成为台湾反核运动的象征性符号，民众借助妈祖威灵成立了"盐寮反核自救会"来表达反对兴建核电厂的环保诉求。[③] 大陆（内地）与台港澳还筹建了福建省莆田市妈祖慈善协会、台湾新北市妈祖慈善会等民间组织，还有一些天后古庙组织了社区义工队。[④] 民众希望以现代的慈善运作模式，来发扬妈祖救死扶伤、助困济贫的慈善精神，使社会中的弱势群体得到真正的关爱。

随着妈祖信仰的传播，全球各地通过分香（分灵）的形式兴建了妈祖的宫庙。缘于中华文化的"寻根"情怀，各地妈祖分香经常会前往湄洲妈祖庙进香，以维持妈祖分香的灵力和提升系谱的排位顺序；或彼此宫庙之间举行"绕境进香"，扩大妈祖信仰的向心力。这些朝圣活动，一方面以拟亲属关系来建构不同地域层次的妈祖信仰共同体，另一方面也增进了大陆（内地）与台港澳人文血脉的联系。[⑤] 随着大陆（内地）与台港澳文化交流的增进[⑥]，很多海外、中国港澳台的妈祖庙也会前往湄洲岛祖庙进香，这意味着妈

[①] 杨美惠：《横跨台湾海峡的女神妈祖：国界、进香和卫星电视》，载林美容、张珣、蔡相煇主编：《妈祖的信仰与变迁》，台湾宗教学会2003年版，第205—233页；张珣：《妈祖·信仰的追寻（续编）》，博扬文化事业有限公司2009年版，第246—247页；林庆扬：《网络传播学视野下的海峡两岸妈祖网站对比研究》，载彭文宇主编：《妈祖文化研究论丛（Ⅰ）》，人民出版社2012年版，第309—316页。

[②] 程元郎、邱盛：《封片卡上的人类非物质文化遗产——妈祖信俗》，载彭文宇主编：《妈祖文化研究论丛（Ⅰ）》，人民出版社2012年版，第317—328页。

[③] 张珣：《妈祖·信仰的追寻（续编）》，博扬文化事业有限公司2009年版，第246—254页。

[④] 《传承妈祖文化　播撒慈善爱心》，《深圳侨报》2012年7月23日第A6版。

[⑤] 蔡相煇：《妈祖信仰研究》，秀威资讯科技股份有限公司2006年版，第469—516页；张珣：《妈祖·信仰的追寻（续编）》，博扬文化事业有限公司2009年版，第376—398页；林美容：《妈祖信仰与汉人社会》，黑龙江人民出版社2003年版。

[⑥] 相关的研究，除前述蔡相煇与张珣的外，还可参见范宏纬：《两岸民间信仰交流之研究——以闽台妈祖交流活动为例》，淡江大学中国大陆研究所硕士在职专班2008年硕士学位论文；张家麟：《政教关系与两岸宗教交流——以两岸妈祖庙团体为焦点》，《新世纪宗教研究》2002年第1卷第1期，第33—76页；庄伯和：《两岸民俗文化交流之现状与展望》；李丰楙：《两岸宗教交流之现状与展望》，载朱荣智主编：《两岸交流面面观》，财团法人海峡交流基金会1993年版，第329—347、349—372页；曲金良：《海峡两岸妈祖文化交流可持续发展的对策思考》，载《海峡两岸妈祖文化学术研讨会论文集》，中国文史出版社2010年版，第53—61页；蔡泰山：《妈祖文化与两岸关系发展》，立得出版社2004年版。

祖信仰已经超越了地域，成为人类的"和平女神"，在加强中华民族的文化自觉和自信、融洽海峡两岸暨香港、澳门的民族情感方面发挥着重要的作用。

五、妈祖信仰的遗产化与未来展望

由于妈祖信仰在历史上的重要地位，学术界长期以来对此的研究和关注，以及妈祖信仰自身在实践中的革新及其与当代社会思潮的接轨，它被列入从省市到国家乃至联合国的"非物质文化遗产"名录，也就是理所当然的了。2006年5月20日，国务院公布由文化部确定的第一批国家级非物质文化遗产名录，由福建省莆田市中华妈祖文化交流协会申报的"妈祖祭典"作为70项"民俗"之一名列其中。①2008年6月7日，国务院公布第二批国家级非物质文化遗产名录和第一批国家级非物质文化遗产扩展项目名录，"妈祖祭典"项目扩展为"妈祖祭典（天津皇会）"。②2009年9月30日，联合国教科文组织保护非物质文化遗产政府间委员会第四次会议审议并通过了第4.COM13.18号决议，批准"妈祖信俗"（Mazu belief and customs）列入人类非物质文化遗产代表作名录。这是中国首个信俗类世界非物质文化遗产，标志着"妈祖信俗"正式成为全人类的共同文化遗产。这次申报由福建省莆田市湄洲妈祖祖庙董事会牵头，得到了港澳台妈祖宫庙与全国各地信众的全力支持，他们协助编写申报材料。之后的2011年5月23日，国务院再次批准并公布了文化部确定的第三批国家级非物质文化遗产名录和国家级非物质文化遗产名录扩展项目名录，"妈祖祭典"一项再次被扩展为"妈祖祭典（洞头妈祖祭典）"。③

妈祖信仰的非物质文化遗产化，对于这一信仰本身，尤其是对于最早发明了该信仰形式的莆田人民以及遍及海内外的广大妈祖信众而言，到底意味着什么？在现代化的今天，重拾妈祖信仰的当地传统，又当持有怎样的文化抱负和未来愿景？

回顾妈祖信仰从一种地方性民间信仰成长为国家级非物质文化遗产的历程，可以发现，这是一个民间信仰不断地被地方力量、国家政治、现代学术和当代社会文化潮流加以干预、形塑与建构的过程。认识到这一事实，或许会有助于今天的人们更好地把握民间信仰的本质，意识到非物质文化遗产化给民间信仰的当代发展所带来的影响和机遇。换言之，成为非物质文化遗产代表作，不应仅仅被看成该信仰在当代社会争取到生存合法性的一种手段，而且更应该成为它进行自我反思、自我改造并重新建构的一个契机。一方面，既然民间信仰自古以来就是社会建构的结果，今天的人们也就完全有理由按照

---

① "妈祖祭典"的序号及编号为484X-36，http://www.ihchina.cn/inc/guojiaminglufenlei.jsp?qmode=gjml_class & pm=10 & page=2（访问时间：2013年7月5日）。

② "天津皇会"的申报单位为天津市民俗博物馆，http://www.ihchina.cn/inc/guohiamingluer.jsp（访问时间：2013年7月5日）。

③ "洞头妈祖祭典"的申报地区为浙江省洞头县，http://www.ihchina.cn/inc/guohiamingluer3.jsp（访问时间：2013年7月5日）。

自己的理念与需求去型构民间信仰，使其适应当代社会的各种需要；另一方面，任何一种文化创造都必须经过大众的认可才能被普遍接受和持续生存，这就决定了我们对于民间信仰的改造与利用不能是随意任性的，必须符合历史发展趋势以及民间文化的生存与传播规律。

  新时期的妈祖信仰在"文化资源化"的社会大背景下，产业化和旅游化的发展趋势在所难免。[①]但作为一种全国性乃至世界性的中华信仰文化，它必须保持其民间信仰的基本特质，同时不断吸纳民族性的文化内涵，这样才能真正成为全球化语境下的一个非常具有文化凝聚力的象征符号。以妈祖的故乡和妈祖信仰的发祥地莆田市为例，它在享受作为人类非物质文化遗产代表作的"妈祖信俗"广受社会关注的同时，也应时刻意识到本身所肩负的让开发与保存相互依存、相互推动的重任。所谓开发，指的就是对妈祖文化品牌化的推进，同时加快湄洲岛地区的旅游设施配套建设，健全当地的服务体系，为慕名而来的国内外游客创造一流的观光环境，提供优质的服务。但更为重要的是，要对当地作为民间信仰的妈祖文化进行深入的调查、挖掘和重构，恢复当地民众日常生活中最为基本、最为真实、最为本土的那部分妈祖信俗，并通过适当的宗教机构和媒介方式将这些东西传达给来访者，从而把湄洲岛真正建设成为一个名不虚传的妈祖信仰圣地，让前来朝圣和谒祖的游客、香客不仅能得到身体与精神上的休闲和放松，学习到相关的历史知识，而且更能够通过亲历现场及相关的仪式实践，获得一种灵魂上的归宿之感，以及身心一致、内外统一的本真的信仰体验。

---

① 妈祖文化旅游研究课题组：《妈祖文化旅游研究》，人民出版社2011年版，第370—375、378—381页。

非物质文化遗产视域下的民族传统文化的保护与发展
——以海南黎族苗族"三月三"节为例

毛巧晖（中国社会科学院民族文学研究所）

  2003年10月17日，联合国教科文组织特别出台了《保护非物质文化遗产公约》。其中，对于非物质文化遗产的表述是：非物质文化遗产，指被各社区、群体，有时是个人，视为其文化遗产组成部分的各种社会实践、观念表述、表现形式、知识、技能以及相关的工具、实物、手工艺品和文化场所。这种非物质文化遗产世代相传，在各社区和群体适应周围环境以及与自然和历史的互动中，被不断地再创造，为这些社区和群体提供认同感和持续感，从而增强对文化多样性和人类创造力的尊重。这一界定涉及以下内容：（1）口头传统，包括作为无形文化遗产媒介的语言；（2）表演艺术；（3）社会实践、仪式礼仪、节日庆典；（4）有关自然界和宇宙的知识与实践；（5）传统的手工艺技能。我国从2003年开始成立中国非物质文化保护小组和专家委员会，开展了保护工程试点工作，组织了各种形式的培训班。2004年9月，我国人大常委会批准了此项公约，我国成为此项国际公约的发起者。国家以文化部、国务院办公厅、国务院名义发布相关文件，对保护工作做出部署、提出相关要求，同时布置申报第一批非物质文化遗产国家名录体系，开始践行非物质文化遗产的保护工作。2005年，国务院发布文件，确定6月9日为文化遗产日。

一

  随着全球化趋势的增强，经济和社会的急剧变迁，我国文化遗产的生存、保护和发展成了重大问题，特别是随着生活环境和条件的变迁，民族区域的文化遗产消失速度加快。相比物质文化遗产的生存环境，非物质文化遗产更为脆弱，也更容易消失，所以，加强非物质文化遗产保护的工作更为迫切。[①] "非物质文化遗产"术语确定之前，不定期

[①] 《国务院办公厅关于加强我国非物质文化遗产保护工作的意见》，中央政府门户网站，http://www.gov.cn/zwgk/2005-08-15/content_21681.htm，2006年12月16日。

地使用过"人类口头和非物质文化遗产""无形文化遗产"等,主要参与讨论者为民俗学领域学人,非物质文化遗产的积极推动者也是民俗学领域的居多。因为"非物质文化遗产"的内涵与民俗学的研究范围——民众的知识较为吻合,它主要指"各族人民世代传承的、与民众生活密切相关的各种传统文化表现形式(如民俗活动、表演艺术、传统知识和技能,以及与之相关的器具、实物、手工制品等)和文化空间"①。这一范畴过去更多被认为自在地在民间生存与发展,其存在场域相对于官方而言。但民间与官方从来不是两个对立的场域,它们之间彼此影响,互相交融。官方权威话语对民间文化一直具有较大影响,某种意义上改变并构建了新的民间文化形式与内涵。中国自古就注重搜集民歌,"哀乐之心感,而歌咏之声发。诵其言谓之诗,咏其声谓之歌。故古有采诗之官,王者所以观风俗,知得失,自考政也"②。采诗是西周王朝的一种重要制度,朝廷养了一些孤寡老人,"孟春之月,群居者将散,行人振木铎徇于路以采诗,献之大师,比其音律"③。之后的汉乐府、唐代的采诗制度、宋代初期士大夫重视采诗等,直接影响了中国文学的发展。《诗经·国风》的形式、汉代乐府的兴盛、唐宋诗歌的繁荣等,都与官方权威话语的渗透与建构有着直接关系。20世纪初,中国民俗学的兴起也与政治运动联系在一起,它一直处于政治语境的渗透与影响中。20世纪40年代,中国共产党在延安兴起搜集民间文学的运动,从民众接受的角度,对文学进行改造。中华人民共和国成立后,1958年在全国范围内掀起新民歌运动。简言之,民间文化(非物质文化遗产的主体)从来没有超越于权威话语,只是在某一时期,权威话语重视它的影响,并予以彰显与推广。在权威话语参与的过程中,民间文化的内涵与形式会发生一定程度的变化,在历史长河中,这种现象比比皆是。对这一变化的过程予以呈现,是记录与研究民间文化自身发展的重要环节。

由于政府行为,非物质文化遗产成为主流意识形态的话语。从2003年国家开始参与之后,"非物质文化遗产"被纳入国家话语体系,各级非物质文化遗产名录的认定逐步启动了。2006年5月20日,国务院在中央政府门户网站发出通知,批准文化部确定并公布第一批国家级非物质文化遗产名录,共518项。它是经中华人民共和国国务院批准,由文化部确定并公布的非物质文化遗产名录。为使中国的非物质文化遗产保护工作规范化,国务院发布《关于加强文化遗产保护的通知》,并形成"国家+省+市+县"四级保护体系。这种遴选制度以及行政级别的保护体系,使得非物质文化遗产成为国家政务与文化产业的重要部分。这也从性质与内容上逐步改变"非物质文化遗产"的民间性,其价值不再由民众认定,而是呈现在社会公共性上,由政府依照特定的评审程序确定。评审的标准常常是混合的,如文化的原创性、技艺的杰出性、群体的代表性、存在的稀缺性、政治的正确性,而不同标准的权重、组合标准的结构都会影响评估结论。④如湖北鹤峰田歌2009年被列入湖北恩施州第二批非物质文化遗产名录,但笔者在实地调

---

① 刘魁立:《论全球化背景下的中国非物资文化遗产保护》,《河南社会科学》2007年第1期,第26—27页。
② 〔汉〕班固:《汉书》卷30《艺文志第十》,中华书局2007年版。
③ 〔汉〕班固:《汉书》卷24上《食货志第四上》,中华书局2007年版。
④ 高丙中:《作为公共文化的非物质文化遗产》,《文艺研究》2008年第2期,第78页。

查中发现，民众没有"田歌"的称谓，只有恩施州文化局以及鹤峰文化馆等政府文化单位以及工作者用这一名称，民众仍沿用"山民歌"的名称。学者在民歌分类中最早将其归于"田歌"，但仅限于学术领域，政府的"非遗"活动将其推广至全州乃至全国，"鹤峰田歌"传承人王桂姐、王月姐频频在地方台演出，特别是在中央电视台的出场，也使"鹤峰田歌"的影响扩至全国范围。"非遗"的认定使得"山民歌"的称谓逐步弱化，随着时间的推移，它淡出民众的语汇，并渐渐消失，而权威话语的命名处于主流位置。这不是个案，在全国的"非遗"项目中可以说是较为普遍的。为了较全面、立体地呈现国家权威话语在这一过程中的建构行为，本文以海南"三月三"为例进行论述。

二

海南"三月三"黎族苗族传统节日在海南省以及全国影响较大。黎族人举行"三月三"盛会历史悠久，宋范成大《桂海虞衡志》云："春则秋千会，邻峒男女装束来游，携手并肩，互歌互答，名曰作剧。"① 清人张庆长的《黎岐纪闻》就有记载："男女未婚者，每于春夏之交齐聚于旷野间，男弹嘴琴，女弄鼻箫，郊外唱黎歌，有情投意合者，男女各渐进凑一处，即定配偶。"② 自古以来，每年农历三月初三，黎族民众都会身着节日盛装，挑着山兰米酒，带上竹筒香饭，从四面八方汇集到一起，或祭拜始祖，或三五成群相会、对歌、跳舞、吹奏乐器来欢庆佳节，青年男女更是借节狂欢，直到天将破晓。1984年，根据黎族人民的意愿和要求，广东省人大和广东省人民政府决定将"三月三"确定为黎族的传统节日，规定在"三月三"期间放假两天；同年，原海南黎族苗族自治州人大和政府也通过决议，将"三月三"定为苗族人民的节日。自此，广东省及后来成立的海南省各级政府，都在黎族苗族聚居地举行"三月三"盛大庆典活动，这一节日只是局限于海南这一区域，属于区域性民俗事象，为外界关注较少。随着海南旅游的开发，它逐渐为外界关注，但只是拉动经济发展的一个平台，各级政府的投入都很少。1992年，海南省人民政府举办首届国际椰子节，其目的就是"让世界了解海南，使海南走向世界"。"三月三"活动被纳入椰子节。1992年2月18日，海南省组委会在北京举行新闻发布会，李德生、杨德志、王光英等以及新闻记者、各界人士一百多人参加新闻发布会，全国很多报刊发布了消息。两日后，省长刘建峰发表《办好椰子节，推进海南大开放》，③ 组委会与香港《经济导报》联合出版宣传椰子节的专集，并在《今日中国》（中文版）④ 和香港《天天日报》《明报》以及英文版《中国日报》上刊登专版广告。这一系列活动发生的历史情境是20世纪90年代的"文化搭台，经济唱戏"。"三月三"作为其中一个文化范畴，它处于边缘的位置，组织者与参与者更多打造适合于国际旅游的

---

① 参见张立:《〈桂海虞衡志〉及其民俗文献价值浅析》,《黑龙江史志》2009年第17期,第15—16页。
② 〔清〕张庆长:《黎岐纪闻》卷,上海书店1994年影印版。
③ 《海南日报》1992年2月20日第1版。
④ 参见陈健:《海南黎族三月三》,《今日中国》（中文版）1992年第10期。

"椰子文化"。黎族的"三月三"仍然是自在地存在于民间,各级政府根据需要,主持一些文化活动,但并无相关组委会。因此,2000年以前,海南黎族苗族"三月三"主会场都是在五指山市(原海南黎族苗族自治州首府驻地)举行,相关文化单位在这一文化体系中处于边缘地位,表演节目与参与表演主要由民间组织者策划。

进入21世纪,除"海南省少数民族传统体育运动会"需要集中外,各民族市县都在本地欢庆"三月三"节。2008年开始,海南省将"三月三"节庆活动列为全省的重要文化活动,并以主会场的形式在各民族县市轮流举办。[①] 它的发展与影响随着各级政府的重视发生较大变化。其中一个主导因素就是2006年海南黎族苗族"三月三"被列入第一批国家级非物质文化遗产名录。从此,"三月三"的组织与节目展演采取政府主导、民众参与的形式。以下主要以2012年海南黎族苗族"三月三"的组织与节目展示来呈现各级政府对非物质文化遗产的保护与传承。

2012年,海南黎族苗族"三月三"活动的主会场是陵水黎族自治县。海南省民族宗教事务委员会于3月19日公布《2012年海南黎族苗族传统节日"三月三"主会场活动总体方案》,其中包含指导思想、活动名称、活动主题、活动时间、活动内容与组织机构。参与者包括副省长、省民宗委、省文化广电出版体育厅、陵水黎族自治县政府、省商务厅、省财政厅、省旅游委、省公安厅、省公安消防总队、省安全监管局等。可以看到,政府各个部门已经加入"三月三"的组织与治安维护,它已经变成政府体系中的一个重要活动。除了陵水主会场外,海南其他县市也分别组织活动。具体活动内容都由各县市宣传部、文体局、文化馆进行设计与策划。

2012年3月21—24日,笔者在海南五指山市参与了黎族苗族"三月三"活动。本年度五指山市不是"三月三"主会场,它的活动主要限于五指山市及其所辖区县。22日,笔者参加了五指山市南圣镇的"三月三"活动,活动的宗旨是:深入挖掘黎族苗族民间文化遗产,大力弘扬丰富的黎族苗族民间文化,活跃农村各族人民文化生活,本着节约、欢乐、热烈的原则,充分展示浓厚的黎族苗族文化魅力和南圣新形象,……构建文明和谐南圣……。作为基层政府组织,它们直接主导与策划民众的相关活动。对于"民间文化遗产"的表述,它们只是作为工作的一部分,最终是配合"文化和谐新农村建设"。活动内容包括:

(一)庆祝活动(地点:南圣镇政府新办公楼前篮球场)
1. 镇政府新办公楼剪彩仪式
   时间:2012年3月22日上午8:30—9:00
2. "醉美南圣"摄影比赛开镜仪式
3. 《南圣民歌集》出版仪式
4. "三月三"节活动开幕式

---

① 《海南省民族宗教事务委员会关于海南省第四届人民代表大会第二次会议代表第2119号建议的答复》,海南省人民政府网,http://www.hainan.gov.cn/code/V3/tian/jyta.showhf.php?id=4895。

时间：2012年3月22日上午9：00—9：20
5. 文艺表演
    时间：2012年3月22日上午9：20—10：20

（二）民族民间体育竞技（地点：南圣中心学校）
    时间：2012年3月22日上午10：20—12：30
1. 射弩
2. 跑工营
3. 拉乌龟
4. 板鞋竞速
5. 踩高
6. 顶棍
7. 攀藤摘花
8. 夫妻互背

（三）黎族苗族特色工艺、特色饮食展示（地点：南圣中心学校）
    时间：2012年3月22日上午10：30—12：30
1. 黎族织锦编织工艺展示
2. 苗族蜡染、苗绣工艺展示
3. 黎族山兰糯米酒制作展示
4. 黎族系列特色菜展示
5. 苗族系列特色菜展示
6. 黎族竹筒饭制作展示
7. 苗族三色饭制作展示

（四）民族民俗风情展示（地点：南圣中心学校）
    时间：2012年3月22日上午11：00—12：30
1. 黎族婚庆情景展示
2. 苗族婚庆情景展示
3. 黎族祭祀习俗展示
4. 苗族祭祀习俗展示

从活动安排可以看到，"三月三"节庆与政府办公楼剪彩、摄影比赛、《南圣民歌集》出版仪式等整合在一起，政府行为与民间自在的节庆活动合二为一。这是非物质文化遗产视野下，官方主流话语与民间形式的一种新型关系。权威话语努力提取民间文化形式中符合主流意识形态的要素，建构新的"三月三"民俗活动。

1. "舞台展演"成为"三月三"活动的基础

南圣镇黎族苗族"三月三"活动是贯彻落实党的十七大精神，迎接党的十八大召开，落实市第三次党代会关于文化大发展、大繁荣精神，倡导健康的活动方式，展示民俗风情文化，让发展的成果由人民共享的一项重要活动。全镇各单位、各村委会高度重视,加强领导、认真组织、密切配合,力求把这项民族民俗活动办好办实。2011年是全省齐心协力建设国际旅游岛的第二年,要借助"三月三"节庆活动,把南圣打造成第二组团旅游休闲康体养生福地和独具魅力的文明生态小集镇。民俗展演所呈现的"舞台真实"是旅游人类学的重要理论,[①]展演地的民俗文化与民众的生活割裂,所展示的文化经过了权威话语的重新建构。从活动内容可以看到,黎族苗族的传统"工艺""饮食""民俗"展示占重要部分,参与"织锦""五色饭""婚礼"展示的人员与表演内容属于舞台的延伸,他们在观众面前展示被"提炼"的文化元素,而这些元素却远离他们的生活。他们的展演更多是将陈列在博物馆中的文化事象通过具体活动展示出来。在展演的过程中,策划者与表演者都在追寻吸引观众或者社会关注的文化要素。这与民俗事象本身的发展有着一定的距离。但这些文化要素成为黎族苗族"三月三"活动文化建构中的重要要素或者文化构件。

2. 组织传承是"三月三"活动的核心

传承是民俗学研究的关键词,主要指前辈、先辈、同辈对生存知识、生活智慧、生活情感、民俗意识等文化现象的传授,关注人与文化现象的结构过程。非物质文化遗产主要基于民俗学的理论研究,因此在其发展中,一个重要环节就是对传承人的确定与扶持。在政府体系中,传承的完成有一系列的组织机构参与。国家级传承人一般都由国家给予补贴,并提供相关条件,他们在各级机构中,扩大传承的范围与受众。在海南五指山黎族苗族"三月三"节日活动中,黎锦编制展示与竞技成为重头戏。这部分在传统的"三月三"活动中是不存在的。但由于市场需求与经济选择、海南省旅游开发的定位,黎锦获得了前所未有的发展空间。民宗局、群艺馆与研究机构(含海南省民族研究所、五指山职业技术学院等)就黎锦的传承有计划地组织并进行日常展示。在笔者相关访谈中,海南省群艺馆馆长与民族研究所所长都提到黎锦的传承没有大问题,而且当前已经非常成熟,研究所有自己的非物质文化遗产传承中心,主要就是传承黎锦技艺与展示黎锦产品。五指山职业技术学院专设黎锦专业,并且创办了特殊的速成绣法,培养了大量的相关就业人员。"三月三"活动中,专门组织了黎锦竞技,并且分成儿童组、青年组、中年组、老年组,胜出人员由文化馆馆长、宣传部部长、副县长进行颁奖。它成了一项重大活动,但传统意义中的"三月三"活动并不涉及黎锦。黎锦之所以加入"三月三"节庆活动的新建体系,完全是因为政府的相关传承组织。各级政府部门在组织工作中,还非常关注作为文化符号的民族服装。南圣镇"三月三"活动中,镇政府就专门对此做出要求:所有参加节庆活动的全镇男女老少,务必身着本民族服装,并由本单位、本村领导,在3月22日上午7∶30前带队到活动地点列队入场,并到指定的区域入座,以营造浓郁的民俗节庆氛围。

五指山市黎族苗族"三月三"节的各项活动均由市政府主导,文化馆策划。2012年,五指山"三月三"节首届农民文艺会演主要由各个乡镇组队参加,并有专业主持人,主要节目有独唱、舞蹈、服饰表演等。海南省群艺馆馆长张国辉对此次文艺表演的

---

① 张晓萍:《西方旅游人类学中的"舞台真实"理论》,《思想战线》2003年第4期,第67页。

策划持非常肯定的态度。在笔者对他的访谈中，他认为这是"三月三"活动的一大改进，并且非常受欢迎，也很成功。从节目单中可以看到，此次农民会演加入了大量现当代表演的因素，仅仅保留了两个传统文化色彩比较浓厚的舞蹈——《苗族招龙舞》《苗族盘皇舞》。尽管改编色彩非常浓厚，但就某种意义而言，它们称得上此次舞台展演的传统文化元素。今后，如果"三月三"节农民文艺会演继续的话，那展示给民众与外界的就是舞台表演。在各级群艺馆的组织下，它们会获得迅速发展。非物质文化遗产的组织与传承，主要的执行者是各级政府的文化单位。它们注重表演性强、吸引民众的节目。"三月三"节逐步演化为各级政府精心组织的农民文艺会演的晚会。但是政府对于"三月三"节某些文化元素的传承有着不可忽视的作用，如黎族民歌。

在五指山市"三月三"节活动中，有一个民歌表演大赛，各个乡镇派出代表队，大部分用海南话演唱，有一小部分运用黎语演唱。该民歌表演大赛可以说是各项活动中观众最多的比赛，观众年龄从三四岁至七八十岁不等。在笔者的访谈中，很多老人每年观看表演，他们不懂黎语，但对这一节目兴致极高。另外一位被访者①谈论了近三年她都观看民歌表演，自己也喜欢唱，但是因为要工作，没有时间训练，所以没有参加比赛。她觉得今年民歌比赛与传统的歌赛水平较为接近。在表演者的访谈中，笔者获知，凡是参与民歌表演者，各个乡镇与村政府都有相关补贴，如果获奖，不同奖项会获得不等额奖金。但是表演队成员必须随时准备参加活动，所以他们日常在五指山市打工，有表演就要回乡参与。民歌比赛中，每个乡政府都有干部带队，演员的活动主要由他们组织。在组织的背后，黎族民歌得以传承，并且受众在迅速增长。如果没有相关的组织会演与表演竞赛，各个民歌手只能通过个人的影响以及自发传承。这在任何时期都极其困难，因为当前的现状就是，黎族民歌的适用范围与表演群体、受众都在逐步缩小。政府的组织对于黎族民歌歌手的社会地位、教授传承都有着极大影响。

3. 信仰文化在"三月三"活动中的缺失

祭祀祖先是海南黎族苗族"三月三"节的核心。在笔者访谈中，45岁左右的人群都知道"三月三"要祭祀祖先。他们过去在节日期间都要祭祀，之后就是赛歌、聚会等。但年轻人对此不了解，现在黎族家庭也很少进行祭祀。他们主要都参加政府组织的各项表演，因为这样既可以展示自己的文化，也可以获得相关奖励。所以在政府组织的"三月三"节庆活动中，信仰文化隐匿了起来，或者说缺失，重点突出黎族苗族的舞蹈、民歌，涉及祭祀的舞蹈，比如苗族的盘皇舞等祭祀因素在改编中也被剔除。这样在权威话语对"三月三"节俗的重新构建中，黎族、苗族的服饰文化、舞蹈、民歌等成为重要的文化元素，而信仰元素则逐步隐匿。在笔者的相关访谈中，各级领导都认为信仰元素不好把握，难以向民众展示，更难将其融入舞台展演，而且很多"外来人"对其不了解，难以从内心接纳。

---

① 王某，女，1966年生，五指山市人，原国营厂工人，现在私人橡胶园工作。

三

从 2003 年在全国启动非物质文化遗产保护以后，在非物质文化遗产的保护中，政府处于决策、组织、统筹的地位。当然，政府不是抽象的，它有具体的结构系统。在这个系统中，不同级次之间地位与诉求也会有差异：居于高层的（中央及省部一级），以制定法规政策为主，掌管宏观调控；越往下，实际参与的程度越高；到基层，甚至具体组织，直接参与。各级政府都把自己的介入视为执政政绩的一部分，要求民众按照它的意志执行。这种介入以权力为依托，具有某种强制的功能，构成一种主导力量。这种主导力量，可以以其强势地位统辖全局，使各地的非物质文化遗产保护都出现组织表演的局面，相应地就产生了诸如保护实际变为保护性破坏、舞台表演成为非物质文化遗产保护的重要手段、在舞台展演中民族传统文化的真实性丧失等一系列问题。在这些问题中，最突出的就是民族传统文化的"真实性"或者称为"本真性"与政府各级组织为了非物质文化遗产保护而出台的各种文化形式两者看似矛盾的问题。如何看待这个问题以及当前政府对非物质文化遗产保护的意义，具体而言可归纳为以下几点：

首先，政府对非物质文化遗产的保护以及所组织的各项表演，不一定会给文化真实带来破坏，反之有利于地方文化的繁荣与发展。在政府非物质文化遗产保护中，许多曾经消亡或者即将濒临消亡的传统文化得到挽救和恢复。政府的参与，使得文化传承人获得了极大的信心与社会地位，民族传统文化形式不再处于社会边缘的位置，这就更增强了文化拥有者的民族自尊与地方文化自豪感。在这一意义上，国家非物质文化遗产的保护与民族传统文化形式之间存在着互相依附、互相促进的关系。

其次，"舞台展演"并未使原生态文化形式的文化内涵完全丧失。各级政府将文化形式运用于旅游开发、节日展演等场域。在各个场域中，形形色色的文化被搬上舞台，策划者将存在于某一地域的各个文化元素融聚在一起，打造出新的文化体系。在这一体系的建构过程中，各个文化元素的本质内涵，即民族情怀和民族凝聚力没有发生变化。打造成功的舞台化形式，会加强不同民族、地域之间的文化融合，出现民族文化多元化的格局。

最后，政府对非物质文化遗产保护以"舞台展演"为基础，这在很大程度上保护了当地人的原生态文化免遭破坏。根据戈夫曼（Erving Goffman）的理论，他把人生比作一个大舞台，并提出了"前台"（the front stage）与"后台"（the back stage）的观点。"前台"即指演员演出及宾主或服务人员与顾客接触交流的地方。"后台"指演员准备节目的地方，这是一个封闭性的空间。在他看来，在社会这个舞台上有三种人：一种是演员，一种是当地观众，一种是外来人。一般来说，观众和外来者如果进入"后台"，会对当地社会与文化造成不良影响。后来，这一观点被马坎耐引用到旅游业中，他提出了"舞台真实"，即在旅游业的开发中，文化旅游产品被当作"真实"而被搬上舞台，向游客展示，其目的之一就是保护"后台"，使当地人民的传统文化免遭破坏。借鉴这一理论对当前政府主导的非物质文化遗产保护进行分析，"舞台展演"在一定程度上也防止了外力对当地原生态文化形式的破坏，使得各地传统的文化形式在权威话语体系中获得一席之地。同时，原生态文化形式也得到了某种程度的保护。

当然，在政府主导的非物质文化遗产保护中，各民族的文化形式在重构与发展中，一些文化元素得到彰显，并在重构体系中处于核心位置；相反，有些文化元素，在这一过程中逐步隐匿，而由于相关的传承人得不到应有的重视与补助，会造成文化断层，在今后的文化传承中，可能原有的文化形式会出现一定的变异。但在这种文化选择中，人为因素影响较大。

信仰民俗与区域社会秩序
——以青海土族纳顿、醮仪、六月会为例

文忠祥(青海师范大学)

信仰民俗正、负功能同时兼而有之。作为信仰民俗观念体系的核心的鬼神观念从本质上看是消极、颓废的,但信仰民俗的展演在客观上却产生诸多促进区域社会秩序和谐演进的积极功效。"除了民俗信仰有巨大的惰性和顽固性之外,就民俗信仰存在的社会根源而言,还有它赖以生存的土壤,所以还会在一定程度上存在下去。应该承认,民俗信仰是人类在特定的历史阶段中,为了满足生存与发展的需要,特别是心理安全的需要而创造和传承的一种文化现象,在历史上曾产生过某些有益的作用。即便在今天,民俗信仰中的某些部分,如趋吉避凶的民俗心理,某些符合科学规律的禁忌、医疗方法等,还是应该肯定并进行研究、加以发扬的。"[1] 本文以青海土族的纳顿节、道教醮仪以及六月会的田野资料为依据,尝试探讨信仰民俗对于构建社会秩序的积极意义。

一、土族纳顿节与区域社会秩序

纳顿节是青海人民和三川土族一年一度的大型民间节日,目的在于庆祝丰收、酬神娱神。自从土族先民的生产方式由游牧转向农耕以后,他们借鉴汉族历法,并按照本地气候变化,围绕农耕这一核心主题,总结实践经验,把重要的生产节气确定下来,产生了具有自身特色的农事活动链环,并与农事祭祀相结合,形成链环式的农事祭祀节日体系。在这个链环上,纳顿以其总括一年来的收成好坏的祭祀内涵,通过庆祝当年农业丰收、祈求来年好收成的方式,从众多的祭祀活动中升华出来,成为独具地方特色、民族特色的隆重的节庆仪式。之前的一些在生产、节气临界期举行的诸如春天开耕仪式、夏至嘛呢、小暑和大暑祭祀等仪式与其构成整个链环。围绕农耕节令形成的链环式的农耕祭祀链,构成土族农业文化的重要特点,并以纳顿这种典型的农事节日表现出来。所以,纳顿并非一个独立的节日,而是一个节日体系,具有调节区域村落内部、相关村落

---

[1] 钟敬文主编:《民俗学概论》,上海文艺出版社1998年版,第206—207页。

之间的秩序的社会功能。

第一，调节人与自然的紧张关系。

在生产力水平低下的情况下，尤其是土族先民开始从游牧居民向农耕居民转化的初期，各种农耕技术尚欠发达，人们对各种自然灾情无法防御，更难以控制，因此，他们循着传统思维中敬畏自然、崇拜自然的思路，祈求上天保佑庄稼平安。在连年歉收之后，偶有一年风调雨顺并喜获丰收，人们便欣喜若狂，要庆祝一番。庆祝时，他们自然想起了供奉的神灵，将功劳归功于神灵。在纳顿整个过程中，各种形式的祭祀活动日期的选择与农时直接对应。这种时空观念，反映着三川土族根据当地的农时变化而形成的农耕文化，反映他们顺应天时而求丰收的心理状态，反映他们长期观察天气变化而得到的防灾经验。① 土族纳顿中祭祀神灵习俗与舞蹈互为载体。作为维系群体社会意识的宗教活动，往往借助舞蹈的表现形式，把人们对生活最真实、最质朴的情感倾注于宗教活动的信念中。人们为了缓解恐惧、痛苦和沉重压抑的心理负荷，通过假设的宗教偶像，在舞蹈的激烈氛围里，力图在征服客观世界的过程中，获得一种虚拟的征服感，从而给人以生存的希望和信心。在无法控制自然的状况下，暂且不说其有用与否，通过各种仪式活动，在客观上调节了人与自然的紧张关系则是毋庸置疑的。

第二，调节人与人之间的关系。

历史上三川地区的农业生产大多采用旱作方式，田地也是依靠沟岔间的几股溪水、泉水来灌溉的。民间修渠引水并非一家一户之力所能完成，需要一村一庄的集体联合。因此，"牌头"牵头组织人手联合工作，负责分配水分、维修水渠和村庄道路、勘察本村地界、进行田间管理，并协商处理与邻村间的事务或纠纷；在每年的纳顿会期间，公众选举产生一个组织实施班子，由他们负责一年的事务。这个班子中，最高领导为"大牌头"，其下有多名"牌头"或"总家""土饶其"。一般产生方法是，每个家族轮流担任大牌头的角色，再由每个家族内部轮流推举一人担任牌头的角色。通过轮流，形成家家有份、轮流坐庄的势态。可见，家族作为土族社会中一种很重要的民间社会组织，发挥着维持社会秩序、凝聚团结的重要作用。

"在中国式的神圣空间里，不仅需要礼节、礼仪之类庄严肃穆的活动，也需要欢腾的表演；既需要象征性地表达与重建社会生活的秩序，也需要夸张地体验生活的乐趣和发挥真实的性情。"② 纳顿就是如此。纳顿会手舞最直截了当地渲露情感，并最能使人与人之间的种种情感相互传导、深切体验，舞者得到身心巨大的满足和快感；面具舞中舞者以一招一式来表现面具的内涵，而观者通过观看，在心中对面具的内涵进行复现。这样在具体的舞蹈过程中，一次次地使深藏于心中的那种情感得到重温，得到升华，得到提醒，得到凝结。尤其是纳顿节会手集体舞中的表演，化解了村民间的矛盾，使每个参与者都积极发挥个人才能，维护村落集体荣誉。纳顿成为化解族内矛盾、凝聚全村人的

---

① 参见文忠祥：《民和三川土族"纳顿"体系的农事色彩》，《青海民族学院学报》（社会科学版）2005年第4期。

② 刘铁梁：《村落生活与文化体系中的乡民艺术》，《民族艺术》2006年第1期，第40页。

有效手段。

第三，调节村落与村落之间的关系。

土族社会由畜牧业生产转向农业生产后，在稳定的村落居住环境和农耕生产条件下，在生产、生活方面的许多重大问题上，出于一种实际需要，几个村落共建一座庙，同供一尊或几尊地方神，以庙会的形式将民众聚集起来，借神的威严来调解民事纠纷，裁决和安排灌溉用水、祈雨、田间管理等各项农事活动。而且，纳顿节中的联合组织、表演等互动，也加强了村落之间的联系，调节了村落之间的秩序，发挥了维系功能、教化功能、联系社群功能，对土族社会产生了重大影响。

二、道教醮仪与区域社会秩序

土族社会中，道教醮仪一般在集体或者家庭有较大危机时举行。与民间巫术的仪式相比较，道教祭仪更加正规化，宗教色彩更加浓厚，祭仪场面更加宏大，持续时间更长。这样，经济花费，需要参与的人力、物力更多，故而一般首选是采取巫术方式来解决问题，在巫术无法圆满解决的情况下才举办道教醮仪。因此，道教醮仪的举行频率一般较低。下面以三川地区W村2004年举行的醮仪为例，说明土族地区道教仪式展演与区域社会秩序的关系。

2004年腊月十六到二十二，W村举行斋醮仪式，为期七天。组织斋醮仪式的理由是：村庄有了灾殃，如果不及时禳除，它还会作祟，继续危及村民安全。因此，村民商议后决定全村集体举行斋醮仪式，以祈福禳灾，获得平安。仪式中的程序和各种仪轨如下：第一天，准备幡杆，书写醮条及对联、"告示"，布置斋醮场所。第二天，请醮升幡，约庙行香（到庙里降香）。第三天，上表。上报玉皇大帝举行本次仪式的一切事宜，说明举办原因、意图等，念颂《救苦忏》。第四天，上表，上救苦表，请救苦爷、地藏王菩萨等神灵，念《三元忏》。颁简，为所有亡魂报超度，晚上举行消灾灯筵。带宝，召请各路亡灵，为其颁发冥钞。第五天，诵经一天，念《雷祖忏》。第六天，炁邪，驱赶毛鬼神，捉拿各路恶灵，并补穴奠安，架起干坛。晚上举行灯筵。第七天，回醮，送神。

举行斋醮的目的是："伏祈——经功恩力，释罪降福，圣光普照，瘟疫远遁，灾害不生，虫蝗殄灭，口舌消散，火盗不侵，山家龙脉顺稳，土炁神煞回宫，八煞自消，四季静和，八节康泰，人口安宁，子孙繁衍，六畜兴旺，人寿年丰，出门见财，进门见喜，内外庆吉，财源茂盛，各行各业吉星高照，万事如意！再祈——冥阳两利，存殁沾恩，生者禄马亨通，亡者超升仙界快乐无量，二六时中，吉祥如意，大吉大利！"

综观土族醮仪，其在调节村落内部人与自然、人与人的关系，协调区域社会秩序等方面发挥重要作用。

第一，调节人与自然的关系。

醮仪中供奉的神位有：天龙三界十方万灵主宰虚空过往纠察一切神；值年太岁至德尊神，三百六十土府，七十二神煞；清源妙道护国崇宁真君川蜀大帝威灵显化天尊（二郎神)、本寺寺主、锁脚大帝、摩竭龙王、山神土地；本村合庄三代宗亲之魂、合庄本音祖父母先考妣正魂、合庄左右屈死老幼等魂。这里将供奉的神灵划分为普遍神灵、地方神灵、本村魂灵三个层次。民间将自然人格化为神灵，实际反映的仍然是人与自然的关系。上述神灵中，有些被用来帮助道士构建神圣空间，协助"抓鬼"降服恶灵，如山神、土地神是被祭祀的对象，祈求他们免除人们在现实生活中破坏环境的"罪责"，而各种层次的魂魄也是需要安抚的对象，祈求他们不要再危及生人。通过安置被污染的圣泉及龙王，被破坏的山脉、地煞，捉拿鬼灵，安抚本村亡魂，与各路神灵取得沟通，并为以后的安全着想设立了雷台。这些仪式活动使全村民众在心理、行为上由紧张、焦虑、不安全转换到舒畅、安心、平和的状态，顺利完成从一种状态到另一种状态的过渡，客观上营造了一种让民众安心、安全地生活与生产的理想状态，建立和谐的社会生活秩序。

第二，统一观念，建立村落内部趋同的思维秩序。

村落集体性的斋醮仪式向村民直接地传达了"神"的谕示信息，让人不再游离于模棱两可的信仰状态，集中地体现了人与神之间的内在联系，显然有助于社区内的信众确立一种趋同的意义模式和思维惯性。比如斋醮仪式的目标，就是要通过地方神"口谕"的形式，挞伐过去村民对村内环境的破坏，并严厉警示族人不要再破坏村落环境，借此机会修缮已经毁坏的"崩康"、恢复已经污染的环境，从而达到保护周围环境的效果。最值得注意的是，这种神谕传递强化了一种将信仰空间"禁忌化"的信息：村境空间的分割是有边界的，混淆或突破这种文化空间的界限不仅意味着对神灵意志的侵犯和亵渎，而且意味着对社会秩序乃至宇宙秩序的扰乱与破坏，因此必然要遭到神灵的严厉惩罚。

第三，规范行为，将全体村民纳入同一社会秩序。

布朗指出，巫术或宗教的仪式在"给以自信、安慰与安全感，同样也可以论证说它们给人以恐惧和焦虑"[①]。他认为："仪式是人们与某种社会地位相适应的诸多情感的规范化（秩序化）的表现形式，因此可以用仪式来重新规范化和重新理顺人们的情感。我们可以这样说，在人们参与仪式活动的过程中，具有一种教化（培养）个人情操的作用，而这种个人情操的保持，则是社会秩序赖以存在的基础。"[②] 土族的斋醮仪式将每一个村落成员带入仪式情境，自仪式开始起，不管其是否相信真的有神灵，不管其是否愿意，都要为斋醮仪式服务。全村为斋醮仪式的气氛所感染，即使平日不相信神灵的年轻人也振奋精神，参与到仪式的组织实施中来。在驱赶毛鬼神时，全村人配合整个仪式的举行，且人们的步调都与斋醮仪式同步。每个人丧失了"自我"而被集体意识"集体化"了，集体情感得到极大培养。卡西尔指出："禁忌体系尽管有其一切明显的缺点，但却是人迄今所发现的唯一的社会约束和义务的体系。它是整个社会秩序的基石。社会体系中没有哪个方面不是靠特殊的禁忌来调节和管理的……取缔它就意味着完全的无政府

---

① [英]A. R. 拉德克利夫·布朗：《禁忌》，载史宗主编：《20世纪西方宗教人类学文选（下卷）》，上海三联书店1995年版，第117页。

② [英]A. R. 拉德克利夫·布朗：《禁忌》，载史宗主编：《20世纪西方宗教人类学文选（下卷）》，上海三联书店1995年版，第114页。

状态。"① 土族的斋醮仪式其实就是一种积极地设定和宣告空间禁忌主题的典型的"文化表演"行为，它通过"激活"内化于村民历史记忆之中的神灵崇拜与风水信仰的权威力量，来加强社区的自我认同感，消解潜在的利益冲突，以保证社区信仰空间的边界不受侵犯，维护社会文化秩序的稳定性。可见，这种禁忌仪式显然并不完全是消极的，它在禁止的同时也在指导，让人强烈感受到神灵崇拜与风水信仰的交织所产生的道德教化力量。所以，表现禁忌主题的斋醮仪式在强化道德规范方面充分显示了信仰的威慑力量。

第四，凝聚人心，强化合作精神。

在当今的土族社会中，民间组织机构中的角色是轮流制度下产生的，具有社会强制性，且没有任何报酬。在商品经济的冲击下，一些被安排充当民间信仰仪式中的角色的村民，在执行、维护组织目标，维护民间信仰的价值观方面产生了消极对待的心理。这实际上是对组织的严肃性、神灵的威力等产生怀疑的表现。目前，在民间信仰的"威力"下维持的民间社会的秩序正在受到挑战。因此，我们应该考虑在民间信仰之下维持的秩序遭到解构以后，民间社会应该用什么力量来维持正常运行的秩序的问题。醮仪在一定程度上整合了全村的资源，把涣散的人心整合得更加紧密。诸如斋醮仪式中的补穴奠安、安置泉神等风水仪式，代表着举办者的一种"主动的诉说"，存在于另一世界的神灵或祖先常是被动的"听者"。他们是否真正领会诉说者的意愿，我们是可想而知的。然而，在仪式中，神灵或祖先仿佛就在斋醮仪式"现场"，倾听诉说者"主动的诉说"，因此他们的意志仿佛也获得有效的展示与张扬。这里，法拉的口谕传达的是神灵或祖先的意思。因此，当法拉向民众传递导致村落危机的有关事项时，民众的神灵信仰及风水信仰都被重新激发并经过"刷新"得到强化。民众在这种仪式性的神圣启示或道德劝诫之下，尤其是那些曾经破坏了风水、污染了圣泉的人，形成了关于风水信仰和神灵信仰的较为稳定的价值判断和信仰心态。可以说，斋醮仪式充分展示了神灵崇拜与风水信仰的情景交融，也借此有效地规范着民间社会的各类风水实践活动和世俗的生活秩序。斋醮仪式深刻地揭示了交织在一起的神灵、祖先崇拜与风水信仰在文化整合与秩序重建中所具有的规范、约束功能。总之，斋醮仪式以风水信仰和神灵崇拜相结合的形式，推动并强化了传统道德规范的"禁忌化""形象化"。它一方面明确地体现着风水崇拜和神灵信仰之混合的神圣空间——村落神圣空间边界的不可侵犯性；另一方面，也借助对这一神圣空间的捍卫来唤起并强化人们在处理世俗生活和关乎村落神圣空间的风水信仰关系时信守社会道德秩序。

三、六月会与区域社会秩序

"六月会"是青海省黄南藏族自治州隆务河流域藏族、土族人的全民性节日，自农历六月十六至二十五举行，届时人们将最好的供品、最美的舞蹈献给神灵，祭祀神灵，

---

① ［德］恩斯特·卡西尔：《人论》，甘阳译，上海译文出版社1985年版，第138页。

预祝丰收。仪式内容主要包括祭祀山神、献祭、舞蹈等，其中用舞蹈敬神娱神是"六月会"的主要内容。①

第一，沟通人与自然的关系。

六月会与前述纳顿节同属农事祭祀活动，区别在于预祝丰收还是庆祝丰收。所以，六月会同样具有通过神灵崇拜，沟通人与自然的关系，为人们的生产、生活提供精神寄托的心理作用。人们通过祭拜各个等级的山神、被地方化的汉地二郎神等求得心灵的慰藉。同时，也突出了农事的时间节律。

第二，规范村落内部秩序。

过去，举行"'六月会'时，土族四寨子中的年都乎的千户——土把总要讲话，每讲必谈到部落的历史，必强调部落的祖先和部落内部的团结。可见，无论是历史上还是今天，'六月会'都起着维护部落情感，加强民族亲和力的作用，是一条不可多得的精神纽带"②。保安村在六月会清晨煨桑活动结束后，全村男性民众在村庙中集合，由法师主持，对过去一年间村中发生的各种事件进行总结，对好的加以鼓励、表扬，对不好的现象进行谴责，对一些尚未解决的村内纠纷进行评判、解决。这里，神圣与世俗，经由信仰民俗事象的展演得到巧妙的结合，使六月会凸显了凝聚村落、规范村落秩序的作用。

第三，强化村落之间的和谐秩序。

在村落的舞蹈表演期间，不断有邻村的法师和长者前来会场道贺，与本村的法师一同作法煨桑，敬神娱神。作为土族村落的年都乎村的六月会上，每年有藏族村落四合吉的法师和群众前来道贺。此外，年都乎村通过六月会对几个自然村进行有序的整合。

土族社会中，各种宗教形式和谐共处。土族民众对于各种宗教的兼容并蓄，为构建民众各自内心安宁、社会和谐发挥了一定的积极作用。而且，多种宗教形式的共存共生，本身就是一种和谐的表现。总之，信仰民俗依托信仰机制，完成对区域社会的组织过程，使之达到一定的秩序化效果。信仰民俗在土族历史上既发挥了动员社会、凝聚人心的社会功能，也承担着维系社会秩序的责任。信仰民俗在目前仍然具有其独特的、无法取代的社会功能，只要合理转换，在一定程度上就可以促使社会生活形成健康的发展机制。保持信仰民俗历史沿革的连续性，发挥其对民众生活的提升与引导作用，是当前信仰民俗研究的当务之急。因此，要善于利用信仰民俗的形式，用一些与时代相一致的新的价值观念，对其合理因素进行"移易改造"，在批判不合理因素的同时，赋予其积极的价值观念。例如，把对山神崇拜改造转化为保护山林、保护环境的价值观念，把自然崇拜中的水崇拜等改造转化为生态伦理价值观念，把祖先崇拜改造转化为尊老爱老的伦理价值观念等。让从事信仰民俗活动的本民族人员积极整理与发掘已有的道德规范、文化资源，并就时代的发展，整理伦理资源、道德资源，为社会发展提供更有力的支持。对不会在短时期内消失的信仰民俗进行合理的内容"置换"，使之成为构建和谐民间社会秩序的文化资源，与主流文化资源互为补充，相得益彰。

---

① 刘夏蓓：《青海隆务河流域的"六月会"及其文化内涵》，《西北民族研究》1999年第1期，第271—275页。
② 刘夏蓓：《青海隆务河流域的"六月会"及其文化内涵》，《西北民族研究》1999年第1期，第277页。

城市化过程中的民间信仰遗产保护研究

田兆元(华东师范大学)

研究民间信仰有诸多的视角,或着眼于社会管理,或着眼于结构功能分析。但在民俗学看来,民间信仰是一种文化遗产。在乡村城市化的过程中,由于城市扩张、乡村离散,文化遗产遭到巨大的挑战,面临失传消逝的危机。因此,我们对城市化进程中的民间信仰,应以传承保护的视角来讨论和分析。

一、作为城市文化遗产的民间信仰

近年来,管理层与学术界对于民间信仰的态度渐趋统一。从国家管理制度的层面,开始肯定民间信仰作为文化遗产的地位。2007年12月14日,《国务院关于修改〈全国年节及纪念日放假办法〉的决定》把一些民间信仰特色很鲜明的传统节日增列为国家法定节假日,具有明显的肯定传统信仰正面功能的意义。例如,清明节是一个祭奠亡者、具有鲜明祖先崇拜意义的节日,将其作为国家法定节假日,在一定程度上承认了祖先信仰的合法性。同样,端午节内容虽然丰富,但是作为一个对诗人屈原祭奠纪念的日子,信仰则是该节日最基本的内涵,屈原祭奠是最典型的民间信仰行为。将传统节日纳入国家法定节假日,可以充分发挥其巨大的社会功能。促进社会和谐,满足民众信仰需求,是其重要目的之一。

2004年8月28日,第十届全国人大常委会第十一次会议表决通过了关于批准中国政府加入联合国教科文组织《保护非物质文化遗产公约》的决定,在中国掀起了非物质文化遗产保护的热潮。2006年5月,国务院批准文化部确定的第一批国家级非物质文化遗产名录518项。[1] 在这518项中,从不同的角度列入民间信仰的内容,便是对民间信仰的正面肯定。其中,最突出的是非物质文化遗产名录第十项"民俗"中的内容,一方面是大量的各民族充满民间信仰色彩的传统节日被列入;另一方面,更具突破性的是列入了黄帝陵祭典、炎帝陵祭典、成吉思汗祭典、祭孔大典等10项传统祭祀以及厂甸庙会

---

[1] 《国务院关于公布第一批国家级非物质文化遗产名录的通知》,中国非物质文化遗产网,http://www.ihchina.cn/inc/detail.jsp?info_id=203。

内容。这是 21 世纪以来中国文化观念的一大突破，也是国家管理民间信仰在制度上的一大突破。因此，有人认为，国家级非物质文化遗产保护名录的"民俗"板块，实际上是保护民间信仰的一个曲折表达，这不是没有道理的。同时，在这个十大类的名录中，其他大类也有民间信仰的内容掺杂其间。如第一大类的"民间文学"，神话、史诗和传说与信仰相关是客观的事实，宝卷则是地地道道的宗教俗讲，这种文学形式本身就是跟信仰密切结合在一起的。"民间音乐"中，列入的寺庙音乐、宫观音乐这些内容，都是部分代整体，把民间信仰编入国家文化遗产名录的行列。"民间舞蹈"中的土家"撒叶儿嗬"，就是地地道道的土家丧葬仪式上祭祀送亡的舞蹈。这样将民间信仰的部分内容拆开来申报文化遗产，一方面是地方保护民间信仰的策略，另一方面也体现了国家以不同的形式肯定民间信仰的作用，将民间信仰文化遗产化。

现在，我们大谈保护城市里作为文化遗产的民间信仰已经不再有法理上的障碍。但是，现在我国的城市管理者要把民间信仰当作城市遗产来看待，观念上还没有跟上去。在一些国际化的大都市，情况却不同。如香港的黄大仙祠，即啬色园，绝对是体现香港城市文化传统的代表建筑，同时也是重要的城市精神资源。澳门的妈阁庙，则是城市开放的象征，是著名的世界文化遗产地的文化空间，当然是澳门之宝。在香港和澳门，黄大仙和妈祖信仰是具有标杆意义的城市文化资源。在港澳，不仅这样知名的信仰得到重视，就是一般的民间信仰，如土地神信仰，也得到极大的尊重。在澳门，几乎每一家商铺门边，都有一座小小的"门前土地财神"的塑像和画像，每天都有香火供奉。在居民区，多数人户门前有两尊神灵，上为天官赐福，下为门前土地财神。土地财神在香港同样得到重视，可以在城市中看到很多的"社公"坛，香火缭绕。香港、澳门的民间信仰，在形成其特有的东方大都市文化中，具有重要的意义。

中国的非物质文化遗产保护在过去整体上偏重乡村，偏重偏远少数民族地区。这当然很重要，但是城市的非物质文化遗产保护，尤其是城市民间信仰遗产的保护更加紧迫。早在非物质文化遗产保护的初期，我们就提出过，对于城市的非物质文化遗产保护要比对于乡村的非物质文化遗产保护更加重要。大都市不仅是现代化的中心，更是文化传统的核心阵营，有着丰厚的物质文化遗产与非物质文化遗产的堆积，一些重要的风俗往往是由城市发动而推向乡村的。所以，城乡文化的互动早早发生，延续到现在，大都市的文化传统亟须保护。[①] 但是，人们至今还是没有认识到该问题的重要性及其严峻现实。

现代城市的发展，一方面是自身的文化遗产日渐消失，另一方面，它还连带着消灭乡村文化遗产，尤其是民间信仰遗产。把民间信仰当作一项文化遗产加以传承保护，已经是迫在眉睫的事了。

---

① 参见田兆元：《关于大都市的文化遗产保护问题》，《民间文化论坛》2006 年第 4 期。

二、乡村城市化过程中的民间信仰遗产的生存危机

现有的城市信仰生活往往被说成一个杂烩，五方杂处，各种信仰交汇其间。但是仔细寻绎，还是会发现，城市所在地的本土信仰，即城市化之前的城镇和乡村的信仰依然是该城市的底色。以上海为例，可以看到，传统的民间信仰，即乡村与城镇时代的民间信仰依然在今天的大上海保留着，成为上海城市传统的基础。上海有6000年的考古学意义上的历史，也有2000多年的文献与口承的历史，即春秋时代楚春申君封地申，成为上海第一个文化地标。上海置县则是在700多年前的元代至元二十九年（1292年）。上海经济虽然发展很快，但也只是传统的城镇文化形态，领属乡村社会主体。元代以来的上海以棉花与稻子的生产为主，是农业社会，兼有商业社会的形态，不是现代意义上的城市。一直到1842年开埠，上海才逐渐成为远东重要的经济金融中心。据历史学家的文献资料分析研究，在传统的上海民间信仰中，文昌帝君、施相公、东岳大帝、城隍土地、刘猛将、黄道婆、天后和五通五路神是主要的信仰对象。[①]民俗学家的调查，说明这些信仰还存活在城市生活中[②]。我们在上海城市和郊区的庙宇里调查，都能够看到这些神灵的影子，以及信徒的信仰活动。这说明，在过去的城市化过程中，城市文化传统有一个重要的来源，即乡村的文化传统。乡村文化积淀到城市里，城乡间构成一种和谐的联系性主体。

过去的城市化采用渐进的形式。城市缓缓向边缘延伸，一部分人慢慢变成城市户口，他们生活在大致上与过去接近的社区，有熟人关系，原有的乡村结构没有遭到很大的破坏。因此，乡村传统、城镇传统可以保留到城市生活中去。

但是，现在的城市化发展却完全不同了。城市的动迁会突然把一个巨大的城市社区迁到郊区农村，而郊区农民因为动迁，寻找居所四散而去，原有的村落结构被破坏了。他们再难以聚集起来完成相同的信仰仪式，因此，原有的乡村信仰很可能在新的形势下难以在城市留下痕迹。

我们在上海宝山区的一个村子调查，发现这个村子有较完整的宅神祭祀仪式。宅神，既是家宅之神，又是村宅之神，是一个对象比较含混的神灵。有人将其理解为"老祖宗"，有人认为是独立的宅神，是管理家宅和村宅的神。2000年前后，该村开始来了一批外来人员借住村民的房屋，而村民因为土地被征用失去收入来源，住宅出租成为一个主要的收入来源。由于借住者往往有夫妻同住，或者其他形式的男女同居的情况发生，引起当地人的不安。因为当地有一个禁忌：家中不容许外来的男女同居。假如外来的男女同居，就会给家里带来祸殃。这个民俗禁忌，在江南地区的很多省份存在，长江以北的部分地区也有此禁忌。于是，借房获取经济收入与乡村的传统禁忌发生矛盾，村民陷入焦虑。他们既想获得经济收入，也不想触犯传统禁忌。就在焦虑持续的时候，村

---

① 参见范荧:《上海民间信仰研究》,上海人民出版社2006年版。
② 参见郑土有主编:《中国民俗大系·上海民俗》,甘肃人民出版社2003年版。

里又连续死掉两位老人。本来老人都算正常死亡，但是在这个非常的情况下，人们将这种死亡看作了非正常事件，认为这是因为村里借房给外人男女同居得罪了宅神。一时间，该村人心惶惶，觉得要大祸临头。那些没有借房的人埋怨借房的人家，借了房的人则心理压力倍增，不知如何是好。对面一所大学的师生在该村调查，给他们讲再多的破除迷信的话都没有用，他们依然焦虑。这时，村里几位老人说起了50多年前的宅神祭祀的事情。他们认为，既然是得罪了宅神，那请道士或者是和尚来做一场法事，事情不就结了吗？这事迅速得到村委会的同意，村委会从村企里拿出3000元钱来，每家再凑出几十元的份子钱，请来一班道士，做了一天安宅神的法事，村里人遂心安理得了。对于该事件，我们理解为这是民间信仰在解决现代性与传统禁忌之间的张力的特别功能。房屋出租是一项商业行为，是具有现代性的行为，因为在传统的农村，很少有出租自己的住宅获取经济收入的行为。住宅的商品化经营，是现代社会的产物。面对传统的禁忌，简单用科学知识来教育是难以奏效的，因为一项禁忌往往有数百年或者上千年的积淀，人们的心理问题一时是难以解决的。有时，人们会在理性上认为没有问题，但在情感、心理上存在焦虑却是事实，这对于人们的心理会是一种压力，带着这样的压力生活是不幸福的。当这样一项仪式活动举办以后，能够带来村寨的平和，这就是民间信仰的一种社会功能。

这种宅神祭祀要连续举行三年，当然此后的两次祭祀不需要那样再请道士或者是和尚来操办，大家简单地自己在村口道路上供奉叩拜一下就行。三年结束，可以等12年后再行祭祀。这样一种祭祀制度，成本不是很高，也不是很频繁。12年的期限，只是为了不忘记这种礼仪而已。祭祀制度的理性安排充分照顾了村落民众的负担能力。显然，宅神祭祀是一项与村落集团相协调的信仰制度。在当下，它有效地在传统与现代性之间充当了调停者，以其特有的方式促进了现代性的发展，又不至于与传统刚性冲突。该村很方便地组织起一场宅神祭祀，也充分说明长期共同生活积累的社会结构对于公共事件的处理是十分有效的。

但是很快，这个村子动迁了。这个村子的57户人家无序地迁到了多个城市居民小区，社会关系网络彻底离散了。因此，宅神祭祀这样一种民间信仰仪式可能就在未来的城市里失去生存的空间基础。那种朝夕相处的生活改变了，邻里关系改变了，管理者改变了，谁还会来组织这样的祭祀活动呢？不同的群体居住在同一空间，即使是一部分人有着举办民间信仰活动的需求，也有能力举办相关活动，但是如果妨碍了其他人的生活，这也是现代城市生活不容许的。

这就是一个摆在我们面前的问题：农村城市化，农民不仅失去自己的物质遗产，如土地房屋，也可能在这一过程中失去非物质文化遗产。中国农业社会几千年的文化遗产能否带入城市，这是一个严峻的问题。中国的农业文明发育成熟，农业文化遗产资源丰富。据2010年年底文化部公布的统计数据，现列为县级以上名录的非物质文化遗产有7

万项,而整个非物质文化遗产资源数目达到惊人的87万项之多。[①]这其中,农业文化遗产占据了主导地位。假如城市化快速实现,几十万项非物质文化遗产资源将陷入濒危甚至消失的境地。城市的发展,连带着把乡村的信仰遗产破坏了。

这是城市化造成民间信仰遗产危机的一个案例,具有普遍性的意义。因为农民失去自己原来的生活空间,其生活环境与邻里关系改变,他们不具备传承原有民间信仰遗产的条件了。

城市本身的文化遗产也在旧城改造和居民动迁过程中遭到破坏。我们试以上海的传统妈祖信仰为例进行分析。2006年妈祖祭典列名中国首批国家级非物质文化遗产名录中,2009年妈祖信俗还被列入人类非物质文化遗产代表作名录。在过去,中国沿海地区都有很好的妈祖信仰传统,在中国台湾,妈祖信众达到70%,世界很多地区也有关于妈祖的信仰。在上海地区,文献记载,从宋代起就有了供奉妈祖的庙宇和祭祀活动。中华人民共和国成立前,上海有官建妈祖庙23座,会馆妈祖庙13座。[②]上海是一个重要的妈祖信仰的文化区。但是随着城市的发展,妈祖信仰日渐衰弱。民国期间毁庙兴学打击了妈祖信仰,使得妈祖信仰的空间大大压缩。20世纪后期,妈祖信仰的空间压缩愈演愈烈,一座最大的天后宫也被彻底拆除。除一所妈祖庙移到松江重建以外,其余在城市中的妈祖庙宇全部被拆除。这都是城市改建的结果。传统民间信仰在城市中可以说遭到毁灭性的打击。

近年开始恢复起妈祖信仰,上海若干庙宇供奉了妈祖神像。但是,这些神像由于置于偏殿,无人知晓,无声无息,没有什么信众,几乎没有香火。例如,位于虹口区北外滩一带的下海庙,曾经是出海者上下岸的地方,过去的下海庙,会有很多人来祭拜妈祖,妈祖信仰十分兴盛。如今的下海庙是一座佛教的庵堂,虽然还有一座妈祖像供奉着,却是信众寥寥。上海妈祖信仰的这种情形,代表了城市化以后民间信仰的真实状态。信众人口迁移离散,信众职业变化不再信奉妈祖,信仰空间消失造成信仰遗忘,这些合力造成妈祖信仰的衰弱。原先上海的渔民、船民等,他们是信奉的主体,但是现在职业改变,便不再信奉妈祖。现在上海民众中纯正的渔民、船民已经极少,所以这个信众集体整体消逝了。如今的上海妈祖信仰仅流为一种形式。

改革开放以后,大量的台湾商人和民众来到上海,有说50万台湾人在上海,有说30万台湾人在上海,具体的数据没有办法统计,但是按照70%的台湾人是妈祖信众的概率,上海有10万以上的台湾同胞妈祖信众是没有问题的。但上海没有足够的空间提供给他们举行祭拜活动。他们偶尔到松江去祭拜,但是路途很远,十分不便,而城市中竟然没有一处专门的妈祖信仰场所。这对于台商和台湾民众来说是一大遗憾。我们在田野调查中发现,有的在上海的台湾民众只好把妈祖请到家里供奉着,而这样需要扩大租房空间,增加了在上海生活的成本。对于一个开放的上海来说,传统的民间信仰空间不

---

① 《文化部副部长:中国有非遗资源87万项 保护应强调国际合作》,新华网,http://news.xinhuanet.com/society/2010-10/25/c_12699259.htm。

② 吴丽丽:《上海地区传统妈祖信仰研究》,载田兆元、扎格尔编:《民族民间文化论坛(第四辑)》,上海社会科学院出版社2012年版,第108页。

足，实在是一大缺憾。

城市化的不当行为破坏了乡村民间信仰遗产的传承，不当的发展形式也破坏了自身的文化遗产，在一定程度上削弱了城市的文化竞争力。这不仅是道义上违背了保护文化遗产的基本原则，在利益上也损害了城市形象本身。

三、保护民间信仰的空间与社区结构

找到造成民间信仰招致破坏的具体原因，就能够有针对性地找到解决的方案。城市民间信仰难以传承，不外两个原因：一是文化遗产的空间被压缩和挤占；二是信仰者的社区环境改变，文化遗产传承的生态遭到破坏。

城市注重经济发展，以经济建设为中心，但是在实施过程中不为文化遗产传承留下后路，这往往就断了民间信仰的生路。据张化先生的文献调查，中华人民共和国成立前，上海地区与民间信仰相关的庙堂有近千座之多，而这些空间保留下来的不足十分之一，同期人口却是成倍增长。那样一点空间怎么能够撑起民间信仰遗产的天地呢？

商务活动与地产开发占据了民间信仰的空间，如有的乡村里的传统庙宇所在地被征用为房地产项目用地。如上海某区的华村庙，原是三进建筑、数亩土地的一座大庙，供奉着当地的城隍及其一干地方神灵，是周围多个乡镇的信仰中心。但是前些年华村庙所在地因为整体列入房地产开发项目，华村庙被拆除。起初依然有数千名信众在原来的残庙遗址上烧香，这样干扰了房地产的开发和售卖。于是，商人和政府联合起来，将信徒烧香的地点用铁栅栏圈起来搞了绿化，留下窄窄的人行道，外面就是流量很大的机动车道。这样，烧香者无奈，人数在逐年减少，这成为民间信仰活动因空间消失而逐渐萎缩的一个缩影。

另外一种民间信仰空间消失的情况是：不是商业发展侵占了民间信仰的空间，而是强势宗教占有了民间信仰的地盘。民间信仰是一种地方性知识，是地方的文化记忆，它是多元文化的载体。但作为一种信仰，它却是一个弱势群体。过去它曾被称为封建迷信，现在的具体管理方法一时还没有找到很好的门径，因此处于尴尬局面。管理层曾有让佛、道这样的体系化宗教来托管这些小型的地方信仰的想法，但在实际的操作中，都是这些小型的民间信仰的空间被彻底占有。一座座原有的民间信仰的神庙，结果被改了名称，变成一座座佛寺或者道观，原先的民间神被置于一个小小的空间里，微不足道，实际上是被吞噬了。由于宗教发展中实际上存在着竞争，让一种宗教去管理另外一种实力单薄的信仰，其结局可想而知。在我们熟知的一座著名的寺庙里，它的志书明确记载，该寺庙历史上是占有一座龙王庙的空间而建立起来的。长期以来，寺庙还是承认这一历史事实，在寺庙的鼓楼下，为龙王留出一个小小的空间，使之无意间承受一些香火。龙王是中国重要的民间信仰，招致这样的结局已是令人惊讶。但是，2011年，该寺庙的住持更是釜底抽薪，把龙王的小小雕像搬到库房去了，让龙王信仰的文化消失在大众的眼中。宗教的排他性是其本质属性，不是其他宗教打压民间信仰有什么问题，而是我们选择了一种不当的管理模式,这就把民间信仰置于严重的不利境地,让文化遗产面临前所未有的危机。

因此,在城市生活中给那些民间信仰以真正空间,是一个没有被正视的问题。很少城市会把民间信仰列为自己的城市遗产。很少城市对自己的民间信仰资源心中有数,甚至没有把民间信仰当一回事。这是民间信仰面临的最大困境。应该将它们原有的空间有选择地归还给民间信仰本身,对于民间信仰空间的管理,可以选择熟悉并传承信仰的文化遗产传承人来管理,而不是由神职人员来托管。这样就可以将民间信仰体系和宗教的信仰区别开来。把民间信仰划归非物质文化遗产管理部门来管理,将是一条解决城市民间信仰遗产保护问题的重要途径。

文化遗产的空间已经得到法律的保护。《中华人民共和国非物质文化遗产法》总则第二条规定:"本法所称非物质文化遗产,是指各族人民世代相传并视为其文化遗产组成部分的各种传统文化表现形式,以及与传统文化表现形式相关的实物和场所。"[1] 保护非物质文化遗产场所已经有法可依,但谁是民间信仰的责任主体呢?这就是我们前面提到的民间信仰类的非物质文化遗产传承人,必须遴选一批这样的人来承担文化传承的责任。

乡村与城镇拆迁过程中,对于其原有的传统社区结构应该予以有效保护,不宜听之任之,任其离散。对于拆迁中的社区结构保护,应该进行制度化的规定,这样他们可以带入原有的传统,让民间信仰在城市中继续存活,获得传承。在社区重建过程中,如何保护原有的居住格局和基本的社会关系,在汶川的灾后重建中有很好的实践。民众在选择住宅的时候,进驻一栋楼必须有五户熟人构成一组,这样他们还能够维持基本的交际圈网,延续传统,实行互助和交流。实践证明,这是一个很好的办法。

如果是拥有民间信仰遗产的社区,无论是乡村农民还是城市居民,都应该在拆迁中考虑文化传统的要素,必须是一个核心传承责任人与一批信众共同居住在特定的社区,以形成特定的文化生态,从而达到对民间信仰的保护。在城市化过程中,给民间信仰以生存的物理空间至关重要;同时,对乡村和城市里的拆迁民众的社区结构予以制度性保护,也是非常必要的,因为只有文化遗产持有者的合力,才是城市民间信仰传承的保障。

---

[1] 《中华人民共和国非物质文化遗产法》,中国非物质文化遗产网,http://www.ihchina.cn/zhengce_details/11569。

非物质文化遗产产业化探讨
——以悦城龙母文化为个案

蒋明智（中山大学）

广东德庆县悦城镇龙母文化是中华民族龙文化的重要组成部分。其历史悠久，可上溯到秦汉时期，迄今已有2000多年的历史。特别是改革开放以来，经过地方政府不遗余力的打造，龙母文化业已成为粤港澳地区一块重要的民间文化品牌。然而，目前对龙母文化的产业化开发和利用研究得不多，主要原因是文化产业理论探讨和构建近些年才刚刚开始。本文尝试从文化产业学的角度，通过实地调查、搜集资料，深入研究龙母文化在旅游经营开发、规划设计、宣传营销和庙会经济等方面的举措，及其所产生的社会、经济和文化效益等，为非物质文化遗产的产业化发展提供一个成功的个案。

一、龙母文化与地方旅游业发展

文化产业学认为："实现最适生产规模，乃是经济主体追求利益最大化的一个必然结果，是产业化（规模化是其应有之义）的一个自然推论。所谓最适生产规模也称规模经济，是指在特定的行业之中的技术水平之上，一个生产或经营单位的规模有一个最佳的点。"[①]肇庆市和德庆县发展旅游产业，做大做强本地区旅游产业，符合规模经济的理论。肇庆市、德庆县旅游相互促进，相辅相成，形成一个完整严密的旅游产业体系，龙母文化是该体系不可或缺的重要部分。在当地旅游产业不断扩大，以到达最适生产规模的过程中，龙母祖庙迎来了更有利的发展时机。

1993年，德庆县决定以旅游业为龙头，带动全县第三产业发展。为了建设龙头景区龙母祖庙旅游度假区，县政府邀请天津大学和广东省规划院的专家，对旅游度假区进行科学合理的规划设计。根据规划，政府修缮了龙母祖庙和附近建筑，改造完善了道路、停车场等基础设施。1999年，开设了德庆首条步行街——庙东商业街，开通了庙西新街、过境街道、程溪路和河堤路。龙母祖庙的配套设施建设投资了500多万元。此

---

① 刘吉发、岳红记等：《文化产业学》，经济管理出版社2005年版，第203页。

外，德庆在德庆学宫、盘龙峡等新旧景点的开发上也卓有成效。1996年，德庆开始推出以龙母祖庙景区为龙头、以龙文化为内涵的"龙之旅"旅游路线。这条路线经过数年不断完善，于2001年4月28日更名为"龙之旅——龙母故乡德庆游"，形成龙母祖庙、德庆学宫、盘龙峡生态旅游区"三点一线"的格局。当年前6个月，旅游收入同比增长32%。经过近10年的发展，"龙之旅"旅游热线已成为广东旅游的精品路线，是德庆旅游业在21世纪头10年飞速发展的最重要保障。

旅游业的发展是建立在一定经济基础之上的，经营旅游业一个很重要的方面是经营知名度、经营品牌，以求引起社会的广泛关注，产生一定的影响力，从而获得经济效益。所以，肇庆市在20世纪90年代，根据自身内在的文化特点，重点建设"花园式"旅游城市。在旅游由观光游览型转向休闲度假型的潮流趋势下，肇庆着力打造"南国休闲之都"这一品牌。对外做旅游宣传，德庆的龙母祖庙和盘龙峡是肇庆的两个重要砝码。龙母文化至今兴盛不衰，龙母庙会热闹非常，龙母文化品牌价值在不断提升。20世纪80年代初，龙母祖庙仅被列为县级重点保护文物，1986年被列为市级重点文物保护单位，1994年被列为国家级重点文物保护单位，2009被列为4A级国家级风景区。在非物质文化遗产保护热兴起之际，2007年龙母诞庙会被认定为省级非物质文化遗产，2011年被认定为国家级非物质文化遗产。此外，还有"中国文化传承基地""华文教育基地"等一些名头。这些"招牌"含金量颇高，提高了龙母祖庙的档次，树立和增强了祖庙以及德庆的旅游形象。与龙母祖庙"捆绑"推出的德庆盘龙峡，拥有罕见的瀑布群，经数年开发经营，成为肇庆旅游的又一大新兴景点，获得"广东最美的地方"、省级和国家级"森林度假旅游胜地"等多项称号。强强联手，其旅游的吸引力逐年增加。

现代旅游业更借助营销的理念和手段，来展示独特的地域形象文化，以最大限度地吸引观光游客。龙母文化旅游得到迅速发展，与自觉利用现代营销的手段是分不开的，主要表现在如下三方面：

（一）旅游口号

广告宣传是重要的手段之一，广告宣传中有旅游口号这一环节。旅游口号要凝练、生动和有影响力。沿着321国道进入德庆的乘客，可以看到江边矗立着一个高三四米、长约10米的广告牌，是龙母祖庙的一句广告词——"南海最神的神庙"。"神"字用行书、蓝色，形体比其余的字略大，其余的字用楷书、青色。对此广告词稍微留意的乘客都会眼前一亮，留下或短期或长期的印象。"南海最神的神庙"这一旅游口号较好地吸引了人们的眼球，口号设计较为成功。分析原因，一是符合人们的信仰心理。中国人的宗教信仰带有实用主义的色彩，重视的是神灵能带来现世的、具体的、个人的幸福，而且不比基督教、伊斯兰教那样具有明显的排他性，采取的是兼容并包的态度，较为关心它是不是灵验。"最神的神庙"，即使对于没有龙母信仰的人来说，也不会产生心理上的排斥，反而有去参拜的冲动。二是旅游形象定位。口号采用领先定位的方法。旅游者依据各种不同的标准和属性建立形象阶梯，在阶梯中占据第一位置的，就有领先的形象。悦城龙母祖庙在西江流域，历史最为悠久，建筑也最为精美，早在清代就有"祖庙"之誉，它与广告所宣称的"最"字倒也有几分契合。

（二）旅游地视觉景观的形象设计

对于旅游者而言，旅游地是一块充满视觉感性的地方。开发、美化、发展旅游地景观的视觉因素及其形象力，是旅游地形象设计的重要组成部分。龙母祖庙附近主要景观设计有四处：一是大雕塑"五龙戏珠"。雕塑矗立于321国道与龙母大桥所在道路的交叉处，源于传说中龙母的五个儿子，即五龙子。二是巨型广告牌。321国道边缘的坡道往下是一个巨大的停车场，场边房屋上树立着介绍龙母祖庙的巨型广告牌。三是迎送招牌。龙母祖庙背后的321国道，100多米的道路上树立了三块白底红字的迎送招牌，招牌上除了"悦城龙母祖庙欢迎你"等字样外，还有"一鸣笛""二鸣笛""三鸣笛"等意在建议司机鸣笛以表示对龙母敬意的字样。四是横幅。横幅挂于龙母祖庙围墙，内容多是"参拜龙母，有求必应"以及某些节庆活动的宣传标语。321国道从五龙山和龙母祖庙之间穿过，祖庙地势比国道地势要低一些，而且背对国道，所以为了尽可能突出祖庙的形象，视觉景观设计者采用以上人工景观，以求把龙母祖庙介绍给游客。

（三）宣传促销

龙母祖庙的旅游宣传促销工作主要是由德庆县旅游局来做的。德庆县旅游局采用产品组合策略进行宣传，把龙母祖庙与其他景点捆绑在一起，重点宣传"龙之旅"旅游热线，每年拨款约300万元用于旅游宣传。龙母祖庙是德庆的一个龙头景区，是德庆宣传的一个重点，龙母诞期以前德庆县旅游局在港、澳、珠三角等地广做宣传。笔者在广州公交站就曾见到龙母得道诞的大型广告宣传画。1997年，德庆政府把德庆的风景名胜制作成VCD，在龙母生辰诞期间通过VCD向游客介绍德庆。1998年龙母生辰诞期间，德庆政府组织人员到中山、东莞、顺德、佛山等珠三角地区设德庆旅游咨询处，通过分发宣传品、解答疑问等形式介绍德庆的风景名胜。1999年，德庆恢复了"龙母得道诞"，并在得道诞期间策划了民间艺术节，活动包括"龙母祖庙建筑艺术摄影展览会"，演出了《龙姬》等龙母戏。从某一方面来说，此活动起到旅游促销的作用。另外，德庆还借助颇受传媒关注的大型活动，提高德庆县的知名度和美誉度。具体有"2004年环球洲际小姐德庆游""2004年美丽天使国际航空小姐德庆采风"，2006年接待丹麦"哥德堡"号仿古船船员，在这些活动中，龙母祖庙成为必游景点。国内与国际、传统文化与现代时尚文化的碰撞冲击而产生巨大的张力，让龙母祖庙更具奇异的色彩和魅力。活动照片频繁见于各类宣传手册，这是给德庆，包括龙母祖庙留下一笔宣传上的财富。再有，从另一个角度来看，一些品位较高的文化活动同样具有宣传的作用，而且一旦产生效果，则更深入和持久。2004年，龙母祖庙举行了"肇庆人文丛书"系列之一《母仪龙德》首发仪式。该书前半部分收集了重要的龙母传说故事，后半部分收录历年来龙母信仰和龙母文化研究的重要著作，附录是有关龙母的历史文献和诗词歌赋，可读性强，文化品位高，具有一般宣传印刷品不可替代的价值。

自1998年德庆县成立龙母祖庙旅游公司以后，龙母文化旅游开始走上轨道化、规范化、产业化的发展道路。龙母祖庙的旅游人数和收益逐年递增，是广东全省年游客量超过百万的几个景区之一，年收入上升到数千万元。

二、庙会经济：龙母文化产业化的重要途径

庙会是由宗教节日的宗教活动引起并包括这些内容在内的在寺庙或其附近举行酬神、娱神、求神、娱乐、游冶、集市等活动的群众集会。①龙母祖庙是龙母信仰和龙母文化的物质载体，每年龙母祖庙举行龙母生辰诞、龙母得道诞、春节"开金印"和"开金库"、龙母感恩节、龙母水灯节、龙母赐福会等各种形式的庙会活动，来自全国各地、东南亚等地区的游客纷至沓来，参拜龙母，寻根问祖，向龙母祈福。繁盛的庙会带来了巨大的经济收入，这是龙母祖庙最大的收入来源。

（一）庙会经济之一：龙母生辰诞

在各种庙会中，龙母生辰诞是为了纪念龙母的生日，历史最为久远，最为盛大。广东俗语有云："正月生菜会，五月龙母诞。"龙母生辰诞的时间为农历初一到初八，它集酬神祀祖、竞艺竞技、歌舞表演、物资贸易为一体，集会人数可达20多万，是广东最大的民间盛会之一。俗话说："人流便是物流，物流便是商机。"诞期内，悦城龙母祖庙热闹非凡，收益甚大。

叶春生先生较早地论述了龙母祖庙发展文化旅游的情况。他研究了20世纪三四十年代的龙母祖庙庙会，指出庙会带动了佛山冥镪业的繁荣，庙会中各类商品消费数量巨大，获利甚丰；80年代，祖庙的门票收入已经达到数百万元，其所接受的捐资十分可观。②所以，庙会首先是巨额的门票收入。近年来，龙母诞游客人数达20多万，门票售价为每张50元，估计诞期收入达千万元左右。

诞期祖庙举行的祭祀活动和人们遵循的习俗惯例也带来了不少收入。祖庙的祭祀仪式分为庙方主持和群众自发组织两种。前者有为龙母沐浴、为龙母圣物开光、龙母贺诞仪式、"万人放生"、"零食上香"；后者有洗龙泉圣水、引香火、呈供品、跪叩和祈祷、烧金银纸、装香灰、燃鞭炮。此外，还有特殊情况：请人念经、舞狮或舞龙。除了这些主要的祭祀仪式外，还有一些衍生的仪式活动，并演变为一种习俗惯例，主要有摸龙床、饮圣水、服香灰、吃"金猪"、鲤鱼放生、盖龙母金印、烧幽、请"龙母运程香"、带"龙母符"等。③其中，摸龙床每次收取10元，龙母圣水20元一瓶，价格不菲，但买者甚多；鲤鱼放生不像"万人放生"由政府组织，它是民间组织，龙母广场前的江边长期停留放生船，放生每次收取10元；"龙母符"在祖庙中售卖，同时售卖的还有其他"开光圣物"。因龙母诞期间游客达20多万，所以烛纸和鞭炮的买卖最大。据长期在祖庙工作的员工告诉笔者，拜龙母的游客或自带鞭炮，或在祖庙景区摊档买，景区鞭炮的收入每年高达200万元。此外，祖庙东西两侧排列着卖香烛的店铺，总共60多家，香纸形式各异，有些做工还比较精美。店铺租金不尽相同，主要以离祖庙的远近而定，近

---

① 朱越利：《何为"庙会"——〈辞海〉庙会条释文辨证》，载刘锡诚主编：《妙峰山·世纪之交的中国民俗流变》，中国城市出版社1996年版，第106页。
② 叶春生：《岭南民间文化》，广东高等教育出版社2000年版，第257—276页。
③ 参见蒋明智：《悦城"龙母诞"的历史与现状》，《民间文化论坛》2005年第3期。

者三年交租金两三万元，远者三年交租金七八千元，近祖庙门口的摊档年净收入可达20万元。在祖庙内，龙母广场设有10个卖香烛和鞭炮的摊位。祖庙建筑内设有3个摊位，售卖龙母开光圣物、龙母纪念品、龙母圣水以及卜卦算命。以上是固定的店铺，诞期还有更多流动的摊位。据祖庙人员告诉笔者，诞期流动摊位有30多个，主要售卖香烛、本地特产、药材、纪念品等。诞期内，收取的摊位费不低，摊主仍乐意出钱。有摊主坦言，一个诞期的收入足够一年开支。

景区店铺除了经营香烛和鞭炮外，还有一部分经营饮食和土特产。龙母生辰诞到来，餐饮业会开设"龙母斋会"以满足信众的要求。住宿方面，悦城镇内有永生酒店和新建、正准备投入使用的君悦酒店，还有龙山旅馆等三四家小型旅馆。诞期内，开房率达100%，但明显地只能满足一小部分住宿需求。很多游客自驾游，他们沿着321国道上到德庆县城住宿。诞期县城开房率达到90%以上，因而也带动了德庆餐饮、住宿、娱乐、商务等一系列行业。

捐款是庙会的一项重要收入。祖庙在龙泉水、龙母像、龙床、梳妆楼、佛像等六七个地方设了数十个功德箱，让游客和信众捐款。更重要的是，来自澳门、香港、珠三角的堂口与社团有50多个，每年龙母诞期间，它们组织信众前来，并有捐款，从数千元到数万元不等。祖庙对捐款5000元以上的个人则会贴出名单公示。有的个人捐款多达数十万、上百万元。如香港陈策文先生先后捐资250万港币，香港高杏红女士捐资50万港元，香港祥嫂亦捐资50万人民币，珠三角捐资10万元的个人也不少。这些巨额捐资都来自粤港澳的富商。

龙母生辰诞也是德庆县招商引资的一个有利时机。由于龙母诞期游客多来自港、澳、珠三角，德庆县借此时机，向来参拜的客商介绍德庆的投资环境和投资优惠政策，积极引进资金，发展本县经济。1993年是龙母祖庙重光10周年。诞期内德庆举办了为期3天的招商引资活动，共签订项目合同18个。2004年诞期内，县政府在龙母祖庙景区专门设立投资推介展馆，成立招商工作组，迎来了福建陶瓷投资百人考察团、广西藤县投资考察团等10多个投资考察团。在这次活动中，德庆与外地投资者签订投资意向合同6宗，意向投资金额1.2亿元。2005年诞期，德庆策划了系列招商活动，向游客推介招商项目50多个，签订了"顺德家具后花园""产权式休闲度假山庄"等一批投资额较大的意向合同。除了龙母生辰诞，秋季肇庆还有比较大型的招商引资活动，所以秋季龙母得道诞也是招商引资的一个有利时机。2003年8月，德庆举行龙母祖庙重光20周年暨龙母得道诞活动，搭建商贸平台，推出包括五星级酒店、旅游度假村、龙母民俗文化园等一批引资项目。龙母诞期间的招商引资活动现今仅占到德庆系列活动的一小部分，但诞期的人流为经济交流提供了空间，是向外地商人介绍德庆投资环境的一个窗口，其效用是持久的。

（二）庙会经济之二：其他庆典活动

1983年龙母祖庙重光以来，龙母诞的游客从起初的数万增至现在的20多万。龙母祖庙一直是德庆旅游业的龙头景区。龙母生辰诞庆典的兴盛让德庆人既看到了民俗节庆的文化效益，也看到了经济效益。顺应众多民俗文化的回归潮流，也为了更好地发展本地的旅游业,德庆在1999年恢复了传统的"龙母得道诞"。

相传龙母在农历八月初一功德圆满,得道升天,人们为缅怀、纪念龙母的无量功德,把每年的农历八月初一至初八定为"龙母得道诞"。诞期内,龙母祖庙先是推出"龙母祖庙添砖加瓦""请圣水""圣地鸣钟"等活动,以后又陆续推出"万人做功德""万人祈福""万人放水灯"等活动。农历八月初八是诞期的最后一天,当晚一万多游客在龙母祖庙前的西江放水灯,场面极其壮观。水灯节正申请国家级非物质文化遗产。同时,德庆把该节庆策划为"龙母得道诞暨民间艺术节",挖掘本地的民俗文化资源,并加入更多的现代元素,整合成一个既丰富多彩、颇有民俗文化内涵,又带有现代气息的节庆活动。2009年,德庆举行了得道诞恢复10周年活动,首日就有2万多人参加。据龙母祖庙人员介绍,得道诞恢复以来,龙母水灯节吸引了众多游客参与,并且众善信常有较大捐资。

2000年,德庆恢复了"龙母开金印""龙母开金库"活动。这两项活动成了过年期间华南乃至东南亚地区民间最大的"开财源"仪式之一。前一项在正月初四,后一项在正月二十二。"开金印"正值过春节,民俗活动繁多,祈福心理最为热切,故游客甚多,近年来情况是当日即达到5万人,能停5000辆汽车的停车场全部停满,有游客在路上塞车一两个小时。"开金印"盛况从年初四持续到年初八。游客的主要活动是上香和盖龙母金印,有游客不辞辛劳,彻夜等待,就是为了能上头炷香。再有庙方以"开光金印"为善信盖毛巾,大的金印100元,小的金印50元,盖者仍十分踊跃。春节与龙母生辰诞是龙母祖庙接待游客人数最多的时期。由于中国过年的习俗往往延长到正月十五元宵节,"开金库"也吸引了众多游客参与。正月二十二的"开金库",指的是龙母打开金库,善信向龙母借钱,龙母保佑自己心想事成,生意兴隆。

2007年,龙母祖庙又恢复了"龙母感恩节"。"年头到庙祈福,年尾感恩还愿"是悦城龙母祖庙的传统习俗,时间为农历十月十日,公历12月中下旬。恢复"龙母感恩节",一方面给了善信参拜龙母、祈求龙母赐福的又一个机会;另一方面,很大程度上,德庆是在做旅游节庆。肇庆是每年"广东国际旅游文化节"的三个重要分会场之一,德庆把"龙母感恩节"作为肇庆市的一个重大活动来举办。德庆政府精心策划感恩节活动,不仅邀请各地堂口、社团等,也邀请了海外的侨胞、知名的文化组织和文化人士。2007年,德庆邀请了来自美国、加拿大、法国、新西兰、马来西亚、新加坡等国家和地区的百名侨领参加,同时,也向他们介绍了德庆县的投资环境和优惠政策。

21世纪初,中国开始在"五一""十一"等公共节日延长假期,形成黄金周旅游的潮流趋势。黄金周期间,龙母祖庙日接待游客人次有1万左右,且以自驾游为主。近年来,基本取消了黄金周,由一周改为三天,但"五一""十一"以及后来受旅游业重视的"三八节",祖庙的游客仍是不少。

三、龙母文化产业化的影响

肇庆市和德庆县旅游业做大做强，形成一个大旅游产业体系，给予龙母文化的产业发展强有力的支撑。同时，龙母文化是这个系统里面的一个文化品牌，反过来又推动了地方旅游业的发展。龙母祖庙在庙会经济的效益最为明显，是当今中国发展庙会经济的突出例子。这些文化产业之举，给地方带来了巨大的经济效益和社会效益。

（一）促进产业结构的调整，培育新的经济增长点，提高当地经济水平

德庆属于广东49个山区县之一，地处珠三角边缘，为经济次发达地区。德庆利用自身丰富的自然人文景观、历史文化遗产，发展以旅游业为龙头的第三产业，取得巨大经济效益。德庆一年的旅游收入十几亿元，占到了德庆国民生产总值的半壁江山，龙母祖庙带来的收益则占到德庆旅游收益约三分之一。旅游业是带动德庆第三产业发展的龙头。德庆县旅游局局长表示，龙母祖庙1元的门票收入可带动相关产业5元的收入，如以年门票收入5000万元计，则可带动德庆相关产业2.5亿元的收入。[①] 以龙母祖庙和盘龙峡为龙头景区的县旅游业成为德庆经济的一大支柱，而龙母祖庙的旅游业是悦城镇的最大支柱。德庆原以农业、工业为主，现在以旅游业为龙头的第三产业在三大产业中的地位获得跃升，提供了众多的就业机会，提高了当地人民的生活水平。

（二）有助于提高本地区的区域文化软实力

当今衡量一个国家的国力除了关注其政治、经济、军事等硬实力之外，同时也关注其价值观、影响力、道德准则、文化感召力等无形的"软实力"。在中国语境下，"国家文化软实力"进一步引申出"区域文化软实力"。区域文化软实力是指一个地区文化的影响力、凝聚力和感召力，是该地区软实力的核心因素。对于经济欠发达地区，引进资金、实现资源转化，文化软实力是一个不可缺少的支撑。提升区域文化软实力，文化产业的发展起着至关重要的作用。龙母祖庙的文化产业化大大提升了肇庆地区的文化软实力。

（三）有利于当地文化的发展和繁荣

龙母文化是肇庆地区除岭南土著文化、端砚文化、宋文化、包公文化之外另一个传统文化的重要组成部分，是取之不尽、用之不竭、常用常新的文化资源。龙母诞是民俗文化与发展旅游业相结合的成功范例。以龙母文化为主题，或与龙母密切相关的大型文艺晚会数不胜数；书籍则有《龙的故事》、《龙母祖庙和龙母传说》、《悦城龙母传奇》（20集电视文学剧本）、《传统文化与德庆》、《悦城龙母文化》、《母仪龙德》以及中小学教材；戏剧有市粤剧团演出的《龙姬》；近年准备制作20集《龙母传奇》动漫、龙母歌曲等。龙母文化在当代文化生活中扮演着重要角色。

（四）促进龙母文化的对外交流与传播

龙母文化是华南地区最有影响的信仰之一，是港、澳、珠三角文化认同的重要标

---

① 蒋明智：《龙母传说与粤港澳文化认同》，《广西民族大学学报》（哲学社会科学版）2008年第6期。

志。龙母诞期间来自港、澳、珠三角的堂口与社团有四五十个，而来自港澳的游客就达6万多人。各地的信众每年都来龙母祖庙寻根问祖，参拜龙母，向龙母祈福，使龙母文化生生不息、广为传播。

总之，悦城龙母文化的产业化之路是相当成功的，它不仅一举跃升为华南乃至港澳地区重要的文化旅游品牌，而且强化了作为庙会经济的内在造血功能。它不仅促进了经济次发达地区产业结构的调整和升级，而且提升了地方的文化软实力，有利于地方文化的繁荣和对外文化的交流。它是我国非物质文化遗产产业化的成功典范，值得深入研究和推广。

收录论文来源

民族遗产前沿研究

1. 马翀炜、代世萤:《非物质文化遗产：日常生活事象的脱域、入域与发展》,《思想战线》2012 年第 5 期,第 88—92 页。
2. 马盛德:《非物质文化遗产生产性方式保护中的几个问题》,《福建论坛》(人文社会科学版) 2012 年第 2 期,第 111—113 页。
3. 宋俊华:《文化生产与非物质文化遗产生产性保护》,《文化遗产》2012 年第 1 期,第 1—5 页。
4. 陈勤建:《定位分层、核心传承、创意重构——非物质文化遗产生产性保护的若干思考》,《辽宁大学学报》(哲学社会科学版) 2013 年第 6 期,第 1—8 页。
5. 黄永林:《"文化生态"视野下的非物质文化遗产保护》,《文化遗产》2013 年第 5 期,第 1—12 页。
6. 黄涛:《近年来非物质文化遗产保护工作中政府角色的定位偏误与矫正》,《文化遗产》2013 年第 3 期,第 8—14 页。
7. 谭志满、霍晓丽:《文化空间视阈下土家织锦保护与传承研究》,《西南民族大学学报》(人文社会科学版) 2013 年第 10 期,第 48—51 页。

田野实践与非遗理论

1. 丁宏:《北极民族学考察记——兼谈民族志的写作》,《西北民族研究》2011 年第 4 期,第 33—41 页。
2. 马宁、马小燕:《西藏非物质文化遗产保护的"尼洋阁"模式之反思》,《西藏大学学报》(社会科学版) 2013 年第 4 期,第 113—120 页。
3. 马知遥:《非物质文化遗产保护的田野思考——中国北方民间布老虎现状反思》,《民俗研究》2012 年第 4 期,第 23—29 页。
4. 王宪昭:《对少数民族民间口头文化传承人的思考》,《文化遗产》2011 年第 3 期,第 13—19 页。

5. 林继富:《"非遗"项目代表性传承人的文化身份 —— 基于刘德方的分析》,《中央民族大学学报》(哲学社会科学版)2011年第4期,第86—92页。

6. 柏贵喜、杨征:《坚持和完善少数民族非物质文化遗产保护政策研究 —— 基于湘西土家族苗族自治州和内蒙古自治区的调查》,《中南民族大学学报》(人文社会科学版)2012年第3期,第1—6页。

7. 黄龙光:《民族文化传习馆:区域性大学非物质文化遗产传承新模式》,《文化遗产》2012年第1期,第23—28页。

8. 薛洁、韩慧萍:《家庭教育传承对于"非遗"保护的价值和意义 —— 以新疆少数民族民间文化传统为例》,《民俗研究》2013年第1期,第45—50页。

民族民间文学类遗产研究

1. 米海萍:《非物质文化视野下对民间文学文本的传承与尊重 —— 以青藏地区民间文学文本为例》,《青藏高原论坛》2013年第2期,第9—14页。

2. 汪立珍:《史诗传承与生态环境 —— 赫哲族街津口村"伊玛堪"的传承与生态环境》,《民族艺林》2013年第4期,第25—28页。

3. 陈泳超:《故事演述与宝卷叙事 —— 以陆瑞英演述的故事与当地宝卷为例》,《苏州大学学报》(哲学社会科学版)2011年第2期,第151—157页。

4. 赵宗福:《西北花儿的文化形态与文化传承 —— 以青海花儿为例》,《西北民族研究》2011年第1期,第117—127页。

5. 徐金龙、叶继平:《回归民间文学传统:国产动漫困境中的突围之策》,《文化遗产》2012年第3期,第95—103、109页。

6. 董秀团:《白族大本曲的文化内涵及传承发展》,《云南民族大学学报》(哲学社会科学版)2012年第2期,第47—52页。

7. 覃德清:《非物质文化遗产保护视野中壮族民歌传统与诗性思维的文明史价值》,《中南民族大学学报》(人文社会科学版)2012年第6期,第128—132页。

8. 詹娜:《民间口承叙事与农耕技术传承 —— 以辽宁满族民间柞蚕放养叙事为例》,《民族文学研究》2013年第3期,第134—141页。

民族仪式与信俗研究

1. 王丹:《仪式类非物质文化遗产保护模式研究 —— 基于长阳"撒叶儿嗬"保护的分析》,《湖北民族学院学报》(哲学社会科学版)2011年第5期,第110—115页。

2. 王霄冰、林海聪:《妈祖:从民间信仰到非物质文化遗产》,《文化遗产》2013年第6期,第35—43页。

3. 毛巧晖:《非物质文化遗产视域下的民族传统文化的保护与发展——以海南黎族苗族"三月三"节为例》,《文化遗产》2012年第4期,第46—52页。

4. 文忠祥:《信仰民俗与区域社会秩序——以青海土族纳顿、醮仪、六月会为例》,《青海民族大学学报》(社会科学版)2011年第2期,第15—19页。

5. 田兆元:《城市化过程中的民间信仰遗产保护研究》,《华东师范大学学报》(哲学社会科学版)2012年第4期,第18—22、152—153页。

6. 蒋明智:《非物质文化遗产产业化探讨——以悦城龙母文化为个案》,《华中师范大学学报》(人文社会科学版)2012年第2期,第56—60页。